普通高等教育汽车类专业系列教材

新能源汽车试验学

主　编：赵登峰　侯俊剑
副主编：张志刚　付志军　钟玉东　丁金全
参　编：王新生　周　放　翟洪飞　姚　雷　房占鹏
主　审：周　华

机械工业出版社

新能源汽车作为引领我国新质生产力发展的重要引擎，其高质量发展不仅是建设交通强国的核心支撑，更是实现碳达峰、碳中和战略目标的关键路径。科学合理的试验体系是提高新能源汽车性能、保障产品质量的关键要素。本书旨在归纳新能源汽车试验的创新成果，培养试验人才，以推动我国新能源汽车行业健康发展。本书围绕试验学基本理论和新能源汽车试验相关方法编写，首先对汽车试验进行了概述，包括试验分类、标准、实施步骤与管理、方法等；其次介绍了试验基本理论；然后阐述了汽车整车基本参数的测量，以及基本性能、可靠性和安全性的试验方法；接着阐述了新能源汽车的典型系统总成与零部件的试验方法；最后讨论了汽车试验场与整车实验室以及汽车虚拟试验技术等相关内容。

本书可作为高等院校车辆工程、新能源汽车、智能车辆工程及相关专业本科生和研究生的专业课程教材，也可作为从事新能源汽车设计开发、生产制造、试验检测、维修保养等工作的有关研究人员和工程技术人员的参考资料。

图书在版编目（CIP）数据

新能源汽车试验学/赵登峰，侯俊剑主编. --北京：机械工业出版社，2025. 6. --（普通高等教育汽车类专业系列教材）. -- ISBN 978-7-111-78722-8

Ⅰ. U469.7

中国国家版本馆 CIP 数据核字第 2025SM3812 号

机械工业出版社（北京市百万庄大街 22 号　邮政编码 100037）

策划编辑：孙　鹏　　责任编辑：孙　鹏　高孟瑜

责任校对：杜丹丹　杨　霞　景　飞　　封面设计：张　静

责任印制：张　博

固安县铭成印刷有限公司印刷

2025 年 8 月第 1 版第 1 次印刷

184mm×260mm · 19 印张 · 470 千字

标准书号：ISBN 978-7-111-78722-8

定价：79.90 元

电话服务

客服电话：010-88361066

010-88379833

010-68326294

网络服务

机　工　官　网：www. cmpbook. com

机　工　官　博：weibo. com/cmp1952

金　　书　　网：www. golden-book. com

机工教育服务网：www. cmpedu. com

前　言

发展新能源汽车是我国重要的国家战略之一，在市场需求和国家“碳达峰、碳中和”目标及能源安全等政策支持的多重因素作用下，近年来新能源汽车产业实现了快速发展。我国新能源汽车市场整体增长稳健，连续多年产销量世界第一，引领了世界新能源汽车工业和全球汽车产业的高质量发展。新能源汽车的渗透率快速提升，在我国现代交通运输系统和国民经济发展中发挥着日益重要的作用，发展前景非常广阔。

过硬的产品质量是企业立足于市场的核心竞争力，试验作为识别现代汽车产品质量问题的重要技术手段，在保证汽车品质、提高汽车性能和市场竞争力中发挥着重要作用。相比传统汽车，新能源汽车的构造和性能均发生了重大变化，给汽车试验技术的发展升级带来了挑战和机遇。新能源汽车的质量关乎人民群众出行安全，这对新能源汽车试验也提出了更高的要求，在新能源汽车投放到市场之前，必须经过系统全面的试验验证。试验贯穿新能源汽车产品的开发、设计、生产制造、使用、维修和保养等全生命周期。通过试验可以有效获取整车、系统总成与零部件的测量参数和评价结果，有利于深入了解新能源汽车在实际使用中各种现象的本质及其规律。各大汽车企业对试验的重视程度日益提高，投入的人力、物力和财力持续加大，推动了新能源汽车试验技术的快速发展。

汽车试验的内容和技术日益丰富，逐步成为一门极为重要的工程技术。然而，行业内专门介绍新能源汽车试验学的教材比较稀缺。编者长期从事新能源汽车产品开发、技术研究、科研教学等相关工作，基于国家和行业试验标准编写了本书。

全书共分九章。第一章为绪论；第二章阐述了试验基本理论，包括测量系统工作特性、试验设计理论、试验误差理论和试验数据的记录与处理等内容；第三章介绍了整车基本参数的测量；第四～六章分别介绍了整车基本性能试验、整车可靠性试验、汽车安全性试验等整车试验方法；第七章介绍了新能源汽车动力与能源、传动、制动、转向、行驶等典型系统总成零部件的试验方法；第八章简要介绍了汽车试验场与整车实验室；第九章介绍了汽车虚拟试验技术。

本书由郑州轻工业大学车辆工程系赵登峰、侯俊剑担任主编，由中国汽车技术研究中心正高级工程师周华担任主审。本书的编写具体分工为：第一章、第三章、第七章第四节、第八章和第九章由赵登峰编写，第二章、第五章和第六章由钟玉东编写，第四章和第七章第五节由张志刚编写，第七章第一、二、三、六节由丁金全编写。郑州轻工业大学车辆工程系王新生、周放、翟洪飞、姚雷、房占鹏老师参与了编写工作。全书由侯俊剑、付志军统稿。

本书编写过程中，参考了许多国内外出版的书籍、网站、标准的相关内容，得到了许多汽车行业专家的大力支持和帮助，使得本书的编写工作得以顺利完成，谨此致谢。同时，感谢郑州轻工业大学车辆工程专业学生孟祥平、李豪杰、崔明辉、卢玺康、王泳、许亚雄在本书编写过程中给予的帮助，感谢本书参考文献的所有编著者。

鉴于编者水平有限，书中不足或错漏之处在所难免，恳请广大读者批评指正。

编　者

2025 年 7 月

目　录

前　言
第一章　绪论 …… 1
第一节　汽车试验概述 …… 1
一、汽车试验分类 …… 1
二、汽车试验标准 …… 3
三、汽车试验研究内容 …… 5
第二节　汽车试验实施步骤与管理 …… 6
一、汽车试验实施步骤 …… 6
二、汽车试验管理 …… 8
三、汽车定型试验规程 …… 9
第三节　汽车道路试验方法通则 …… 10
一、试验条件 …… 10
二、试验车辆准备 …… 12
第四节　机动车辆分类与新能源汽车构造 …… 12
一、机动车辆分类 …… 12
二、新能源汽车构造 …… 14
复习思考题 …… 15
第二章　试验基本理论 …… 16
第一节　测量系统工作特性 …… 16
一、测量系统的基本组成 …… 16
二、测量系统的工作特性 …… 16
第二节　试验设计理论 …… 20
一、试验设计的基本概念 …… 20
二、试验设计的基本流程 …… 22
三、试验设计的基本方法 …… 25
第三节　试验误差理论 …… 33
一、误差的来源与分类 …… 33
二、测量误差的表示方法 …… 34
三、减小误差的基本方法 …… 35
四、试验误差计算方法 …… 36
第四节　试验数据的记录与处理 …… 38
一、数据采集基础 …… 38
二、试验数据的处理 …… 39
复习思考题 …… 44

第三章　整车基本参数的测量 …… 45

第一节　主要尺寸的测量 …… 45

一、车辆坐标系 …… 45

二、测量准备 …… 46

三、主要尺寸的测量方法 …… 47

第二节　质量和质心位置的测量 …… 52

一、测量准备 …… 53

二、质量和质心位置的测量方法 …… 53

第三节　转动惯量的测量 …… 55

一、测量准备 …… 55

二、转动惯量的测量方法 …… 56

复习思考题 …… 56

第四章　整车基本性能试验 …… 57

第一节　动力性试验 …… 57

一、试验准备 …… 57

二、动力性试验 …… 59

三、滑行阻力试验 …… 64

第二节　经济性试验 …… 66

一、中国汽车行驶工况 …… 67

二、试验准备 …… 72

三、纯电动汽车经济性试验 …… 74

四、混合动力电动汽车经济性试验 …… 76

五、燃料电池电动汽车经济性试验 …… 78

第三节　制动性能试验 …… 80

一、试验准备 …… 81

二、试验评价指标 …… 81

三、制动性能道路试验 …… 84

四、制动性能台架试验 …… 90

第四节　操纵稳定性试验 …… 92

一、试验准备 …… 93

二、稳态转向特性试验 …… 94

三、瞬态转向特性试验 …… 97

四、转向回正性试验 …… 100

五、蛇行试验 …… 104

六、转向轻便性试验 …… 105

第五节　平顺性试验 …… 108

一、试验准备 …… 109

二、随机输入行驶试验 …… 109

三、脉冲输入行驶试验 …… 110

第六节　噪声试验 …… 110

一、试验准备 …… 111

二、车内噪声试验 …… 113

三、车外噪声试验 …… 115

第七节　通过性试验 …… 118
一、试验准备 …… 119
二、通过性参数测量 …… 119
三、横向通过性 …… 120
四、地形通过性 …… 122
复习思考题 …… 123
第五章　整车可靠性试验 …… 125
第一节　常规可靠性试验 …… 125
一、试验目的 …… 125
二、试验准备 …… 125
三、试验方法 …… 126
四、试验评价 …… 129
第二节　试验场可靠性试验 …… 131
一、试验目的 …… 131
二、试验原理 …… 132
三、试验准备 …… 133
四、试验方法 …… 134
五、试验评价 …… 136
第三节　台架模拟可靠性试验 …… 136
一、试验目的 …… 136
二、试验原理 …… 136
三、试验方法 …… 138
四、试验评价 …… 139
复习思考题 …… 139
第六章　汽车安全性试验 …… 140
第一节　汽车碰撞安全试验 …… 140
一、试验准备 …… 140
二、试验评价指标 …… 143
三、试验方法 …… 144
第二节　主动安全系统试验 …… 148
一、自动紧急制动系统试验 …… 148
二、自适应巡航控制系统试验 …… 151
三、车道保持辅助系统试验 …… 153
四、驾驶员注意力监测系统试验 …… 155
第三节　电磁兼容性试验 …… 156
一、电磁辐射发射试验 …… 157
二、电磁辐射抗扰试验 …… 158
第四节　信息安全试验 …… 159
一、基本概念 …… 160
二、车载终端信息安全试验 …… 160
三、平台间通信安全试验 …… 162
四、车载终端与平台通信安全试验 …… 162
复习思考题 …… 162

第七章　系统总成与零部件试验 …… 163
第一节　动力与能源系统试验 …… 163
一、驱动电机系统试验 …… 163
二、发动机试验 …… 169
三、动力蓄电池系统试验 …… 183
四、氢燃料电池系统试验 …… 194
第二节　传动系统试验 …… 201
一、变速器试验 …… 201
二、驱动桥试验 …… 205
三、传动轴试验 …… 209
第三节　制动系统试验 …… 213
一、行车制动器试验 …… 213
二、驻车制动器试验 …… 215
三、制动主缸试验 …… 216
四、制动踏板试验 …… 218
五、气压制动卡钳试验 …… 220
六、再生制动系统试验 …… 223
第四节　转向系统试验 …… 224
一、机械式转向器试验 …… 224
二、动力转向器试验 …… 229
三、转向盘试验 …… 231
第五节　行驶系统试验 …… 233
一、悬架试验 …… 234
二、车轴试验 …… 236
三、车轮试验 …… 238
四、轮胎试验 …… 243
第六节　空调系统试验 …… 246
一、制冷性能试验 …… 246
二、采暖性能试验 …… 248
三、除霜和除雾性能试验 …… 250
复习思考题 …… 251
第八章　汽车试验场与整车实验室 …… 252
第一节　汽车试验场简介 …… 252
一、汽车试验场的功能 …… 252
二、汽车试验场的分类 …… 253
三、典型试验道路及主要设施 …… 254
第二节　典型整车实验室简介 …… 258
一、汽车转鼓实验室 …… 258
二、道路模拟实验室 …… 262
三、环境模拟实验室 …… 265
四、碰撞安全实验室 …… 268
五、电磁兼容实验室 …… 270
六、整车声学实验室 …… 272

复习思考题 …… 274
第九章 汽车虚拟试验技术 …… 275
第一节 汽车虚拟试验概况 …… 275
一、汽车虚拟试验的定义 …… 275
二、虚拟试验的特点 …… 275
三、虚拟试验的分类 …… 276
四、基本实施步骤 …… 276
第二节 虚拟试验场 …… 277
一、虚拟试验场简介 …… 277
二、虚拟试验场的构成 …… 279
三、虚拟试验场的应用 …… 279
第三节 虚拟仪器系统 …… 281
一、虚拟仪器系统简介 …… 281
二、虚拟仪器系统的特点 …… 282
三、虚拟仪器系统的典型应用 …… 282
第四节 汽车虚拟试验应用 …… 283
一、基本性能虚拟试验应用 …… 283
二、智能汽车虚拟试验应用 …… 288
第五节 常用虚拟试验软件 …… 288
一、结构强度刚度虚拟试验软件 …… 288
二、车辆动力学虚拟试验软件 …… 289
三、疲劳寿命虚拟试验软件 …… 290
四、动力性/经济性虚拟试验软件 …… 290
复习思考题 …… 290
附录 …… 291
附录 A 汽车试验标准和试验场网站 …… 291
附录 B 汽车试验简略用语 …… 291
参考文献 …… 294

第一章 绪　论

试验是推动汽车技术进步、提高产品性能与质量、增强市场竞争力的重要手段。随着我国新能源汽车工业的快速发展，汽车试验技术越来越受到汽车整车、零部件企业及相关汽车检测服务机构的重视。作为汽车产品开发流程中最为关键的基本环节，汽车试验的内容日益丰富，涵盖了试验标准规范、试验车辆、场地设施、仪器设备和试验管理等诸多方面，对促进汽车安全、节能、舒适、环保等产品属性的提升，推动电动化、智能化、网联化等新技术的发展，确保汽车产品质量，缩短开发周期，提升产品性价比和市场竞争力具有重要意义。

第一节　汽车试验概述

汽车试验是指在专用试验场或其他专用场地、实验室内，使用专用和通用的仪器设备，依照试验大纲及有关汽车标准，对整车或系统、零部件进行各种测试，得到整车或系统、零部件的参数或定性评价的过程。简而言之，汽车试验是通过测试手段确定汽车或与汽车有关的参数的过程。这里的参数通常包括物理量的定量数值，如速度、加速度、位移或者压力等，也包括各类疲劳寿命试验的循环次数、工作时间等数据。汽车试验贯穿于汽车产品的研发、样机试制、成品制造、产品使用等各个环节，是对汽车部件功能、生产工艺的验证，对零件形体、成分的检测，以及对整车和零部件性能和可靠性的测试的统称。根据试验目的、要求、对象的不同，试验系统和试验方法的复杂与难易程度存在很大的差异。

一、汽车试验分类

通常按照试验目的、试验对象、试验场所、评价方法、试验内容对汽车试验进行分类。

1. 按照试验目的分类

按照试验目的的不同可以分为质量检查试验、产品定型试验和研究性试验。

（1）质量检查试验

通过对汽车产品进行定期检查试验，鉴定目前生产的产品质量的稳定性，及时检查出产品存在的问题。如果由用户提出检查试验要求，也可不定期开展。针对用户意见，根据产品质量定期检查试验规程进行质量检查试验，并给出检查结论，对发现的问题要进行简要分析。这类试验通常比较简单，强调产品质量检查的时效性。

（2）产品定型试验

新产品正式投产前，按照国家有关试验标准和规程对整车、总成、零部件等新产品进行全面性能试验，以及在不同地区、不同试验环境下进行适应性和使用性试验。一般试验要进行多轮，样件数量逐轮增加。试验中不允许出现重大损坏、性能恶化和维修频繁等情况。每轮试验发现的问题应及时改进，直到性能全面达到设计要求，产品设计和工艺参数等全部确定。

（3）研究性试验

为了改进现有产品或开发研制新产品、新技术，需要对车辆的新部件、新结构和采用的新材料、新工艺等进行广泛深入的研究试验，对汽车及相关领域基础理论和技术进行研究，以及对汽车试验方法进行探讨。

2. 按照试验对象分类

按照试验对象的不同，汽车试验可以分为整车试验、系统与总成试验和零部件试验三大类。

（1）整车试验

目的是考核整车的主要技术性能，测量各项技术性能指标，如动力性、经济性、制动性、操纵稳定性、平顺性、通过性等。

（2）系统与总成试验

主要考核动力与能源系统、行驶系统、制动系统、转向系统等与总成的工作性能和耐久性，如测量发动机功率、变速器效率、悬架传递特性，以及它们的结构强度、刚度和疲劳寿命等。

（3）零部件试验

主要考核汽车零部件设计和工艺的合理性，测试其精度、强度、磨损和疲劳寿命，以及研究材料的选择是否合适。

3. 按照试验场所分类

按照试验场所可分为室外道路试验、室内台架试验、试验场试验和使用试验。

（1）室外道路试验

车辆在实际使用的道路条件下试验，可以全面考核评价车辆的技术性能，这是最普遍的试验方法，但是受车辆空间条件的限制，一些传感器的安装、测试参数的记录均较室内试验困难。

（2）室内台架试验

室内台架试验在实验室内专用的试验台架上进行，可以测试整车、总成、零部件的性能和可靠性。其特点是精度高、可重复性好、试验数据可靠。此外，还能强化试验条件，缩短试验周期，减少试验费用。

（3）试验场试验

试验场试验是指在专用试验场地内进行的试验，通常按照预先制定的试验项目、试验规范，在规定的行驶条件下进行。

（4）使用试验

使用试验是指在实际使用中对车辆的某个或某些性能指标进行测试，完全按驾驶员意图和实际工作条件操作，通常在室外道路上进行。试验过程中由试验员对车辆的日常行车信息如车辆技术状态、补给、润滑、维修等进行记录。

4. 按照评价方法分类

按照评价方法可分为客观评价试验和主观评价试验。

（1）客观评价试验

由专业试验评价人员针对被评价车型、系统与总成或零部件的类型、测评目的，按照一定的试验标准，采用相应的试验仪器，在特定的试验场地、试验道路对样车、系统与总成或零部件进行测试，然后对试验数据进行处理，编制测试报告。试验结果的准确性取决于是否正确地理解试验标准、把握试验条件、组织实施试验、处理试验数据。

（2）主观评价试验

由专业试验评价人员按照一定的主观感觉评价规范，通过对被评价对象的观察、操作感受、典型道路的试乘试驾、常规维护保养的实施情况，站在用户的立场，对被评价对象进行评价，对每一个评价项目依靠评价员的主观感觉来打分，由评价员给出诸如好、较好、一般、差等的定性评价。为保证结果的正确性，一般需要多个评价员来进行主观评价，适用于座椅舒适性、视野、变速杆手感、转向盘路感、造型与色彩、操纵性能、振动噪声、车内空气质量等试验。

5. 按照试验内容分类

按照试验内容可分为性能试验和可靠性试验。

（1）性能试验

对整车、总成和零部件的性能进行试验。

（2）可靠性试验

通过道路试验、台架试验等方式对整车、总成和零部件的可靠性进行试验。

二、汽车试验标准

汽车试验标准是指导开展汽车试验的重要依据，包括试验方法标准、评价标准等。在汽车标准中，试验标准或与试验有关的标准占了很大比重，包括整车、发动机、传动系统、制动系统、悬架系统、转向系统、车身总成与零部件等方面的试验方法。汽车试验标准繁多，标准文本更新频繁。制定汽车试验标准是一项庞大的系统工程。

标准一经颁布执行，就具有技术上的权威性和一定的法律属性，无论是整车性能试验还是总成与零部件试验，都要在标准的指导下开展。标准可以确保试验操作规范、安全，数据结果准确、可信且具有典型性、代表性和可比性。一般来说，汽车试验所采用的仪器设备、试验场所、试验环境和试验方法等，都应遵循国家或相关部门、行业、企业颁布的标准文件。对有些探索式、创新性试验，可由研究人员选取或自行制定试验标准和操作规范。

1. 汽车试验标准的特点

汽车试验标准具有权威性、通用性、先进性和相对稳定性等特点。

权威性是指汽车试验方法一经形成标准，在试验中就应严格遵照执行，不应随意改变试验方法。若在汽车试验过程中不能严格执行试验标准，则试验结果就失去了它的严肃性和可比性。

通用性是指将试验方法标准作为权威方法，在试验中有一定的指导作用，它是用于不同部门、多种车型的汽车试验。

先进性是指标准的关键性指标对标国家先进、达到国内一流或填补国际、国内空白。先进的试验标准有利于促进汽车试验技术和汽车制造水平的发展提高。标准的水平以“国际先进”“国际一般”“国内先进”来评价。

相对稳定性是指保持标准内容随时间保持相对稳定的能力。相对稳定的标准有利于试验方法的推广执行。为保障试验方法的相对稳定，制订标准时应使之具有一定的超前性。一般情况下，试验标准 5 ~ 10 年或更短时间修改一次。只有不断修改，才能保证其具有一定的超前性。标准的先进性和相对稳定性是相辅相成的。

2. 试验标准的分类

按适用范围，汽车试验标准分为国际标准、国际区域性标准、国家标准、行业标准、地方标准、团体标准和企业标准。

（1）国际标准

国际标准是由国际标准化组织（International Standards Organization，ISO）制定的。ISO 是世界最大的、非官方工业和技术合作国际组织，是联合国的高级咨询机构。凡是由 ISO 制定的标准，开头都有“ISO”标记，如由我国牵头修订发布的国际标准 ISO/TR 11954：2024《使用压缩氢气的燃料电池电动汽车动力性试验方法》等。

（2）国际区域性标准

国际区域性标准是由若干成员国共同参与制定并共同遵守的标准。最典型的标准制定机构有欧洲经济委员会（Economic Commission of Europe，ECE）和欧洲经济共同体（European Economic Community，EEC）。ECE 法规不是强制性法规，各成员国可选择采用，各国通常在 ECE 法规基本要求下制定本国法规。EEC 是联合国理事会的下属机构，其汽车安全法规是由欧洲经济共同体各成员国讨论制定的，具有绝对权威性，一旦发布，各成员国必须强制执行。EEC 标准号由 3 部分组成，分别为年份、编号和 EEC 代号。如 70/156/EEC，即 1970 年颁发的第 156 号 EEC 指令。

（3）国家标准

国家标准是各国依据自己的国情而制定的适用于本国的标准。我国国家标准简称 GB。美国国家标准协会制定的标准为国家级标准，简写为 ANSI（American National Standards Institute），日本的国家级标准简写为 JIS。

（4）行业标准

行业标准是为了规范本行业所辖各部门汽车产品试验方法而制定的。如我国汽车行业标准简写为 QC，交通运输部标准简写为 JT 等。国际自动机工程师学会（Society of Automotive Engineers，SAE）制定的标准简称为 SAE 标准。日本汽车工程师协会制定的日本汽车工业通用标准的代号为 JASO。

（5）地方标准

地方标准是指地方政府根据本地区的实际情况，结合国家相关规定与标准制定的在本地区执行的标准，其代号为 DB。

（6）团体标准

团体标准是依法成立的社会团体为满足市场和创新需求，协调相关市场主体共同制定的标准。由本团体成员约定采用或者按照本团体的规定供社会自愿采用。

（7）企业标准

企业标准是指各汽车生产企业、汽车试验场，根据本身特点，参考相应国际、国家标准而制定的，它只限于本企业内使用。通常，企业标准严于国家或国际标准，目的是提高本企业产品质量。

除以上分类外，按标准性质可将试验标准分为强制性试验标准和推荐性试验标准两类。

（1）强制性试验标准

强制性试验标准是指为了保障人身健康和生命财产安全、生态环境安全、节约能源而制定的强制执行的试验标准。如 GB 38032—2020《电动客车安全要求》、GB 13057—2023《客车座椅及其车辆固定件的强度》等。

（2）推荐性试验标准

推荐性试验标准是指生产、交换、使用等方面，通过经济手段或市场调节而自愿采用的试验标准。但推荐性标准一经接受并采用，或各方商定同意纳入经济合同中，就成为各方必须共同遵守的技术依据，具有法律上的约束性。在我国，推荐性试验标准的代号中带有“T”，如 GB/T 13043—2022《客车定型试验规程》、GB/T 13053—2008《客车车内尺寸》等。这类标准无强制性，试验人员可参照执行。

推荐性试验标准可细分为通用性试验标准和定型试验标准。通用性试验标准是单项性能试验标准，一般不区分车辆类型。定型试验标准是针对车辆定型试验制定的，因车辆类型不同而不同，如 GB/T 13043—2022《客车定型试验规程》等。

三、汽车试验研究内容

汽车试验主要研究内容包括试验的基本理论、各种参数的试验测量技术、用于汽车整车或系统总成零部件的试验方法与设备设施，以及试验数据处理与分析等。

1. 试验的基本理论

试验的基本理论主要包括：

1）测量系统工作特性分析方法。用于了解汽车试验系统的静态、动态特性，合理选择和使用试验系统。

2）试验设计理论。在众多参数影响的试验中选择最优的试验方法，对试验对象进行有效的试验。

3）试验误差理论。用于了解在汽车试验中可能产生的各类误差、各类误差的分类特点及减小误差的方法。

4）模型设计理论。在对某些产品不能进行整车或实物试验的条件下，以模型为研究对象，用于了解模型和实际研究对象的关系，从而通过对模型的研究来反映实物。

2. 试验测量技术

在汽车试验中测量各种试验参数时，会涉及很多物理量，如速度、加速度、位移、力、荷重、转矩、转速及应力等。将这些物理量转换成可方便测量、记录、计算的电量，是测量技术的研究内容。具体为：

1）各类传感器。将各类非电量转换成电量的元器件，也称为一次仪表。

2）各类调理器。对于一次仪表转换成的电量，在要求高精度测量时，还需进行放大、调制、检波及滤波等处理。

3）记录分析仪器。经二次处理后的信号还需根据要求保存、分析和处理。

3. 试验方法与设备设施

汽车试验的发展与试验方法的更新及试验仪器设备的进步和完善密切相关。汽车试验设备通常分为两大类，即道路试验设备和室内台架试验设备。

由于道路试验设备所处的环境十分恶劣，因此对其防尘、防振、防潮及抗老化的性能要求高。对于室内台架设备，需要搭建一个台架模拟汽车整车及总成部件的运动与所需的外界环境，以实现其有关参数的测量。所以，汽车道路试验设备与室内台架试验设备在功能、构造等方面通常存在较大的差异。

4. 试验数据处理与分析

试验数据处理要从原始数据中找出能反映被测对象的一般规律或统计规律，以便对被测对象进行分析研究。

试验数据分析一般可以分为时域分析、幅值域分析、频率域分析及相关域分析等。时域分析用来分析被测参数随时间变化的规律，如操纵稳定性、弯道制动过程等。幅值域分析用来分析被测参数的幅值和出现次数的关系，如客车车身和零部件的疲劳强度测试等。频率域分析一般分析被测参数随频率变化的规律，如车辆振动时，在不同频率下分析被测零部件的振动响应，或对汽车结构进行扫频激励，找出共振点频率后，在共振频率下进行耐久性试验。相关域分析用来分析试验过程中不同试验点的试验参数之间的相互关系，如车轮、悬架、车身、座椅之间的振动传递关系。

第二节　汽车试验实施步骤与管理

一、汽车试验实施步骤

针对不同的试验项目，被测对象、被测参数和试验工况各异，实施汽车试验的步骤各不相同。总体来说，汽车试验可以划分为制定试验大纲、试验准备、实施试验和编写试验报告等基本试验步骤。

1. 制定试验大纲

汽车试验技术性很强，影响汽车试验的因素很多，在实施试验前必须进行周密的计划、组织与准备，实施汽车试验的首要任务是制定试验大纲。试验大纲是指导试验工作的纲领性技术文件，其编制是否科学、合理，将关系试验工作质量的高低，甚至影响试验工作的成败。根据车辆试验任务提出的要求，按相应的试验标准编制试验大纲，经讨论后报试验的管理机构批准后实施。

试验大纲一般应包含以下六方面的内容：

1）试验目的和任务。明确规定试验必须完成的任务，如要解决的技术问题、要测取所需要的数据或要观察的现象等。明确要达到的目的，如法规适应性验证、新产品的定型或零部件定型等。试验目的决定试验类型，且在很大程度上决定了试验任务的规模与内容。

2）试验内容与条件。完成试验任务所需的试验内容、试验条件、试验程序，以及试验工作量，都应在大纲中做简要说明，必要时应附有试验原理示意图。

3）试验项目和测量。试验大纲中应根据试验内容，详细列出必须进行的试验项目以及每个项目中必须测量的参数，如制动性能试验需要测量的参数包括初速度、制动距离、制动时间等，并说明由测量参数求得最后性能指标的方法。同时，根据试验项目测量参数，选择试验所用的仪器设备，并提出仪器的精度要求。

4）试验技术和方法。大纲中规定的试验有关技术事项和试验方法步骤，对试验人员的正确操作、检验数据及确保试验成功是十分重要的，因此必须严格遵守试验标准或法规中规定的试验程序和方法步骤。

5）人员的组织与分工。应该按参加试验的人员专业水平和工作需要进行人员分工，发挥每个人员的专业特长，明确试验人员的职责分工，同时建立试验组织系统，组成试验领导指挥系统。

6）试验进度计划。根据试验任务和目的以及各个项目进行的先后顺序，编制进度日程计划，指导试验工作协调有序和按计划进行。在编制进度计划时，考虑不确定性因素，在时间安排上要留有余地，以免因时间太紧而影响试验质量，或因天气变化而造成计划不能按期执行，致使计划作用失效。

2. 试验准备

试验准备主要包括仪器设备准备、试验样件准备和人员准备。

根据试验大纲的要求，准备好所需的仪器设备。一般情况下，在整车试验时要准备好各种传感器、记录仪器等。对室内台架试验则要准备好各种连接件、测量仪器、动力设备和测量设备等。需要注意，不论是室外还是室内试验，所用仪器设备均应满足试验要求的测量范围、容量和精度。使用前，仪器设备应进行标定，标定的数据应记录并填入试验报告中。

根据试验大纲的要求，准备试验样车和系统总成零部件。样车和总成零部件的状态要符合产品制造企业的设计要求。

根据试验项目测取数据的需要，配备操作、监测、记录人员，明确每人的任务和相互间配合关系，熟练掌握仪器设备的操作规程、车辆驾驶技术，拟定试验记录表格和数据处理表格，对自动打印或记录的测试系统，要设计好打印格式、记录图形的方式与规格。

3. 实施试验

（1）汽车试验实施条件

进行试验前试验样车应具备一定的实施条件，具体包括：

1）应确认试验车辆是否符合设计任务书、设计图样及技术条件的要求。

2）为保证定型试验的准确，需向试验单位提供规定数量的试验样车。

3）研制单位应提供试验样车的技术文件，主要包括：经主管部门批准的设计任务书和技术要求；设计图样；装配、调整技术条件；使用保养说明书；试验车的制造与装配记录；试验车的研制试验报告和主要总成的台架试验报告等。

（2）试验的实施程序

一般按申请试验、组织试验、执行试验和试验报告的程序来实施。

1）申请试验。具备试验实施条件后，研制单位可按有关规定向主管定型委员会提出试验申请，由该委员会批准并指定国家汽车工业主管部门确认的汽车新产品鉴定试验单位，组织实施定型试验。

2）组织试验。试验单位根据定型委员会批准的文件和相应试验标准的规定，接收研制单位提交的试验样车、技术文件图样，然后制订试验大纲和实施计划，并征求研制单位的意见后，呈报主管定型委员会批准。试验的具体实施内容按批准后的大纲和计划执行。

3）执行试验。试验单位应按试验大纲和计划进行试验。试验期间发现下列情况之一时，包括：转向系统、制动系统的效能不能确保行车安全；样车性能指标与设计任务书的要求相差较大；主要零部件损坏，研制单位又不能及时提供合格配件；零件损坏频繁，影响试验工作正常进行；试验中重点考核的主要总成及关键零部件在正常试验中损坏需要更换等，试验单位有权终止试验，并上报主管定型委员会，待研制单位改进后方可恢复试验。

4）试验报告。编制试验报告应根据试验进展情况，定期分阶段写出试验情况简报，并及时报送上级主管定型委员会和研制单位。试验完成后的总结工作，应包括对试验中发现的问题、观察到的现象进行定性的分析研究，对测取的数据采取试验统计理论、误差分析的方法进行处理，以确定实测所得的性能指标和各参数间的关系。对强度、疲劳磨损试验则在试验完毕以后，对被试车辆进行分解、检查与测量，获取试验后的数据。在完成上述工作后，应按国家标准中试验报告的格式编写试验报告及定型试验工作总结材料，上报主管委员会，并将试验报告提交研制单位和使用单位。

4. 编写试验报告

试验报告的主要内容包括：

1）前言：介绍试验任务的来源、研制单位、试验单位及试验基本情况。

2）目录。

3）能反映试验车基本外形特征的照片两张。

4）试验仪器及设备，仪器名称、型号、产地、精度等。

5）试验依据。

6）试验车的技术指标。

7）试验条件。

8）试验内容和结果。

9）试验结论与改进意见。

10）附件。包括图表、曲线、照片和各种专项及台架试验报告，必要的技术资料，试验人员及职务等。

11）试验日期。

二、汽车试验管理

试验管理是指一个试验组织或单位根据上级试验主管部门或被试车辆的使用部门提出的要求，在时间和经费允许的条件下，为达到预定目标、顺利实施试验、取得最高置信度的试验结果所进行的一切组织、计划、协调和控制等综合性工作。试验管理的目标是以最少的人、财、物、信息、时间等资源消耗去完成既定的汽车试验任务，或以一定的资源消耗去完成尽可能多的汽车试验任务。

1. 试验管理内容

试验管理内容包含技术活动和组织活动两方面。

技术活动包括以下内容：制订试验大纲、试验方案设计、试验程序的编制；调查研究收集资料、分析资料和学习有关文件；安排人员的技术培训；选择、研制试验设备和仪器；数据的采集与处理以及编写试验报告等。

组织活动是指为有效地实现技术活动所进行的一切保障与监督管理活动。

2. 试验管理的对象

试验管理的对象一般是指参与试验活动的人和用于试验的物、财、信息和时间。

人是指所有参加试验工作的各部门和单位的管理者、工程技术人员、维修技工、驾驶员、仪器操作人员、后勤保障人员以及他们所掌握的知识和技术的统称。

物主要包括被试车辆、备件、各种油料和其他消耗材料，各种维修设备及工具、试验用仪器、仪表设备设施以及后勤保障车辆等生活物资装备。

财是指用于保障试验活动的一切经费。

信息包括指令、文件、试验标准、图样及有关技术文件、规则规范、数据资料以及决策方案等。

时间是指开展试验工作的耗时和进度，用日历时间和试验的工作小时来进行量度和控制。

3. 试验管理的基本任务

试验管理的基本任务是对试验活动进行计划、组织、监督与控制。

计划是指根据试验指令、试验大纲和方案的要求，分析确定试验管理的目标，选择达到目标必须进行的活动项目，确定每次活动的实施要求，并根据已确定的活动内容估计所需资源和时间。

组织包括建立试验管理机构，任命或指定试验活动的负责人，组织参试人员的业务培训，使之能胜任所承担的任务。

监督是指通过检查、评审等活动及时获取可靠的信息，以便监督试验是否按计划进行。

控制是指依据试验计划的要求，衡量试验中对计划的执行情况，并对发现的问题进行分析，对需纠正的问题及时采取可行的措施，以保证计划的最终落实和管理目标的实现。

三、汽车定型试验规程

定型试验是指在用于产品设计、制造的设计图、计划图等技术文件已经基本完成以后，为了确认应用这些文件进行生产和转入大量生产的可能性，组织对应用这些文件制造的样车进行的试验。通常是在基本车型或其变型产品设计完成之后、正式投入批量生产之前开展，旨在全面考核汽车结构、性能、制造质量是否符合设计任务书的技术要求。从投入生产前进行的角度看，定型试验也称为生产前试验；从确认开发最终完成的角度看，也可以称为开发确认试验。

现行的汽车定型试验规程有 GB/T 18388《电动汽车定型试验规程》、GB/T 19750—2005《混合动力电动汽车定型试验规程》、GB/T 39132—2020《燃料电池电动汽车定型试验规程》、GB/T 1332—1991《载货汽车定型试验规程》和 GB/T 13043—2022《客车定型试验规程》等。

定型试验的程序实施包括申请设计定型、组织定型试验、执行定型试验和编写定型试验报告等步骤。

在实施定型试验前，应具备系列条件，具体包括：应确认试验车辆是否符合设计任务书、设计图样及技术条件要求；提供规定数量的试验样车，以确保定型试验结果的准确性；提供试验样车的技术文件，主要包括设计图纸、装配、调整技术条件、使用保养说明书、试验车制造、装配调整记录、试验车的研制试验报告和主要总成的台架试验报告等。

定型试验的工作内容包括以下 14 项内容：①试验样车验收及磨合行驶；②整车参数测量；③主要零部件精密测量；④发动机台架性能试验；⑤汽车技术状况检查行驶；⑥车速表校正；⑦基本性能试验（滑行试验、动力性能试验、经济性试验、制动性能试验、操纵稳定性试验、行驶平顺性试验）；⑧污染物控制项目试验（排放污染物测量试验、汽车噪声测量、无线电干扰试验）；⑨安全项目试验；⑩地区适应性试验；⑪可靠性行驶试验；⑫性能复试；⑬发动机台架性能复试；⑭汽车拆检测量。

整车定型试验报告的内容包括前言、目录、能反映试验车基本外形特征的照片两张、试验仪器及设备（仪器名称、型号、产地、精度等）、试验依据、试验车的技术指标、试验条件、试验内容和结果、试验结论与改进意见、附件（包括图表、曲线、照片和各种专项及台架试验报告）和试验日期等。

在定型试验过程中，应中止试验的情况包括：①转向、制动系统不能确保行驶安全；②试验样车性能指标不满足产品技术条件；③车架、车身及其承载系统出现断裂或开裂，试验无法进行；④电池系统、电机及其控制系统、动力系统、车载充电系统出现严重问题或频繁出现问题导致无法试验；⑤铰接客车的机械连接装置失效，无法安全运行；⑥试验中应考核的总成严重损坏需要更换；⑦引起车辆行驶安全的其他致命故障；⑧试验单位认为必须中止试验的其他情况。

第三节　汽车道路试验方法通则

汽车道路试验的最大特点是接近实际使用情况，试验结果具有真实性。但道路试验的影响因素很多，主要包括试验条件和试验车辆准备。试验条件包括道路条件、车辆装载质量、驾驶操作、气象条件、试验仪器设备等都会影响试验结果。如果控制不好试验条件，试验结果的可比性和重复性会降低，甚至会造成试验结果失真。另外，试验车辆准备也会对试验结果造成直接影响。为保证试验结果的真实性、重复性和可比性，GB/T 12534—1990《汽车道路试验方法通则》中对汽车道路试验方法中通用的试验条件和试验车辆准备工作等给出了统一规定。

一、试验条件

试验条件主要包括装载质量、轮胎气压、燃料油、润滑油、制动液、气象和道路条件、试验仪器设备等。

（1）装载质量

一般情况下，装载质量均为厂定最大装载质量或试验车处于厂定最大总质量状态。有的车型如专用车、改装车，因其自重已不是其基型车的质量，试验时应使之处于厂定最大总质量状态开展。有的试验需在空载状态下开展，如称量自重、测定重心高度等。

为避免试验中因载物位置移动或质量变化，而改变重心位置和车辆载荷分布情况，要求装载质量应均匀分布在车厢内，必要时加以固定，试验过程中不得晃动和颠离，不应因潮湿、散失等条件变化而使载荷质量及分布发生变化。

车上乘员的质量应计入汽车装载质量，乘员平均质量按表 1-1 计算。乘员质量可用相同质量的重物代替，对重心位置敏感的试验应注意保证代替物的重心位置与乘员相当。

表 1-1　乘员质量　　（单位：kg）

车型	乘员平均质量	行李质量	代替重物分布			
			座椅上	座椅前的地板上	吊在车顶的拉手上	行李舱（架）
载货汽车、越野汽车、专用汽车、自卸汽车、牵引汽车	65	—	55	10	—	—

（续）

<table>
<tr><th colspan="3" rowspan="2">车型</th><th rowspan="2">乘员平均质量</th><th rowspan="2">行李质量</th><th colspan="4">代替重物分布</th></tr>
<tr><th>座椅上</th><th>座椅前的地板上</th><th>吊在车顶的拉手上</th><th>行李舱（架）</th></tr>
<tr><td rowspan="4">客车</td><td colspan="2">长途</td><td>60</td><td>13</td><td>50</td><td>10</td><td>—</td><td>13</td></tr>
<tr><td rowspan="2">公共</td><td>坐客</td><td>60</td><td>—</td><td>50</td><td>10</td><td>—</td><td>—</td></tr>
<tr><td>站客</td><td>60</td><td>—</td><td>—</td><td>55
（地板上）</td><td>5</td><td>—</td></tr>
<tr><td colspan="2">旅游</td><td>60</td><td>22</td><td>50</td><td>10</td><td>—</td><td>22</td></tr>
<tr><td colspan="3">轿车</td><td>60</td><td>5</td><td>50</td><td>10</td><td>—</td><td>5</td></tr>
</table>

（2）轮胎气压

轮胎气压对汽车各项性能试验有重要影响。试验证明，新旧轮胎的阻力系数不同。轮胎气压不足，滚动阻力增加，滑行距离缩短。子午胎较常规斜交胎滚动阻力小。因此要求试验车轮胎的种类、型号规格、花纹深度、轮胎气压均应符合试验车技术条件的规定。试验用轮胎应使用新轮胎或磨损不大于原花纹深度20%的轮胎，试验过程中，轮胎冷充气压力应符合试验车技术条件的规定，误差不超过±10kPa。

（3）燃料油、润滑油、制动液

汽车使用的燃料油、润滑油、制动液等的牌号和规格，应符合试验车的技术条件要求或现行国家标准的规定。使用不同的燃料油、润滑油将影响动力性、经济性的试验结果，不同的制动液对制动性能的影响也有所不同。市场上供应的燃料油，以及不同炼油厂、不同时间供应的同一标号的燃料油，其辛烷值、比重、馏分均有差异。除可靠性试验、耐久性试验及使用试验外，同一次试验的各项性能测定时必须使用同一批号燃料油、润滑油和制动液。

（4）气象和道路条件

试验时应是无雨无雾天气，相对湿度小于95%，气温0～40℃，风速不大于3m/s。对气象有特殊要求的试验项目，由相应试验方法规定。

各项性能试验应在清洁、干燥、平坦的沥青或混凝土铺装的直线道路上进行，另有规定除外。道路长2～3km，宽不小于8m，纵向坡度在0.1%以内。

气象和道路条件要求不严格，将会使试验结果出现较大偏差，如经济性试验结果受风速和道路坡度的影响很大。风速过大，即便采用往返试验的方法也不能完全消除风的影响，侧向风的影响更不易消除；道路的纵向坡度过大，将使往返两条经济性曲线相差很大。试验证明，纵向坡度达到0.3%时，等速油耗试验结果已不能真实反映汽车的经济性能。

（5）试验仪器设备

试验用仪器设备须经计量检定，在有效期内使用，并在使用前进行调整，确保功能正常，符合精度要求。如果试验采用的设备重量较大，则应计入汽车载重。

当使用汽车上安装的速度表、里程表测定车速或里程时，试验前必须进行误差校正。具体方法是，用距离测量仪记录试验开始至结束时的实际里程数（精度到5cm），而后用下式计算里程表校正系数C。

$$C = S/S'$$

式中，C 为里程表校正系数；S 为实际里程，单位为 km；S'为里程表指示里程数，单位为 km。

二、试验车辆准备

试验车辆准备包括试验前车辆检查、行驶检查、车辆磨合、预热行驶和试验车调整、保养和修理等工作。

（1）试验前车辆检查

记录试验样车的生产厂名、牌号、型号、发动机号、底盘号、各主要总成编号和出厂日期。检查车辆装备完整性及调整情况，使之符合该车装配调整技术条件和 GB 7258—2017《机动车运行安全技术条件》的有关规定。

（2）行驶检查

行驶检查主要检查汽车的技术状况，行驶里程不大于 100km。

行驶检查是在车辆磨合之后，基本性能试验之前进行。行驶道路为平坦的平原公路，交通流量小，有里程标志，单程行驶不小于 50km，风速不大于 5m/s，车速为汽车设计最高速度的 55%～65%，不允许空档滑行，尽量保持匀速行驶。行驶前，应在出水管、发动机主油道或曲轴箱放油塞、变速器及后桥主减速器等的加油塞处安装 0～150℃ 量程的远程温度传感器。各总成冷却液以及润滑油必须加到规定量。检查行驶时，每 5km 测一次各点温度并记录当时的时间、里程及车速等试验结果，绘制温升试验曲线，从而找出各总成的平衡温度和达到平衡温度时的行驶里程和时间。

行驶中还应检查各总成工作状况、噪声和温度，密切注意转向器、制动器等零部件的性能，发现异常应及时停车找出原因并排除，排除后方可继续行驶。

在行驶检查的同时，根据要求选择开展里程表的校正、平均技术车速测量及平均燃料消耗量测定等。

（3）车辆磨合

车辆磨合对所有汽车都十分重要，磨合不充分，状态不够好，不仅汽车性能不可能达到最佳状态，而且在进行整车性能试验的过程中极易出现总成零部件损坏。根据试验要求进行磨合，除另有规定外，磨合试验应按照试验样车的使用说明书规定进行。

（4）预热行驶

在进行整车性能试验前，汽车必须处于正常的热状态，通过试验车辆预热行驶，使汽车发动机、传动系统和其他部分预热到规定的温度状态，并保持稳定。由于不同地区、不同季节的环境温度存在较大差异，应视具体情况确定预热行驶里程。

（5）试验车调整、保养和修理

应按照汽车技术条件、使用说明书或者试验标准进行试验样车调整、保养和修理，并详细记录，不能随意作业。

第四节　机动车辆分类与新能源汽车构造

一、机动车辆分类

GB/T 15089—2001《机动车辆及挂车分类》中将机动车辆和挂车分为 L 类、M 类、N

类、O 类、G 类，各类别车辆的定义见表 1-2。

表 1-2 机动车辆和挂车分类和定义

类别	定义
L	两轮或三轮机动车辆
M	至少有四个车轮并且用于载客的机动车辆
N	至少有四个车轮并且用于载货的机动车辆
O	挂车（包括半挂车）
G	满足条件要求的 M 类、N 类的越野车

M 类主要是指载客的车辆。M 类汽车根据座位数量和最大设计总质量进一步细分为 M_1 类、M_2 类和 M_3 类。M_1 类是指包括驾驶员座位在内，座位数不超过九座的载客车辆；M_2 类和 M_3 类均指座位数超过九个的载客车辆，两者的区别是最大设计总质量是否超过 5000kg。M_2 类和 M_3 类载客车辆一般具有方形车厢，主要用于公共交通和团体运输使用。对这两类进一步可细分为以下五个级别：A 级、B 级、Ⅰ级、Ⅱ级和Ⅲ级，具体见表 1-3。

表 1-3 M_2 类和 M_3 类载客车辆细分类别

<table>
<tr><th rowspan="2">类别</th><th rowspan="2">定义</th><th colspan="5">细分</th></tr>
<tr><th>A 级</th><th>B 级</th><th>Ⅰ级</th><th>Ⅱ级</th><th>Ⅲ级</th></tr>
<tr><td>M_2</td><td>包括驾驶员座位在内，座位数超过 9 个，且最大设计总质量不超过 5000kg 的载客车辆</td><td rowspan="2">可载乘员数（不包括驾驶员）不多于 22 人，并允许乘客站立</td><td rowspan="2">可载乘员数（不包括驾驶员）不多于 22 人，不允许乘客站立</td><td rowspan="2">可载乘员数（不包括驾驶员）多于 22 人，允许乘客站立，并且乘员可以自由走动</td><td rowspan="2">可载乘员数（不包括驾驶员）多于 22 人，只允许乘客站立在过道和/或提供不超过相当于两个双人座位的站立面积</td><td rowspan="2">可载乘员数（不包括驾驶员）多于 22 人，不允许乘客站立</td></tr>
<tr><td>M_3</td><td>包括驾驶员座位在内，座位数超过 9 个，且最大设计总质量超过 5000kg 的载客车辆</td></tr>
</table>

习惯上把 M_2 类和 M_3 类中Ⅰ级车型称为公交客车，Ⅱ级车型称为城间客车，Ⅲ级车型称为长途客车。

公交客车，又称为城市客车或公共汽车，用于城市内的公共交通。其使用特点是站距短，乘客上下车频繁，所以设计上尽量降低地板离地高度，保证室内有必要高度，通道足够宽，单车必须至少设置两个乘客门。其类型主要有单层公交、双层公交和单层铰接公交等，单层公交的应用最广泛。

长途客车，又称公路客车，主要用于长途客运，要求有大行李舱、卫生间、娱乐设施等。此类客车不允许有站立乘客。这类客车根据用途又可分为两种：客运客车和旅游客车。

城间客车是介于公交客车和长途客车之间的一类车型，也称为城间巴士，主要用于中短途的城际间交通，允许有站立乘客。

专用客车是按专业用途来设计制造，如机场摆渡车，或按照专门标准来设计制造，如校车。

客车其他常见分类包括：按用途可分为营运客车和非营运客车；按车长（L）可分为特大型（$12m < L \leqslant 13.7m$）、大型（$9m < L \leqslant 12m$）、中型（$6m < L \leqslant 9m$）和小型（$L \leqslant 6m$）四

种，详见交通行业标准 JT/T 325325—2018《营运客车类型划分及等级评定》；按动力系统可以分为传统客车、新能源客车，其中新能源客车又可细分为纯电动客车、混合动力客车和燃料电池客车。

N 类主要指用于载货的车辆。按最大设计总质量细分为 N_1 类、N_2 类和 N_3 类。N_1 类是指最大设计总质量不超过 3500kg 的载货车辆；N_2 类是指最大设计总质量超过 3500kg，但不超过 12000kg 的载货车辆；N_3 类是指最大设计总质量超过 12000kg 的载货车辆。

O 类是指挂车，按最大设计总质量分为 O_1 类、O_2 类、O_3 类和 O_4 类。O_1 类是指最大设计总质量不超过 750kg 的挂车；O_2 类是最大设计总质量超过 750kg，但不超过 3500kg 的挂车；O_3 类是最大设计总质量超过 3500kg，但不超过 10000kg 的挂车；O_4 类是最大设计总质量超过 10000kg 的挂车。

二、新能源汽车构造

新能源汽车是指采用非常规的车用燃料作为动力来源（或使用常规的车用燃料、采用新型车载动力装置），综合车辆的动力控制和驱动方面的先进技术，形成的技术原理先进、具有新技术、新结构的汽车。按动力提供形式可分为纯电动汽车、混合动力汽车、燃料电池电动汽车和其他新能源汽车等。

1. 纯电动汽车

纯电动汽车（Battery Electric Vehicle，BEV 或 EV）指完全由充电电池（如铅酸电池、镍氢电池或锂离子电池）提供电能，用电机驱动车轮行驶，符合道路交通、安全法规各项要求的车辆。纯电动汽车的基本构造主要由底盘与车身、高压电力驱动系统、电气与其他辅助系统三部分构成。

1）底盘与车身。纯电动汽车的底盘要略简单于传统燃料汽车，但仍是整个汽车的基体，提供驾乘空间，为各部件提供支承，同时也将驱动电机的动力进行传递和分配，并按驾驶员的意图如加速、减速、转向、制动等行驶。

2）高压电力驱动系统。按功能可分为车载电源模块、电驱动主模块和辅助模块三部分。车载电源模块主要由电源、能量管理系统和充电控制器三部分组成，电源为电动汽车提供动力来源。能量管理系统的主要功能是在汽车行驶过程中进行能源分配，协调各功能部分工作的能量管理，使有限的能量源最大限度地得到应用。电驱动主模块主要由中央控制单元、驱动控制器及驱动电机三部分组成。中央控制单元不仅是电驱动主模块的控制中心，也要对电动汽车的控制起到协同作用。驱动控制器的功能是按中央控制单元的指令、驱动电机转速和电流反馈信号，对驱动电机的速度、驱动转矩和旋转方向进行控制。驱动电机在纯电动汽车中被要求承担着电动和发电的双重功能，即在正常行驶时发挥其主要的电动机功能，将电能转化为机械旋转能；而在降速或下坡滑行时又被要求进行发电，将车轮的惯性动能转换为电能。

3）电气与其他辅助系统。纯电动汽车电气系统基本可以实现与传统汽车相同的各项功能，如照明、空调、便捷系统、仪表显示与信息娱乐系统、防盗系统等。空调系统一般采用电动空调压缩机和电加热系统的解决方案。仪表显示与信息娱乐系统除了常规显示以外，一般还提供诸如行驶里程、电驱动瞬间耗电量、电驱动平均耗电量、充电过程信息、驾驶模式选择、可用功率等相关信息。

2. 混合动力汽车

混合动力汽车（Hybrid Vehicle，HV）是指车轮驱动系统由两个或多个能同时运转的单个驱动系统联合组成的车辆，车辆的行驶功率依据实际的车辆行驶状态由单个驱动系统单独或多个驱动系统共同提供。

所谓的混合动力汽车一般是指油电混合动力汽车（Hybrid Electric Vehicle，HEV），即采用传统的内燃机（柴油机或汽油机）和电机作为动力源，也有的发动机经改造使用其他替代燃料，如压缩天然气、丙烷和乙醇燃料等。

根据混合动力驱动的联结方式，一般把混合动力汽车分为以下三类：

1）串联式混合动力汽车（Series Hybrid Electric Vehicle，SHEV）。主要由发动机、发电机、驱动电机三大动力总成用串联方式组成 HEV 的动力系统。即发动机在任何情况下都不参与驱动汽车的工作，它只能通过带动发电机为驱动电机提供电能。串联结构的动力来源于驱动电机，发动机只能驱动发电机发电，并不直接驱动车辆行驶。

2）并联式混合动力汽车（Parallel Hybrid Electric Vehicle，PHEV）。发动机和驱动电机都是动力总成，两大动力总成的功率可以互相叠加输出，也可以单独输出。在普通汽车的基础上加装一套电驱动系统（电机和高压电池），发动机和电机都能单独驱动车轮，也可以同时工作，共同驱动车辆行驶。当高压电池电量不足时，发动机还能驱动电机（此时为发电机）为高压电池充电。并联混合动力系统工作模式主要有纯电驱动模式、纯燃油模式、混合模式三种。

3）混联式混合动力汽车（Parallel-Series Hybrid Electric Vehicle，PSHEV）。综合了串联式和并联式的结构而组成的电动汽车，主要由发动机、电动发电机和驱动电机三大动力总成组成。混联式混合动力系统即在并联的基础上加入一个发电机，即普通汽车 + 电动机 + 发电机 = 混联。通常采用电子无级变速器（Electrical Continuously Variable Transmission，ECVT），起到连接、切换两种动力以及减速增矩的作用。也有一些企业在混联结构中使用普通变速器，如双离合变速器、无级变速器等，但效果不及 ECVT 变速结构。与并联式工作模型相比，有些混联式增加了充电模式，即在电动机驱动车辆的时候，发动机驱动电动发电机为蓄电池充电。按混联的程度分为轻度混合动力（也称微混）、中度混合动力和全混式混合动力。

3. 燃料电池电动汽车

燃料电池电动汽车是指以燃料电池系统作为动力源或主动力源的汽车。燃料电池是指将外部供应的燃料和氧化剂中的化学能通过电化学反应直接转化为电能、热能和其他反应参数的发电装置。常见的燃料电池电动汽车一般以氢气为燃料，通过氢气和氧气的电化学反应产生电能，驱动电机，仅排放水蒸气，具有零污染、高效率和长续驶里程等优势。

复习思考题

1. 简述汽车试验的定义和分类。
2. 简述汽车试验标准的分类和特点。
3. 简述汽车试验的基本步骤和条件。
4. 简述汽车试验车辆准备。
5. 简述新能源汽车分类和基本构造。

第二章 试验基本理论

本章主要介绍汽车试验的基本理论，主要包括测量系统工作特性、试验设计理论、试验误差理论以及试验数据的记录与处理等内容。

第一节　测量系统工作特性

一、测量系统的基本组成

测量系统是指为了达到某一测量目的而由若干相互联系、相互作用的传感器和仪器设备等元器件组成的有机整体。测量系统的基本任务是获取有用的信息，这些信息是蕴藏在随时间或空间变化的物理量中的，如温度、位移、速度、加速度等。本书涉及整车及零部件的性能及参数测试问题，所需测量系统通常由传感器、信号调理与变换模块、数据传输与采集系统和记录与显示装置等环节组成，如图 2-1 所示。

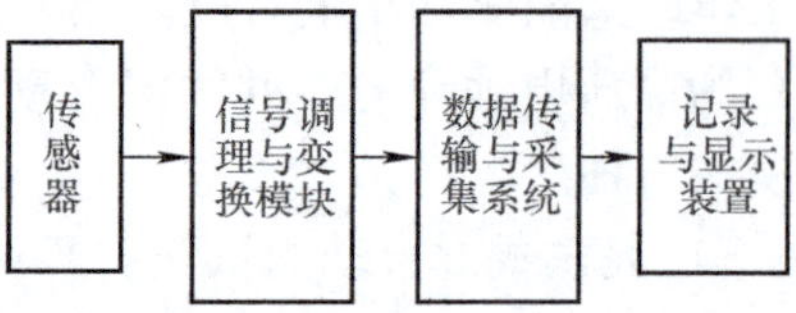

图 2-1　测量系统的基本组成

1. 传感器

传感器是指能够检测特定参数并将其转换为可用信号的设备。它通常由两个主要部分组成：敏感元件和转换元件。敏感元件负责直接感知和响应被测量，而转换元件则将敏感元件的输出转换为适合传输和测量的信号。在许多传感器中，敏感元件和转换元件是集成为一体的。

2. 信号调理与变换模块

作用是对传感器输出的信号进行放大、滤波、调制等处理，使其满足后续传输或分析的要求。具体组件包括转换器、运算放大器等。

3. 数据传输与采集系统

作用是将处理后的信号通过传输通道（如导线或无线链路）传递至下一环节，或通过数据采集设备（如 A/D 转换器）进行数字化采样和存储。

4. 记录与显示装置

将处理结果进行显示或记录，以供分析者进行进一步分析。如果该测量系统是某个控制系统中的一部分，那么处理结果将直接用于该控制系统的操作。

二、测量系统的工作特性

工程测试问题是处理输入、测量系统特性和输出之间相互关系，测量系统可用简化的系统模型来描述，如图 2-2 所示。测量是指已知系统特性 $h(t)$，通过对输出量的观察分析，反推输入量的过程。测量系统定度是通过观察分析已知输入下相应的输出量来推断出系统特性的过程。信号预测是已知输入量和系统特性来推断和估计输出量的过程。

图 2-2　测量系统模型

对于一个测量系统来说，只有当测量结果在精度要求的范围内不失真地反映被测物理量时，才能将测量系统的输出作为其输入的度量，从而完成预定的测量任务，这是由测量系统特性决定的。根据被测对象在测量系统中所处的状态，测量系统的基本特性可分为两大类：静态特性和动态特性。当被测值不随时间变化或变化缓慢时，测量系统的输出与输入之间的关系称为静态特性。当被测量对象随时间变化时，测量系统的输出与输入之间的关系称为动态特性。

1. 测量系统的静态特性

测量系统的静态特性表示被测物理量处于稳定状态，输入和输出都是不随时间变化的常量（或变化极慢，在所观察的时间间隔内可忽略其变化而视为常量）。衡量测量系统静态特性的指标主要包括灵敏度、非线性度、回程误差与重复度等。

（1）灵敏度

灵敏度是指传感器在稳态工作情况下输出量变化 Δy 对输入量变化 Δx 的比值（$S = \Delta y/\Delta x$），其几何意义为响应曲线的斜率或变化率。

通常，在传感器的线性范围内，希望传感器的灵敏度越高越好。因为只有灵敏度高时，与被测量变化对应的输出信号值才比较大，有利于信号处理。但要注意的是，传感器的灵敏度高，与被测量无关的外界噪声也容易混入，也会被放大系统放大，影响测量精度。因此，要求传感器本身应具有较高的信噪比，尽量减少从外界引入的干扰信号。

传感器的灵敏度是有方向性的。若被测量是单向量，而且对其方向性要求较高，则应选择其他方向灵敏度小的传感器；如果被测量是多维向量，则要求传感器的交叉灵敏度越小越好。

（2）非线性度

在给定的频率和幅值范围内，输出量与输入量成正比时，称为线性变化。实际传感器的校准结果与线性变化偏离的程度，称为该传感器的非线性度。

（3）回程误差

回程误差是指在相同测试条件下，当被测量值保持不变时，测量器具（如仪表或传感器）因正向行程（上升）与反向行程（下降）方向不同，导致两次示值之差的绝对值，也称滞后误差。

（4）重复度

重复度是指在相同的试验条件下对同一被测参数进行重复测量时测量值的一致程度。重复度在很大程度上反映了测量结果中随机误差的大小，随机误差越大，测量结果的重复度就越差。

2. 测量系统的动态特性

测量系统的动态特性是指测量系统对于随时间变化输入量的响应特性。当输入发生变化时，观测到的输出不仅受研究对象动态特性的影响，还受测量系统动态特性的影响。动态特征中输入和输出的关系是随时间变化的，不一定是定值。在理想的测量系统动态特性中，输出能够如实地跟随输入。但在实际测量系统中，由于外在因素的影响，测量系统动态特性会带来额外的测量误差，需要对其动态特性进行考察与掌握，判断测量过程中会产生哪些误差。

若要考察测量系统的动态特性，需要首先建立其系统的数学模型，具体可以从该系统的物理结构出发，依据其所遵循的物理定理，建立该系统输入和输出之间的微分方程表达式，然后依据给定条件进行求解，得到输出响应及传递函数，而传递函数即可描述该测量系统的固有动态特性。由于测量系统一般都是线性系统，或者在一定误差范围内可以看作不变的线性系统，该线性系统中的输入和输出可以用如下常系数微分方程表示：

$$
\begin{aligned}
&a_n \frac{\mathrm{d}^n y(t)}{\mathrm{d}t^n} + a_{n-1} \frac{\mathrm{d}^{n-1} y(t)}{\mathrm{d}t^{n-1}} + \cdots + a_1 \frac{\mathrm{d}y(t)}{\mathrm{d}t} + a_0 y(t) \\
&= b_m \frac{\mathrm{d}^m x(t)}{\mathrm{d}t^m} + b_{m-1} \frac{\mathrm{d}^{m-1} x(t)}{\mathrm{d}t^{m-1}} + \cdots + b_1 \frac{\mathrm{d}x(t)}{\mathrm{d}t} + b_0 x(t)
\end{aligned}
\tag{2-1}
$$

式中，$x(t)$和$y(t)$分别为测量系统的输入和输出；a_0，a_1，$\cdots$，a_n和b_0，b_1，$\cdots$，b_m为与系统有关的常数。

对于一些复杂的测量系统，即使引入许多近似假设，仍然很难直接建立其运动微分方程，很难直接得到反映系统固有特性的传递函数，这就需要采用实际试验方法来研究分析测量系统的动态特性。试验的方法包括以下基本步骤：首先，要根据测量系统实际工作时最常见的输入信号的形式，选择一些典型信号。最基本的典型信号是正弦信号，另外，常用的信号还有脉冲信号、阶跃信号和随机信号等。然后以上述这些典型信号作为测量系统的输入，测量其输出，最后对该测量系统的动态特性做出分析和评价。分析时，既可在时间域，又可在频率域进行，并分别定义出一系列动态特性参数。

下面对测量系统的动态特性涉及的传递函数和频率响应函数做简要介绍。

（1）传递函数

若线性系统的初始条件为0，当$t=0$时，

$$
\begin{aligned}
&\left.\frac{\mathrm{d}^n y(t)}{\mathrm{d}t^n}\right|_{t=0} = \left.\frac{\mathrm{d}^{n-1} y(t)}{\mathrm{d}t^{n-1}}\right|_{t=0} = \cdots = \left.\frac{\mathrm{d}y(t)}{\mathrm{d}t}\right|_{t=0} = 0 \\
&\left.\frac{\mathrm{d}^m x(t)}{\mathrm{d}t^m}\right|_{t=0} = \left.\frac{\mathrm{d}^{m-1} x(t)}{\mathrm{d}t^{m-1}}\right|_{t=0} = \cdots = \left.\frac{\mathrm{d}x(t)}{\mathrm{d}t}\right|_{t=0} = 0
\end{aligned}
\tag{2-2}
$$

对微分方程式（2-1）进行拉普拉斯变换（拉氏变换）的结果可以表示为

$$
(a_n s^n + a_{n-1} s^{n-1} + \cdots + a_1 s + a_0) Y(s) = (b_m s^m + b_{m-1} s^{m-1} + \cdots + b_1 s + b_0) X(s)
\tag{2-3}
$$

输出的拉氏变换与输入的拉氏变换值的比称为测量系统的传递函数，用$H(s)$表示，其表达式为

$$
H(s) = \frac{Y(s)}{X(s)} = \frac{b_m s^m + b_{m-1} s^{m-1} + \cdots + b_1 s + b_0}{a_n s^n + a_{n-1} s^{n-1} + \cdots + a_1 s + a_0}
\tag{2-4}
$$

由于工程中的测量与试验系统一般是稳定系统，其传递函数的分母中s的幂次数总是大于分子中s的幂次数，也即n的值大于m，分母中s的幂次数表示微分方程的阶数，其中$n=1$，$n=2$所对应的分别是一阶系统和二阶系统。

从式（2-4）可以看出，传递函数中不存在输入项$x(t)$，即传递函数与系统的输入无关，因此传递函数是分析复杂系统的重要工具。其涉及的各系数a_0，a_1，$\cdots$，a_n和b_0，b_1，$\cdots$，b_m是由系统的结构确定的，系统的结构和类型发生改变，这些系数也会随之改变。

复杂系统可以看作几个简单系统耦合而成（串并联、闭环或串并联、闭环混合），如果可以求出串联、并联或者闭环系统的传递函数，则可以得到复杂系统的传递函数。

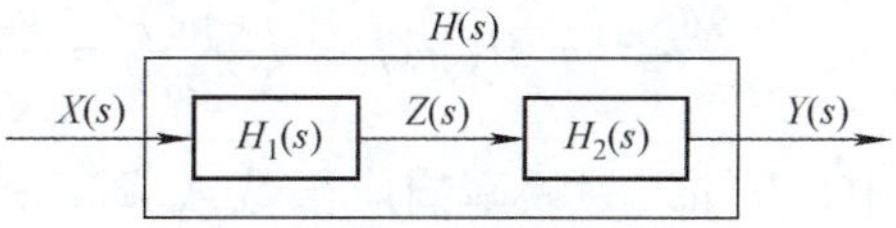

图 2-3　串联系统

1）串联系统的传递函数：如图 2-3 所示，由 $H_1(s)$ 和 $H_2(s)$ 组成的串联系统，其传递函数设为 $H(s)$，依据传递函数的基本定义可以得到

$$H(s)=\frac{Y(s)}{X(s)}=\frac{Z(s)}{X(s)}\frac{Y(s)}{Z(s)}=H_1(s)H_2(s) \tag{2-5}$$

将其推广到 n 个系统，可以得传递函数为

$$H(s)=\prod_{i=1}^{n}H_i(s)(i=1,2,3\cdots) \tag{2-6}$$

2）并联系统的传递函数：图 2-4 所示为并联系统，该系统的传递函数可以表示为

$$H(s)=\frac{Y(s)}{X(s)}=\frac{Y_1(s)+Y_2(s)}{X(s)}=H_1(s)+H_2(s) \tag{2-7}$$

类似于串联系统，将其推广到 n 个系统，可得传递函数为

$$H(s)=\sum_{i=1}^{n}H_i(s)(i=1,2,3\cdots) \tag{2-8}$$

3）闭环系统的传递函数：由图 2-5 所示的两个子系统来组成一个闭环系统，根据传递函数的定义，可以得到该闭环系统的传递函数为

$$H(s)=\frac{Y(s)}{X(s)}=\frac{X_1(s)H_1(s)}{X(s)} \tag{2-9}$$

$$X_2(s)=X_1(s)H_1(s)H_2(s) \tag{2-10}$$

$$X_1(s)=X_2(s)+X(s) \tag{2-11}$$

将式（2-10）和式（2-11）代入式（2-9），可以得到

$$H(s)=\frac{Y(s)}{X(s)}=\frac{H_1(s)}{1-H_1(s)H_2(s)} \tag{2-12}$$

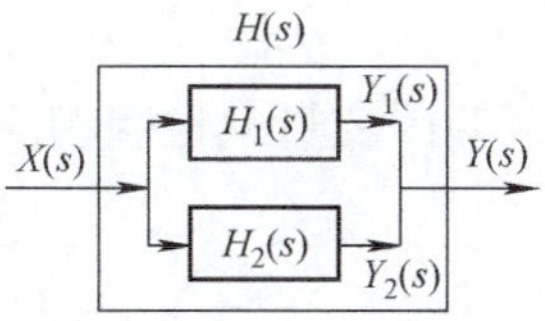

图 2-4　并联系统

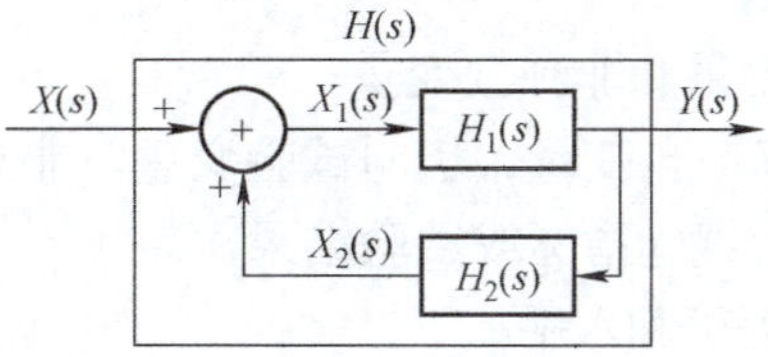

图 2-5　闭环系统

（2）频率响应函数

研究系统动态特性的目的是了解系统的动态响应，对于一个试验系统，输入（激励）不同，输出也会不同。为了分析系统的动态响应，常使用一些正弦、阶跃、脉冲等作为输入。若系统输入为正弦函数，对于一个稳定的线性系统来说，系统的输出是同频率、定幅、相位差为 φ 的正弦函数，而且输入输出的幅值比、相位差与对微分方程式（2-1）进行傅里叶变换后的输出与输入傅里叶变换之比等价，该比值称为频率响应函数，即

$$\frac{y_0}{x_0}e^{j\varphi}=H(j\omega)=\frac{Y(j\omega)}{X(j\omega)}=\frac{b_m(j\omega)^m+b_{m-1}(j\omega)^{m-1}+\cdots+b_1(j\omega)+b_0}{a_n(j\omega)^n+a_{n-1}(j\omega)^{n-1}+\cdots+a_1(j\omega)+a_0} \tag{2-13}$$

式中，$H(j\omega)$为频率响应函数或频率响应特性，$j=\sqrt{-1}$；x_0和y_0分别为输入和输出的幅值。可以看出$H(j\omega)$为复函数，对于任意的复数可以将式（2-13）写为

$$H(j\omega)=P(\omega)+jQ(\omega)=A(\omega)e^{j\varphi(\omega)} \tag{2-14}$$

式中，$P(\omega)$和$Q(\omega)$为ω的实函数；$A(\omega)$为频率响应函数$H(j\omega)$的模［称为系统的幅频特性，$A(\omega)$-ω曲线称为幅频特性曲线］；$\varphi(\omega)$为相角［称为系统的相频特性，$\varphi(\omega)$-ω曲线称为相频特性曲线］。$A(\omega)$和$\varphi(\omega)$大小分别为

$$\begin{aligned}A(\omega)&=|H(j\omega)|=\sqrt{P^2(\omega)+Q^2(\omega)}\\ \varphi(\omega)&=\angle H(j\omega)=\arctan\frac{Q(\omega)}{P(\omega)}\end{aligned} \tag{2-15}$$

第二节　试验设计理论

试验设计是复杂测试任务过程的重要阶段之一。对于一些复杂的测试任务，影响测试结果的因素很多，往往是相互关联、相互制约的。为了找到最佳的因素组合，有必要进行试验设计，依据试验目的和要求，按照试验具备的条件，合理设计试验方案，力求用最少的试验次数获得最佳的试验结果。

试验设计是统计数学的一个分支，是一种安排测试和分析试验数据的数学统计方法。试验设计主要通过合理安排测试，得出理想的试验结果和科学的结论，试验规模小，测试次数少，测试周期短，测试成本低。若测试设计不科学、不合理，即使做了很多测试，也未必能完全找到要研究的规律。试验设计的理论和方法有很多，涉及较多的统计学知识。本书主要对试验设计的基本概念、基本流程和基本方法进行简要介绍。

一、试验设计的基本概念

1. 基本术语

（1）独立变量和非独立变量

独立变量又叫自变量，也叫试验变量。非独立变量又叫因变量，也叫响应变量。非独立变量也可理解为试验指标或试验结果。

（2）试验因子和水平

试验因子是影响试验结果的量，因子在试验中可能处于的状态称为该因子的水平。试验因子可分为定量因子和定性因子，又可分为可控和不可控两类。在试验设计中，如无特别规定，因子一般指可控因子。

试验因子的多少决定了试验设计的复杂程度。只有一个因子的试验，称为单因子试验。具有两个或两个以上因子的试验，称为多因子试验。同时具有多因子和多水平的试验称为多因子多水平试验。

（3）响应和处置

试验响应就是试验的输出，试验处置是试验输出的处理或采取的改善行动。

（4）试验处理

试验所设置的特定条件称为试验处理。在单因子试验中，试验因子的每一个水平就是一个试验处理。

（5）试验方案

试验方案是根据试验目的和要求拟定的待比较的一组试验处理或处理组合的总和，需明确试验对象、处理方式、观测指标及误差控制方法。

（6）误差和重复

试验误差是试验结果的观察值与真值的差值。试验误差的影响因素是多方面的，包括试验条件、试验因素、人和环境等。在给定的试验条件下，尽可能避免对试验结果影响的变异来源，即噪声因子。将试验误差降到最小限度。为避免噪声因子的影响，可进行重复试验。

2. 基本原则

为了克服原始试验设计存在的一些缺陷，试验设计需要遵循三大原则：重复试验（Replication）、随机化（Randomization）和划分区组（Blocking）。这三大原则保证了试验误差估计的有效性，提供了减少试验误差的方法，是试验设计的理论基础。

（1）重复试验

重复试验是指一个处理施于多个试验单元，在相同的试验条件下，进行多次独立的试验，目的是降低个体差异为主的各种试验误差。

从统计学角度来看，重复试验有三个作用：可以提供更为精确的估计结果；提供误差方差的估计；让不同处理之间的差异成为可能。通常的显著性检验都是将不同处理间形成的差别与随机误差相比较，当处理间的差别比随机误差显著地大时，称为处理间的差别是显著的。

没有随机误差就无法进行任何统计推断，因此在试验设计中安排重复试验是必不可少的。需要注意的是，一定要进行不同单元的重复，而不能仅进行同单元的重复。一定要重新做重复试验，而不能仅重复观测或重复取样。以同单元重复得到的差异来估计随机误差将会低估试验误差，所得的结论是不可信的。在试验中一定要包含真正的重复。

（2）随机化

随机化的含义是以完全随机的方式安排各次试验的顺序或所用试验单元。试验单元和试验次序的分配都是随机确定的，这样做的目的是防止那些试验者未知的，但却可能会对响应变量产生的某种系统的影响。

随机化可以使各试验结果相互独立，便于采取各类统计分析方法分析试验数据。随机化并没有减少试验误差本身，但随机化可以防止未知的但却可能会对响应变量产生某种系统影响的出现，避免未意识到的干扰因子带来系统性的偏差，提高试验误差估计的准确度。

（3）划分区组

各试验单元间难免会有某些差异，如果能按某种方式把它们分成组，而每组内可以保证差异较小，即它们具有同质齐性，则可以在很大程度上消除较大试验误差所带来的分析上的不利影响。一组同质齐性的试验单元称为一个区组，将全部试验单元划分为若干区组的方法称作划分区组或区组化。通过在同一个区组内比较处理间的差异，就可以使区组效应在各处理效应的比较中得以消除，从而使对整个区组的分析更为有效。如果划分区组有效，则在分析时，可以将区组内与区组间的差异分离出来，这样就能大大减少可能存在的未知变量的系统影响。

在区组内还应该用随机化的方法进行试验顺序及试验单元分配的安排。具体何时划分区组，何时使用随机化，可以在试验设计中遵照以下原则：能划分区组者则划分区组，不能划分区组者则随机化。

3. 基本要求

(1) 试验条件的代表性

通常一个试验只是对研究总体的一次抽样观察，试验结果的利用价值取决于试验样本对研究总体的代表性好坏。设计试验时，既要考虑目前实际条件，还应放眼未来的生产、经济和科学技术水平的发展，试验技术和试验理论要及时更新和发展，使试验结果既能符合当前需要，又能适应未来发展。

(2) 试验的可操作性要强

试验的可操作性主要表现在以下 3 个方面：

1）试验项目在现有的技术条件下要易于实现。

2）试验用仪器设备应易于购买或在短时期内能够被开发出来。

3）试验要便于操作。

任何一项试验，若在现阶段的技术和设备条件下无法实现，则无论其是多么先进，也是一项设计不合理的试验。试验的可操作性是评价设计水平高低的一项重要指标。试验的操作越简单，试验精度越易于得到保证，试验成本亦会越低。

(3) 试验结果的重演性

试验结果的重演性是指在相似条件下重复试验能得到相同趋势的试验结果，也是试验结果具有应用价值的前提。为了保证试验结果能够重演，首先必须严格要求试验的正确实施和试验条件的代表性；然后需要注意试验各个环节，全面掌握试验所处的条件，有详细、完整的试验记载，以便分析产生各种试验结果的原因，以克服年份、地点、环境条件等因素的不一致性所带来的影响。

(4) 试验周期要短

试验周期的延长会直接增加设备使用、人力投入及能耗成本。短周期设计可减少重复试验次数，避免样本浪费，显著减少综合费用。

汽车产业是竞争最激烈的行业之一，产品更新换代的时间越来越短，若试验的周期太长，显然不利于汽车产业的发展。对于那些耗时长的可靠性和耐久性试验，一般都采用强化水平较高的试验以缩短产品的试验周期。

二、试验设计的基本流程

汽车试验是一项技术性很强的工作，开始试验前需要做好周密的计划和组织。完整的试验应包含计划、实施、分析及总结四个阶段。

1. 计划阶段

试验计划决定了试验能否顺利完成，可进一步分成确定试验目标、选择响应变量、确定试验空间以及建立响应模型四步，如图 2-6 所示。

(1) 确定试验目标

一般指按照试验的实际需求，对整个试验过程做出全面的规划，理清达成试验目的的策略和思路，确定试验目标及要求。全面深入地了解试验对象，明确进行该项试验的原因和要解决的问题。

(2) 选择响应变量

不同的响应变量和不同的测试技术会导致响应变量数据类型不同。在选择响应变量时，试验者应该确保这一个变量会真正为研究的过程提供有用的信息。通常取测量结果的平均值或标准差为响应变量。在一个试验中若有多种响应，则要选择起关键作用的变量。连续型指标作为度量的响应变量通常远优于二元响应变量。仪表性能或测量误差也是影响响应变量选择的一个重要因素。若仪表性能差或测量误差大，则只有相对大的因子效应才能通过试验检测出来，或需要做附加的重复试验。

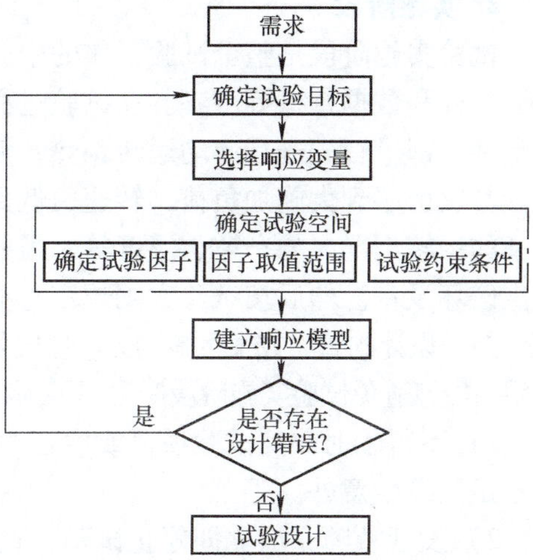

图 2-6　试验计划阶段

选择响应变量的原则包括可测性、有效性和信息量。可测性是利用有限的消耗，在不影响试验结果的前提下得到响应变量的观测值；有效性是指响应变量的选择应与试验目标有关；信息量是指应选择信息量丰富的响应变量，以节约试验资源。此外，对于不可直接测量的响应变量，需要采用评估的方法得到，并且需要在试验前明确其测评方法。

(3) 确定试验空间

试验空间是指试验因子及其水平划分，或试验因子及其取值范围，需要由有经验的专家依据试验目的和工程背景来确定。试验中影响响应变量的因素有很多，有可控的和不可控的，有随机的和非随机的。从研究目的出发，可以把因子分成试验因子和干扰因子两类。试验因子是指试验者感兴趣的、可控的因子，在试验中可以控制和改变它们的水平。根据数据类型的不同，可以将试验因子分为定性因子、定量因子和函数型因子。干扰因子是指除试验因子外的所有因子。

为了确定试验空间，需要列出所有可能对响应变量有影响的因子清单，然后根据数据和各方面的知识进行细致分析，做初步筛选。不能确定该删除者就应该保留。对于水平的选择也要仔细处理，一般来说，各水平的设置应足够分散，这样效应才能检测出来，但也不要太分散以致将其他各种物理机械因素都包括进来，这会使统计建模和预测变得困难。要做到这一点，需要过程知识。这种过程知识通常是实践经验和理论理解的结合。

通常按照如下步骤来确定试验空间：列出所有可能的因子；挑选重要的、感兴趣可控的因子作为试验因子；依据约束条件确定试验因子的水平以及取值范围；根据影响机理选择水平，对响应影响规律复杂的因子多选一些水平，以确保工程可实现。

(4) 建立响应模型

响应模型的建立是依据领域相关知识建立因子与响应之间的响应关系模型的过程。一般的参考书上均不把建立响应模型作为试验前的任务，而把它归结为数据分析阶段的任务。

根据试验目的，选择正确的试验类型，确定区组状况、试验次数，并按随机化原则安排好试验顺序及试验单元的分配，排好计划矩阵，制定试验计划。

2. 实施阶段

试验实施阶段是整个试验工作的中心环节，一般需要经历车辆与设备预热、工况监测、数据采样和数据校核等步骤。在试验过程中，无论是车辆、总成部件还是试验设备，除另有规定外，都应首先进行起动运转预热，使试验设备和被试车辆部件均达到正常工作状态的温度。其次由小到大施加负荷，转速由低到高进行试验。在试验过程中，需要随时监测车辆和设备的运转工况，如车速、温度等。需要施加载荷试验的，应特别注意极限加载值，以防止发生破坏设备。然后按试验大纲规定，在指定工况下进行数据采样。最后对数据进行校核。

精心设计的试验方案可能因为一些突发的事件而试验失败，因此在试验实施过程中需要采取一系列措施避免试验实施阶段产生不可预料的风险。在具体试验实施阶段必须遵守以下原则：

1）不得临时改变试验项目或内容，制定详细而清晰的试验章程，避免因考虑不周、准备不足而发生意外。

2）发现故障，应立即停止试验，查找原因并进行维修。

3）不应突破试验大纲中规定的各参量的极限值。

4）测试同一项目应尽可能在同等条件下进行，充分考虑相关试验人员对试验结果产生的影响，避免人员因素造成的效应混杂。

5）科学地收集与处理试验数据，明确测量、记录和存储的变量，发现问题应及时解决，确保参加试验人员的人身安全，做好安全保障措施。

3. 分析阶段

按照试验计划、目的和实施方案实施试验后，会测得相应的试验目标数据。从原始的试验数据往往很难直接看出其隐藏的特征信息。需要采用科学的数据分析方法，从试验数据中提取有用、可靠的信息。

数据分析应使用统计分析方法。统计方法不能证明一个因子（或几个因子）有特殊的效应。它仅对试验结果的可靠性和有效性提供准则。统计方法的基本优点是它对做出判决的过程加入了客观性。统计方法和好的工程知识以及常识结合在一起通常会导出正确的结论。分析中应包括对数据的各种检验与检查，各种图形化比较，拟合选定模型、残差诊断、评估模型的适用性并设法改进模型等。当模型最终选定后，要对此模型所给出的结果做必要的分析、解释及推断，从而提出重要因子的最佳设置及响应变量的预测。

试验团队应依据试验问题的特点对数据分析过程、方法进行调整，在此过程中可能会采用以下步骤：

1）数据准备：主要是建立数据集，对数据进行清洗，检查数据是否合理，是否存在异常、缺失等情况。

2）探索性数据分析：主要包括单变量探索分析和多元数据探索分析。

3）推断性分析：依据探索性数据分析的提示，利用统计模型拟合试验数据，并检验模型的显著性。

4）预测与应用：主要是结果的可视化，根据结果评估系统的性能与质量。

4. 总结阶段

在数据分析完成后，需要总结试验结果，给出结论和建议。在这一阶段，还需要进行跟踪试验与确认试验以证实试验所得结论的正确性。当认定结果已经基本达到目标后，给出验证试验的预测值，并做验证试验。除此之外，试验总结还需要包括对试验中发现的问题和观察到的试验现象进行定性分析，同时对测量得到的数据进行处理，以确定实测所得的性能指标和各参数间的关系。

试验工作完全完成后，需要按照相关标准，编写相应的试验报告及总结材料。试验报告的主要内容应包括：前言、目录、能反映试验车基本外形特征的照片两张、试验仪器及设备的相关信息、试验依据、试验车的技术指标、试验条件、试验内容和结果、试验结论与改进意见、试验日期和附件。附件通常包括图表、曲线、照片和各种专项及台架试验报告，必要的技术资料，试验人员及职务等信息。

三、试验设计的基本方法

（一）单因子试验设计

单因子试验只包含一个试验因子，是最常见最简单的一种试验。

1. 因子设计的概念

因子是指影响试验指标的因素，很多试验包括两个或两个以上的因子，对每一个因子产生的效果都需要进行研究。

因子的效果是指由因子水平改变而引起的反应的变化，也可称为因子的主要效果。

因子设计也称为析因设计，是通过考虑各因子及其相互作用的效果来进行方程分析，用以判断各因子及其相互作用对试验指标的影响。

2. 单因子固定效应模型

若单因子试验的因子为 A，设其有 a 个不同的水平：$A_1, A_2, \cdots, A_a$。试验目的是分析 A 的变动是否会引起响应的波动，并进一步比较 A 的水平之间的优劣。若试验误差极小，则可以在每个水平下做一次试验即可，但实际中，误差往往无法预测，需要通过重复试验获得误差的估计，再去比较各个水平。

假设在水平 A_i 下做 m_i 次重复试验，总共需要做 $n = \sum_{i=1}^{a} m_i$ 次试验，n 次试验的数据见表 2-1，其中 y_{ij} 表示第 i 个水平的第 j 次试验的观察值。

表 2-1　单因子试验数据

水平	观察值			
A_1	y_{11}	y_{12}	……	y_{1m}
A_2	y_{21}	y_{22}	……	y_{2m}
……	……	……	……	……
A_a	y_{a1}	y_{a2}	……	y_{am}

假设响应值 y_{ij} 由水平 A_i 下的均值 μ_i 和服从正态分布 N（0，σ^2）的随机误差 ε_{ij} 组成，离散模型可假定为

$$y_{ij} = \mu_i + \varepsilon_{ij},\ i = 1,2,\cdots,a;\ j = 1,2,\cdots,m_i \tag{2-16}$$

均值 μ_i 可以表示为

$$\mu = \frac{1}{n}\sum_{i=1}^{a} m_i\mu_i \tag{2-17}$$

式中，μ 为一般平均或总评价，表示因子 A 以外其他试验条件的总效应。将式（2-17）改写

为如下形式：

$$\mu = \frac{1}{n}\sum_{i=1}^{a} m_i\mu_i = \frac{1}{n}\sum_{i=1}^{a} m_i(\mu + \tau_i) = \mu + \frac{1}{n}\sum_{i=1}^{a} m_i\tau_i \tag{2-18}$$

式中，$\tau_1, \tau_2, \cdots, \tau_a$ 满足条件 $\sum_{i=1}^{a} m_i\tau_i = 0$，式（2-16）可以写为

$$y_{ij} = \mu + \tau_i + \varepsilon_{ij}, i = 1,2,\cdots,a; j = 1,2,\cdots,m_i; \sum_{i=1}^{a} m_i\tau_i = 0 \tag{2-19}$$

式（2-19）称为单因子试验的固定效应模型。

3. 单因子方差分析

单因子方差分析用来研究一个控制变量的不同水平是否对观测变量产生了显著影响。由于仅研究单个因素对观测变量的影响，因此称为单因子方差分析。

单因子方差分析的第一步是明确观测变量和控制变量。第二步是剖析观测变量的方差。第三步是通过比较观测变量总离差平方和各部分所占的比例，推断控制变量是否给观测变量带来了显著影响。

方差分析的目的是比较 a 个效应 $\tau_1, \tau_2, \cdots, \tau_a$ 之间的大小关系，这是一个检验问题。而方差分析首先需要考虑如下检验问题：

$$H_0: (\tau_1, \tau_2, \cdots, \tau_a) = 0, H_1: (\tau_1, \tau_2, \cdots, \tau_a) \neq 0 \tag{2-20}$$

为构造检验统计量，引入以下记号：

$$y_{\cdot\cdot} \overset{\text{def}}{=} \sum_{i=1}^{a}\sum_{j=1}^{m_i} y_{ij}, \bar{y} \overset{\text{def}}{=} \frac{y_{\cdot\cdot}}{n}, y_{i\cdot} \overset{\text{def}}{=} \sum_{j=1}^{m_i} y_{ij}, \bar{y}_{i\cdot} \overset{\text{def}}{=} \frac{y_{i\cdot}}{m_i} \tag{2-21}$$

式中，下标“·”代表对应的下标求和；上标“－”代表求平均，类似可以得到

$$\varepsilon_{\cdot\cdot} \overset{\text{def}}{=} \sum_{i=1}^{a}\sum_{j=1}^{m_i} \varepsilon_{ij}, \bar{\varepsilon} \overset{\text{def}}{=} \frac{\varepsilon_{\cdot\cdot}}{n}, \varepsilon_{i\cdot} \overset{\text{def}}{=} \sum_{j=1}^{m_i} \varepsilon_{ij}, \bar{\varepsilon}_{i\cdot} \overset{\text{def}}{=} \frac{\varepsilon_{i\cdot}}{m_i} \tag{2-22}$$

响应值的总波动可用总偏差平方和来度量，计算公式为

$$SS_T \overset{\text{def}}{=} \sum_{i=1}^{a}\sum_{j=1}^{m_i} (y_{ij} - \bar{y})^2 = \sum_{i=1}^{a}\sum_{j=1}^{m_i} y_{ij}^2 - \frac{y_{\cdot\cdot}^2}{n} \tag{2-23}$$

因子水平的变动和试验误差会共同引起响应值的波动，为了分辨出这两个原因的影响，将 SS_T 分解为

$$\begin{aligned} SS_T &= \sum_{i=1}^{a}\sum_{j=1}^{m_i} [(y_{ij} - \bar{y}_{i\cdot}) + (\bar{y}_{i\cdot} - \bar{y}_{\cdot\cdot})]^2 \\ &= \sum_{i=1}^{a}\sum_{j=1}^{m_i} (y_{ij} - \bar{y}_{i\cdot})^2 + 2\sum_{i=1}^{a}\sum_{j=1}^{m_i} (y_{ij} - \bar{y}_{i\cdot})(\bar{y}_{i\cdot} - \bar{y}_{\cdot\cdot}) + \sum_{i=1}^{a} m_i(\bar{y}_{i\cdot} - \bar{y}_{\cdot\cdot})^2 \end{aligned} \tag{2-24}$$

由于 $\sum_{j=1}^{m_i} (y_{ij} - \bar{y}_{i\cdot}) = 0$，可得

$$SS_T = \sum_{i=1}^{a}\sum_{j=1}^{m_i} (y_{ij} - \bar{y}_{i\cdot})^2 + \sum_{i=1}^{a} m_i(\bar{y}_{i\cdot} - \bar{y}_{\cdot\cdot})^2 \tag{2-25}$$

将式（2-19）代入式（2-25）右边第一项可得

$$\sum_{i=1}^{a}\sum_{j=1}^{m_i}(y_{ij}-\bar{y}_{i\cdot})^2=\sum_{i=1}^{a}\sum_{j=1}^{m_i}(\varepsilon_{ij}-\bar{\varepsilon}_{i\cdot})^2 \tag{2-26}$$

可以看出，式（2-26）只与随机误差有关，因此称其为误差平方和，记为 SS_E。然后再把式（2-19）代入式（2-25）右边第二项可得

$$\sum_{i=1}^{a}m_i(\bar{y}_{i\cdot}-\bar{y}_{\cdot\cdot})^2=\sum_{i=1}^{a}m_i(\tau_i+\bar{\varepsilon}_{i\cdot}-\bar{\varepsilon}_{\cdot\cdot})^2 \tag{2-27}$$

式中，随机误差是平均过的，方差变小了。当 H_0 不成立时，$\sum_{i=1}^{a}m_i(\bar{y}_{i\cdot}-\bar{y}_{\cdot\cdot})^2$ 主要是由于因子 A 的水平变动，故称其为因子 A 的偏差平方和，记为 SS_A，也即

$$SS_A=\sum_{i=1}^{a}m_i(\bar{y}_{i\cdot}-\bar{y}_{\cdot\cdot})^2=\sum_{i=1}^{a}\frac{y_{i\cdot}^2}{m_i}-\frac{y_{\cdot\cdot}^2}{n} \tag{2-28}$$

因此总偏差平方和可以写为 $SS_T=SS_A+SS_E$。

为了确定如何选择式（2-20）中的假设统计量，先计算 SS_A 和 SS_E 的期望，根据单因子模型式（2-19）可得

$$\begin{aligned}E(SS_E)&=E\Big[\sum_{i=1}^{a}\sum_{j=1}^{m_i}(\varepsilon_{ij}-\frac{1}{m_i}\sum_{j=1}^{m_i}\varepsilon_{ij})^2\Big]\\&=\sum_{i=1}^{a}\sum_{j=1}^{m_i}E(\varepsilon_{ij}^2)-2\sum_{i=1}^{a}\sum_{j=1}^{m_i}E\left(\frac{\varepsilon_{ij}}{m_i}\sum_{j=1}^{m_i}\varepsilon_{ij}\right)+\sum_{i=1}^{a}\sum_{j=1}^{m_i}E\left(\frac{1}{m_i}\sum_{j=1}^{m_i}\varepsilon_{ij}\right)^2\\&=n\sigma^2-2\sum_{i=1}^{a}\sum_{j=1}^{m_i}\frac{1}{m_i}E(\varepsilon_{ij}^2)+\sum_{i=1}^{a}\sum_{j=1}^{m_i}\frac{1}{m_i^2}E\left(\sum_{j=1}^{m_i}\varepsilon_{ij}^2\right)=(n-a)\sigma^2\end{aligned} \tag{2-29}$$

$$\begin{aligned}E(SS_A)&=E\Big[\sum_{i=1}^{a}m_i\left(\frac{1}{m_i}\sum_{j=1}^{m_i}y_{ij}-\frac{1}{n}\sum_{i=1}^{a}\sum_{j=1}^{m_i}y_{ij}\right)^2\Big]\\&=E\Big[\sum_{i=1}^{a}m_i\left(\tau_i+\frac{1}{m_i}\sum_{j=1}^{m_i}\varepsilon_{ij}-\frac{1}{n}\sum_{i=1}^{a}\sum_{j=1}^{m_i}\varepsilon_{ij}\right)^2\Big]\\&=\sum_{i=1}^{a}\left[m_i\tau_i^2+\sigma^2+\frac{m_i}{n^2}E\left(\sum_{i=1}^{a}\sum_{j=1}^{m_i}\varepsilon_{ij}\right)^2-\frac{2}{n}E\left(\sum_{j=1}^{m_i}\varepsilon_{ij}\sum_{i=1}^{a}\sum_{j=1}^{m_i}\varepsilon_{ij}\right)\right]\\&=\sum_{i=1}^{a}\left(m_i\tau_i^2+\sigma^2+\frac{m_i}{n^2}\sigma^2\right)=\sum_{i=1}^{a}m_i\tau_i^2+(a-1)\sigma^2\end{aligned} \tag{2-30}$$

$\frac{SS_A}{a-1}$ 为因子 A 的均方和，记为 MS_A；$\frac{SS_E}{n-a}$ 为误差均方和，记为 MS_E。

MS_E 为 σ^2 的无偏估计，当假设 H_0 成立时，MS_A 也是的 σ^2 的无偏估计。这两个估计值很接近，否则相差很大，故可以构造统计量来检验原假设：

$$F\overset{\text{def}}{=}\frac{MS_A}{MS_E}=\frac{SS_A/(a-1)}{SS_E/(n-a)} \tag{2-31}$$

根据式（2-31），从而可以把问题转化为求统计量 F 的分布。从 SS_A 和 SS_E 的定义可以看出，它们都是高斯随机向量（y_{ij}）的二次型，可能服从 χ^2 分布，所以统计量 F 可能服从

F 分布。

单因子试验的方差分析可以归纳为表 2-2。

表 2-2 单因子试验方差分析

来源	平方和	自由度	均方和	F 值
因子 A	$SS_A = \sum_{i=1}^{a} \frac{y_{i\cdot}^2}{m_i} - \frac{y_{\cdot\cdot}^2}{n}$	$f_A = a - 1$	$MS_A = \frac{SS_A}{f_A}$	$F = \frac{MS_A}{MS_E}$
误差	$SS_E = SS_T - SS_A$	$f_E = n - a$	$MS_E = \frac{SS_E}{f_E}$	
总	$SS_T = \sum_{i=1}^{a} \sum_{j=1}^{m_i} y_{ij}^2 - \frac{y_{\cdot\cdot}^2}{n}$	$f_T = n - 1$	—	

（二）多因子试验设计

1. 完全析因试验

完全析因试验设计，也称全因子试验设计，简称全因子设计，同时考虑了多个因子的试验，即全部因子的所有水平的所有组合都至少要进行一次试验。由于包含所有的组合，全因子试验所需试验的次数会较多，但它的优点是可以估计出所有的主效应和各阶交互效应。所以在因子个数不太多，而且确实需要考查较多的交互效应时，用全因子设计。

当因子水平超过 2 时，由于试验次数随因子个数的增长而呈指数级增长，因而通常只做二水平的全因子试验。如果确实需要做三水平或更多水平全因子试验，计算机软件中也有与二水平完全相同的试验设计及分析方法，本节对此不再单独叙述。但通常认为，加上中心点之后的二水平试验设计在工程实践中已经足够了，在相当大程度上它可以代替三水平的试验，而且分析简明易行，现已被工程师普遍使用。

将 k 个因子的二水平全因子试验记为 2^k 试验。这是整个全因子试验的记号，而不仅仅是试验次数。当然，2^k 也恰好是 k 个因子的二水平全因子试验所需要的最少试验次数。这对理解部分析因试验设计的记号也是有用的。

2. 2^k 因子设计

若一个试验共有 k 个因子，每个因子均为 2 个水平，则其处理共有 2^k 个，因此称该试验为 2^k 因子试验。

一般地说，绝大多数试验都要进行好几批，大致过程为：先用部分析因试验设计进行因子的筛选，让因子个数最后不超过 5 个，然后用全因子试验设计进行因子效应和交互效应的全面分析。进一步筛选因子直到因子个数不超过 3 个，最后用响应曲面方法确定回归关系并求出最优设置。2^k 因子试验设计的前提假设为：①因子是固定的；②设计是完全随机的；③一般满足正态分布；④反应近似于线性。

2^k 试验设计中最简单的是 2^2 设计，即有两个因子 A 和 B；每一个因子有低和高两个水平，每个组合做 n 次重复观察，即取 n 个观察值。下面以 2^2 因子设计为例介绍 2^k 因子试验设计。

为了方便分析，假设因子 A 的效果为 $\frac{ab + a - b - l}{2n}$；因子 B 的效果为 $\frac{ab + b - a - l}{2n}$；交互作用 $A \times B$ 的效果为 $\frac{ab + l + a - b}{2n}$。其中，$a$ 为因子 A 高水平和因子 B 低水平情况下观察值之

和；b 为因子 A 的低水平和因子 B 的高水平观察值之和；ab 为因子 A 和 B 的高水平观察值之和；l 为两个因子低水平观察值之和。

如果需要判断各因子及其交互作用对试验指标的影响，可以进行方程分析，常用的方法如下。

（1）标准分析法

又称对照法，该方法分为对照和效果的对照与平均效果。其中对照是指若线性组合 $\sum_{r=1}^{m} C_r y_r$ 满足约束条件 $\sum_{r=1}^{m} C_r = 0$，称此类线性组合为效果的对照，并记为 $(\text{对照})_C = \sum_{r=1}^{m} C_r y_r$。其中 C 的离差平方和为

$$S_C = \frac{(\text{对照})_C^2}{n\sum_{r=1}^{m} C_r y_r} \tag{2-32}$$

对于效果的对照与平均效果，如因子 A 效果的对照可以写为

$$(\text{对照})_A = ab + a - b - l \tag{2-33}$$

总的平均效果为 $A = \frac{1}{2n}(\text{对照})_A$，而 A 的离差平方和为

$$S_A = \frac{1}{4n}(\text{对照})_A^2 = \frac{1}{4n}(ab + a - b - l)^2 \tag{2-34}$$

交互作用 $A \times B$ 效果的对照为

$$(\text{对照})_{AB} = ab + l - a - b \tag{2-35}$$

总的平均效果为 $AB = \frac{1}{2n}(\text{对照})_{AB}$，则

$$S_{AB} = \frac{1}{4n}(\text{对照})_{AB}^2 = \frac{1}{4n}(ab + l - a - b)^2 \tag{2-36}$$

（2）代数符号法

主要涉及标准顺序和代数符号表，其中标准顺序是指各线性组合按 l、a、b、ab 的顺序写出来；而代数符号表是计算因子效果的标准顺序因子组合表，见表2-3。

表 2-3　2^2设计对照代数符号表

因子水平组合	因子效果			
	I	A	B	AB
l	+	−	−	+
a	+	+	−	−
b	+	−	+	−
ab	+	+	+	+

代数符号表具有以下性质：

1）对照性：每一列按 l、a、b、ab 的顺序，再配上这一列顺序的“+”“−”号组成的公式，表示的是该列因子的（对照）定义式。例如：$(\text{对照})_A = -l + a - b + ab$，$(\text{对照})_{AB} = l - a - b + ab$。

2）均衡性：除了 I 列外，其余列中的“+”“−”号个数相等。

3）正交性：任何两列同一行的系数乘积之和为零。

4）I 的恒等性：任何一列乘以 I 列，符号不变。

5）可转换性：除 I 列外，任何两列对应符号相乘可以得出表2-3 中另一列的符号（$A \times B = A$，$AB \times B = AB^2 = A$）。

此外，对于一般的 2^k 因子试验设计，若有 k 个因子，每个因子有 2 个水平，共有 C_k^2 个 2 因子交互作用效果；C_k^3 个 3 因子交互作用效果；……；1 个 k 因子交互作用效果。在一般的 2^k 因子设计中，即使因子 k 的值不是很大，组合的总数也可能非常大。如 2^5 设计中有 32 个因子组合，2^6 因子设计中有 64 个组合，假如每一种组合重复进行多次试验，那试验的次数将会非常多，耗费大量的人力和物力，因此通常要限制试验的重复次数。

（三）正交试验设计

正交试验设计是多因子试验中最重要的一种方法，它可以用少量的试验，从中提取关键的信息，简单易行，已成为多因子最优化的主要方向，促进了试验设计理论的发展。正交试验设计主要用于解决以下问题：找出较好的组合方案；分析因素的主次关系；分析指标与因素的关系；确定最优组合，进一步明确试验的方向。

1. 正交表

（1）正交表的概念

正交表是正交试验设计中合理安排试验、并对数据进行统计分析的主要工具，是一种制作好的规格化表格，较为简单的 L_9（3^4）正交表见表 2-4。

表 2-4　L_9（3^4）正交表

试验号	因子			
	1	2	3	4
1	1	1	3	2
2	2	1	1	1
3	3	1	2	3
4	1	2	2	1
5	2	2	3	3
6	3	2	1	2
7	1	3	1	3
8	2	3	2	2
9	3	3	3	1

L_9（3^4）中的符号含义如下：L 表示正交表，9 表示正交表的行数，也即需要做试验的次数，3 表示因子数，4 表示正交表的列数，即最多可安排的因子数。

常见的正交表有二水平表，如 L_4（2^3）、L_8（2^7）、L_{16}（2^{15}）、L_{32}（2^{32}）等；三水平表，如 L_9（3^4）、L_{27}（3^{13}）等；混合型正交表，如 L_{16}（$4^2 \times 2^9$），即 2 个四水平因子和 9 个二水平因子混合；L_{18}（2×3^7），即 1 个二水平因子和 7 个三水平因子混合等。

（2）正交表的特点

正交表的设计决定了正交表的主要特点，即整齐可比、均衡分散、简单易行。下面以 L_9（3^4）为例说明正交表的特点：

1）每列中的数字“1”“2”“3”出现的次数相同，即每个因子的各不同水平在试验中出现的次数相同，都是3次。

2）任意两列数字“1”“2”“3”间搭配均衡（都出现一次，且不重复），即任何两个因子的各不同水平的搭配，在试验中都只出现一次。横向形成几个数字对：（1，1）、（1，2）、（1，3）、（2，1）、（2，2）、（2，3）、（3，1）、（3，2）、（3，3）。这种特性即是正交表“正交性”含义。

由于上述两个特点，用正交表安排的试验设计方案是有代表性的，能够较全面地反映各因子、各水平对指标的影响情况。因此，用正交试验设计安排的试验能够减少试验次数，获得理想的结果。

2. 正交设计的基本方法

（1）试验方案的设计

用正交法设计试验方案，在确定好试验因子及其水平后，主要是绘制正交表。根据试验考虑的因子个数、各因子取的水平数和应该考虑的因子间交互作用所在的列数来选择正交表。例如对于包含三个两水平因子的试验，可以绘制 L_4（2^3）正交表，进行4次试验，见表2-5。

表2-5 L_4（2^3）正交表

试验号	因子		
	1	2	3
1	水平1	水平1	水平1
2	水平1	水平2	水平2
3	水平2	水平1	水平2
4	水平2	水平2	水平1

正交表的每一列安排一个因子，在不考虑因子之间的交互作用时，各因子之间可以随机放置在某列。

正交表的设计需要依据的规则如下：正交表的每列中，不同的数字出现的次数相等，即每个因子的各不同水平，在试验中出现的次数相等；正交表的任意两列中，将同一行的两个数看作一个有次序的两位数，每种两位数出现的次数相等。这样保证了任意两个因子之间，不同水平的各种搭配都出现且概率相等。

正交表绘制完毕，试验总体方案就已经确定，便可以按试验序号逐个进行试验。

（2）试验结果的分析

试验总体方案确定之后，便可以结合具体的条件，设计详细的试验大纲进行试验。试验结束之后，需要对试验的结果进行分析。试验结果分析的方法有很多，下面主要介绍极差分析法。

极差分析法是一种简单易行的试验结果分析方法。该方法首先要计算每列各水平所对应的指标之和 T_{jk}和其算术平均值 $\bar{y}_{jk}$，j 代表正交表的列号，k 代表水平数。再按照下式计算极差 R_j（即算术平均值 $\bar{y}_{jk}$ 中最大值域最小值的差）：

$$R_j = \max\{\bar{y}_{jk}\} - \min\{\bar{y}_{jk}\} \tag{2-37}$$

然后就可以依据极差值的大小，排列因子和交互作用的主次顺序。若某个交互作用在正交表中有好几列，以极差值最大的列为准。

极差分析法简单直观且方便，但其难以区分试验过程中由试验条件改变引起的试验数据的波动和试验误差所引起的数据波动，为了解决该问题，可以使用方程分析方法对试验的结果数据进行分析处理。

正交设计方法的数据结果模型与正交表是对应的，假设 y_i 为试验结果的观测值，那么其数据结构模型可以表示为

$$y_j = \mu + a_{jk} + \delta_i,\ i = 1,2,\cdots,n \tag{2-38}$$

式中，i 为试验序号；μ 为总均值；a_{jk} 为第 j 列第 k 水平的效应，j 和 k 的取值为 1，2，3…；δ_i 为试验误差，符合 N（0，σ^2）分布。a_{jk} 的值为该因子所对应的第 j 列第 k 水平的算术平均值 $\bar{y}_{jk}$ 与所观测值的算术平均值 $\bar{y}$ 的差，即

$$a_{jk} = \bar{y}_{jk} - \bar{y} \tag{2-39}$$

总偏差平方和 S_T 可以分解为各列对应的各因子或其交互作用的偏差平方和 S_j 与误差平方和 S_e 的和，也即

$$S_T = S_j + S_e \tag{2-40}$$

$$S_T = \sum_{i=1}^{n} y_i^2 - \mathrm{CF}$$
$$S_j = \sum_k \frac{(T_{jk})^2}{n_{jk}} - \mathrm{CF} = \sum_k \frac{(n_{jk} \times \bar{y}_{jk})^2}{n_{jk}} - \mathrm{CF} = \sum_k n_{jk}\bar{y}_{jk}^2 - \mathrm{CF} \tag{2-41}$$

式中，CF 为矫正因子，$\mathrm{CF} = \frac{T^2}{n} = n\bar{y}^2$；$T_{jk}$ 为第 j 列第 k 水平所对应的观测值的和；n 为正交表的行数，即试验次数；n_{jk} 为第 j 列第 k 水平对应的试验数据个数，j 和 k 的取值为 1，2，3…

误差平方和 S_e 等于总偏差平方和 S_T 与各因子或其交互作用的偏差平方和 S_j 的差值。若某因子所在列的偏差平方和很小，与空列的偏差平方和接近，则该因子对指标的影响很小，可以将该列的偏差平方和作为误差平方和的一部分。此外，自由度计算公式为

$$f_T = n - 1$$
$$f_j = k - 1 \tag{2-42}$$

式中，f_T 为总偏差平方和的自由度；f_j 为各列对应的各因子的偏差平方和的自由度；k 为水平数。

利用正交表设计试验时，若各列都被占满，若想估计试验误差，需要进行重复试验。假设重复试验的次数为 r，那么总偏差平方和与各因子及交互作用所在列的偏差平方和分别为

$$S_T = \sum_{i=1}^{n} \sum_{l=1}^{r} y_{il}^2 - \frac{T^2}{r \times n}$$
$$S_j = \sum_k \frac{(T_{jk})^2}{r \times n_{jk}} - \frac{T^2}{r \times n} \tag{2-43}$$

式中，T 为所有观测数据之和。

利用正交表设计试验方案、应用极差分析等数学原理分析试验结果时，需要把实践经验和专业知识结合起来，具体问题具体分析。单纯依靠数学方法，可能无法得到全面、合理的结论。

第三节　试验误差理论

科学试验与工程实践中，为了获取试验对象的特征信息，需要对其定量信息进行准确的测量。而在测量过程中，由于各种因素的影响，测量结果与其真实值之间总会存在一定的差异，即存在测量误差。因此，分析误差产生的原因，并采取必要的措施降低误差的影响，是试验人员及科技工作者需要了解和掌握的试验理论基础。

一、误差的来源与分类

1. 测量误差的来源

由于各种因素的影响，因此测量误差的来源有很多，根据误差产生的情况，主要可以分成以下几类。

（1）设备误差

设备误差是指由于测量仪器设备自身的机械、电子等性能不完善所造成的误差。而消除仪器设备误差的主要方法是选择性能良好的设备进行测量，并对测量仪器设备定时进行校准核对，保证其测量的准确性。

（2）使用误差

使用误差又称为操作误差，是指在测量操作过程中因操作不当，如观察刻度不规范、设备操作错误、不按规定操作位置放置等引起的测量误差。为了获得较为精确的测量结果、减小使用误差，测量前需要详细阅读仪器设备的使用说明书，严格遵守操作规范，提高试验技巧和对各种仪器的操作能力。

（3）方法误差

方法误差又称理论误差，是指由于使用的测量方法不完善、理论依据不严密、对某些经典测量方法进行了不适当的修改简化而产生的误差，即指凡是在测量结果的表达式中没有得到反映的因素，而实际上这些因素在测量过程中又起到一定的作用所引起的误差。

2. 测量误差的分类

测量误差按性质和特点可分为系统误差、随机误差和过失误差三大类。

（1）系统误差

系统误差指在相同条件下重复测量同一量时，其大小和符号保持不变或按一定规律变化的误差。系统误差一般可以通过试验或分析方法找出其变化规律和原因来减少或消除。电子技术试验中的系统误差，往往是由于测量仪器的调整不当和使用不当。

（2）随机误差

随机误差也称为偶然误差，是指在同等条件下多次重复测量同一量时，其大小和符号无规律变化的误差。随机误差不能用试验方法消除，但由于随机误差是符合概率统计规律的，因此可以从随机误差的统计规律中了解其分布特性，从而对测量结果的可靠性进行定量分析，并对误差进行消除。

（3）过失误差

过失误差又称粗大误差，是指由于测量人员对仪器不了解而操作不当或粗心、疏忽大意等原因，使测量结果严重偏离正确值。此外，测量条件的突然变化也会造成过失误差。包含过失误差的测量值称为坏值或异常值，需要根据一定的理论分析标准和统计检验方法，判断哪个测量值是不良值，然后剔除。

异常数据的常用取舍准则方法有拉依达（Layard）准则、格拉布斯准则等，其中拉依达准则（又称 3σ 准则）较为常用。由概率积分表可知，服从正态分布的随机误差，超出 3σ 的可能性只有0.27%，在一般的有限次测量工作中不可能出现。因此，如果测量列中发现有 $|v_i|>3\sigma$ 的残差，就可看作过失误差，并将其去除（对于有限次测量，σ 可用估计值 $\hat{\sigma}$ 代替）。

拉依达准则是基于测量次数 $n\to\infty$ 的前提下提出的，当 n 有限，特别是 n 较小时，这个判据并不是很可靠。

二、测量误差的表示方法

由于测量误差的客观存在，为了表示测量结果的准确度，一般用绝对误差、相对误差和引用误差来定量表示。

1. 绝对误差

绝对误差是指测量仪器测量得到的示值与被测量的真实值之间的差值。假设被测量的真值为 X^*，测量仪器的示值为 X，则绝对误差为

$$\Delta X = X - X^* \tag{2-44}$$

在某一时间及空间条件下，被测量的真值虽然是客观存在的，但一般无法测得，只能尽量逼近它，可用误差较小时的近似值来代替。故常用高一级标准测量仪器的测量值 X^A 代替真值 X^*，为区别起见，将 X^A 称为被测量的实际值，则

$$\Delta X = X - X^A \tag{2-45}$$

在测量前，测量仪器应由高一级标准仪器进行校正，校正量常用修正值 C 表示。对于被测量，高一级标准仪器的示值（即实际值）减去测量仪器的示值所得的差值，就是测量仪器的修正值 C。实际上修正值就是绝对误差，只是符号相反，即

$$C = -\Delta X = X^A - X \tag{2-46}$$

利用某仪器的修正值便可得该仪器所测被测量的实际值 X^A，即

$$X^A = X + C \tag{2-47}$$

修正值给出的方式可以是曲线、公式或数表。对于自动测验仪器，修正值则预先编制成有关程序，存于仪器中，测量时对误差进行自动修正，所得结果便是实际值。

2. 相对误差

当测量值的大小不同时，绝对误差往往不能完全反映出被测量的准确程度。例如：当测量一个大小为100V的电压时，绝对误差 $\Delta X_1 = +3V$；当测量一个10V的电压时，绝对误差为 $\Delta X_2 = 0.5V$，虽然 $\Delta X_1 > \Delta X_2$，单实际上 ΔX_1 只占被测量的3%，而 ΔX_2 却占被测量的5%。可以看出，后者的误差对测量结果的影响更大。因此，工程上常采用相对误差来比较测量结果的准确程度。

相对误差是指绝对误差 ΔX 与被测量的实际值 X^A 的比值的百分数，记为

$$R_e = \frac{\Delta X}{X^A} \times 100\% \tag{2-48}$$

3. 引用误差

相对误差虽然可以说明测量结果的准确度，衡量测量结果与实际被测值的差异程度，但不足以评价指示仪表的准确度。因此，引入了引用误差的概念。

引用误差用于表征仪表性能的好坏，其定义为绝对误差 ΔX 与仪器的满刻度值 X_m之比的百分数，记为

$$R_m = \frac{\Delta X}{X_m} \times 100\% \tag{2-49}$$

三、减小误差的基本方法

根据上述三类误差产生的原因，可采用不同的方法对不同类型的误差加以消除，以保证测量值尽可能准确。

1. 减小系统误差的方法

（1）对测量结果进行校正

定期对仪器进行校准，确定修正值的大小。检查各种外界因素，如温度、湿度、气压、电场、磁场等对仪器示值的影响，并制定各种修正公式、校准曲线或图表，并利用它们对测量结果进行修正，可有效减少系统误差，提高测量结果的准确性。

（2）替代测量法

替代测量法是通过使用一个可变的参考量来代替要测量的量，同时保持整个测量系统的工作状态不变。这样做的好处是，仪器本身和外界因素产生的系统误差不会对测量结果产生影响。

（3）正负误差相消法

当测量仪表内部存在固定方向的误差因素时，可以改变被测量的极性，做两次测量，然后取二者的平均值，以消除固定方向的误差因素。

（4）合理选择仪表量程

当仪器的精度确定时，量程大意味着仪器指针的偏转小，从而增加了相对误差。因此，测量时应合理选择量程，使仪表读数尽可能接近满刻度位置。一般来说，只有当仪表的指针在满刻度的 2/3 以上时，才能得到比较准确的测量结果。因此，测量人员在测量过程中应根据测试估算的大小合理选择仪器量程，以获得较小的最大相对误差。

2. 减小随机误差的方法

通常可以通过测量值取算术平均值来减少随机误差。由于随机误差的大小和符号是随机变化的，通过多次测量取算术平均值，可以有效增加误差相互抵消的机会。

另外，在实际测量中，可采用数学统计方法对随机误差进行分析。在随机误差测量精度的估计值中，常用有限次测量数据的均方根误差。在计算均方根误差之前，首先需要介绍偏差的概念。每一次测量值与算术平均值之差称为偏差，用偏差的平均值来表示随机误差是描述误差大小的一种方法。当测量次数 n 增加时，正负偏差的代数和趋于零。为了避免偏差的正负符号，可以将每个偏差平方后相加再除以（$n-1$）得到平均偏差平方和，最后再开方得到均方根误差。

3. 减小过失误差的方法

过失误差是应该避免的，测量者在测量时应注意以下几点，以避免过失误差的产生：测

量之前可以做试探性测量，即进行粗测，以便正式测量时核对；反复对被测量对象进行测量，从而避免单次失误；改变测量方法或测量仪表后测量同一量值。

四、试验误差计算方法

物理量的数值有两种获取方式：直接测量和间接测量，然而无论是直接测量还是间接测量都有误差，误差的计算也有两种情况。从广义上讲，两种情况的处理都属于误差计算。但是，间接测量是由直接测量决定的，间接测量误差是由直接测量通过给定的函数关系来确定的。所以，狭义上讲，往往把直接测量误差计算称为误差计算，而把间接测量误差计算称为误差传递。另外，由于严格意义上的误差是无法计算的，只能通过各种方法进行近似计算，所以误差计算被称为误差估算。可以通过多种方法进行计算，以下是一些常用的误差计算方法。

1. 直接测量的误差估算

(1) 算术平均误差

在测量列 $\{X_i\}$ 中，各次测量误差的绝对值的算术平均值叫算术平均误差，记为 ΔX。按定义，$\Delta X = \frac{1}{n}\sum_{i=1}^{n}|X_i - X_0|$ 或 $\Delta X = \frac{1}{n}\sum_{i=1}^{n}\Delta X_i$，其中，$\Delta X_i = |X_i - X_0|$。

当 n 较大时，可用 $\Delta X = \frac{\sum|X_i - \overline{X}|}{\sqrt{n(n-1)}}$ 估算，此法比前面的方法得到的偏差要大些。

(2) 绝对误差和相对误差

绝对误差和相对误差的计算方法见式（2-44）~式（2-48）。

(3) 标准误差

标准误差是测量列中各次误差的均方根，即 $\sigma_x = \sqrt{\frac{1}{n}\sum_{i=1}^{n}(X_i - X_0)^2}$。需要注意的是，这个公式是在测量次数很多时，测量列按正态分布时所得到的结果。

实际上，由于真值无法获得，而测量次数也只能是有限的。因此，标准误差 σ_x 只能通过偏差进行估算。常用的估算方法有：最大偏差法、极差法、贝塞尔（Bessel）法等，它们的估算结果基本一致。应用上，一般使用 Bessel 法。

由统计理论可推导出，对有限次测量的 Bessel 标准偏差 S_x 的计算公式（Bessel 公式）为

$$S_x = \sqrt{\frac{1}{n-1}\sum_{i=1}^{n}(X_i - \overline{X})^2} \text{ 或 } S_x = \sqrt{\frac{1}{n-1}\left\{\sum_{i=1}^{n}X_i^2 - \frac{1}{n}\left(\sum_{i=1}^{n}X_i\right)^2\right\}} \tag{2-50}$$

即用 S_x 代替 σ_x。通常所说的标准误差，实际上就是 S_x。

(4) 算术平均值的标准差

算术平均值的标准差与试验标准差的关系为 $S_{\bar{x}} = \frac{1}{\sqrt{n}} \times S_x$。类似的关系还有算术平均值的平均差与算术平均差的关系为 $\Delta\overline{X} = \frac{1}{\sqrt{n}} \times \Delta X$，其中 $\Delta X \approx 0.80S_x$。

2. 间接测量的误差计算

间接测量是指通过一定的函数关系直接测量相应的间接测量误差。它们之间的关系称为

误差传递，相应的计算公式称为误差传递公式。

（1）误差传递公式的一般形式

设间接测量量 f 与彼此独立的直接测量量 x、y、z（只取3个）间的函数关系为

$$f=f(x,y,z)$$

测量结果用平均值和绝对误差表示为 $x=\bar{x}\pm\Delta x$，$y=\bar{y}\pm\Delta y$，$z=\bar{z}\pm\Delta z$ 和 $f=\bar{f}\pm\Delta f$。其中，$\bar{f}=f(\bar{x},\bar{y},\bar{z})$。将 $f(x,y,z)$ 在点 $(\bar{x},\bar{y},\bar{z})$ 按泰勒级数展开，可得

$$f(x,y,z)=f(\bar{x},\bar{y},\bar{z})\pm\left[\overline{\frac{\partial f}{\partial x}}\times(x-\bar{x})+\overline{\frac{\partial f}{\partial y}}\times(y-\bar{y})+\overline{\frac{\partial f}{\partial z}}\times(z-\bar{z})\right]\cdots(\text{高阶小量})$$

将此结果与前面假定关系式 $f=\bar{f}\pm\Delta f$ 比较，忽略高阶小量，并考虑误差传递中通过组合可能产生的最大值，取测量的绝对误差为

$$\Delta f=\left|\overline{\frac{\partial f}{\partial x}}\right|\times\Delta x+\left|\overline{\frac{\partial f}{\partial y}}\right|\times\Delta y+\left|\overline{\frac{\partial f}{\partial z}}\right|\times\Delta z \tag{2-51}$$

相对误差为

$$\frac{\Delta f}{|\bar{f}|}=\left|\overline{\frac{\partial \ln f}{\partial x}}\right|\times\Delta x+\left|\overline{\frac{\partial \ln f}{\partial y}}\right|\times\Delta y+\left|\overline{\frac{\partial \ln f}{\partial z}}\right|\times\Delta z \tag{2-52}$$

根据标准差的定义，由上述展开式，且考虑 x、y、z 是彼此独立的情况，可得标准差的传递公式的绝对形式为

$$\sigma_f=\sqrt{\left(\overline{\frac{\partial f}{\partial x}}\right)^2\sigma_x^2+\left(\overline{\frac{\partial f}{\partial y}}\right)^2\sigma_y^2+\left(\overline{\frac{\partial f}{\partial z}}\right)^2\sigma_z^2} \tag{2-53}$$

相对形式为

$$\frac{\sigma_f}{|\bar{f}|}=\sqrt{\left(\overline{\frac{\partial \ln f}{\partial x}}\right)^2\sigma_x^2+\left(\overline{\frac{\partial \ln f}{\partial y}}\right)^2\sigma_y^2+\left(\overline{\frac{\partial \ln f}{\partial z}}\right)^2\sigma_z^2} \tag{2-54}$$

式中，$\overline{\frac{\partial f}{\partial x}}$、$\overline{\frac{\partial \ln f}{\partial x}}$分别为$\frac{\partial f}{\partial x}$、$\frac{\partial \ln f}{\partial x}$在 $(\bar{x},\bar{y},\bar{z})$ 点处的值。

为了较好地使用标准误差的传递公式，需要说明的是：如果 f 由 x、y、z 按加（减）关系确定时，常用标准误差传递的绝对形式计算；如果 f 由 x、y、z 按乘（除）关系确定时，常用误差传递的相对形式计算；如果 x、y、z 彼此不独立，还需计算相关系数（协方差）。例如：若 $f=xy$，$x=y$（仅数值相等）时的误差传递，与取 $x=y$（x 与 y 完全相关）后 $f=x^2$ 的误差传递是不一样的。

当 $f=xy$ 时，

$$\frac{\sigma_f}{\bar{f}}=\sqrt{\left(\frac{\sigma_x}{\bar{x}}\right)^2+\left(\frac{\sigma_y}{\bar{y}}\right)^2} \tag{2-55}$$

当 $x=y$ 时，式（2-55）可变为

$$\frac{\sigma_f}{\bar{f}}=\sqrt{2}\frac{\sigma_x}{\bar{x}} \tag{2-56}$$

当 $f=x^2$ 时，

$$\frac{\sigma_f}{\bar{f}}=\frac{2\sigma_x}{\bar{x}} \tag{2-57}$$

(2) 误差传递公式的具体形式

为了实际计算方便，将一些常见函数关系确定的误差传递公式列于表2-6。

表2-6 常见的误差传递公式

函数关系	误差传递公式	标准误差传递公式
$f=x\pm y$	$\Delta f=\Delta x+\Delta y$	$\sigma_f=\sqrt{\sigma_x^2+\sigma_y^2}$
$f=xy$	$\dfrac{\Delta f}{f}=\dfrac{\Delta x}{x}+\dfrac{\Delta y}{y}$	$\dfrac{\sigma_f}{f}=\sqrt{\left(\dfrac{\sigma_x}{x}\right)^2+\left(\dfrac{\sigma_y}{y}\right)^2}$
$f=kx$	$\Delta f=k\Delta x$	$\sigma_f=k\sigma_x$
$f=\sqrt[k]{x}$	$\dfrac{\Delta f}{f}=\dfrac{1}{k}\dfrac{\Delta x}{x}$	$\dfrac{\sigma_f}{f}=\dfrac{1}{k}\dfrac{\sigma_x}{x}$
$f=\dfrac{x^p y^q}{z^r}$	$\dfrac{\Delta f}{f}=p\dfrac{\Delta x}{x}+q\dfrac{\Delta y}{y}+r\dfrac{\Delta z}{z}$	$\dfrac{\sigma_f}{f}=\sqrt{\left(\dfrac{p\sigma_x}{x}\right)^2+\left(\dfrac{q\sigma_y}{y}\right)^2+\left(\dfrac{r\sigma_z}{z}\right)^2}$
$f=\sin x$	$\Delta f=\lvert\cos x\rvert\Delta x$	$\sigma_f=\lvert\cos x\rvert\sigma_x$
$f=\ln x$	$\Delta f=\dfrac{\Delta x}{x}$	$\sigma_f=\dfrac{\sigma_x}{x}$

第四节　试验数据的记录与处理

试验中得到的测量值或波形统称为试验数据，而试验数据的采集与处理是将试验过程中获取的各传感器数据经采集转换后，再由计算机进行记录、分析、处理和计算，从中得到试验的结论，这个过程称为试验数据处理。试验数据处理是试验过程中非常重要的环节，它可以直接影响试验结论的正确性。本节将从数据采集基础和试验数据的处理两方面进行介绍。

一、数据采集基础

在汽车试验中需要采集各种数据信号，这些数据信号在时间和幅值上基本都是连续变化的模拟量。这些采集到的信号经过计算机处理之后，再以模拟量的形式“反馈”给外部的试验系统。一般的数据采集系统主要包括传感器、信号调节器、采样保持放大器（SHA）、多路模拟开关、缓冲放大器（A）、控制器、A/D转换器、数字记录装置等，可简化为如图2-7所示。

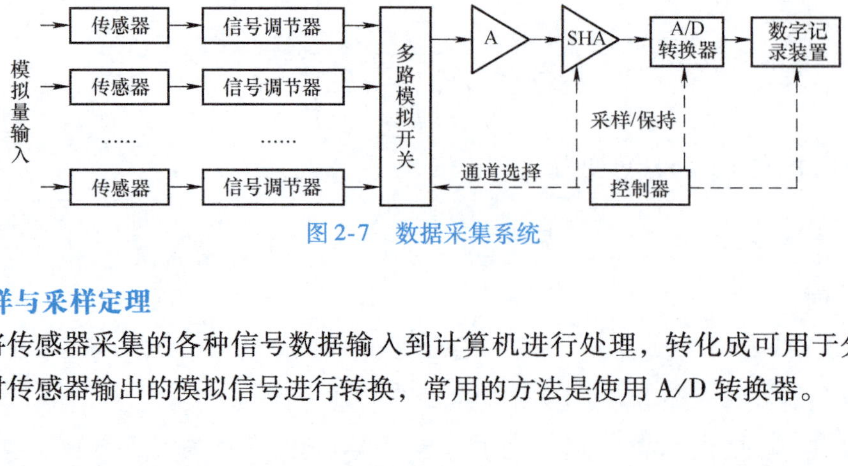

图2-7 数据采集系统

1. 采样与采样定理

为了将传感器采集的各种信号数据输入到计算机进行处理，转化成可用于分析的数字量，需要对传感器输出的模拟信号进行转换，常用的方法是使用A/D转换器。

对于连续的模拟信号 $x(t)$ 经过采样过程处理后转换成了离散信号 $x^*(t)$，该离散信号相邻的两个采样值之间的时间间隔为 Δt，称为采样周期 T_s。采样周期的大小决定了采样信号的数量以及质量，采样周期 T_s 太小会导致信号数量剧增，会占据较大的计算机内存；但是若采样周期 T_s 太大，会导致采集的信号间隔太大，造成某些信息缺失、不完整。若将采样后的信号恢复成原来的信号，可能会出现数据失真现象。因此，需要选择一个合适的采样周期 T_s，保证能将离散信号 $x^*(t)$ 不失真地恢复成原信号 $x(t)$，这种方法称为香农（Shannon）采样定理。

设传感器输出的连续模拟信号为 $x(t)$，其经傅里叶变换后的频谱结果为 $X(f)$，如果频谱结果和采样周期满足以下条件：

1）频谱 $X(f)$ 为有限频谱，当 $|f|=f_c$ 时，$X(f)=0$，其中 f_c 表示最高分析频率，又称为截止频率。

2）$T_s\leqslant\dfrac{1}{2f_c}$ 或 $2f_c\leqslant\dfrac{1}{T_s}=f_s$。

由采样信号 $x^*(t)$ 可唯一确定连续函数 $x(t)$，具体可以写为

$$x(t)=\frac{\Delta t}{\pi}\sum_{n=-\infty}^{\infty}x(n\Delta t)\frac{\sin\left[\frac{\pi}{\Delta t}(t-n\Delta t)\right]}{t-n\Delta t}\tag{2-58}$$

式中，$n=0, \pm1, \pm2\cdots$；$x(n\Delta t)$ 为第 n 点（即 $t=n\Delta t$）的函数值 x_n。采样定理说明了采样信号 $x(t)$ 满足条件 $|f|>f_c$ 时，$X(f)=0$，并且以 $T_s\leqslant\dfrac{1}{2f_c}$ 采样得到的离散信号序列 $\{x_n\}$ 可以完全地表征连续信号函数 $x(t)$。采样定理提供了选择采样间隔的准则，如果以 f_s 代表采样频率，则有如下形式：$f_s=\dfrac{1}{T_s}\geqslant2f_c$。

2. 采样方式

采样方式主要分两种，一种为实时采样，另一种为等效时间采样。对于实时采样，当数字化一开始，信号波形的第一个采样点就被采样并数字化，经一个采样间隔后，再采入第二个子样，这样就可以将整个信号波形数字化后存入波形存储器。实时采样的优点是信号波形一出现就采入，对各种类型的信号波形都适用。又由于所有采样点是以时间为顺序的，因而易于实现波形显示功能。实时采样的主要缺陷是时间分辨率较差，每个采样点的采入、量化和存储等必须在小于采样间隔的时间内完成。若对信号的时间分辨率要求很高，那么实现起来就比较困难。

等效时间采样技术能够实现很高的数字化转换速率，但这种采样方式的应用前提是信号波形是可以重复产生的。由于波形可以重复取得，故采样可以用较慢的速度进行。采样的样本可以是时序的（步进、步退、差额），也可以是随机的。这样就可以把许多采集的样本合成一个采样密度较高的波形。一般也常将等效时间采样称为变换采样。

二、试验数据的处理

1. 试验数据的有效数字

（1）有效数字的概念

在测量中，对试验数据进行采集和记录时，并不是小数点后位数越多越精确，由于误差

的存在，因此测量值总是近似的。测量数据通常由“可靠数字”和“欠准数字”两部分组成，两者合起来称为有效数字。有效数字位数越多，测量准确度越高。在试验数据的记录中，一定要合理选择有效数字的位数，使所取得的有效数字的位数与实际测量的准确度一致。

（2）有效数字的表示方法

在用有效数字记录试验数据时，应遵守以下表示形式：

1）记录测量数据时，只允许保留一位欠准数字。

2）在第一个非零数字前的“0”不是有效数字。例如：0.034 前面的两个“0”不是有效数字，它的有效数字是后两位，即 0.034 是 2 位有效数字；20.00 的有效数字是 4 位，而 20 的有效数字是 2 位。必须注意末位的“0”不能随意增减，它是由测量仪器的准确度来确定的。

3）大数值与小数值要用幂的乘积形式来表示。例如，测得某电阻的阻值为 16000Ω，当有效数字为 3 位时，则应记为 $1.60\times10^4\Omega$，或 $160\times10^2\Omega$。

4）当有效数字位数确定以后，多余的位数应一律按四舍五入的规则舍去，称为有效数字的修约。

5）表示常数的数字可认为它的有效数字位数无限制，可按需要取任意位。如常数π、e、$\sqrt{3}$等的有效数字的位数在计算中可视需要确定有效数字的位数。

（3）有效数字的运算规则

当测量结果需要进行中间运算时，有效数字的取舍，原则上取决于参与运算的各数中精度最差的那一个数的有效数字位数。一般应遵循以下规则：

1）加减运算：在进行加减运算时，参与运算的各数所保留的位数，一般应与各数小数点后位数最少的数相同。

2）乘除运算：在进行乘除运算时，各因子及计算结果所保留的位数以百分误差最大或有效数字位数最少的项为准，不考虑小数点的位置。

3）乘方及开方运算：运算结果比原数多保留一位有效数字。

4）对数运算：运算前后的有效数字位数应相等。

2. 试验数据的读取与记录

（1）数字式仪表的读数与记录

一般情况下，从数字式仪表上可直接读出被测量的量值，而读出的值即可作为测量结果予以记录而无须再经过换算。需注意的是，在使用数字式仪表时，若测量过程中量程选择不当则会丢失有效数字，降低测量精度。由此可见，在选用不同的量程时，测量值的有效数字位数不同，量程不当将损失有效数字。

（2）指针式仪表的读数与记录

与数字式仪表不同，直接读取的指针式仪表的指示值一般不是被测量的测量值，而要经过换算才可得到所需的测量结果，即

$$\text{测量值}=\text{读数(格)}\times\text{仪表常数}(C_\alpha) \tag{2-59}$$

需要注意的是，测量值的有效数字的位数应与读数的有效数字的位数一致。

1）读数：指针式仪表的指示值称为直接读数，简称为读数，它是指指针式仪表的指针所指出的标尺值并用格数表示。测量时应先记录仪表的读数。

2）仪表常数：指针式仪表的标度尺每分格所代表的被测量的大小称为仪表常数，也称为分格常数，用 C_α 表示，其计算式为

$$C_\alpha = \frac{X_m}{\alpha_m} \tag{2-60}$$

式中，X_m为选择的仪表量程；α_m为指针式仪表满刻度格数。可以看出，对于同一仪表，选择的量程不同，则仪表常数也不同。

（3）波形的记录

在试验过程中，常用示波器观察电子线路中电信号的输入、输出波形。在记录波形时要注意以下几点：

1）在坐标系上标示出合适的横坐标、纵坐标的单位及坐标原点。

2）在波形图上标示出能够显示图形变化趋势的关键点及相应的坐标。

3）描绘示波器测试波形时，在波形图上应该正确反映测试波形之间的相位关系。

4）描绘示波器测试波形时，要注意正确反映波形与基线的相对位置。

3. 试验数据的处理

测量得到试验数据后，经过相应的运算处理、有效数字修约等处理后，可能还无法直接看出试验规律或结果，需要选择一种简便的方法对这些测量试验数据进行处理，用于表示各变量之间的关系，从中找出相应的规律。

对于测量结果的表示通常使用数字、图形列表和经验公式三种方法进行表达。数字表达可以使用误差分析理论给出相应的测量结果数据；图形和列表方法是根据试验结果数据绘出能反映试验情况的曲线或者列表分析找出试验数据的规律；经验公式法则是通过回归分析的方法对试验数据进行处理，确定经验公式的类型及其参数，用于反映试验数据的内在规律。

（1）列表法

列表法是记录试验数据最常用的方法，测量时将测量结果填写在一个经过设计有一定对应关系的表格中，以便能清楚地从表格中得出各数据之间的简单关系。列表法的关键是表格中测试点的设计，选择的测试点必须能够准确地反映测试量之间的关系，尤其不要遗漏一些关键测试点。如果测试点描绘的曲线有转折区域，则在曲线的拐点处附近要多选择几组测试点。

（2）图示法

图示法是指将测量数据用曲线表示的方法。在分析两个或多个物理量之间的关系时，用曲线表示它们之间的关系，往往比用数字、公式表示更形象和直观。因此，测量结果常常要用曲线来表示。

在实际测量过程中，由于测量数据的离散性，如将测量点直接连接起来，所得曲线将呈折线状，但这样的曲线往往是错误的，应视情况绘出拟合曲线，使其成为一条光滑均匀的曲线，这个过程称为曲线的修匀。若测量数据点分散程度大，则应将相应的点取平均值后再绘制曲线。绘制曲线时要注意以下几点：

1）选择合适的坐标系。

2）在坐标系中，一般横坐标代表自变量，纵坐标代表因变量。

3）在横、纵坐标轴的末端要标明其所代表的物理量及其单位。

4）要合理恰当地进行坐标分度。

（3）回归分析法

在静态试验数据的处理中，找到一种简单的经验公式用于表达各变量之间的相互关系非常重要，根据最小二乘法确定相应经验公式的数理统计方法称为回归分析，其中处理两个变量之间关系的方法称为一元线性回归分析，确定多个变量之间关系的称为多元回归分析。通过回归分析确定经验公式需要处理三个问题：确定经验公式的类型；求经验公式中的各参数；对经验公式的评估精度进行评价。本书重点对一元线性回归进行介绍。

1）一元线性回归。如果两个变量之间的关系是线性的，则称为一元线性回归，即工程数值计算中常见的直线拟合问题。对于此类问题，首先需要将试验数据画到坐标纸上，观察各数据点的分布情况，如果各点的分布情况类似于直线，则可以考虑用线性回归进行拟合，假设线性回归方程为

$$y' = a + bx \tag{2-61}$$

式中，y'为计算得到的因变量；x为自变量；a、b分别为线性回归系数。实际测量值y和计算值y'之间的差为残差，表示为$v = y - y'$。残差越小，表示回归直线越接近于最佳直线。因此，确定回归直线的原则是找到一条直线，使得回归计算的结果与实测数据之间的误差比其他直线与实测数据间的误差都要小，也即使残差的平方和达到最小，这是最小二乘法的思想。使残差平方和达到最小的公式可以写为

$$Q_y = \sum_{i=1}^{n} v^2 = \sum_{i=1}^{n} (y_i' - y_i)^2 = \min \tag{2-62}$$

式中，n为试验数据的数量；Q_y为残差平方和；y_i为实际测量值；y_i'为线性回归直线计算得到的结果。若想保证式（2-62）的值达到最小，也即

$$Q_y = \sum_{i=1}^{n} v^2 = \sum_{i=1}^{n} (a + bx_i - y_i)^2 = \min \tag{2-63}$$

达到最小，即式（2-63）的偏导数$\dfrac{\partial Q_y}{\partial a} = 0$，$\dfrac{\partial Q_y}{\partial b} = 0$，根据该条件，可以得到参数$a$和$b$的值为

$$\begin{aligned} a &= y' - bx' \\ b &= \frac{l_{xy}}{l_{xx}} \end{aligned} \tag{2-64}$$

式中，

$$\begin{aligned} x' &= \frac{1}{n}\sum_{i=1}^{n} x_i \\ y' &= \frac{1}{n}\sum_{i=1}^{n} y_i \\ l_{xx} &= \sum_{i=1}^{n} (x_i - x')^2 = \sum_{i=1}^{n} x_i^2 - \frac{1}{n}\left(\sum_{i=1}^{n} x_i\right)^2 \\ l_{xy} &= \sum_{i=1}^{n} (x_i - x')(y_i - y') = \sum_{i=1}^{n} x_i y_i - \frac{1}{n}\sum_{i=1}^{n} x_i \sum_{i=1}^{n} y_i \end{aligned} \tag{2-65}$$

2）回归方程的精度验证。回归直线确定后，可以根据自变量x来预测或控制因变量y，

预测的效果便反映了回归方程的精度问题。常使用方程分析的方法来检验线性回归的效果，确定回归方程的精度。对于一组试验数据，因变量 y 的变化情况可以根据各测量值 y_i 与其平均值 $\bar{y}$ 之差的平方和来计算，也称作总离差平方和，记为 Q_z。

$$Q_z = l_{yy} = \sum_{i=1}^{n}(y_i - \bar{y})^2 = \sum_{i=1}^{n}[(y_i - y') + (y' - \bar{y})]^2$$
$$= \sum_{i=1}^{n}(y_i - y_i')^2 + \sum_{i=1}^{n}(y_i' - \bar{y})^2 + 2\sum_{i=1}^{n}(y_i - y_i')(y_i' - \bar{y}) \tag{2-66}$$

由于各测量值 y_i 随机分布在预测计算值 y' 周围，所以当试验数据点很多时，式（2-66）的第三项趋近于零，式（2-66）可以简化为

$$Q_z = \sum_{i=1}^{n}(y_i - y_i')^2 + \sum_{i=1}^{n}(y_i' - \bar{y})^2 = Q_y + U \tag{2-67}$$

式中，Q_y 为残差平方和，反映了试验数据点相对于回归直线的偏离程度 $Q_y = \sum_{i=1}^{n}(y_i - y_i')^2$；$U$ 为回归平方和，反映了回归直线上的点对平均值 $\bar{y}$ 的变化情况 $U = \sum_{i=1}^{n}(y_i' - \bar{y})^2$。$Q_y$ 的均方根表示残差标准差 σ，其值越小，说明回归直线的精度越高。

$$\sigma = \sqrt{\frac{Q_y}{n-2}} = \sqrt{\frac{\sum_{i=1}^{n}(y_i - y_i')^2}{n-2}} = \sqrt{\frac{\sum_{i=1}^{n}[y_i - (a + bx_i)]^2}{n-2}} \tag{2-68}$$

此外，除了一元线性回归之外，处理试验数据的方法还有一元非线性回归和多元线性回归法等。其中前者主要适用于两个变量之间不符合线性关系的情况，此种类型可以通过选择合适的函数，通过变量代换将其转化为线性关系的函数，再使用一元线性回归的方法进行拟合。常见的典型曲线如双曲线、对数曲线和指数曲线等，都可以直接利用变量代换转化为直线的经验公式。下面列出了几种典型曲线回归公式：①双曲线函数 $\frac{1}{y} = a + \frac{b}{x}$，变量代换为 $Y = \frac{1}{y}$，$X = \frac{1}{x}$，代换后的经验公式为 $Y = a + bX$；②指数曲线函数 $y = a + b\lg x$，经变量代换 $Y = y$，$X = \lg x$，代换后的经验公式为 $Y = a + bX$；③幂函数 $y = ax^b$，两边同时取对数后，经变量代换 $Y = \lg y$，$X = \lg x$，$A = \lg a$，代换后的经验公式为 $Y = A + bX$。

对于一组很难直接使用典型曲线进行描述的试验数据，也可以直接使用多项式逼近，对试验数据进行多项式回归，同样可以使用最小二乘法建立方程，求解得到相应的参数，多项式可以设为

$$y = a_0 + a_1x + a_2x^2 + \cdots + a_mx^m \tag{2-69}$$

对于多元线性回归分析，实际上是因变量 y 同时与多个自变量相关，是一个多元函数。而多元回归和多项式回归都可以转化为多元线性回归问题来求解。多元线性回归的表达式为

$$y = b_0 + b_1x_1 + b_2x_2 + \cdots + b_mx_m + \varepsilon \tag{2-70}$$

式中，b_0，b_1，$\cdots$，b_m 为未知的系数；ε 为随机误差。若有 n 组试验测量数据 $[(y_i, x_{i1}, x_{i2}, \cdots, x_{im})]$，$i = 1, 2, \cdots, n$，$(n > m)$，建立其回归矩阵方程为

$$\boldsymbol{Y} = \boldsymbol{BX} + \boldsymbol{\varepsilon} \tag{2-71}$$

式中，$\boldsymbol{Y}=(y_1,y_2,y_3,\cdots,y_n)^{\mathrm{T}}$；$\boldsymbol{B}=(b_0,b_1,b_2,\cdots,b_m)^{\mathrm{T}}$；$\boldsymbol{\varepsilon}=(\varepsilon_1,\varepsilon_2,\varepsilon_3,\cdots,\varepsilon_n)^{\mathrm{T}}$；

$$\boldsymbol{X}=\begin{bmatrix}1 & x_{11} & \cdots & x_{1m}\\ 1 & x_{21} & \cdots & x_{2m}\\ \vdots & \vdots & & \vdots\\ 1 & x_{n1} & \cdots & x_{nm}\end{bmatrix}^{\mathrm{T}}。$$

然后再求解回归方程，得到相应的未知参数 $\boldsymbol{B}$。

复习思考题

1. 简述测量系统的基本组成。
2. 简述因子和水平的作用和概念。
3. 简述正交试验设计的基本方法。
4. 简述测量误差的来源和分类。
5. 简述试验数据的处理包括哪些过程。

第三章 整车基本参数的测量

整车基本参数主要是指用于描述汽车几何结构和质量特性的参数。这些参数可以用来比较和评估不同车型之间的差异，帮助客户选择适合自己需求的车辆。通过对整车基本参数的测量，能让设计、制造及装配的技术人员较为全面、清楚地了解车辆的基本信息。

新能源商用车尺寸规格大、质量和惯量大，测量难度大。本章以新能源客车为例，对整车主要尺寸、质量、质心位置及转动惯量等基本参数的测量原理和方法进行介绍。

第一节 主要尺寸的测量

主要尺寸是指表征汽车几何结构的重要参数，分为外部尺寸、内部尺寸和行李舱尺寸等。通过对主要尺寸的测量，可以检验新开发或在产汽车的结构尺寸是否符合设计要求，从中发现设计、制造及装配中的问题。通过测量几何结构的尺寸，可以为汽车设计师提供参考依据。通过测量试验样车的主要尺寸参数，可以评价其在可靠性、耐久性试验过程中保持原技术状态的能力，为进一步提高汽车的可靠性和耐久性提供依据。

为了规范客车主要尺寸的测量，国家制定了主要尺寸测量方法的标准，其中GB/T 12673—2019《汽车主要尺寸测量方法》对M类客车的外部尺寸和行李舱尺寸等主要尺寸的测量方法进行了规定。GB/T 13053—2008《客车车内尺寸》对客车驾驶区和乘客区的尺寸测量方法进行了规定。

本节主要介绍M_2和M_3类客车外部尺寸、内部尺寸、行李舱尺寸等的测量方法。

一、车辆坐标系

车辆坐标系是进行汽车尺寸测量的基础，选取的测量基准应和设计基准、制造基准保持一致。使用车辆坐标系的目的是为车辆的尺寸与公差检测提供参考的方向和起始位置，从而保证车辆尺寸在测量过程中的一致性。车辆三维坐标系由三个相互垂直的抽象空间平面组成，分别称这三个平面为X基准面、Y基准面和Z基准面，其中Y基准面为车辆纵向对称面，X基准面为过车辆前轴中心线且与Y基准面和车辆支承面垂直的平面，Z基准面为车架上表面或地平面或过前后轴中心且垂直于X、Y基准面的平面。为表示基准平面的位置，制造厂可自行规定三个或多个在车体上明确标出的实际点（如压坑或孔）作为基准点。有了基准点，三维坐标系在车体上也就明确了。从我国车辆设计的现状来看，一般车体上并未标示出基准点的位置，这种情况下则可按车架上表面作为特征点面来确定Z基准面，X基准面为过前轴中心垂直于Y基准面的平面。

依据GB/T 13053—2008《客车车内尺寸》规定，客车的车辆坐标系如图3-1所示，Y基准面为车辆纵向对称平面，Z基准面为通过客车底架上平面并垂直于Y基准面的平面，X基准面通过前轮中心并垂直于Y基准面和Z基准面的平面。

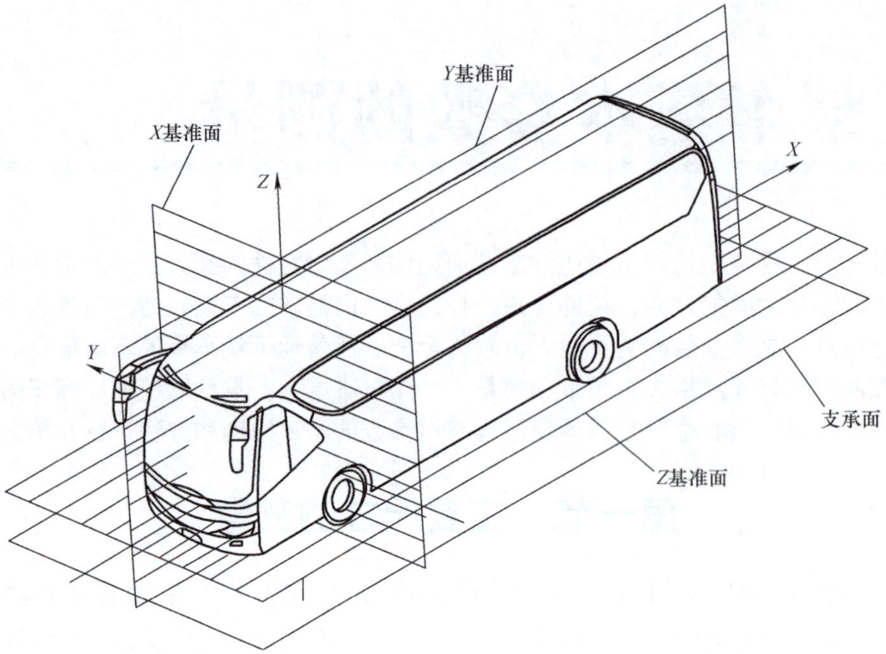

图 3-1　客车的车辆坐标系

客车主要尺寸的测量应基于客车的车辆坐标系来选取测量基准，若无特殊规定，长度应在与 X 向平行的直线上测量，宽度应在与 Y 向平行的直线上测量，高度应在与 Z 向平行的直线上测量，内部尺寸应在乘员中心面上测量。

二、测量准备

1. 车辆状态

1）将客车调整到符合技术条件的状态。清洗车辆，去除油污、泥土等。检查客车各总成、零部件、备用轮胎及随车工具等是否齐全，是否装配在规定的位置上，燃油、润滑油及冷却液等是否加注足量。进行测量前应将其调至如下规定状态：车门、发动机舱盖、行李舱盖及通风孔盖等均为关闭状态；收音机天线应处于回收状态；后视镜等外部可动的附件或附属装置应处于正常状态；牌照架应处于正常位置，行李舱内部设备如备用轮胎、千斤顶等应按制造厂的设计布置；转向盘调节到制造厂规定的位置，若无规定，则应调节到可调节范围的中间位置；转向车轮应以直线前进状态置于测量场地上；踏板应处于自由状态位置，可调节踏板应调至制造厂指定或向前最大位置。其他可调零部件也应调整至制造厂指定的位置。

2）将载荷装载到规定的状态。在测定客车尺寸参数的过程中，各种尺寸参数都要求在一定的载荷下测量，为此，应根据测定的尺寸参数，将客车装载到相应的载荷状态。客车的载荷状态分如下三种：①整备质量状态：指客车处于装备齐全，燃油、润滑油及冷却液等加注足量，无载荷、无乘员时的状态；②设计载荷状态：指客车在整备质量状态下乘坐乘员后的状态；③满载状态：指厂定的最大总质量状态，即按规定的装载质量施加载荷，驾驶室按规定人数乘坐，装备齐全，燃油、润滑油及冷却液等加注足量的状态。若无特殊规定，应在车辆整备质量下测量。对于部分尺寸测量时，可在搭载部分必要测量仪器及 2 名以内测量人员载荷状态下进行。

需要注意的是，在将载荷装载到规定的状态时，载荷物应分布均匀，确保轴载质量、轮载质量分配正确，以得到正确的尺寸参数测量结果。GB/T 12534—1990《汽车道路试验方法通则》中对各种车型的乘员质量、行李质量及代替重物的分布等都做了明确规定。通常用相同质量的重物来代替乘员进行测定。如果没有上述专用载荷物，允许用砂石、土等散袋的形式来代替，但是应该注意，不得因下雨潮湿、散失及颠簸等改变质量的大小及其位置分布状态。

3）将座椅调整到规定的状态。对座椅调整要求如下：可调腰靠应调至完全回收，可调坐垫角度和靠背角度调至制造厂指定角度；可调头枕高度调至最高位置，水平垂直方向可调座椅位置至 R 点（Seating Reference Point）位置或制造厂指定位置。R 点即座椅布置和设计的基准点，其在座椅上的位置用三维 H 点（Hip Point）装置测得。H 点是指二维或三维人体模型样板中人体躯干与大腿的连接点即胯点，它表示驾驶员入座后髋关节的中点在汽车中的位置。

4）严格检查轮胎气压。轮胎气压是尺寸测量中极为重要的条件，它主要影响垂直方向的尺寸，对其应严格检查。要求轮胎气压必须符合技术条件的规定，气压误差不允许超过 ±10kPa。

2. 测量场地及仪器设备要求

测量场地应平整、坚实、清洁，具有水平坚硬覆盖层的支承表面，最好是水磨石地面。其平面度应为 $1m^2$ 范围内小于 ±1mm，面积应能足够容纳下被测车辆。在室外进行测量时，环境风速应不大于 5m/s，侧向风速应不大于 3m/s。场地条件应符合 GB/T 12673—2019《汽车主要尺寸测量方法》和 GB/T 12674—2024《汽车、挂车及汽车列车质量参数测量方法》的规定。

测量仪器设备可采用直接或间接测量的装置，各测量工具的单位及精确度见表 3-1。

表 3-1　测量工具的单位及精确度

测量工具	单位	精确度
长度测量工具	mm	±1
宽度测量工具	mm	±1
高度测量工具	mm	±1
角度测量工具	°	±1

三维坐标测量仪是理想的尺寸测量设备，能精确地测量三维空间的点、线、面的位置关系，与三维 H 点人体模型配合使用，能实现标准中要求的主要尺寸的测量。但三维坐标测量仪价格昂贵，在测量汽车主要尺寸中尚未普及，绝大多数情况下仍使用高度尺、离地间隙仪、角度尺、钢卷尺、水平仪、铅锤、油泥和划针等常规测量仪器。

当使用 H 点装置测量时，如图 3-2 所示，宜采用 HPM-Ⅱ，腿长调至第 95 百分位的位置测量。

三、主要尺寸的测量方法

1. 外部尺寸的测量

（1）长度尺寸测量

测量长度尺寸时，将汽车装载到整备质量状态，用钢卷尺直接测量或用铅锤将测量尺寸

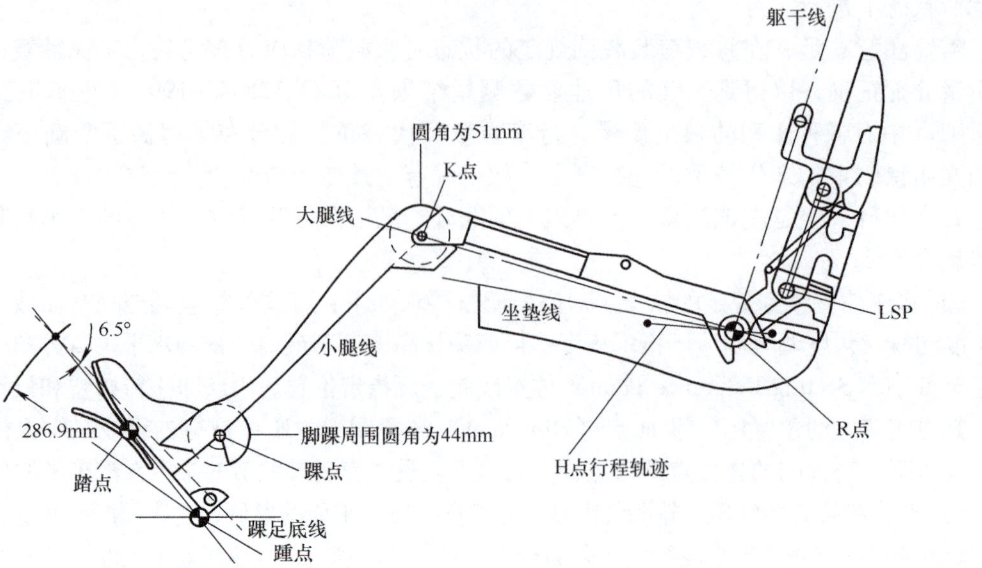

图 3-2　H 点装置测量

两端投影到地面上，并将投影点用笔做明显的记号，而后测量两投影点距离。客车的主要长度尺寸如图 3-3 所示。

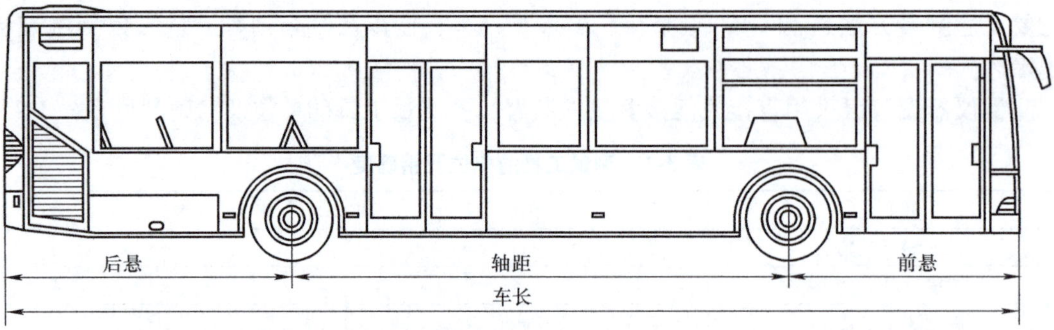

图 3-3　客车的主要长度尺寸

车长：测量分别通过车辆前后最外端点的两 X 平面之间的距离。

轴距：测量分别过车辆同一侧相邻两车轮轮心的 X 平面之间的距离。

前悬：测量分别过车辆最前端点和前轮中心的两 X 平面之间的距离。

后悬：测量分别过车辆后轮中心和车辆最后端点的两 X 平面之间的距离。

(2) 宽度尺寸测量

宽度尺寸测量和长度尺寸测量的要求和方法基本相同，可以参考长度尺寸的测量。

前轮距：测量两前轮胎在车辆地面上留下轨迹的中心线之间的距离。

后轮距：测量两后轮胎在地面上留下轨迹的中心线之间的距离。对于双后轮车辆，则测量两个双后轮中心平面间的距离。

车宽：测量过车辆两侧固定突出部位最外侧点且平行于 Y 平面的两平面之间的距离。

前、后护轮板处车宽：在过前轮中心的 X 平面内，测量与前、后护轮板外缘相切的两

个 Y 平面之间的距离。

驾驶员侧外后视镜车宽：外后视镜处于正常驾驶位置时，测量与驾驶员侧外后视镜最外点相切的 Y 平面到 Y 基准面的距离。

乘客侧外后视镜车宽：外后视镜处于正常驾驶位置时，测量与乘客侧外后视镜最外点相切的 Y 平面到 Y 基准面的距离。

含外后视镜的车宽：外后视镜处于正常驾驶位置时，测量与外后视镜最外点相切的两个 Y 平面之间的距离。

车门开启车宽：车门位于最大开启位置时，测量与车门最外侧相切的两个 Y 平面之间的距离。

（3）高度尺寸测量

高度尺寸参数与汽车载荷相关，测量汽车高度尺寸时，需要将汽车载荷装载到规定状态后，借助于高度尺、离地间隙仪、钢卷尺及铅锤等进行直接或间接测量。高度尺寸测量方法如下：

汽车总高：在车辆整备质量状态下，测量车辆最高点到地面的最大距离。

前、后轮胎静力半径：在车辆整备质量状态下，测量前、后轮胎与地面接触点到轮胎中心的垂直距离。

前照灯、尾灯中心高度：在车辆分别处于整备质量、最大总质量状态下，测量前照灯、尾灯中心位置（或光源中心）与地面之间的垂直距离。

前、后保险杠中心离地高度：在车辆整备质量状态下，测量车辆前、后保险杠中心位置与地面之间的垂直距离。

（4）角度尺寸测量

角度尺寸参数与汽车载荷相关，测量汽车角度尺寸时，需要将汽车载荷装载到规定状态后用辅助平板和角度尺直接测量或采用作图法，即先测定特征点的位置、轮胎静力半径和自由半径，然后绘图，求出角度。

接近角：在汽车分别处于整备质量、最大总质量状态下，测量切于静载荷前轮轮胎外缘且垂直于 Y 平面的平面与 Z 平面之间所夹的最大锐角。前轴前方任何固定在车辆上的刚性部件均在此平面的上方。

离去角：在汽车分别处于整备质量、最大总质量状态下，测量切于静载荷车辆最后车轮轮胎外缘且垂直于 Y 平面的平面与 Z 平面之间所夹的最大锐角。位于最后车轴后方的任何固定在车辆上的刚性部件均在此平面的上方。

客车的接近角和离去角如图 3-4 所示。

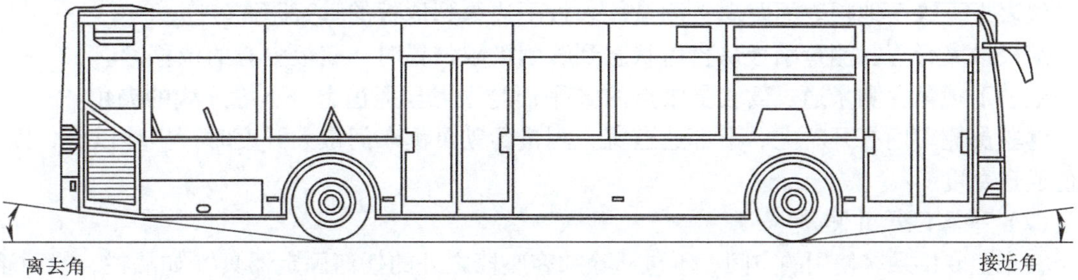

图 3-4　客车的接近角和离去角

2. 内部尺寸的测量

（1）驾驶区尺寸测量

驾驶区是指除紧急情况外由驾驶员专用的空间，包括驾驶员座椅、转向盘、踏板、仪表及其他操纵车辆所需的装置所占用的空间。客车驾驶区的主要尺寸如图 3-5 所示。

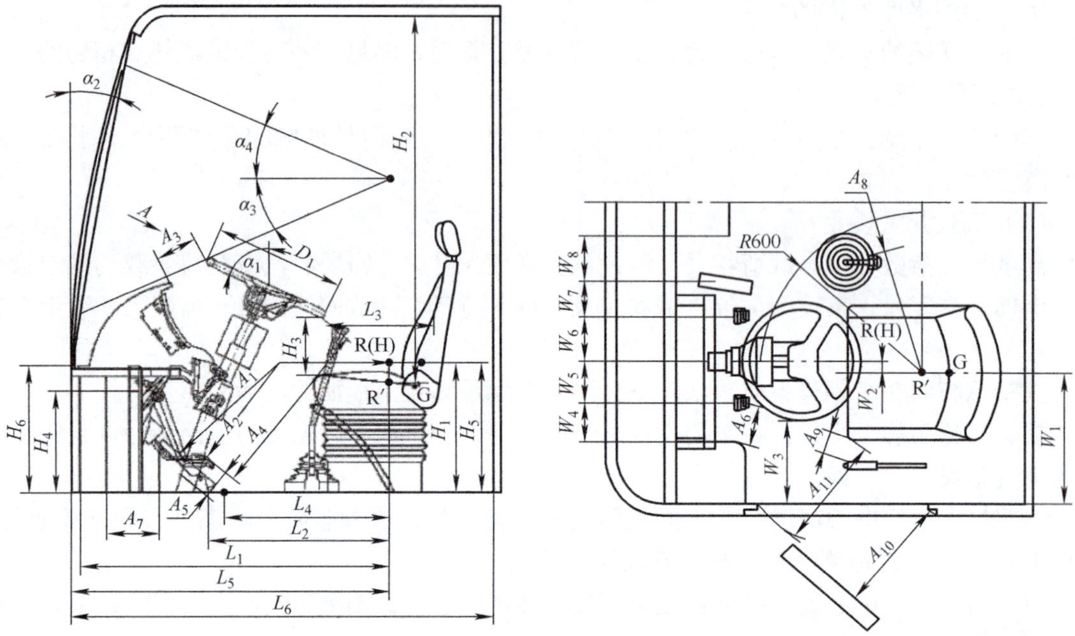

图 3-5　客车驾驶区的主要尺寸

驾驶员头部到前风窗玻璃上缘的间隙：在通过座椅中心面的 Y 平面上，测量前风窗玻璃密封条或驾驶室顶棚衬里、遮阳板或顶盖上的最低水平切线的切点到头部包络的最小距离。

转向盘到座椅靠背距离：转向盘位于设计位置时，在 Y 平面上测量转向盘后边缘到座椅未受压状态下靠背表面中心线的最小距离。

R 点至加速踏板及行车制动踏板中心距离：分别测量从驾驶员座椅 R 点沿大腿中心线向踏板中心方向延伸到膝关节的距离和膝关节至加速踏板及行车制动踏板中心的距离，两者距离之和即 R 点至加速踏板及行车制动踏板中心距离。

转向盘中心至座椅中心平面距离：测量通过转向盘中心的 Y 平面到驾驶员座椅中心平面的距离。

仪表板下缘至地板表面距离：测量仪表板下边缘到地板的垂直距离。

踏板最大行程：测量踏板从自由状态到踩到极限位置时，踏板中心的位移量。

上、下视角：测量通过驾驶员眼点的 Z 平面与眼点至风窗上、下缘连线的夹角。

驾驶员侧车门打开时上、下部通道宽：测量驾驶员侧车门最大开度时，坐垫以上、以下部位通道宽度。

（2）乘客区尺寸测量

客车上专供乘客使用的空间，不包括除乘客座椅之外的任何固定器具（如隔栏、投币箱，以及驾驶区和售票员工作区、楼梯等）所占用的空间。客车乘客区的主要尺寸如图 3-6 所示。

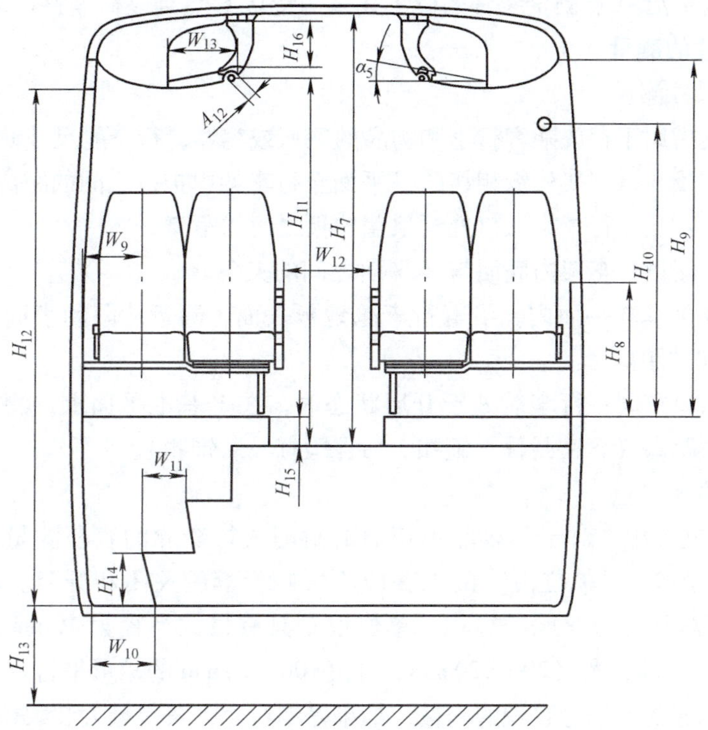

图 3-6　客车乘客区的主要尺寸

乘客区长：在基准 Y 平面上，测量乘客区最前与最后的水平距离。

车内宽：在乘客区中部，沿坐垫上表面测量两边侧围护板之间的距离。

车内高：在基准 Y 平面上，在通道地板中部测量通道地板至顶盖护板之间的距离，不包括内部凹凸物如顶灯、顶窗等。

扶手空间：测量扶手中心至最近障碍物的距离。

通道宽：在平行于基准 Y 平面上，测量分别抵靠通道两侧座椅或肘靠的两 Y 平面之间的最小距离。

通道地板坡度：测量通道地板的上平面与水平地面之间夹角的正切值。

应急门净宽：测量应急门在最大开启位置时，门两侧之间的最小距离。

应急门高：测量抵靠上门框的 Z 平面至出口处地板之间的距离。

应急门应急开关高：测量应急门内侧应急开关把手上缘至最近地板之间的距离。

应急门开启角：应急门在开启位置时，测量应急内侧下边缘之间在 Z 平面上的夹角。

座间距：在座椅中心平面上，G 点至前排座椅靠背背面的距离，沿与坐垫上表面相切的 Z 平面测量；对于面对面布置的座椅，测量两座椅 G 点的距离。G 点是在座椅中心平面上，同靠背表面相切的垂线与坐垫上表面的交点；对于半靠背座椅，G 点为靠背表面的延长线与坐垫上表面的交点。

坐垫至前靠背距离：在座椅中心平面上，沿坐垫上表面测量与坐垫前缘相切的垂面至前排座椅靠背背面的距离。

座椅靠背厚度：过乘员中心面，测量座椅靠背的最大法向距离。

座椅靠背高度：沿 H 点测量装置的躯干线，测量从 R 点到座椅靠背顶部切线的距离。

3. 行李舱尺寸的测量

（1）行李舱尺寸测量

客车行李舱是指用于存放乘客行李和物品的区域或容器，行李舱尺寸测量方法如下：

行李架宽：测量与行李架外缘相切的 Y 平面至行李架内护板之间的距离。

行李架入口高：测量行李架入口处至顶盖护板之间的距离。

行李架倾角：测量行李架内底面与 Z 平面之间的夹角。

行李舱长：在 Y 基准平面内，沿着行李舱地板表面，测量从限制表面到关闭的限制表面最后点沿 X 方向的距离。

行李舱最小入口空间：行李舱处于开启状态时，在 Y 基准平面上，测量行李舱下部开口到上部开口最小距离（含密封件、锁扣、后保险杠及装饰物）。

（2）行李舱容积测量

1）行李舱有效容积。对于与客厢不相通的封闭式行李舱的容积测量，以最多数量的“单位模”填满行李舱，“单位模”的堆叠应不影响行李舱关闭和开启。填入行李舱中的“单位模”的体积总和为行李舱的容积。单位模是具有最大半径为 10mm 的圆棱、体积为 $8dm^3$、长（400 ±4）mm、宽（200 ±2）mm、高（100 ±1）mm 的矩形平行六面体。

对于与客厢相通的行李舱容积的测量，如果是制造厂为获得最大装载体积而采取的专门设施，如折叠式或可卸式后座椅或靠背，应采用以下方法分别进行测量。对于处于正常乘坐位置的后座椅和靠背，容积测量的上限是驾驶员座椅的 R 点上方 400mm 处的水平面；对于可折叠或拆卸的后座椅和靠背，容积测量的前限是紧靠行李舱的座椅靠背的垂直平面。座椅应按制造厂规定调至最后正常位置。

2）后开舱门客车行李舱容积。后开舱门客车行李舱容积 V 按照如下公式进行计算：

$$V = \frac{L_1 + L_2}{2} \times W \times H \tag{3-1}$$

式中，L_1 为在 Y 基准平面和过驾驶员座椅靠背顶面的 Z 平面交线上，测量过驾驶员座椅靠背背面 X 平面到后舱门内侧的水平距离；L_2 为在 Y 基准平面内，在货箱底板上测量驾驶员座椅靠背背面到后舱门内的表面距离；W 为行李舱宽度；H 为行李舱长度。

第二节　质量和质心位置的测量

整车质量是指汽车装备齐全，即冷却液、润滑油、备用轮胎、必要的随车工具等均按要求配置完整的条件下，未载人、装货时汽车整车的质量。整车质量参数对汽车的操纵稳定性、制动性和动力性等性能有着重要的影响。质心位置是指汽车整体重心的位置，通过测量质心位置数据，可以为工程师改进车辆性能提供输入。

GB/T 12674—2024《汽车、挂车及汽车列车质量参数测量方法》和 JT/T 887—2023《营运车辆质心位置测量方法》分别对整车质量的测量方法和客车质心位置的测量方法进行了规定。

一、测量准备

1. 车辆状态

测量时，车辆要停稳、熄火，变速器置于空档，制动器松开，转向轮应调整至正前方的行驶位置，并应采用三角木或其他措施防止车轮的非正常滚动。

在试验载荷状态下，试验车辆的轮胎冷态充气压力应符合车辆制造厂的规定，如果规定了轮胎压力的范围，则选择最高压力。悬架应在车辆相应载荷且处于水平状态下所对应的位置锁死，座椅高度应固定在制造商规定的位置，无规定时应调整到最高位置。能够加满液体的容器应当处于加满状态，车辆各总成部件及附属装备（包括随车工具与备用轮胎）应按制造商规定装备齐全，并安装在规定位置。对于位置可调整的总成或部件（如可调式空气悬架）应将其调整至与载荷相适应的状态。

2. 测量场地及仪器设备要求

测量整车质量时，可以使用地秤或车轮负荷计进行测量，设备精度要求为0.5%。使用地秤时，待汽车停稳后，再打开地秤的锁止装置，以防对地秤刃口造成冲击损伤。秤台面积应能容纳被测汽车的全部车轴。秤台出入口地面应与台面保持同一水平。使用车轮负荷计时，应保证各车轮负荷计的上平面在同一水平面内。

测量质心位置时，试验场地应能使试验车辆抬高到规定角度，并符合 GB/T 12673—2019 和 GB/T 12674—2024 的要求。所用试验仪器及设备测量精度应满足以下要求：尺寸精度要求测量值不大于 2000mm 时为 ±1mm；大于 2000mm 时为 ±0.05%；角度精度要求为 ±1%；轮荷仪精度为 ±0.2%。

二、质量和质心位置的测量方法

1. 整车质量的测量

使用地秤测量时，汽车先从一个方向低速驶上秤台，测量整车质量；然后汽车掉头，从相反方向驶上秤台，测量整车质量。使用车轮负荷计测量时，首先将各车轮负荷计标零，然后汽车驶向车轮负荷计，测出整车质量。

测量结果的计算。地秤法取两个方向测量结果的算术平均值作为测量结果，计算公式如下：

$$G_0 = \frac{G_0' + G_0''}{2} \tag{3-2}$$

式中，G_0为整车质量，单位为 kg；G_0'、G_0''分别为从两个方向驶上台秤测得的整车质量，单位为 kg。

2. 质心位置的测量

（1）质心距前轴中心线的纵向距离

测量应在水平地面上进行，车辆的每个车轮应位于单独轮荷仪上，如图 3-7 所示。各转向轮应调整为正前方朝向。每个轮荷仪应能同时读数，用于计算试验车辆总质量及质心位置。

质心距前轴中心线的纵向距离 l_1 可通过下式求出：

$$l_1 = \frac{(P_3 + P_4) \times L_1 + (P_5 + P_6) \times L_2}{P_{total}} \tag{3-3}$$

式中，P_3为第二轴左侧轮荷，单位为 kg；P_4为第二轴右侧轮荷，单位为 kg；P_5为第三轴左侧轮荷，单位为 kg；P_6为第三轴右侧轮荷，单位为 kg；P_{total}为试验车辆总质量，即所有轮荷之和（$P_1 + P_2 + P_3 + P_4 + P_5 + P_6$），其中，$P_1$ 为第一轴左侧轮荷，单位为 kg；P_2 为第一轴右侧轮荷，单位为 kg），单位为 kg；L_1为第一轴车轮中心至第二轴车轮中心的距离，单位为 mm；L_2为第一轴车轮中心至第三轴车轮中心的距离，单位为 mm。

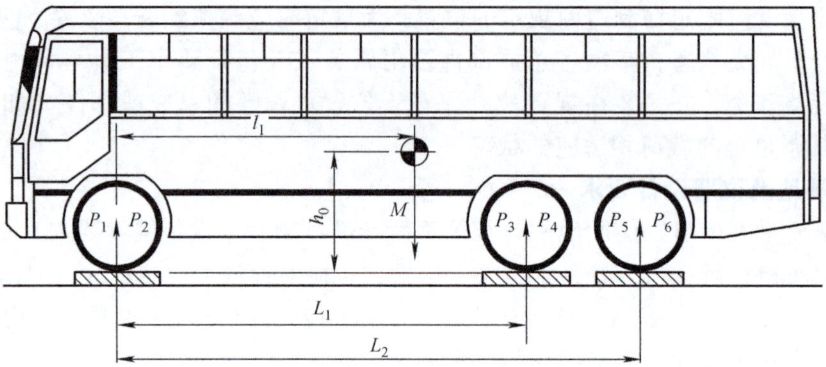

图 3-7　质心距前轴中心线的纵向距离

（2）质心距车辆垂直纵向中心面的横向距离

质心距车辆垂直纵向中心面横向距离的测量要求，可以参考质心距前轴中心线纵向距离的测量要求，主要区别在于距离的算法公式。质心距车辆垂直纵向中心面的横向距离 t 如图 3-8所示，可通过下式求出：

$$t = \left[(P_1 - P_2) \times \frac{T_1}{2} + (P_3 - P_4) \times \frac{T_2}{2} + (P_5 - P_6) \times \frac{T_3}{2}\right] \times \frac{1}{P_{total}} \tag{3-4}$$

式中，T_1、T_2和T_3分别为第一轴、第二轴和第三轴两端车轮底部中心线的距离，单位为 mm。需要注意，t 值为负数表示车辆的质心应处于车辆中心线的右边。

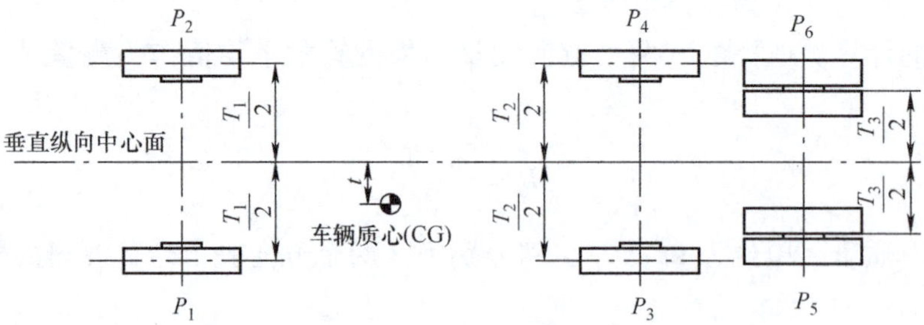

图 3-8　质心距车辆垂直纵向中心面的横向距离

（3）质心高于平坦水平地面的垂直高度

质心高于平坦水平地面的垂直高度测量如图 3-9 所示，测量过程中注意车辆倾斜时车身端沿不得与水平面接触，前轮垫上防滑垫木以防止车辆向前滚动，每个转向轮均应调整至正前方的行驶位置。读取各轮荷仪的示值。

试验车辆的倾斜角度 α 可以通过角度测量直接读取，也可以由下式求出：

$$\alpha = \sin^{-1}\left(\frac{H}{L_1}\right) \tag{3-5}$$

式中，H 为第一轴和第二轴车轮着地平面之间的高度差，单位为 mm。

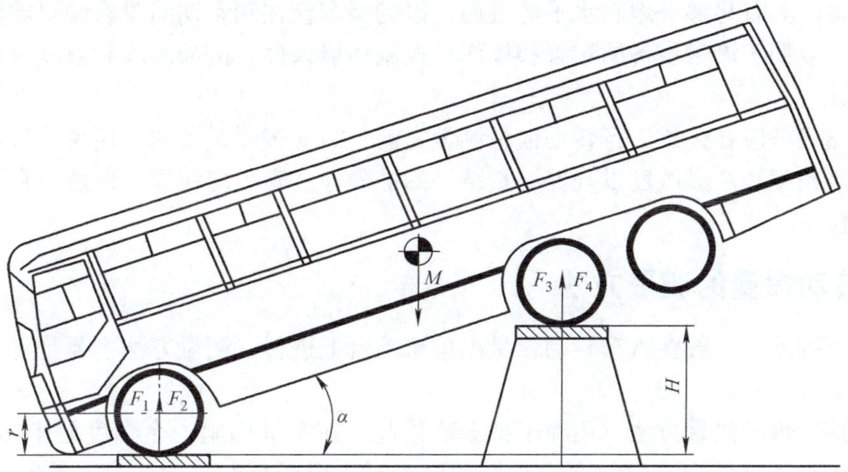

图 3-9　质心高于平坦水平地面的垂直高度测量

质心高于平坦水平地面的垂直高度h_0，当举升后轴时计算公式如下：

$$h_0 = r + \frac{1}{\tan\alpha} \times \left(l_1 - L_1 \times \frac{F_3 + F_4}{P_{\text{total}}}\right) \tag{3-6}$$

式中，F_3为举升轴左侧轮荷，单位为 kg；F_4为举升轴右侧轮荷，单位为 kg；r 为轮荷仪顶部表面上的车轮（没有举升车轴）中心高度，单位为 mm。

当举升前轴时 h_0 计算公式如下：

$$h_0 = r + \frac{1}{\tan\alpha} \times \left(l_1 - L_1 \times \frac{F_1 + F_2}{P_{\text{total}}}\right) \tag{3-7}$$

式中，F_1为未举升轴左侧轮荷，单位为 kg；F_2为未举升轴右侧轮荷，单位为 kg。

第三节　转动惯量的测量

转动惯量是一个物体在转动过程中所具有的惯性特性，它描述了物体对于转动运动的惯性程度。对于车辆而言，转动惯量是指整个车辆绕各个轴旋转时所具有的惯性特性。整车转动惯量的大小取决于车辆的质量分布和几何形状，通常由车辆的质量、尺寸和质心位置等因素决定。

一、测量准备

1. 车辆状态

在测试前，记录车辆的型号、年份、配置等信息，以便进行后续的数据分析和处理。

若无特殊规定，应在车辆整备质量下测量，对于部分测量方法，可搭载部分必要测量仪器进行。除此之外，车辆转向车轮应以直线前进状态置于测量场地上；轮胎气压应符合设计要求，以确保其处于良好的工作状态；悬架系统应没有异常并能提供足够的支持，确保车辆在整个测试过程中保持稳定，避免振动和移动对测量结果造成影响；内饰件及车内设备应符合车型规定的标准。

2. 测量场地及仪器设备要求

测量场地应具有足够平坦和水平的表面，以确保车辆在测量期间没有倾斜或移动；提供足够的空间，以便于测量设备的布置和操作；控制环境条件，例如温度和湿度，以确保测量结果的稳定性。

测量仪器设备应在正式进行转动惯量测量之前，需要按照设备的使用说明进行校准和校验；应具备高精度和高灵敏度以确保测量结果的准确性；安装应稳固，以避免在测量过程中出现异常移位。

二、转动惯量的测量方法

转动惯量的测量一般在汽车转动惯量测量试验台上进行，测量方法主要是复摆原理测量方法。

采用复摆原理的测量方法，用绳子把车辆吊起，在车辆倾斜一个角度处于静止状态时，根据力矩平衡来计算质心高度。在进行摆动试验时，根据自然振动频率计算转动惯量和惯性积。

绕 X 轴方向的转动惯量 J_X 的计算公式为

$$J_X=\left(\frac{T^2}{4\pi^2}-\frac{h}{g}\right)hW \tag{3-8}$$

式中，T 为汽车的摆动周期，单位为 s；W 为汽车质量，单位为 N。

绕 Y 轴转动惯量的测量和绕 X 轴转动惯量的测量方法是相似的，两种方法最大的区别是车辆试验时在试验台上摆放的方向不同。

绕 Z 轴方向的转动惯量 J_Z 的计算公式为

$$J_Z=\frac{T^2 r_1 r_2 W}{4\pi^2 h} \tag{3-9}$$

采用复摆的原理来进行整车及悬架质量转动惯量和质心高度的测量，具有设计简单、误差小、无须做小摆角和忽略摩擦力矩的假设、采集数据比较方便的优点；主要缺点是结构庞大，需要的空间比较大。

复习思考题

1. 简述测量车辆几何参数的目的。
2. 简述车辆坐标系的设定方法。
3. 简述车辆长、宽、高的测量方法。
4. 简述车辆整备质量的测量方法。
5. 简述车辆质心高度的测量方法。
6. 简述整车转动惯量的测量方法。

第四章 整车基本性能试验

整车基本性能试验是汽车产品开发和质量控制的重要环节，主要包括动力性试验、经济性试验、制动性能试验、操纵稳定性试验、平顺性试验、噪声试验和通过性试验。

第一节　动力性试验

动力性是指汽车在良好路面上直线行驶时，由汽车所受的纵向外力决定的、所能达到的平均行驶速度，是汽车最基本、最重要的性能之一。汽车动力性主要采用最高车速、加速时间和最大爬坡度等指标来进行评价。用于评价新能源汽车的动力性试验，通常在满足规定条件的道路上或动力性能台架上进行。道路试验主要测量最高车速、最低稳定车速、加速性能、爬坡能力等性能参数，台架试验可用于测量汽车的驱动力和各种阻力，通常在底盘测功机试验台上进行。

有关动力性的试验方法种类繁多，在现有国家标准体系中，动力性道路试验方法有GB/T 12543—2009《汽车加速性能试验方法》、GB/T 12544—2012《汽车最高车速试验方法》、GB/T 12547—2009《汽车最低稳定车速试验方法》和GB/T 12539—2018《汽车爬陡坡试验方法》。针对新能源汽车的试验方法有GB/T 18385—2024《纯电动汽车　动力性能试验方法》、GB/T 19752—2024《混合动力电动汽车　动力性能　试验方法》和GB/T 26991—2023《燃料电池电动汽车动力性能试验方法》。此外，动力性台架试验依据GB/T 18276—2017《汽车动力性台架试验方法和评价指标》开展。

本节以纯电动汽车、混合动力汽车、氢燃料电池电动汽车为试验对象，对其进行动力性试验，所涉及动力性能试验的项目类型见表4-1。

表4-1　动力性能试验的项目类型

试验项目	动力系统工作模式		
	纯电动模式	混合动力模式	燃料电池动力模式
30min最高车速试验	√	√	√
最高车速试验	√	√	√
加速能力试验	√	√	√
最大爬坡度试验	√	√	√
坡道起步能力试验	√	√	√
滑行阻力试验	√	√	√

一、试验准备

1. 车辆准备

在环境温度下，轮胎气压应符合车辆制造厂的规定。进行坡道试验时，轮胎气压为车辆制造厂规定的冷状态充气压力基础上增加 20kPa。轮胎花纹深度应不小于原始花纹深度的 75%，且胎面良好。按规定对车辆进行准备及预热。除试验必要的设备和车辆日常操纵件外，试验过程中应关闭车上的照明装置及辅助装置，如空调、座椅加热，多媒体等。若汽车装有隐藏式灯具，灯架应位于隐藏车灯状态下的位置，若试验时有汽车行驶安全的需要，可打开车灯，但应在记录中注明。

若车辆有多种驾驶模式（如节能模式、运动模式等)，应选择车辆制造厂推荐的驾驶模式进行试验。若车辆制造厂未推荐，则在默认设定的驾驶模式状态下进行试验，并在记录中注明。所有车载动力系统应能处于提供能量或驱动车辆状态，且不应在试验中自动切换至其他工作模式。装备变速器的车辆在进行各项试验时，按照各项试验要求选择档位进行试验，若该项试验无特殊要求，则按照默认设定档位或车辆制造厂推荐的档位进行试验。

在进行试验前，需要按照车辆制造厂推荐或适当的方式对会影响试验结果的车辆系统、部件进行预热，以达到车辆制造厂设定的稳定温度条件，预热方式在记录中注明。

（1）纯电动汽车和混合动力汽车准备

根据车辆制造厂的建议对电动汽车进行充电，选用车载充电器或者由车辆制造厂建议的外接充电器进行充电。充电程序不包括任何自动和手动启动的特殊充电程序，如均衡充电模式或维护模式。当车载或外部仪器显示可充电储能系统（Rechargeable Electrical Energy Storage System，REESS）已完全充电时，判定为充电完成。如果车载或外部仪器发出明显的信号提示 REESS 没有充满，在这种情况下，最长充电时间（h）= 3 × 车辆制造厂规定的 REESS 能量（kW · h)/供电功率（kW)。各项试验前按规定检查车辆荷电状态（SOC)，保证汽车电量处于车辆制造厂规定的正常 SOC 区间 30% ~70%。

（2）燃料电池电动汽车准备

按照车辆制造商规定的加氢规程，加注氢气。为使车辆上的燃料电池系统正常工作，避免试验过程中仅 REESS 工作的情况，试验前，按照以下程序对 REESS 进行电量调节：

1）试验开始之前，确认并记录车辆的 REESS 的额定容量 C_0，按照厂家规定的要求对车辆的 REESS 进行电量调节，使 REESS 的 SOC 区间为 30% ~70%。

2）进行 30min 最高车速试验，从整车起动开始采样，直至试验结束。采集参数应包括 REESS 电流 I_{REESS}（单位为 A)。记录试验过程中 REESS 容量变化的最大值 C_{max}。

3）以 $C_{max} \pm 0.1C_0$ 区间作为 REESS 的设定容量消耗区间，即当次后续各项动力性能试验开始前的 REESS 目标设定状态区间，当次试验过程中不应中断数据采集。

4）若试验需要中断或者数据采集中断，后续进行动力性能试验前，需要重新进行试验和数据采集，确定后续各项动力性能试验开始前的 REESS 目标设定状态区间，再进行后续动力性能试验。

（3）车辆试验质量及载荷分布要求

M_1类车辆和最大设计总质量小于 2t 的 N_1类车辆：当车辆的最大设计装载质量小于或等于 180kg 时，试验质量应为整车整备质量加上最大设计装载质量；当车辆的最大设计装载质量大于 180kg 但小于或等于 360kg 时，试验质量应为整车整备质量加上 180kg；当车辆的最大设计装载质量大于 360kg 时，车辆的试验质量应为整车整备质量加上 50% 的最大设计装载质量。试验质量包括测量人员和仪器的质量。载荷分布应按照 GB/T 12545. 1—2008《汽车燃料消耗量试验方法　第 1 部分：乘用车燃料消耗量试验方法》中有关道路试验的规定布置。

M_2类、M_3类车辆和最大设计总质量不小于 2t 的 N 类车辆：除了特殊规定外，适用于M_2类、M_3类城市客车的试验质量应为整车整备质量加上最大设计装载质量的65%；半挂牵引车及牵引货车的试验质量应为车辆制造厂规定的汽车列车状态下最大设计总质量；其他车辆的试验质量应为整车整备质量加上最大设计装载质量。试验质量应包括测量人员和仪器的质量。M_2类、M_3类车辆的载荷按照 GB/T 12428—2023《客车装载质量计算方法》的规定分布，N 类车辆的载荷按照 GB/T 12534—1990《汽车道路试验方法通则》的规定布置。

进行 30min 最高车速试验、最高车速试验和加速能力试验时，车辆应按照车辆试验质量及载荷分布要求的规定加载。进行爬坡车速、最大爬坡度和坡道起步能力试验时，半挂牵引车及牵引货车应按照 M_2类、M_3类车辆和最大设计总质量不小于 2t 的 N 类车辆的规定加载。其他车辆均应按照最大设计装载质量（包括测量人员和仪器的质量）加载，载荷分布应均匀，固定牢靠。

2. 场地和设备

试验应在干燥的直线道路、环形道路和试验坡道上进行。路面应坚硬、平整、干净且具有良好的附着性能。

（1）最高车速试验道路条件

直线道路：测量区长度应至少为 200m，并用标杆做好标记；加速区应与测量区具有相同特性，长度应能保证车辆在进入测量区前可加速到车辆所能达到的最高车速并稳定行驶至少 200m；加速区的后 200m 和测量区的纵向坡度应不超过 0.5%，测量区的横向坡度不超过3%，试验采用单方向试验时，直线道路纵向坡度应不超过 0.1%。如果选择环形道路上的直线段满足上述要求，且其离心惯性反作用力小于汽车试验质量的 20%，并可通过道路横向坡度得到补偿，则此环形道路的这部分可作为直线道路测量区。

环形道路：环形道路的长度应不小于 2000m；环形道路由直线部分和近似环形的部分相接而成。环形部分的曲率半径应不小于 200m，以保证车辆行驶中的离心力通过道路横向坡度补偿，使驾驶员在试验中不对转向盘进行任何操作，车辆也可保持在车道内正常行驶。环形道路修正因数不应超过 5%，如果试验车辆上安装的速度调节器或限速装置起作用，则不必修正。

（2）加速能力试验道路条件

测量区应为一条平直、干燥、清洁的混凝土或沥青或相类似路面的直线道路。测量区的纵向坡度均应不超过 0.1%，横向坡度应不超过 3%。

（3）试验坡度要求

爬坡道路示意图如图 4-1 所示，测试路段坡道长度应不小于 20m，且能满足试验车辆进行坡道起步能力试验的长度要求。测试路段的前后设有渐变路段，坡底平直路段不小于 8m，坡道路面应表面平整坚实、干燥、坡度均匀、具有良好附着性能。测试路段的纵向坡度变化率应不大于 0.1%，横向坡度变化率应不大于 3%。

二、动力性试验

1. 30min 最高车速试验

30min 最高车速试验可在环形道路上进行，也可在底盘测功机上进行。在底盘测功机上试验时，车辆按照车辆试验质量及载荷要求的试验载荷加载，并进行行驶阻力测定，行驶阻

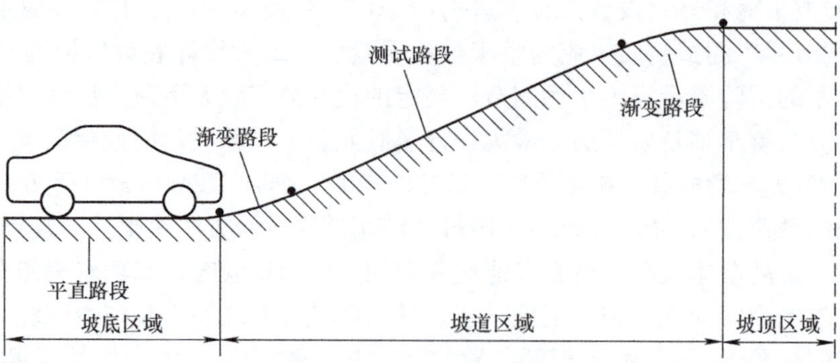

图 4-1 爬坡道路示意图

力测定方法如下。

轻型汽车行驶阻力可根据车辆制造厂的要求，按照 GB 18352. 6—2016《轻型汽车污染物排放限值及测量方法（中国第六阶段）》规定的滑行法或基于车辆参数计算道路载荷和行驶阻力的方法确定。采用滑行法时，车辆应行驶到比车辆制造厂规定的 30min 最高车速估计值高 10 ~ 15km/h 的车速，并稳定维持至少 1min 后开始滑行，若 30min 最高车速估计值与设计最高车速相同或相差小于 10km/h，应以车辆设计最高车速开始滑行。

试验车辆以车辆制造厂提供的 30min 最高车速估计值匀速行驶 30min，试验中车速如有变化，可通过调整加速踏板，使车速稳定在 30min 最高车速估计值 ±5% 的区间内。如果试验中车辆出现驾驶员不可控的降速，且车速达不到 30min 最高车速估计值的 95%，可按照上述 30min 最高车速估计值重新进行一次试验。若车辆仍无法保持该车速行驶 30min，则车辆制造厂应重新估计 30min 最高车速值，直至车辆能按照重新估计的 30min 最高车速匀速行驶 30min。

测量车辆驶过的里程，并按照式（4-1）计算平均 30min 最高车速 v_{30}：

$$v_{30} = \frac{S_1}{500} \tag{4-1}$$

式中，S_1为车辆驶过的里程，单位为 m；v_{30}为 30min 平均最高车速，单位为 km/h。

2. 最高车速试验

（1）标准试验程序

标准试验程序也称为双方向试验程序。设定测试长度，应至少为 200m。为了减小道路坡度和风向、风速等因素造成的影响，依次从试验道路的两个方向进行试验，尽量使用道路的相同路径，两次测试应连续进行，间隔时间尽可能短。

车辆应在符合要求的试验道路上进行试验，在驶入测量区之前应加速到其所能达到的最高车速并稳定行驶 200m，保持这个车速进入测量区并持续行驶设定的测量长度。单次试验中车辆行驶速度最大值与最小值相差不应超过最小值的 2%，记录车辆通过测量区的时间 t_i。

随即进行反方向的试验，并记录 t_i。往返方向上的试验次数应相同且不少于 1 次，记录的 t_i中最大值与最小值相差不应超过最小值的 3%。按照式（4-2）计算试验结果。

$$v = \frac{L \times 3.6}{\bar{t}} \tag{4-2}$$

式中，v 为实际最高车速，单位为 km/h；$\bar{t}$为往返方向试验所测 t_i的算术平均值，单位为 s；

L 为设定的测量长度，单位为 m。

（2）单一方向试验程序

由试验道路的自身特性，车辆不能从两个方向达到其最高车速，可只从一个方向进行试验，其道路特性应满足道路总体要求。

试验过程中的平均风速在车辆行驶方向的水平分量不超过 ±2m/s。试验按照标准试验程序进行，连续重复进行 5 次，单次试验中车辆行驶速度最大值与最小值相差不应超过最小值的 2%，记录每次试验通过测量区的时间 t_i，t_i 的最大值与最小值相差不应超过最小值的 3%。v_i 应按照式（4-3）~式（4-5）进行修正。

$$v_v = |v| \times 3.6 \tag{4-3}$$

$$v_t = \frac{L \times 3.6}{t_i} \tag{4-4}$$

$$v_i = v_i \pm v_v f \tag{4-5}$$

式中，如果风的水平分量与车辆行驶方向相反，则选择“ + ”号，否则选择“ - ”号；v_v 为试验过程中的平均风速行驶方向水平分量，单位为 km/h；v 为所测量的风速行驶方向水平分量，单位为 m/s；v_t 为每次测量的最高车速，单位为 km/h；L 为测量道路长度，单位为 m；t_i 为每次试验通过测量区的时间，单位为 s；v_i 为第 i 次最高车速试验结果，单位为 km/h；f 为修正因数，取值为 0.6。

去掉 v_i 的最大值和最小值，由式（4-6）计算得出最高车速 v。计算结果按照 GB/T 8170—2008《数值修约规则与极限数值的表示和判定》修约至一位小数。

$$v = \frac{1}{3}\sum_{i=1}^{3} v_i \tag{4-6}$$

（3）环形道路上的最高车速试验程序

在环形道路上标记测量的起始点。汽车在环形道路上加速至最高车速后至少稳定行驶 200m，在经过标记的起始点时开始测量，保持最高车速行驶，当车辆再次行驶到起始点时结束测量，至少行驶 3 次，记录每次试验通过测量区的时间 t_i 及车辆在测量区间的行驶距离。行驶过程中不应对转向盘施加任何用来修正方向的动作，记录的 t_i 中最大值与最小值相差不应超过最小值的 3%。按式（4-7）及式（4-8）计算最高车速。

$$\bar{t} = \frac{1}{n}\sum_{1}^{n} t_i \tag{4-7}$$

$$v_a = \frac{L \times 3.6}{\bar{t}} \tag{4-8}$$

式中，v_a 为环形道路上的最高车速，单位为 km/h；$\bar{t}$ 为 t_i 的算术平均值，单位为 s；L 为汽车实际行驶的环形道路的长度，单位为 m。

用环形道路测量最高车速，需要考虑环形道路离心力的影响以及随之发生的汽车方向的变化，最高车速 v 应按式（4-9）对 v_a 进行修正，并按照 GB/T 8170—2008 修约至一位小数。

$$v = v_a \times k \tag{4-9}$$

式中，k 为修正因数（$1.00 \leqslant k \leqslant 1.05$）；$v$ 为最高车速，单位为 km/h。

3. 加速能力试验

如车辆制造厂有规定加速能力（v_1加速至v_2）试验特定的驾驶模式及档位选择，按车辆制造厂规定的驾驶模式及档位进行试验；如车辆制造厂无特殊规定，按车辆默认设定的驾驶模式及档位选择进行试验，应在记录中注明。

若车辆换档模式具有自动模式和手动模式选择功能，按照车辆制造厂的要求选择自动模式或手动模式，选择手动模式试验时参照手动档车辆的规定进行试验，应在记录中注明。每项试验应往返进行，每个方向至少进行3次，若一次试验发生问题，则该往返试验均应重做。每项试验取所有有效数据的算术平均值作为试验的最终结果。

（1）原地起步加速能力试验

手动档车辆的换档装置应置于车辆制造厂规定的或者适当的档位，车辆起步加速，应在车轮滑转最小的情况下使车辆达到最大加速能力。离合器的操纵及换档时刻的选择应使加速能力发挥最大但驱动电机转速不应超过峰值功率对应的电机转速，或按照车辆制造厂规定的换档时刻进行换档操作。当车辆开始运动时触发记录装置。

自动档（包含无变速器）车辆在驱动装置起动的情况下，必要时可踩下制动器，将换档装置置于D位或车辆制造厂规定的档位，车辆起步加速，应在车轮滑转最小的情况下使车辆达到最大加速能力，当车辆开始运动时触发记录装置。

在加速过程中应全力踩下加速踏板，使车辆尽可能快地加速到100km/h。如果最高车速的90%达不到100km/h，应取最高车速的90%向下圆整到5的整数倍的车速作为试验终了车速。记录每次试验过程中的车速、加速时间和加速距离。

（2）超越加速能力试验

车辆从规定的起始车速全力踩下加速踏板加速到100km/h。如果最高车速的90%达不到100km/h，应取最高车速的90%向下圆整到5的整数倍的车速作为试验终了车速。记录每次试验过程中的车速、加速时间和加速距离。宜采用如下起始车速进行试验：对于最高车速小于或等于70km/h的车辆，其起始车速为30km/h；对于最高车速大于70km/h的车辆，其起始车速为60km/h。

加速前，车速应控制在规定的起始车速向下2km/h范围内并保持匀速行驶至少2s，当车速达到规定的起始车速时触发记录装置。

手动档车辆按照如下规定选择档位，在试验过程中不应换档。

M_1类和最大设计总质量小于2t的N_1类车辆的档位选择：对于有2个或3个前进档的车辆，档位应置于最高档；对于有4个或5个前进档的车辆，档位应置于最高档或者次高档；对于有6个前进档的车辆，档位应置于第4档和第5档；对于有6个以上前进档的车辆，档位应置于速比为1.00和速比最接近1.00的档位，若车辆无速比为1.00的档位，则应置于速比最接近1.00的两个档位。

M_2类、M_3类汽车和最大设计总质量不小于2t的N类车辆的档位选择：档位应置于最高档和次高档。

自动档（包含无变速器）车辆的换档装置置于D位或车辆制造厂规定的档位，车辆可在变速控制器的控制下换档。

（3）数据处理

所有有效试验数据的算术平均值、标准偏差和变化系数（标准偏差/算术平均值），分别按式（4-10）~式(4-12）计算。

$$\mu = \frac{\sum_{i=1}^{n} T_i}{n} \tag{4-10}$$

$$SD = \sqrt{\frac{\sum_{i=1}^{n} (\mu - T_i)^2}{n - 1}} \tag{4-11}$$

$$k_a = \frac{SD}{\mu} \tag{4-12}$$

式中，μ 为算术平均值；i 为第 i 次试验；T_i为第 i 次试验数据；n 为试验总次数；SD 为标准偏差；k_a 为变化系数，对原地起步加速能力试验，变化系数不应大于3%；对超越加速能力试验，变化系数不应大于6%。

4. 爬坡车速试验

爬坡车速试验在底盘测功机上进行，车辆按照要求的试验载荷加载并进行行驶阻力测定，行驶阻力测定方法按照如下规定进行。

行驶阻力可根据车辆制造厂的要求，按照国标规定的滑行法或基于车辆参数计算行驶阻力的方法确定。采用滑行法时，车辆应行驶到比车辆制造厂规定的 4% 爬坡车速高 10～15km/h的车速，并稳定维持至少 1min 后开始滑行，若 4% 爬坡车速设计值与设计最高车速相差小于 10km/h，应以车辆设计最高车速开始滑行。

其他车辆行驶阻力测定可根据车辆制造厂的要求，按照 GB/T 27840—2021《重型商用车辆燃料消耗量测量方法》中的规定进行。具体试验步骤如下：

1）将试验车辆置于测功机上，调整底盘测功机使其增加一个相当于 4% 坡度的附加载荷。

2）起动车辆将试验车辆加速，车辆置于 D 位或车辆制造厂的档位，使车辆加速至能达到的最高稳定车速并稳定行驶 5s 后开始记录持续行驶 1km 的时间 t。开始记录直至完成 1km 行驶试验期间，试验中车辆行驶速度最大值与最小值相差不应超过最小值的 2%。

3）调整测功机使其增加一个相当于 12% 坡度的附加载荷。

4）重复 2）的试验。试验完成后，停车检查各部位有无异常现象发生，并详细记录。最后按式（4-13）计算试验结果。

$$v_t = \frac{3600}{t} \tag{4-13}$$

式中，v_t 为实际爬坡车速，单位为 km/h；t 为持续行驶 1km 所测时间，单位为 s。

5. 最大爬坡度试验

如车辆制造厂有特殊规定的爬坡档位，车辆换档装置置于车辆制造厂规定的档位；如无特殊规定的档位，置于 D 位，全驱车使用全轮驱动。

试验在车辆制造厂规定坡度的坡道上进行，若规定坡度大于 40%，应设置安全保险装置。将汽车停于接近坡道区域的平直路线段上。

起步后全力踩下加速踏板，在测试路段采集汽车的车速变化数据，爬坡中车速不断升高或趋于稳定通过测试路段，则爬坡成功并记录平均车速；爬至坡顶后，停车检查各部位有无异常现象发生。如果第一次爬坡失败，可重做一次试验，总共不应超过两次，第二次爬坡在记录和报告中应特别说明；如果试验再次失败，车辆制造厂应重新计算最大爬坡度。

若没有车辆制造厂规定坡度的坡道，可通过增减装载质量或采用变速器较高一档进行试验，按式（4-14）折算为试验车辆的最大爬坡度。

$$\tan\alpha_m \times 100\% = \tan\left\{\arcsin\left[\frac{\sin\alpha_1 G_{a1}\dfrac{i_1}{i_2} + \left(G_{a1}\dfrac{i_1}{i_2} - G_a\right)R}{G_a}\right]\right\} \times 100\% \qquad (4\text{-}14)$$

式中，$\tan\alpha_m \times 100\%$ 为最大爬坡坡速；α_1 为试验坡道的实际坡度角，单位为°；G_{a1} 为车辆试验时的实际总质量，单位为 kg；G_a 为车辆的最大设计总质量，单位为 kg；i_1 为车辆最低档总速比；i_2 为车辆试验采用档位的总速比；R 为滚动阻力系数，一般取 0.01。

增减装载质量后的载荷分布应符合试验准备中的要求。按式（4-15）计算爬坡的平均车速。

$$v_p = \frac{3.6 \times L}{t} \qquad (4\text{-}15)$$

式中，v_p 为车辆爬坡的平均车速，单位为 km/h；L 为测试路段的长度，单位为 m；t 为通过测试路段的时间，单位为 s。

6. 坡道起步能力试验

坡道起步能力试验应在车辆制造厂规定坡度的坡道上进行。在选定的坡道中段设置至少 10m 的测量区，测量区前应提供起步区，起步区与测量区的坡度应相同。试验车辆爬坡至起步区，靠车辆自身制动系统稳定地停在坡道上，将档位放置在 P 位或 N 位，驱动电机关闭 2min。起动驱动电机，按照最大爬坡度试验选择档位，全驱车使用全轮驱动，全力踩下加速踏板，车速应不断增加或趋于稳定地向上，车辆起步时不应出现驾驶员不可控制的明显的溜坡现象，并以不低于 10m/min 的平均速度通过测量区，判定为坡道起步成功。若车辆起步时出现明显的车轮原地滑转，可采用合适的加速踏板开度，以保证车轮在滑转最小的情况下起步。

若第一次坡道起步爬坡失败，可重做一次试验，总共不应超过两次，第二次坡道起步爬坡在记录和报告中应特别说明。如果试验再次失败，车辆制造厂应重新计算坡道起步能力。若没有车辆制造厂规定坡度的坡道，根据场地条件选择坡度角尽可能接近的坡道，通过增减装载质量或采用变速器较高一档进行试验。在实际试验道路坡度上车辆试验采用的档位以及对应的实际试验总质量，可参照式（4-14）计算。按照计算的实际试验总质量进行加载，载荷分布应符合试验准备的要求。

三、滑行阻力试验

滑行是指新能源汽车加速到指定车速后，转入空档，断开动力，利用汽车的动能继续行驶直至停车的过程。在同一车速下汽车滑行距离的长短取决于滚动阻力系数、空气阻力系数、汽车总质量等参数及汽车底盘技术状态和调整状态。在条件相同的情况下，滑行距离长，说明汽车的性能好，有利于提高汽车的动力性和经济性。

滑行阻力一般认为是汽车在平直路面上匀速行驶的行驶阻力，滑行试验的目的是检测汽车车轮滚动阻力、空气阻力、动力传动系统的各种阻力。

滑行试验项目主要有滑行距离试验和阻力系数试验。

1. 滑行距离试验

滑行距离是汽车性能的强制性标准所规定的项目，即汽车必须具有一定的滑行能力。滑行距离可按照 GB/T 12536—2017《汽车滑行试验方法》的规定在道路上进行测量，以长约 1000m 的试验路段作为滑行区段进行试验，记录滑行初速度和滑行距离。首先以（50 ± 0.3）km/h 的车速匀速行驶，当行驶到滑行试验区段起点时挂空档，使汽车滑行直至停车为止。记录滑行全过程的时间和距离。滑行过程中，应保持汽车直线行驶，不得转动转向盘，不允许使用制动器。试验至少往返各一次，并且往返区段应尽量重合。

试验所用的仪器包括非接触式车速仪或其他车速、行程记录装置。试验车辆的准备除按 GB/T 12534—1990《汽车道路试验方法通则》的规定外，还要注意试验时关闭汽车门窗。

目前常用的记录仪表一般都具有设定开始记录速度的功能，只要从稍高于试验车速的速度开始记录，就可以直接测量从试验车速滑行到停车全过程的试验数据。但要注意的是，由于记录的试验数据是从高于试验车速开始的，在读取滑行距离时，要用滑行的距离读数减去达到试验车速之前的距离读数。如果记录仪表不具备这样的设定功能，可以自行开发数据采集处理系统。由于滑行初速度很难准确地稳定控制在 50km/h，为了使试验结果具有可比性，要对试验数据进行校正。

由于滑行距离测量试验的车速不高，滑行过程近似于匀减速运动，因此，也可以采用插值方法，计算求得所需车速时的滑行距离和滑行时间。GB/T 12536—2017《汽车滑行试验方法》给出的方法是用实测初速度和实测滑行距离计算对应标准初速度的滑行距离。

50km/h 滑行距离为

$$S = \frac{-b + \sqrt{b^2 + ac}}{2a} \tag{4-16}$$

$$a = \frac{V_0'^2 - bS'}{S'^2} \tag{4-17}$$

式中，a 为计算系数，单位为 $1/s^2$；V_0'为实测滑行初速度，单位为 m/s；b 为常数（当汽车总质量不大于 40000N 且滑行距离不大于 600m 时，取值为 0.3；其他情况取值为 0.2），单位为 m/s^2；S'为实测滑行距离，单位为 m；c 为常数，取值为 771.6，单位为 m^2/s^2；S 为初速度为 50km/h 时的滑行距离，单位为 m。

取两个方向滑行距离的平均值作为试验结果。

$$S = \frac{S_1 + S_2}{2} \tag{4-18}$$

式中，S_1 为去程的滑行距离，单位为 m；S_2 为回程的滑行距离，单位为 m。

某汽车滑行曲线如图 4-2 所示。通过滑行距离测量试验可以比较简单有效地判断汽车底盘的技术状况。对于同种车型，在相同条件下滑行距离长的汽车，底盘技术性能一般比较好；汽车经过一段时间的运行以后，由于磨损、零部件连接松动、润滑不良等原因，底盘性能可能有所下降。

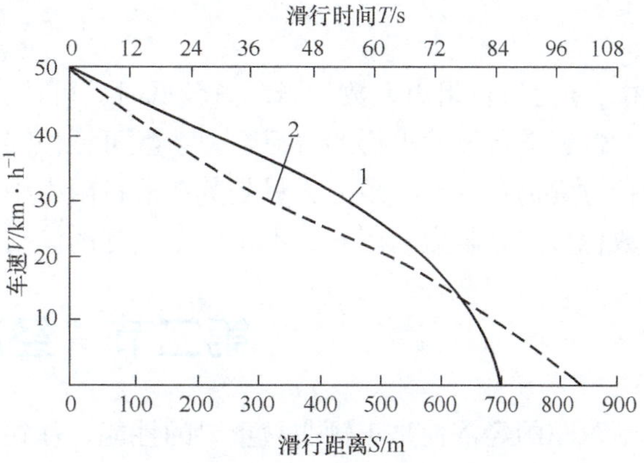

图 4-2　某汽车滑行曲线

2. 阻力系数试验

阻力系数试验常用的测试方法有低速滑行时间法、多车速滑行时间法、速度分段滑行法等。低速滑行主要用于确定车辆传动系、制动系的阻滞状况，高速滑行测量车辆的行驶阻力主要是为其他试验项目的测量提供输入，例如台架试验时底盘测功机加载惯量的确定等。本节对低速滑行时间法进行介绍。

试验前，在试验场地选定长100m的测量路段，并将其分为两段，每段各50m。然后反复预试，找出该车在（20±2）s时间内滑行通过100m路段的滑行初速度，一般约为20km/h。试验时，驾驶汽车匀速接近测量段起点，驶到起点的瞬间，迅速置空档，使之滑行通过100m，时间应控制在（20±2）s，否则重做，测定通过50m路段和100m路段的滑行时间 t_1、t_2，往返测量至少5次。如果测量重复性差，应进行补充试验，直至合格。

由于滑行速度较低，空气阻力和传动系摩擦阻力忽略不计，道路平直，汽车的滑行阻力仅为滚动阻力，并可视为常数，那么汽车滑行过程可视为匀减速运动。设减速度为 a，滑行初速度为 V_0，根据通过50m、100m的滑行时间，可列下列方程：

$$\begin{cases}50 = V_0 t_1 - \dfrac{1}{2}at_1^2 \\ 100 = V_0 t_2 - \dfrac{1}{2}at_2^2\end{cases} \tag{4-19}$$

联立求解得

$$a = \frac{100}{t_2}\left(\frac{1}{t_1} - \frac{1}{t_2 - t_1}\right) \tag{4-20}$$

所以滑行阻力为

$$F_h = \delta ma \tag{4-21}$$

式中，F_h 为滑行阻力，单位为N；m 为汽车总质量，单位为kg；a 为滑行减速度，单位为 m/s^2；δ 为旋转质量换算系数，计算方法为

$$\delta = 1 + \delta_1 I_g^2 + \delta_2 \tag{4-22}$$

式中，I_g 为变速器传动比；对于小客车，δ_1 为0.05～0.07，对于载货汽车，δ_1 为0.04～0.05；δ_2＝0.03～0.05。

滑行阻力系数按下式求出：

$$f = \frac{F_h}{mg} \tag{4-23}$$

式中，f 为滑行阻力系数。当车速较低时，可认为是滚动阻力系数。

低速滑行试验求得的滑行阻力系数可近似当作受试汽车的滚动阻力。虽然是低速滑行，滑行过程仍存在空气阻力，只是其在滑行阻力中的占比比较小。因此，试验求得的滑行阻力系数包含空气阻力的因素，不是汽车实际的滚动阻力系数。

第二节　经济性试验

汽车的经济性是车辆非常重要的性能，往往是客户购买车辆时非常关注的参数。汽车经济性是指在保证动力性的条件下，应用尽量少的能量消耗保证经济行驶的能力。经济性试验

是测量汽车在规定条件下的能量消耗量，以获取评价其经济性指标的试验。与传统燃油汽车采用百公里燃油消耗作为评价指标不同，纯电动汽车的经济性评价指标是百公里能量消耗，混合动力电动汽车的经济性评价指标是百公里等效燃料消耗量。

能量消耗量受电动汽车固有技术水平、车辆技术状况、驾驶操作水平、装载质量等多种因素制约，与动力驱动系统工作特征和汽车的自重、车速及各种运动阻力如空气阻力、滚动阻力和爬坡阻力等大小、传动系的效率及减速比等有关系。在进行车辆道路试验时，主要采用车辆道路测试仪进行试验，利用安装在车上的光电路面探测器照射路面，把路面图像转变为频率信号，最后反映的是汽车行驶的距离，再通过其内部计时器给出不同时间的车速。当进行能量消耗试验时，再配以相关传感器，即可测出车辆在任一时刻、任一车速的能量消耗量。汽车能量消耗量的测量有直接测量法和间接测量法，前者需将测量仪器串接在供能系统中，实时测出消耗的能量；后者则通过测量表征能量消耗的特征参数，然后经计算得出消耗的能量。在实验室开展台架试验时，除用到转鼓试验台、环境舱外，还用到充电桩和电器件功率测试系统。充电桩用于为电动汽车充电，同时可测量从电网获取的电能。汽车电器件功率测试系统可以测量试验过程中的动力蓄电池的实时工作电流、电压、设备参数。

新能源汽车经济性的国家标准主要有：GB/T 18386.1—2021《电动汽车能量消耗量和续驶里程试验方法　第 1 部分：轻型汽车》、GB/T 18386.2—2022《电动汽车能量消耗量和续驶里程试验方法　第 2 部分：重型商用车辆》、GB/T 19753—2021《轻型混合动力电动汽车能量消耗量试验方法》、GB/T 19754—2021《重型混合动力电动汽车能量消耗量试验方法》、GB/T 43252—2023《燃料电池电动汽车能量消耗量及续驶里程试验方法》，以及 GB/T 12545.2—2001《商用车燃料消耗量试验方法》、GB/T 27840—2021《重型商用车燃料消耗量测量方法》、GB/T 4353—2022《载客汽车运行燃料消耗量》等。

一、中国汽车行驶工况

汽车工况是指在实验室条件下，用来模拟汽车实际道路行驶的状况，一般是以时间（单位为 s）为横轴，速度（单位为 km/h）为纵轴的曲线。汽车工况是汽车开发和评价的基础，也是汽车能耗或排放限值的基本依据。全球汽车发达国家根据各国的实际情况，都有自己的汽车工况标准，国际上主要有美国 EPA、欧洲 NEDC 和日本 JC08 这三大类。我国一直采用欧洲 NEDC 工况对汽车进行能耗和排放的认证，但 NEDC 工况与我国实际道路情况相去甚远，测试出来的结果并不具备实际意义。

中国汽车行驶工况（China Light-duty Vehicle Test Cycle，CLTC），是指在我国交通环境下，描述特定车辆行驶特征的时间-速度曲线。标准中规定了一系列不同的行驶工况，以模拟真实的道路行驶情况。一共包含共 8 条整车测试工况以及发动机工况曲线，覆盖了乘用车、轻型商用车、重型商用车所有领域。包括城市工况、郊区工况和高速工况等。其中，城市工况是模拟城市道路上的行驶情况，包括低速行驶、急加速和紧急制动等；郊区工况是模拟郊区道路上的行驶情况，包括中低速行驶和中速加速等；高速工况是模拟高速公路上的行驶情况，主要包括稳定高速行驶和中高速加速等。

GB/T 38146—2019《中国汽车行驶工况》分为轻型汽车、重型商用车辆和发动机 3 个部分。标准 GB/T 38146.1 和 GB/T 38146.2 分别规定了轻型汽车和重型商用汽车行驶工况的构成。

1. 中国轻型汽车行驶工况

中国轻型汽车行驶工况包括中国乘用车行驶工况和中国轻型商用车行驶工况。

(1) 中国乘用车行驶工况

中国乘用车行驶工况（CLTC-P）包括低速、中速和高速 3 个速度区间，工况时长共计 1800s，平均车速为 29km/h，最大车速为 114km/h，怠速比例为 22.1%。CLTC-P 工况曲线如图 4-3 所示，CLTC-P 工况曲线统计特征见表 4-2。

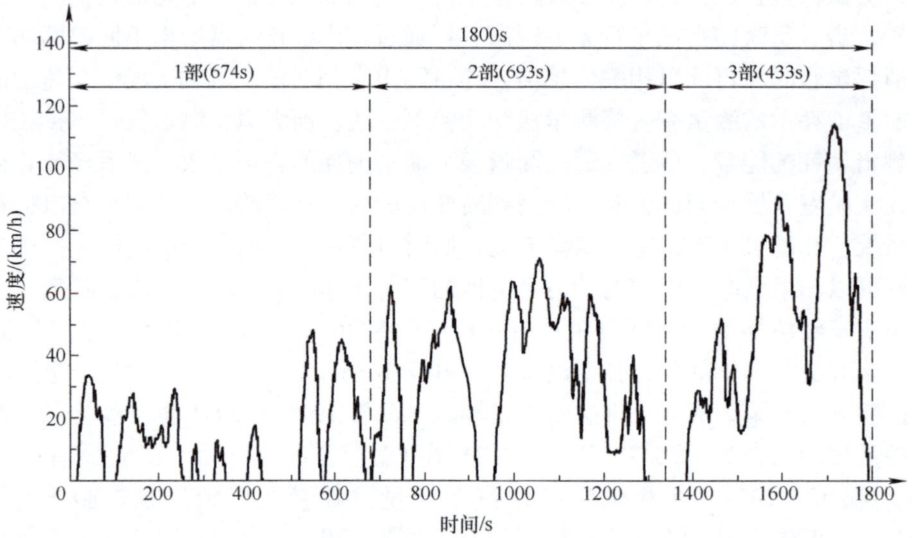

图 4-3　CLTC-P 工况曲线

表 4-2　CLTC-P 工况曲线统计特征

特征	总体	1 部	2 部	3 部
运行时间/s	1800	674	693	433
里程/km	14.48	2.45	5.91	6.12
最大速度/(km/h)	114.00	48.10	71.20	114.00
最大加速度/(m/s^2)	1.17	1.47	1.44	1.06
最大减速度/(m/s^2)	1.47	1.42	1.47	1.46
平均速度/(km/h)	28.96	13.09	30.68	50.90
运行平均速度/(km/h)	37.18	20.20	38.24	53.89
加速段平均加速度/(m/s^2)	0.15	0.12	0.16	0.46
减速段平均减速度/(m/s^2)	0.49	0.45	0.50	0.54
相对正加速度/(m/s^2)	0.17	0.14	0.16	0.18
加速比例（%）	28.78	22.55	30.45	35.80
减速比例（%）	26.44	21.51	28.43	30.95
匀速比例（%）	22.67	20.77	21.36	27.71
怠速比例（%）	22.11	35.16	19.77	5.54

（2）中国轻型商用车行驶工况

中国轻型商用车行驶工况（CLTC-C）包括低速、中速和高速 3 个速度区间，工况时长共计 1800s，其中，低速区间时间比例为 40.8%，中速区间时间比例为 34.2%，高速区间时间比例为 25.0%，平均车速为 32.9km/h，最大车速为 92.0km/h，怠速比例为 20.3%。CLTC-C 工况曲线如图 4-4 所示，CLTC-C 工况曲线统计特征见表 4-3。

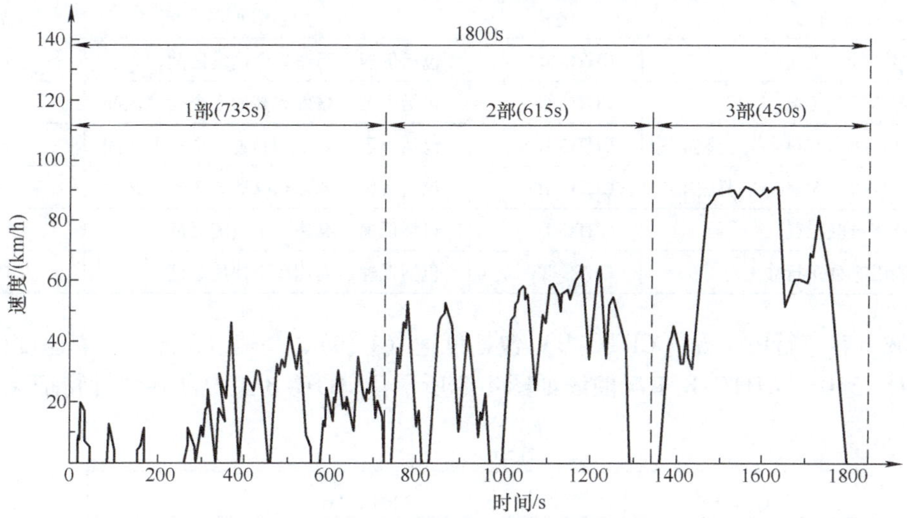

图 4-4　CLTC-C 工况曲线

表 4-3　CLTC-C 工况曲线统计特征

特征	总体	1 部	2 部	3 部
运行时间/s	1800	735	615	450
里程/km	16.43	2.68	5.73	8.01
最大速度/(km/h)	92.00	45.80	65.00	92.00
最大加速度/(m/s^2)	1.18	1.18	1.15	0.86
最大减速度/(m/s^2)	1.39	1.22	1.39	1.10
平均速度/(km/h)	32.85	13.15	33.52	64.12
运行平均速度/(km/h)	11.23	19.56	40.74	66.48
加速段平均加速度/(m/s^2)	0.47	0.49	0.19	0.41
减速段平均减速度/(m/s^2)	0.48	0.45	0.52	0.44
相对正加速度/(m/s^2)	0.11	0.15	0.14	0.08
加速比例（%）	23.33	22.18	27.32	19.78
减速比例（%）	23.67	23.67	26.67	19.56
匀速比例（%）	32.67	21.36	28.29	57.11
怠速比例（%）	20.33	32.79	17.72	3.56

2. 中国重型商用车行驶工况

GB/T 38146—2019 规定了重型商用车辆行驶工况的构成，适用于最大设计总质量大于

3500kg 的商用车辆。中国重型商用车辆行驶工况包括中国城市客车行驶工况、中国普通客车行驶工况、中国货车（GVW≤5500kg，GVW 为满载质量）行驶工况、中国货车（GVW＞5500kg）行驶工况、中国自卸汽车行驶工况和中国半挂牵引车列车行驶工况。各行驶工况速度区间、工况时长见表 4-4。

表 4-4　重型商用车辆行驶工况

行驶工况	代号	速度区间	工况时长/s
中国城市客车行驶工况	CHTC-B	包括低速、高速 2 个速度区间	1310
中国普通客车行驶工况	CHTC-C	包括市区、城郊和高速 3 个速度区间	1800
中国货车（GVW≤5500kg）行驶工况	CHTC-LT	包括市区、城郊和高速 3 个速度区间	1652
中国货车（GVW＞5500kg）行驶工况	CHTC-HT	包括市区、城郊和高速 3 个速度区间	1800
中国自卸汽车行驶工况	CHTC-D	包括低速、高速 2 个速度区间	1300
中国半挂牵引车列车行驶工况	CHTC-TT	包括低速、高速 2 个速度区间	1800

中国城市客车行驶工况（CHTC-B）包括低速（1 部）、高速（2 部）2 个速度区间，工况时长共计 1310s，CHTC-B 工况曲线如图 4-5 所示，CHTC-B 工况曲线统计特征见表 4-5。

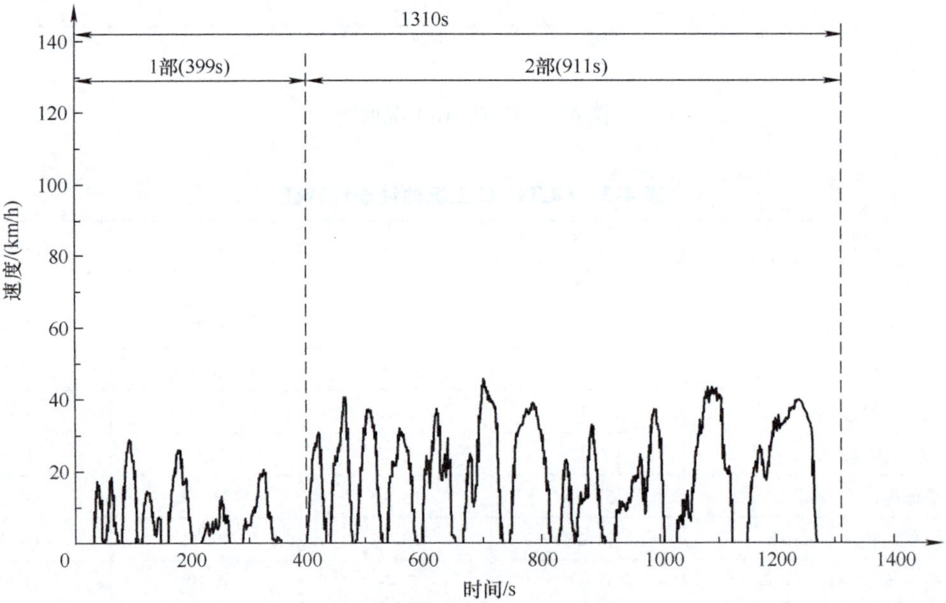

图 4-5　CHTC-B 工况曲线

表 4-5　CHTC-B 工况曲线统计特征

特征	总体	1 部	2 部
运行时间/s	1310	399	911
里程/km	5.49	0.74	4.75
最大速度/(km/h)	45.60	28.70	45.60

（续）

特征	总体	1 部	2 部
最大加速度/(m/s^2)	1.26	0.99	1.26
最大减速度/(m/s^2)	1.32	1.24	1.32
平均速度/(km/h)	15.08	6.71	18.75
运行平均速度/(km/h)	19.43	10.06	22.78
加速段平均加速度/(m/s^2)	0.48	0.45	0.49
减速段平均减速度/(m/s^2)	0.54	0.47	0.57
相对正加速度/(m/s^2)	0.17	0.16	0.17
加速比例（%）	29.16	22.81	31.83
减速比例（%）	25.88	22.06	27.55
匀速比例（%）	22.60	21.80	22.94
怠速比例（%）	22.37	33.33	17.67

中国普通客车行驶工况（CHTC-C）包括市区（1部）、城郊（2部）和高速（3部）3个速度区间，工况时长共计1800s，CHTC-C工况曲线如图4-6所示，CHTC-C工况曲线统计特征见表4-6。

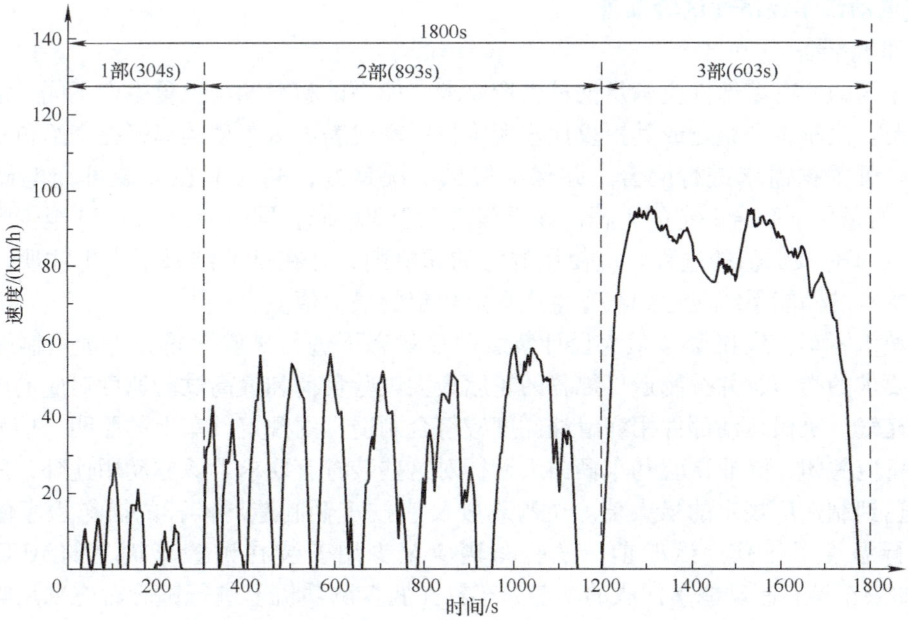

图4-6　CHTC-C工况曲线

表4-6　CHTC-C工况曲线统计特征

特征	总体	1 部	2 部	3 部
运行时间/s	1800	304	893	603
里程/km	19.62	0.46	6.67	12.49

（续）

特征	总体	1部	2部	3部
最大速度/(km/h)	95.70	28.50	59.10	95.70
最大加速度/(m/s^2)	1.25	1.01	1.25	1.17
最大减速度/(m/s^2)	1.28	1.06	1.28	1.15
平均速度/(km/h)	39.24	5.47	26.88	74.56
运行平均速度/(km/h)	47.98	9.78	33.39	77.66
加速段平均加速度/(m/s^2)	0.43	0.39	0.48	0.32
减速段平均减速度/(m/s^2)	0.48	0.44	0.59	0.31
相对正加速度/(m/s^2)	0.10	0.15	0.16	0.07
加速比例（%）	26.22	21.05	32.14	19.40
减速比例（%）	22.56	19.08	25.98	19.24
匀速比例（%）	33.00	15.79	22.40	57.38
怠速比例（%）	18.22	44.08	19.48	3.98

二、试验准备

1. 纯电动汽车经济性试验准备

（1）车辆准备

试验车辆的所有零部件应满足批量生产要求。如果试验车辆与批量生产不同，需要提供详细的说明。汽车生产企业或其授权代理者应将一辆代表被试车型的车辆提交给负责试验的检验机构。可根据需求进行磨合，并保证机械状况良好，同时应在安装可充电储能系统（REESS）的条件下磨合一定的里程，该里程需大于300km，同时应使REESS至少经历一次从满电直至SOC最低值的过程。应使用规定的润滑剂，并在试验结果报告中注明。除驱动用途外，所有的储能系统应达到汽车生产企业规定的最大值。

对于城市客车，应在65%最大设计装载质量状态下进行试验，轮胎应选用制造厂作为原配件所要求的类型，并按制造厂推荐的轮胎最大试验负荷和最高试验速度对应的轮胎充气压力进行充气。机械运动部件用润滑油黏度应符合制造厂的规定。车上的照明、信号装置以及辅助设备应关闭，除非试验和车辆白天运行对这些装置有要求。除驱动用途外，所有的储能系统应达到制造厂规定的最大值。试验驾驶员应按车辆制造厂推荐的操作程序使REESS在正常运行温度下工作。试验前，试验车辆应至少用安装在试验车辆上的REESS行驶300km。如果车辆有制动能量回收的功能，车辆在底盘测功机上进行试验时应采用与实车相同的控制策略。如果车辆配备了防抱死制动系统（ABS）、驱动力控制系统（TCS）或电子制动系统（EBS），并且在单轴驱动的底盘测功机上进行试验，这些系统有可能会误把未安置于转鼓轮鼓上的不转动的车轮当作故障，此时应进行屏蔽以获得正常的系统工作。

（2）场地与设施

电动汽车经济性试验一般在实验室转鼓上进行，除了转鼓试验台和环境舱外，还有充电桩和电器件功率测试系统。充电桩用于为电动汽车充电，同时可测量从电网获取的电能，充电功率不超过42kW。汽车电器件功率测试系统可以测量试验过程中动力蓄电池的实时工作电流、电压。转鼓试验台和环境舱与国六排放实验室配置一样，可以用于各种滑阻加载和行驶工况曲线加载，环境舱可以进行温度控制，要求常温为23℃，低温为－7℃。

按照规定完成道路载荷测量与测功机设定，若行驶阻力曲线由汽车生产企业提供，需要提供试验报告、计算报告或其他相关资料，并由检验机构确定。动力系统的起动应按照汽车生产企业的规定进行。应对车辆进行适当控制，准确跟踪试验循环曲线。应在试验开始前或开始时进行能量消耗量测试。应对每个速度区间分别记录。可根据需要分别测量车辆在低温环境和高温环境下的能量消耗量和续驶里程。

2. 混合动力电动汽车经济性试验准备

（1）轻型车辆和场地设施准备

试验时应按照汽车生产企业推荐的最低标号，采用符合要求的基准燃料，燃料中禁止额外添加含氧物。试验车辆的所有零部件应满足批量生产要求。试验车辆可根据汽车生产企业或其授权代理者需求进行磨合，并保证机械状况良好，磨合里程不超过15000km。应使用汽车生产企业规定的润滑剂，并在试验结果报告中注明。若行驶阻力曲线由汽车生产企业提供，需要提供试验报告、计算报告或其他相关资料，并由检验机构确定。

（2）重型车辆和设备准备

试验之前，车辆应按照汽车生产企业的规定进行磨合，磨合不超过10000km。试验前应对车辆状态进行检查，试验车辆性能应当符合汽车生产企业的规定，能够正常行驶。应根据汽车生产企业的规定调整电机和车辆操纵件，如果车辆的冷却风扇为温控型，应使其保持正常的工作状态，乘客舱的空调系统应当关闭。

对于城市客车，应在65%最大设计装载质量状态下进行试验，对于其他重型商用车辆，应在最大设计总质量状态下进行试验。试验开始之前，轮胎压力应设定为车辆在底盘测功机上建立道路阻力系数时的压力值，而且不能超过汽车生产企业的规定范围。

驾驶员应当通过使用加速踏板的适当操作或/和换档转速的准确选择，以实现试验循环所规定的车速与时间的对应关系。应当避免车速变化比理论车速平缓，或有过度的加速踏板扰动的情况，以免引起试验的无效性。加速过程应当根据汽车生产企业建议进行平稳加速。如果车辆不能以指定的速度加速，那么车辆应当在最大加速踏板行程下运行直到车速达到理论车速要求。

如果车辆有制动能量回收的功能，试验时应当采用与实车相同的控制策略。如果车辆配备了ABS、TCS或EBS，并且在单轴驱动的底盘测功机上进行试验，这些系统有可能会误把未安置于轮鼓上的不转动的车轮当作故障，此时应进行屏蔽以获得正常的系统工作。

用于测量车辆速度和距离的试验仪器，如非接触式车速仪，车速的测量精度不低于±0.2km/h，时间的测量精度应不低于±0.1s。燃料消耗量、能量消耗量、车速和时间的测量装置应同步起动。应实时显示试验循环理论车速和实际车速，指导驾驶员调整车辆行驶速度。应记录实际行驶车速和理论车速，记录频率不得低于1Hz。用于测量燃料消耗量的设备，使用碳平衡法，油耗仪精度不低于±0.5%测量值；或使用称重法，天平精度不得低于±0.5%测量值。用于测量电流的设备，精度不低于±0.5%最大测量值，或±0.2%满量程（FS）；工作频率不得低于20Hz。用于测量电压的设备，精度不低于±0.5%最大测量值，或±0.2%FS；工作频率不得低于20Hz。其他可以满足电量消耗量试验功能要求的设备，经主管部门认可，可以用于试验，但精度不得低于±0.5%测量值。

3. 燃料电池电动汽车经济性试验准备

（1）车辆和设备准备

试验车辆应满足以下要求：保持车辆出厂时的外形结构和技术参数，机械运动零部件润滑油的黏度和轮胎压力符合车辆制造商的规定，对传动系统和轮胎进行磨合，至少用安装在试验车辆上的燃料电池动力系统行驶300km；关闭车上的照明装置及用电的辅助装置，测试必需的设备和车辆日常操纵部件除外；车辆使用的燃料符合相关规定。

实验室温度设置为常温（23±5）℃，浸车区温度设置为（23±3）℃，浸车时间不少于2h。测定行驶阻力及在底盘测功机上进行模拟测试时，城市客车的附加质量为最大设计装载质量的65%。如果行驶阻力曲线由车辆制造厂提供，需要提供试验报告、计算报告或其他相关资料，并由检测机构检验，以确保试验结果的可靠性。

（2）试验车辆的分类

试验车辆分为A类和B类，满足式（4-24）为A类车辆，不满足则为B类车辆。

$$\alpha = \frac{\Delta E}{m_{\mathrm{TH}} \times q_1} \times 100\% \leqslant 1.0\% \tag{4-24}$$

式中，ΔE 为试验总循环下REESS的净能量变化量，单位为kJ；m_{TH} 为试验总循环下氢气质量，单位为g；q_1 为氢气低热值，其值为 1.2×10^5kJ/kg。

三、纯电动汽车经济性试验

纯电动汽车经济性试验包含续驶里程和能量消耗量试验。续驶里程是电动汽车在动力蓄电池充满电状态下，以指定的行驶工况，连续行驶的最大距离，单位为km。能量消耗量是电动汽车经过规定的试验循环后对动力蓄电池重新充电至试验前的容量，从电网上得到的电能与行驶里程的比值单位为W·h/km。一般情况下，动力蓄电池容量越大，车辆的续驶里程也越长，但同时也会增加车辆的总质量、行驶阻力以及能量消耗量。因此，续驶里程和能量消耗量需要同步测试评价，均是车辆公告认证试验中的测试项目。我国电动汽车面市初期续驶里程短，在进行续驶里程和能量消耗量测试时，采用全程实际行驶测试。

GB/T 18386—2021《电动汽车能量消耗量和续驶里程试验方法》规定了统一的电动汽车试验流程、试验循环及试验结果计算方法。其中，GB/T 18386.1—2021《电动汽车能量消耗量和续驶里程试验方法　第1部分：轻型汽车》对轻型汽车的能量消耗量和续驶里程的试验方法进行了规定。GB/T 18386.2—2022《电动汽车能量消耗量和续驶里程试验方法　第2部分：重型商用车辆》对包括客车等最大设计总质量超过3500kg的纯电动汽车能量消耗量和续驶里程的试验方法进行了规定。

1. 试验工况

采用中国乘用车行驶工况（CLTC-P）、中国轻型商用车行驶工况（CLTC-C）和中国重型商用车行驶工况。缩短法工况由2个试验循环段和2个恒速段组成，其中 DS_1 和 DS_2 为试验循环段，由CLTC-C规定的试验循环构成，如图4-7所示；CSS_M 和 CSS_E 为恒速段，由100km/h（或商用车70km/h）恒定车速构成，用以尽快放电，减少测试时间。通过4个试验循环段采集的能耗、里程数据，分别计算出车辆的能量消耗量和续驶里程。

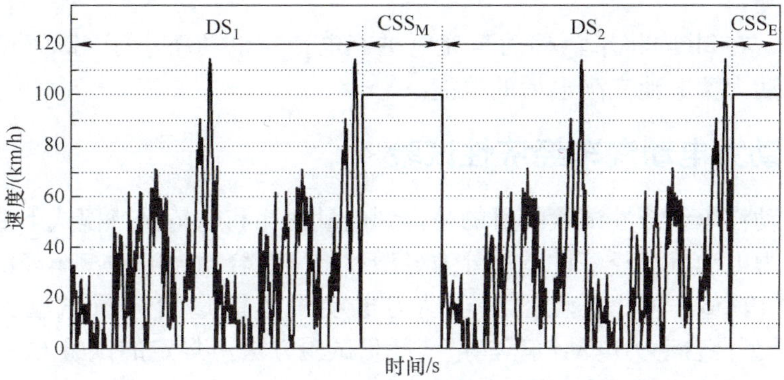

a) M_1类车辆目标车速

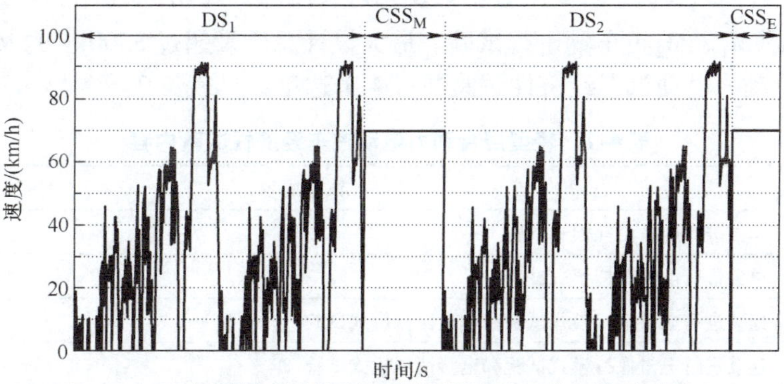

b) N_1类和最大设计总质量不超过3500kg的M_2类车辆目标车速

图 4-7　缩短法速度片段构成

2. 试验过程

(1) DS_1循环段测试

通知驾驶员开始试验，并启动工况曲线；驾驶员收到指令后起动车辆，并控制车辆按照工况车速运行。该阶段共计 2 个 CLTC-P（或 CLTC-C）循环、时间 1h、约行驶 28.96km（32.86km）。试验过程中要求驾驶员将车速控制在目标车速 ±2km/h、时间 ±1s 偏差内。

(2) CSS_M等速段测试

该试验段为电量消耗，控制车辆按照 100km/h（N_1类车或 M_2类车为 70km/h）的车速等速行驶，驾驶员可以持续驾驶，也可以每行驶 50km 休息 10min，直到到达试验截止条件，具体休息要求可以按照标准执行。预估车辆再经过 2 个 CLTC-P（或 CLTC-C）循环后 SOC 值小于 10%，就可以停止电量消耗。

(3) DS_2循环段测试

与 DS_1循环段测试一样，进行 2 个 CLTC-P（或 CLTC-C）循环试验，试验过程记录每个循环的里程。

(4) CSS_E等速段测试

控制车辆按照 100km/h 的车速等速行驶，直到完全踩下加速踏板后仍然无法跟上车速后松开加速踏板，车辆滑行减速到 5km/h 时踩下制动踏板停车，同时结束电器功耗测试设备对车辆电能数据的采集。

（5）车辆充电

试验结束后，在2h内将车辆移动至充电桩充电，充电功率小于42kW，直到充满电为止，最后记录下动力蓄电池充满电后的电能。

四、混合动力电动汽车经济性试验

混合动力电动汽车经济性试验的目的是得到电量消耗和电量保持模式下混合动力汽车的经济性。混合动力电动汽车经济性试验分为轻型和重型混合动力电动汽车经济性试验，分别依据标准 GB/T 19753—2021《轻型混合动力电动汽车能量消耗量试验方法》和 GB/T 19754—2021《重型混合动力电动汽车能量消耗量试验方法》规定的试验方法开展。

1. 轻型混合动力电动汽车经济性试验

按照 GB/T 19753—2021 对装用点燃式发动机或压燃式发动机的 N_1类和最大设计总质量不超过3500kg 的 M_1、M_2类车辆进行试验。最大设计总质量超过3500kg 的 M_1类车辆可参照执行。轻型混合动力电动汽车经济性试验共有4个选项，见表4-7。

表4-7 轻型混合动力电动汽车经济性试验内容

选项	试验内容
选项1	单独进行电量消耗模式试验
选项2	单独进行电量保持模式试验
选项3	连续进行电量消耗模式试验和电量保持模式试验
选项4	连续进行电量保持模式试验和电量消耗模式试验

电量消耗模式试验的目的是获得电量消耗模式下混合动力电动汽车的燃料消耗量、电量消耗量和续驶里程；电量保持模式试验的目的是获得电量保持模式下混合动力电动汽车的燃料消耗量和续驶里程。在电量消耗模式下，蓄电池从充满电到消耗电量至保持一定的低电量（蓄电池已难以提供动力电），蓄电池先提供动力，再由发动机和蓄电池共同提供动力。在电量保持模式下，主要由发动机提供动力。可根据试验车辆的测试要求，从混合动力电动汽车经济性试验的4个选项中选择试验项目，试验流程如图4-8所示。

2. 重型混合动力电动汽车经济性试验

在车辆驱动系统的起动和预运行方面，推荐车辆在关闭空调状态下进行能量消耗量的试验。其他车辆正常使用过程中非必须用到的车载附件，在试验时应当被断开或屏蔽。车辆的驱动系统应当按照汽车生产企业提供的用户手册推荐的起动程序进行起动。试验车辆在进行试验前可进行试验循环的预运行，以使驾驶员熟悉车辆状况及熟练车辆操作。

（1）不可外接充电式混合动力电动汽车（NOVC-HEV）的试验程序

对于 NOVC-HEV，车辆 REESS 应处于汽车生产企业规定的正常使用的 SOC，否则应根据汽车生产企业的要求，通过车外充电或使用车载发动机的方式将 REESS 预置和调整到正常使用的 SOC。

车辆按照试验循环进行试验，每完成一次试验，可根据需要关闭点火锁进行浸车，浸车时间应不超过30min。试验应连续进行，如果在未完成试验前，进行了非试验的行驶，则试验无效，需重新进行试验。

要求进行至少3次试验循环，判定试验结果是否有效、试验次数是否充分。如果试验车

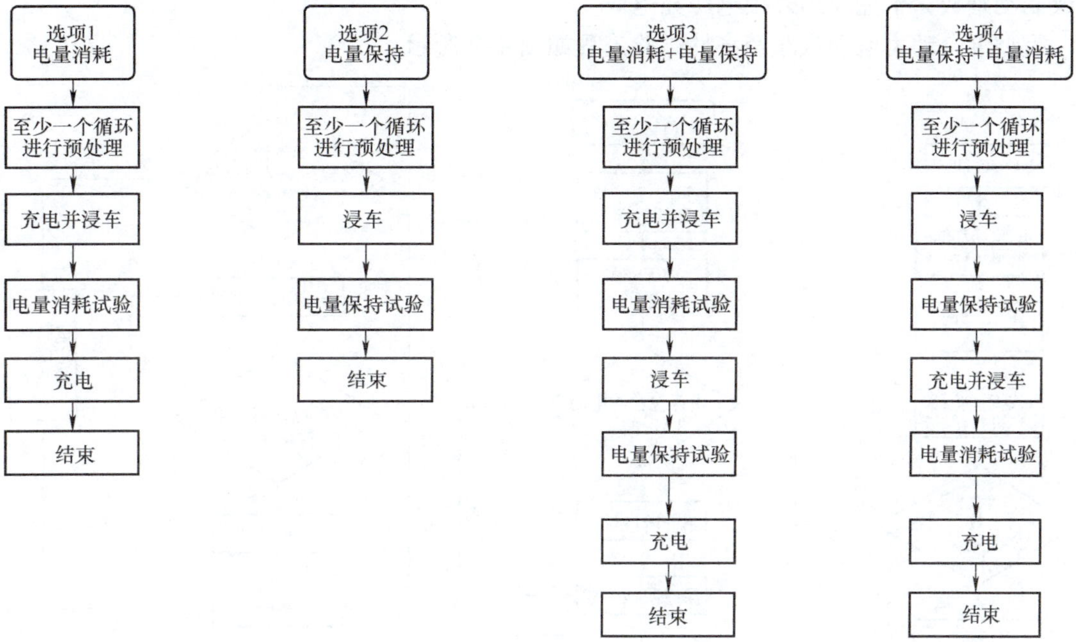

图 4-8　轻型混合动力电动汽车经济性试验流程

辆连续运行多个试验循环后仍无法满足要求，根据汽车生产企业建议并经由检验机构确认，可运行特定的试验循环数量后结束试验。对于城市客车和自卸汽车，该试验循环数量为 12；对于其他重型商用车辆，该试验循环数量为 6。经汽车生产企业建议，可适当增加试验循环数量。

（2）可外接充电式混合动力电动汽车（OVC-HEV）的试验程序

包含纯电动工作模式的 OVC-HEV 的能量消耗量试验分为纯电动续驶里程阶段、REESS 能量调整阶段和电能量平衡运行阶段。如果试验车辆从 REESS 能量调整阶段开始，连续运行多个试验循环后仍无法达到规定的电能量平衡运行阶段的结束条件，可判定为不具有电能量平衡运行阶段。此时，REESS 能量调整阶段需运行特定的试验循环数量，对于城市客车和自卸汽车，该试验循环数量为 12；对于其他重型商用车辆，该试验循环数量为 6，可适当增加试验循环数量。试验应连续进行，如果尚未完成全部的试验，车辆就进行了非试验的行驶，则试验无效，需重新进行试验。除非有其他的规定，每个试验循环允许浸车，浸车时间应不超过 30min，浸车期间需要关闭电源和试验台风机，释放制动踏板，不能使用外接电源充电。

不包含纯电动工作模式的 OVC-HEV 的能量消耗量试验分为 REESS 能量调整阶段和电能量平衡运行阶段。如果试验车辆从 REESS 能量调整阶段开始，连续运行多个试验循环后仍无法达到规定的电能量平衡运行阶段的结束条件，可判定为不具有电能量平衡运行阶段。此时，REESS 能量调整阶段需运行特定的试验循环数量，对于城市客车和自卸汽车，该试验循环数量为 12；对于其他重型商用车辆，该试验循环数量为 6。试验需连续进行，如果尚未完成全部的试验，车辆就进行了非试验的行驶，则应重新进行试验。除非有其他的规定，每个试验循环允许浸车，浸车时间应不超过 30mn，浸车期间需要关闭电源和试验台风机，释放制动踏板，不能使用外接电源充电。

重型混合动力电动汽车经济性试验流程如图 4-9 所示。

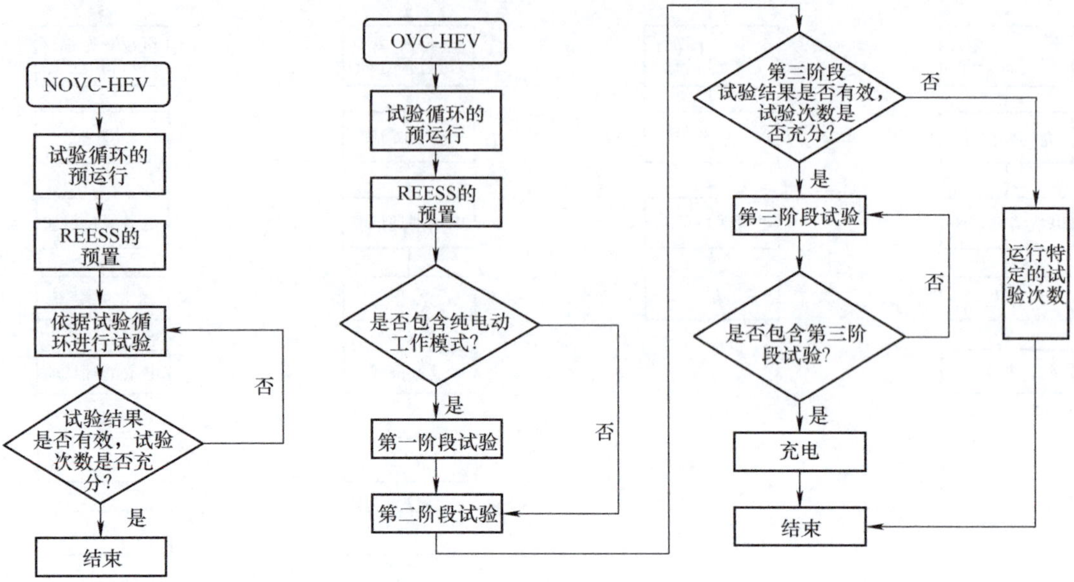

图 4-9　重型混合动力电动汽车经济性试验流程

五、燃料电池电动汽车经济性试验

GB/T 43252—2023《燃料电池电动汽车能量消耗量及续驶里程试验方法》对燃料电池电动汽车在底盘测功机上进行能量消耗量及续驶里程测量的试验方法进行了规定。

1. 试验方法

燃料电池电动汽车经济性的试验方法有缩短法和跑完法两种。

（1）缩短法

试验采用车外供氢的方式，试验前按照车辆制造厂要求调整车辆 REESS 的 SOC 状态。将车辆固定在底盘测功机上，按照相关规定进行阻力设定。车辆在底盘测功机上行驶一个完整的循环。循环结束，关闭车辆，静置 15min。进行工况法续驶里程试验，其步骤如下：按车辆载荷要求及测试工况（表 4-8）的规定进行工况法续驶里程试验，试验运行期间不应停车，直至试验结束；从整车起动开始采样，采样频率不低于 5Hz，直至试验结束。采集参数包括 REESS 电压 U_{REESS}、REESS 电流 I_{REESS}、车辆驶过的距离 D_{T}、氢气质量 m_{TH}；从车外供应源到燃料电池之间的供应管路上安装流量计。流量计可以是体积流量计，或者质量流量计。流量计和旁路管路应安装可靠，防止因振动引起泄漏、释放或进入空气，用流量计测量车外供应源被消耗的氢气的体积或者质量。

测试氢瓶截止压力时，试验前车载氢瓶中的氢气应保证至少可行驶一个完整的循环工况，将车辆固定在底盘测功机上，按照规定进行阻力设定。进行循环工况试验（循环工况类型的选择见表 4-8），试验运行期间除工况循环内停车外不应停车，至少要行驶一个完整的循环工况。当车辆达到结束试验循环的判定准则的要求时停止试验，进行氢瓶内部压力测量，记录压力 P_4，此压力值即氢瓶的截止压力，氢瓶截止压力测量应在 30min 内完成。

表 4-8　缩短法车辆载荷要求及测试工况

车辆类型	工况	运行循环工况数量/个
最大设计总质量大于 3500kg 的客车类，不含城市客车	客车行驶工况（CHTC-C）	6
最大设计总质量大于 5500kg 的货车类	货车（GVW >5500kg）的行驶工况（CHTC-HT）	
最大设计总质量大于 3500kg，不超过 5500kg 的货车类	货车（GVW≤5500kg）的行驶工况（CHTC-LT）	
最大设计总质量大于 3500kg 的自卸汽车类	自卸汽车行驶工况（CHTC-D）	
最大设计总质量大于 3500kg 的半挂牵引车类	半挂牵引列车行驶工况（CHTC-S）	

（2）跑完法

确定能量消耗量及续驶里程应使用相同的试验程序，采用车载供氢的方式。对于可外接充电式燃料电池电动汽车，REESS 应按照规定的程序进行充电；对于不可外接充电式燃料电池电动汽车，允许将 REESS 预置或调整到车辆制造商的 SOC 规定值。对车辆进行预加氢至 90% 以上，然后进行精确加氢，并计算得到试验前车辆所载的氢气质量 m。将车辆固定在底盘测功机上，进行循环工况续驶里程试验。对于可外接充电式燃料电池电动汽车，试验结束后 30min 内，REESS 应按照规定的程序进行充电，测量并记录来自电网的能量 E；对于不可外接充电式燃料电池电动汽车，将车辆移动至加氢装置处，按照规定加氢并计算得到氢气质量 m_{TH}，计算结果小数点后保留四位有效数字。在每两个步骤执行之间，如果车辆需要移动：对 M_1 类、N_1 类和最大设计总质量不超过 3500kg 的 M_2 类车辆，不允许使用车上的动力将车辆移动到下一个试验地点，且应关闭再生制动系统；对于其他车辆类型，允许使用车上的动力，要求车辆以不大于 30km/h 或者厂区限制的速度行驶，尽可能以匀速的方式在两个试验地点之间移动，车辆每次在两个试验地点之间的移动距离不超过 3km。

按照表 4-9 的规定进行工况法续驶里程试验，直到达到结束试验循环判定准则的规定时停止试验。除非有其他规定，试验期间的工况循环外停车不应超过 3 次，总的停车时间累计不超过 15min。停车期间，关闭试验台风机，不应使用外接电源对车辆充电。从整车起动开始采样，直至试验结束，采样频率不低于 5Hz。采集参数包括燃料电池堆电压 U_{FC}、燃料电池堆电流 I_{FC}、REESS 电压 U_{REESS}、REESS 电流 I_{REESS}、车辆驶过的距离 D；同时记录用小时和分表示的所用时间。对于无法直接测量燃料电池堆电压 U_{FC}、燃料电池堆电流 I_{FC} 的车辆，可测量 DC/DC 变换器输出端的电压和电流，然后折算出燃料电池堆的功率，DC/DC 变换器折算效率为 97.0%。

表 4-9　跑完法车辆载荷要求及测试工况

车辆类型	工况
M_1 类	乘用车行驶工况（CHTC-P）
N_1 类和最大设计总质量不超过 3500kg 的 M_2 类	轻型商用车行驶工况（CHTC-C）
最大设计总质量大于 3500kg 的城市客车类	城市客车行驶工况（CHTC-B）
最大设计总质量大于 3500kg 的客车类，不含城市客车	客车行驶工况（CHTC-C）

（续）

车辆类型	工况
最大设计总质量大于 5500kg 的货车类	货车（GVW > 5500kg）的行驶工况（CHTC-HT）
最大设计总质量大于 3500kg，不超过 5500kg 的货车类	货车（GVW ≤ 5500kg）的行驶工况（CHTC-LT）
最大设计总质量大于 3500kg 的自卸汽车类	自卸汽车行驶工况（CHTC-D）
最大设计总质量大于 3500kg 的半挂牵引车类	半挂牵引列车行驶工况（CHTC-S）

2. 氢气消耗量测试方法

GB/T 35178—2017《燃料电池电动汽车　氢气消耗量　测量方法》规定了燃料电池电动汽车氢气消耗量的测量方法，适用于使用压缩氢气的燃料电池电动汽车，主要有压力温度法、质量分析法和流量法。压力温度法是通过测量试验前后高压储氢罐中气体压力和温度来计算氢气消耗量的方法。应使用已知容积，能够进行温度和压力检测的储气罐。试验用储氢罐是指安装在车辆外部，在氢气消耗量测量过程中通过旁路管路连接燃料电池的储罐。质量分析法是通过测量试验前后高压储气罐质量来计算氢气消耗量的方法。试验用储罐应适于测量质量。流量法是通过安装在车外燃料供应源到车辆的氢气供应管路上的流量计，测量车辆消耗掉的氢气体积或者质量的方法。

GB/T 37154—2018《燃料电池电动汽车　整车氢气排放测试方法》规定了燃料电池电动汽车整车氢气排放的测试方法，适用于使用压缩氢的 M 类和 N 类燃料电池电动汽车，包含怠速热机状态氢气排放和循环工况下热机状态氢气排放两种试验方法。

（1）怠速热机状态氢气排放

在试验之前，需要进行热车，目的是保证试验数据的稳定和准确。按照规定的程序，起动燃料电池发动机，使其运行在一定功率，使燃料电池发动机本身温度处于制造商规定的范围内，然后关闭燃料电池发动机。起动燃料电池发动机，使其保持在怠速状态，完成一次排气吹扫过程后保持 1min，然后按照规定的程序停机。

氢气排放相对体积浓度按照以下要求进行测量：从燃料电池发动机起动开始进行氢气排放相对体积浓度测量，直至燃料电池发动机完全停机；测量点位置距离排气口外 100mm，且在排气口几何中心线延长线上。要求试验进行一次，连续记录氢气排放相对体积浓度值的时间历程曲线，采样频率不低于 5Hz。

（2）循环工况下热机状态氢气排放

该试验前同样需要进行热车。M_1 和 N_1 类车型试验的载荷和循环工况，应遵照相关规定进行加载。从整车起动开始采样，循环结束，立刻关闭燃料电池发动机，直至完全停机后采样结束。

记录燃料电池堆的电流、电压、氢气流量等时间历程曲线，该试验需重复进行三次，结果取平均值。每次试验前，车辆的动力蓄电池 SOC 状态要保持一致。

第三节　制动性能试验

制动性能是指汽车在行驶过程中能够迅速减速至停止，同时保持行驶方向的稳定性，以及在各种路面条件下能够稳定地驻车和在长距离下坡时控制车速的能力。作为衡量汽车使用性能的关键指标之一，制动性能的优劣直接关系到驾驶安全。因此，无论是新车辆出厂前的检验，还是已在使用中的车辆的年度检查，都将制动性能作为一项重要的检测内容。汽车制动系统性能试验可以采取台架试验，亦可采用道路试验，前者为产品研制基础试验、质量管理试验，后者探讨安全性与人体感觉的协调程度以及制动器与车辆的匹配情况。

国际上较常用的汽车制动性能标准有 ECE R13、ECE R13H、FMVSS 135、FMVSS 126、ISO 6597 等。我国现行汽车制动性能试验的国家标准有 GB/T 5620—2020《道路车辆　汽车和挂车制动名词术语及其定义》、GB 12676—2014《商用车辆和挂车制动系统技术要求及试验方法》、GB/T 35349—2017《汽车驻车制动性能检验方法》、GB/T 34588—2017《重型商用车辆　转弯制动　开环试验方法》、GB/T 32692—2016《商用车辆缓速制动系统性能试验方法》、GB/T 36986—2018《汽车制动性能动态检测方法》（在用汽车检测）、GB/T 17469—2024《汽车制动器衬片摩擦性能评价　小样台架试验方法》、GB 21670—2008《乘用车制动系统技术要求及试验方法》、GB/T 39901—2021《乘用车自动紧急制动系统（AEBS）性能要求及试验方法》、GB/T 44287—2024《商用车电控气压制动系统（EBS）性能要求及试验方法》等。

一、试验准备

1. 车辆准备

试验前，汽车应充分进行一定行程的磨合，新车一般按照制造厂的规定进行磨合（一般为 1000 ~ 1500km）。试验前还应该注意各总成的技术状况和调整状况，应使之处于良好状态，如点火系统、供油系统、制动蹄鼓间隙、车轮轴承紧度、车轮定位、轮胎气压与标准值相差不超过 ±10kPa 等。

对于车辆载荷，我国规定试验时为满载，客车的乘员可用重物替代，每位乘员的质量相当于 65kg。

试验前，汽车应充分预热，以 $0.8v_{max} \sim 0.9v_{max}$ 的速度，行驶 1h 以上。

2. 场地和设备

行车制动效能的试验方法包括道路试验法和台架试验法。

道路试验法的主要设备包括卫星定位天线、数据采集系统、踏板力传感器、轮速传感器、制动触发器等，其中卫星定位天线放置在试验车的车顶中心位置，踏板力传感器、制动触发器放置在制动踏板处，其余设备放置在试验车中，由试验人员操作并记录。试验路段应为干净、平整、坡度不大于 1% 的硬路面，路面附着系数不宜小于 0.72 ~ 0.75，路长 2 ~ 3km，宽不小于 8m。试验环境要求风速小于 5m/s，气温在 0 ~ 35℃。

二、试验评价指标

汽车的制动性能主要从三个方面来评价，即制动效能、制动效能的恒定性和制动时汽车的方向稳定性。此外，汽车的制动性能还包括驻车制动能力、制动响应时间和 ABS 的效能等；对于纯电动汽车，还应该增加再生制动系统的效能和安全性。

评价汽车制动性能的常用指标有制动距离、制动力、制动协调时间、充分发出的平均减速度、制动稳定性要求、制动踏板力、制动踏板行程。

1. 制动距离

制动距离是指从驾驶员开始促动制动系统的控制装置开始至车辆停住所驶过的距离，它是衡量汽车制动性能的关键性参数之一。广义上的制动距离包括反应距离和实际制动距离两个部分。反应距离是指驾驶员从发现紧急情况到踩下制动踏板这段时间内车辆行驶的距离，而实际制动距离则是指从踩下制动踏板到车辆完全停止的距离。

制动距离的长短与多个因素有关，包括车辆的行驶速度、制动力、附着系数等。行驶速度越高，制动距离越长，速度与制动距离的平方成正比。实际制动距离可能会受到多种因素的影响，如驾驶员反应时间、车辆负载、轮胎状况等。通常，道路越光滑（如结冰路面），附着系数越小，制动距离越长。

在我国，汽车的制动性能应符合 GB 12676—2014 和 GB/T 13594—2003《机动车和挂车防抱制动性能和试验方法》的规定。例如，9 座以下汽车初速度为 50km/h 时，制动距离不应超过 19m；总质量小于 4.5t 的其他车辆 50km/h 时初速度不应超过 21m。

2. 制动力

制动力是指在汽车制动过程中，为了使车辆减速或停车而施加到车辆上的力。它是由摩擦片与制动盘或制动鼓之间的摩擦所产生的。制动力的大小决定了车辆能否在规定的距离内停住，以及制动的稳定性。制动力的产生原理主要包括摩擦力，当制动卡钳中的制动液推动制动块向制动盘靠近时，制动块与制动盘表面接触，产生摩擦力，从而实现制动。制动力的大小取决于多种因素，包括制动系统的性能、制动部件的摩擦系数、物体的质量以及运动状态等。通过施加足够的制动力，可以使物体停下来或减缓其运动速度，从而确保安全和控制运动过程。

国家标准中对制动力的要求如下：

1）制动力总和与整车重量的百分比：对于乘用车、总质量不大于 3500kg 的货车，制动力总和与整车重量的比例为空载应大于等于 60%，满载应大于等于 50%。

2）轴制动力与轴荷的百分比：对于乘用车、总质量不大于 3500kg 的货车，轴制动力与轴荷的比例为空载应大于等于 60%，满载应大于等于 50%。

3）左右轮制动力差：在制动力增长全过程中同时测得的左右轮制动力差的最大值，与全过程中测得的该轴左右轮最大制动力中大者之比，对前轴不应大于 20%，对后轴（及其他轴）在轴制动力不小于该轴轴荷的 60% 时不应大于 24%；当后轴（及其他轴）制动力小于该轴轴荷的 60% 时，在制动力增长全过程中同时测得的左右轮制动力差的最大值不应大于该轴轴荷的 8%。

4）驻车制动力要求：当采用制动检验台检验驻车制动装置的制动力时，机动车空载，乘坐一名驾驶员，使用驻车制动装置，驻车制动力的总和不应小于该车在测试状态下整车重量的 20%（对总质量为整备质量 1.2 倍以下的机动车为不小于 15%）。

3. 制动协调时间

制动协调时间是指在紧急制动时，从踏板开始动作产生制动效果时到车轮制动率达到 75% 时所花费的时间。这个时间是衡量汽车制动性能的一个重要参数，它涉及车辆从开始制动到达到最大制动力的时间延迟。汽车单车的制动协调时间应不超过 0.6s，而汽车列车的制动协调时间应不超过 0.8s。对于采用液压制动的汽车，协调时间要求小于等于 0.35s；采用气压制动的汽车，协调时间要求小于等于 0.6s。这个时间的长短直接影响到车辆的制动距离，进而影响行车安全。

制动协调时间是评价汽车的制动性能的一个间接评价指标，很少单独作为一个参数评价汽车的制动性能。

4. 充分发出的平均减速度

充分发出的平均减速度（Mean Fully Development Deceleration，MFDD）是检验行车制动性能的一个重要参数，它反映了汽车制动时汽车速度下降的速率，其定义如下：

$$\mathrm{MFDD}=\frac{v_b^2-v_e^2}{25.92(S_c-S_b)} \tag{4-25}$$

式中，MFDD为充分发出的平均减速度，单位为 m/s^2；v_b 为试验车速，$v_b=0.8v_0$，单位为km/h，v_0 为试验车制动初速度，单位为km/h；v_e 为试验车速，$v_e=0.1v_0$，单位为km/h；S_c 为试验车速从 v_0 到 v_e 之间的车辆行驶距离，单位为m；S_b 为试验车速从 v_0 到 v_b 之间的车辆行驶距离，单位为m。

不同类型的机动车在空载和满载条件下的充分发出的平均减速度要求如下：

1）乘用车：空载检验时≥6.2m/s^2，满载检验时≥5.9m/s^2。

2）总质量小于等于3500kg的低速货车：空载检验时≥5.6m/s^2，满载检验时≥5.2m/s^2。

3）其他总质量小于等于3500kg的汽车：空载检验时≥5.8m/s^2，满载检验时≥5.4m/s^2。

4）铰接客车、铰接式无轨电车、汽车列车（乘用车列车除外）：空载检验时≥5.0m/s^2，满载检验时≥4.5m/s^2。

5）其他汽车、乘用车列车：空载检验时≥5.4m/s^2，满载检验时≥5.0m/s^2。

5. 制动稳定性要求

制动稳定性要求是指在制动过程中，机动车需要保持直线行驶的能力或按预定弯道行驶的能力，包括制动效能的稳定性和制动方向的稳定性两个方面。

制动效能是指汽车迅速降低车速直至停车的能力，通常以制动距离或制动减速度来评价。制动效能的稳定性是指制动效能在各种使用条件下保持的能力，希望其变化小且稳定。制动方向的稳定性则是指汽车在制动过程中维持直线行驶的能力或者按预定弯道行驶的能力。制动过程中车辆的方向稳定性与左右车轮的制动力之差、前后车轮的制动力分配有着密切的关系。在制动时，有时会出现制动跑偏、后轴侧滑或前轮失去转向能力而使汽车失去控制离开原来的行驶方向，甚至发生危险情况。因此，汽车试验中常规定一定宽度的试验通道（如1.5倍车宽或3.7m），制动时方向稳定性合格的车辆，在试验过程中不允许产生不可控制的效应使它离开这条通道。

制动过程中机动车的任何部位（不计入车宽的部位除外）不允许超出规定宽度的试验通道的边缘线，以确保在紧急制动时车辆的稳定性和安全性，防止因制动导致的车辆失控和交通事故。

6. 制动踏板力

制动踏板力是指驾驶员在制动踏板上施加的力，它是制动系统性能的重要指标之一。合适的制动踏板力不仅能够保证汽车制动的效果，还能够增强驾驶员对汽车的控制感，提升驾驶的舒适性。

液压制动系统的踏板力要求如下：乘用车的踏板力应不超过400N（空载时）和500N（满载时）。其他机动车的踏板力应不超过450N（空载时）和700N（满载时）。

7. 制动踏板行程

制动踏板行程是指驾驶员踩下制动踏板后，制动器从开始接触制动盘到达到一定制动力时的踏板行程。液压行车制动在达到规定的制动效能时，踏板行程应小于等于踏板全行程的3/4，装有自动调整间隙装置的机动车踏板行程应小于等于踏板全行程的4/5，且乘用车应小于等于120mm，其他机动车应小于等于150mm。踏板全行程是指制动踏板在无制动液状态下从完全释放状态到不能踩动的行程。

三、制动性能道路试验

1. 试验要求

制动系统的性能应通过测量与车辆初速度有关的制动距离或测量试验中充分发出的平均减速度来确定。

制动盘的磨合应按以下要求进行。对于前/后盘式制动系统，初始车速为60km/h，制动至大约20km/h。首先以约2m/s^{2}的制动减速度进行30次制动，然后以约4m/s^{2}的制动减速度进行30次制动。对于前盘式/后鼓式或前/后鼓式制动系统，初始车速为60km/h，制动至大约20km/h。首先以约2m/s^{2}的制动减速度进行100次制动，然后以约4m/s^{2}的制动减速度进行100次制动。在磨合过程中，制动盘和/或制动鼓的温度不应超过200℃。初始车速是指驾驶员开始促动制动系统控制装置时的速度。初始车速不应低于相应试验规定速度的98%。如果厂家另有规定，可按其规定的磨合程序开展。

车辆的质量状态应符合各类试验的规定，并在试验报告中说明。各类试验应按相应的规定车速进行。如车辆的最高设计车速低于试验规定车速，应以最高设计车速进行试验。试验期间，为达到规定的制动性能而施加在制动系统控制装置上的力不应超过该试验车型规定的最大值。

除有另行规定外，试验路面应具有良好的附着性能。在试验道路纵向任意50m长度上的坡度应小于1%。驻车试验坡度按有关条款规定设计。路拱坡度应小于2%。试验过程中，风速应小于5m/s，环境温度不应超过35℃。试验开始时，轮胎应为冷态且处于与车辆静止时车轮实际承载相对应的规定压力。应在车速超过15km/h时未发生车轮抱死、车辆未偏离3.7m宽的试验跑道及无异常振动的情况下达到规定的性能。对完全或部分依靠与车轮永久连接的电机驱动的车辆，所有试验应在电机接合的情况下进行。如上述车辆装有A型电力再生式制动系统，则试验应在规定的低附着系数路面上进行。对装有A型电力再生式制动系统的车辆，换档或加速踏板松开的瞬间不应影响车辆行驶状态，且试验中不允许车轮抱死。允许进行转向修正，但转向盘在最初2s内的转角不应超过120°，且总转角不应超过240°。如给电动驱动的行车制动器供能的动力蓄电池或辅助动力蓄电池只能从独立的外部充电系统充电，则动力蓄电池在制动性能试验中的平均荷电状态不应超过规定的制动失效报警时荷电状态的5%。如发生报警，可在试验过程中给动力蓄电池充电，以便将荷电状态保持在规定范围内。

在制动试验特别是高速试验中，应检查车辆的一般状态。在附着力减小的路面上行驶时制动，M_2、M_3等各类车辆的性能表现应满足相关规定要求。如某车轴的制动由不止一种能源的制动力矩提供且每种能源都与其他能源不同，车辆在其控制策略允许的所有关系下都应满足GB/T 13594—2003要求。

2. 冷态制动效能试验

冷态制动效能试验，也称为0型试验，是评估汽车在冷状态下制动性能的重要测试，主要检测试验车辆的制动距离、制动减速度等。试验前制动器应处于冷态，即在制动盘或制动鼓摩擦表面测得的温度低于100℃时。

冷态制动效能试验分为动力装置脱开的0型试验和动力装置接合的0型试验。

（1）动力装置脱开的0型试验

试验应按表4-10中各车型规定的车速进行，试验车速与规定车速之间允许有不超过±2%的偏差，但应达到各类车辆规定的最低性能要求。对于因最高设计车速限制而不能达到规定车速的车辆，可以采用试验时所能达到的最高车速进行试验。

表4-10　动力装置脱开的0型试验

车辆类型		M_1	M_2	M_3	N_1	N_2	N_3
动力装置脱开的0型试验	v/(km/h)	100	60	60	80	60	60
	S/m	$\leqslant 0.1v+0.0067v^2$	$\leqslant 0.15v+v^2/130$				
	MFDD/(m/s²)	≥6.43	≥5.0				
	F/N	65~500	≤700				

注：v为规定的试验车速；S为制动距离；MFDD为充分发出的平均减速度；F为制动踏板力。

试验应在附着条件良好的水平路面上进行，通常要求路面的附着系数≥0.8。在试验前，需要确认最热的车轴上的行车制动器的平均温度处于65~100℃。

将车辆加速至试验规定车速以上5km/h，然后脱开档位，让车辆在车速下降至试验规定车速时全力进行行车制动。重复上述制动过程，确认车辆在未发生车轮抱死的情况下所能达到的最佳制动性能符合要求，即车辆应能达到规定的制动距离和充分发出的平均减速度。每次试验最多进行6次制动，最多重复5次。

在制动过程中，车辆应保持稳定，横摆角应小于等于15°，不应偏离3.5m宽的试验通道，也不应发生异常振动。车速超过15km/h时不应发生车轮抱死。

（2）动力装置接合的0型试验

动力装置接合的0型试验是冷态制动效能试验的一种，主要针对最高车速大于125km/h的乘用车，评估正常运行条件下动力装置接合时的制动性能和可靠性。

试验应在附着条件良好的水平路面上进行，通常要求路面的附着系数≥0.8。试验应避免在雨雾天进行，气温在0~40℃；风速小于3m/s；相对湿度小于95%。对于最高车速大于200km/h的车辆，试验车速取160km/h。对于最高车速不超过200km/h的车辆，试验按表4-11规定的车速进行。

表4-11　动力装置接合的0型试验

车辆类型		M_1	M_2	M_3	N_1	N_2	N_3
动力装置接合的0型试验	$v(=80\%v_{max})$/(km/h)	≤160	≤100	≤90	≤120	≤100	≤90
	S/m	$\leqslant 0.1v+0.0067v^2$	$\leqslant 0.15v+v^2/103.5$				
	MFDD/(m/s²)	≥5.76	≥4.0				
	F/N	65~500	≤700				

注：v为规定的试验车速；S为制动距离；MFDD为充分发出的平均减速度；F为制动踏板力；v_{max}为最高车速。

为模拟满载半挂车的影响而人为加载的半挂牵引车，其试验车速不应高于 80km/h，按车辆所属类别，在规定的试验初始车速下进一步进行试验。各类车辆应达到规定的最低性能要求。

在试验前，需要确认最热的车轴上的行车制动器的平均温度处于 65 ~ 100℃。将车辆加速至试验规定车速以上 5km/h，采用相应的最高档行驶，松开加速踏板但保持档位不变，在车速下降至试验规定车速时进行行车制动。采用的制动控制力（或管路压力）与动力装置脱开的 0 型试验接近。制动控制力应在整个制动过程中保持恒定，确保达到最大的制动强度但不会发生车轮抱死。

记录制动初速度、踏板力或管路压力、制动减速度、制动距离、车轮抱死状况及汽车是否偏出 3.7m 宽通道。在制动过程中，车辆应保持稳定，横摆角应小于等于 15°，不应偏离 3.5m 宽的试验通道，也不应发生异常振动。

3. 制动热衰退试验

制动热衰退试验，也称为 I 型试验，用于评估汽车在连续制动后制动器温度升高导致制动效能的变化情况。汽车制动过程中，制动器通过摩擦作用将车辆行驶动能转化为热能并吸收，摩擦材料受热后摩擦系数降低，从而导致制动能力降低，这就需要按照国家标准进行制动热衰退试验。I 型试验的目的在于检验汽车在高速高强度制动或下长坡连续制动后，制动器因温度升高而导致的摩擦系数下降，进而引起制动效能降低的情况。

试验应在附着条件良好的水平路面上进行，通常要求路面的附着系数≥0.8。试验应避免在雨雾天进行，气温在 0 ~ 40℃；风速小于 3m/s；相对湿度小于 95%。在制动过程中，车辆应保持稳定，横摆角应小于等于 15°，不应偏离 3.5m 宽的试验通道，也不应发生异常振动。

该试验按照制动器加热过程、热态性能试验、恢复性能试验的步骤依次进行。

（1）制动器加热过程

应以满载车辆对行车制动系统连续交替进行制动和解除制动重复循环，针对不同类型的车辆，重复制动的试验条件不同，见表 4-12。对于 M_2类汽车，制动开始时的初始速度 v_1 处于最高车速 80% 且不高于 100km/h，制动结束时的车速为制动开始时初速度的 50%，制动循环周期为 55s，重复制动 15 次；对 M_3类汽车，制动开始时的初始速度处于最高车速 80% 且不高于 60km/h，制动结束时的车速为制动开始时初速度的 50%，制动循环周期为 60s，重复制动 20 次。如因车辆特性而无法满足规定的制动循环周期，可增大制动循环周期。

表 4-12 不同类型车辆的试验条件

车辆类型	试验条件			
	制动初始车速 v_1/(km/h)	制动结束车速 v_2/(km/h)	制动循环周期 Δt/s	制动次数 N
M_1	$80\% v_{max} \leqslant 120$	$v_1/2$	45	15
M_2	$80\% v_{max} \leqslant 100$	$v_1/2$	55	15
N_1	$80\% v_{max} \leqslant 120$	$v_1/2$	55	15
M_3、N_2、N_3	$80\% v_{max} \leqslant 60$	$v_1/2$	60	20

在任何情况下，除车辆制动和加速所需时间外，每个循环应留有 10s 的时间来稳定车速。在这些试验中，应调整控制力以确保首次制动时充分发出的平均减速度为 $3m/s^2$，在此

后的各次制动中，该控制力应保持恒定。

为在制动后恢复车速，应采用能在最短的时间，即车辆所允许的最大加速度达到 v_1 的档位。对于因车辆性能限制而无法恢复至制动初始车速的试验车辆，应以规定的车速进行第一次制动，之后以能够实现的最大加速度来恢复车速，并按照标准中各类车辆对应的循环周期结束时所达到的车速，连续进行制动。

对装有制动磨损自动调整装置的车辆，应在Ⅰ型试验之前按下列规程进行调整：对装备气压制动系统的车辆，制动器调整应确保制动磨损自动调整装置正常工作；对装备液压盘式制动器的车辆无调整要求；对装备液压鼓式制动器的车辆，按制造商规定对制动器进行调整；对装有电力再生式制动系统的车辆，动力蓄电池在试验开始时的荷电状态应确保电力再生式制动系统产生的制动力不超过系统设计所保证的最低水平。

（2）热态性能试验

重复制动或连续制动试验结束后 1min，以与 0 型试验相同的条件（特别是恒定控制力不应大于实际使用的平均控制力）测定行车制动系统的热态制动性能（温度条件可不同），其结果应满足如下要求：对机动车辆，热态制动性能不应低于该类车辆规定性能的 80%；对装有 A 型电力再生式制动系统的车辆，制动期间应一直保持最高档，而且即使有其他电力再生式制动系统控制装置也不应使用；对装有 B 型电力再生式制动系统的车辆，在完成加热循环后，如不能达到规定的车速，则应以制动器加热循环结束时车辆所达到的最高车速进行热性能试验。

为进行对比，还应以与热性能试验相同的车速、相近的电力再生制动力，以及在合适的电池荷电状态下以冷态制动器重复进行 0 型试验。将第二次 0 型试验的性能与热态性能进行对比，在试验前允许对制动衬片进行调整。

（3）恢复性能试验

恢复性能试验是评估汽车制动器在经历热衰退试验后，其制动性能恢复情况的重要测试。热态性能试验结束后，立即在动力装置接合的情况下，以 3m/s^2 的平均减速度，从 80km/h 的车速进行停车制动。这是为了模拟车辆在实际行驶中，经过一段时间的冷却后，制动器温度有所下降时的制动性能。

恢复性能试验的结果通常以恢复率来表示，即热态性能试验后的制动性能与冷态制动性能的比值。这个比值越高，说明制动器的恢复性能越好。

4. 驻车制动性能试验

驻车制动性能是指汽车在坡道上停放的能力，其试验方法按照 GB/T 35349—2017《汽车驻车制动性能检验方法》开展。

被试车辆的整备质量和运行状况应符合 GB 7258—2017《机动车运行安全技术条件》和 GB 38900—2020《机动车安全技术检验项目和方法》的规定，轮胎应保持干燥、清洁，不应有泥、水、油污等。

采用坡道试验方法时的设施要求为坡度分别为 15% 和 20% 的驻车坡道各一个，坡道的长度应比被检车型的最大轴距长 1m，宽度应比被试车型的最大宽度宽 1m，坡道路面附着系数应不小于 0.7。

坡道检验方法的检验过程如下：将被试车辆正、反两个方向正直平稳地驶入坡度为 20%（总质量为整备质量的 1.2 倍以下的车辆为 15%）的驻车坡道，用行车制动器将车辆停稳，变速器置于空档。按下列要求操纵驻车制动控制装置：对施加力，采用手操纵时，乘用车应小于或等于400N，其他机动车应小于或等于600N；采用脚操纵时，乘用车应小于或等于500N，其他机动车应小于或等于700N。对操纵行程，应操纵全行程的三分之二以上，对于驻车制动机构装有自动调节装置的应操纵全行程的四分之三以上。解除行车制动控制，确认被试车辆完全停稳后，连续观察5min，被试车辆应保持固定不动。

采用滚筒反力式制动检验台检验法，滚筒反力式制动检验台应符合GB/T 13564—2022《滚筒反力式汽车制动检验台》的要求。具体试验方法如下：被试车辆正直居中行驶，各轴依次停放在轴或轮重仪上，并按规定时间（不少于3s）停放，分别测出静态轮荷。被试车辆正直居中行驶，将被测试车轮停放在滚筒上，变速器置于空档，松开制动踏板。对于全时四轮驱动车辆，非测试轮应处于附着系数符合要求的辅助自由滚筒组上，变速器置于空档。起动滚筒电动机，稳定3s后，对驻车制动轴，按规定要求操纵驻车制动控制装置，测取驻车制动力数值。驻车制动率为测得的各驻车轴制动力之和与该车所有车轴（静态）轴荷之和的百分比。

除以上坡道检验法和滚筒反力式制动检验台检验法外，还可以采用平板式制动检验台检验法、牵引检验法、滑板检验法。汽车驻车制动检验宜采用滚筒反力式制动检验台或平板式制动检验台，并应根据所检车辆的轴荷，选择相应承载能力的制动检验台。对于无法在制动检验台试验的车辆，在不具备试验坡道的情况下，可使用牵引法、滑板法或其他等效方法进行试验。任何对制动性能有质疑的车辆，应使用驻车坡道判定其驻车制动性能。

5. 防抱死制动系统性能试验

防抱死制动系统（ABS）是指制动过程中，能自动控制车辆车轮与路面之间滑移程度的系统。下面简要介绍一下检测ABS性能的技术条件和试验方法。

（1）技术条件

被检车辆的技术条件为：被检车辆空载，应清洁，无明显漏油、漏水、漏气现象；轮胎充气至规定的压力值，误差应不超过±10kPa；轮胎完好，同轴轮胎花纹样式一致，花纹中无异物，花纹深度应满足GB 38900—2020相关要求；气压制动的制动气压应不大于750kPa；座位数不大于9座的载客汽车液压制动的制动踏板力应不大于400N，其他车辆应不大于450N；试验过程中被试车辆上宜乘坐一名驾驶员。

测试路面应为硬实、清洁、干燥、平坦的水泥或沥青路面，路面附着系数应不小于0.7，路面纵向坡度应不大于1%，路面局部不得有明显的破损、凸起和凹陷；测试路面长度应不小于100m，宽度应不少于6m；应画出测试车道边线；检测时风速应不大于5m/s；用于在用汽车ABS性能检测的GPS检测系统的主要技术性能应符合GB/T 18314—2024《全球导航卫星系统（GNSS）测量规范》的要求；沿试验道路正反两个方向的检测结果均应满足要求。

（2）试验方法

采用GPS技术进行试验的方法为：将踏板力计安装在制动踏板上，与主机连接。选择开阔、不易受干扰的地点架设基准站GPS接收分系统。在被试汽车上架设移动站GPS接收分系统。将转速传感器安装在被试车辆车轮的适当位置，与主机连接。开启基准站GPS接收分系统和移动站GPS接收分系统，进入测试状态。

安装了移动站的汽车在行驶中实施制动，移动站GPS接收分系统采集一系列GPS星历信号和来自基准站的差分信号后送至主机进行分析、处理和计算，从而得到装备了 ABS 的被试汽车一系列随时间变化的行驶速度、制动初速度、加/减速度、充分发出的平均减速度、制动距离、滑移率等 ABS 制动性能参数。

6. 再生制动系统性能试验

再生制动系统性能试验主要依据 QC/T 1089—2017《电动汽车再生制动系统要求及试验方法》进行。该标准规定了电动汽车再生制动系统的测试范围、术语和定义、符号、要求、试验方法及试验结果的处理，适用于可充电储能系统为动力蓄电池的纯电动乘用车和商用车。

（1）制动安全性试验

该试验测试可充电储能系统在不同 SOC 条件下汽车制动效能的恒定性。试验选取车辆分别处于以下三种状态：

1）车辆完成充电或 SOC 在 95% 以上。

2）车辆放电，完成 1/3 等速续驶里程。

3）车辆放电，完成 2/3 等速续驶里程。

试验要求车辆空载，制动初速度为车辆最高车速的 80%，且不能超过 160km/h。试验时，首先确认温度最高的车轴上的行车制动器的平均温度处于 65 ~ 100℃；在附着系数良好的水平路面上，将车辆加速到试验规定车速以上 5km/h，挂入空档，在车速下降到试验规定车速时全力进行行车制动。

对于电传动系与车轮无法脱开的车辆，均在电传动系接合的条件下进行。

车辆从规定初速度制动到 10km/h 过程中，车轮应未发生抱死，并记录制动距离 S_1。根据试验结果计算得出汽车的平均减速度 MFDD。

重复上述步骤，并计算得出这 3 种情况下的 MFDD 及其标准差（Std. dev）和平均值（Mean）。将标准差与平均值的比值，定义为不同 SOC 下电动汽车制动试验中的 MFDD 变异系数（CV），即 CV = Std. dev/Mean。

（2）制动能量回收效能试验

该试验关注再生制动系统在减速过程中回收的能量与所需施加的制动能量之间的比值，以及开启与关闭制动能量回收功能时电动汽车续驶里程的差值与关闭制动能量回收功能时的续驶里程的比值。制动能量回收效能试验的内容包括等速法试验和工况法试验，先进行等速法试验，主要验证再生制动系统的开启关闭状态，当该试验结果被认定有效时，再进行工况法试验测试能量回收效能。试验车辆、场地、磨合等条件应符合按照 GB/T 18386—2021 中规定的要求。

1）等速法试验。试验前开启制动能量回收功能，指定某一车速（60 ~ 80km/h），进行等速法试验，记录试验车辆驶过的距离 D_0（单位为 km）。然后关闭制动能量回收功能，以指定的车速进行等速法试验，记录试验车辆驶过的距离 D'_0（单位为 km）。比较 D_0 与 D'_0。若 $(D_0 - D'_0)/D'_0 \leqslant 3\%$，则宣布此次试验结果有效；否则无效。

2）工况法试验。试验前开启制动能量回收功能，按照 GB/T 18386—2021 的试验方法进行试验，实时测量动力蓄电池的母线电流和电压，并将回馈电流记为 I（单位为 A），总电流记为 I_1（单位为 A），动力蓄电池两端的电压记为 U（单位为 V）。在试验循环结束时，记录试验车辆驶过的距离 D_1（单位为 km）。关闭制动能量回收功能，重复上述步骤。在试验循环结束时，记录试验车辆驶过的距离 D_2（单位为 km）。

对工况法试验的结果可以进行如下处理：

① 回收的制动能量的计算方法为

$$E_{制回} = \frac{\int IU\mathrm{d}t}{3600 \times 1000} \tag{4-26}$$

式中，$E_{制回}$为汽车减速过程中，由再生制动系统回收，最终回馈至可充电储能系统的能量，单位为 kW·h；I 为汽车减速过程中，回馈至可充电储能系统总线的电流，单位为 A；U 为汽车减速过程中，可充电储能系统两端的电压，单位为 V。

② 最大理论制动能量的计算方法为

$$E_{理制} = E_{动减} - \int V(A + BV + CV^2)\mathrm{d}t \tag{4-27}$$

式中，$E_{理制}$为试验循环内汽车减速过程中所需施加的制动能量，单位为 kW·h；$E_{动减}$ 为试验循环内汽车减速过程中的动能减少量，单位为 kW·h；V 为试验循环内汽车减速过程中的车速，由试验得到，单位为 km/h；A、B、C 为车辆滑行系数，按照 GB 18352.6—2016《轻型汽车污染物排放限值及测量方法（中国第六阶段）》中规定的滑行方法进行滑行试验得到。

$$E_{动减} = \frac{1}{2} \times m \times \frac{v_1^2 - v_2^2}{3.6^2 \times 3600 \times 1000} \tag{4-28}$$

式中，m 为汽车基准质量，单位为 kg；v_1、v_2为试验循环内汽车减速过程中的车速，v_1为前一时刻的车速，v_2为后一时刻的车速，且 $v_1 > v_2$，单位为 km/h。

③ 能量消耗率的计算方法如下。能量消耗率 W 是一个 NEDC 循环下电动汽车消耗的能量与续驶里程数的比值，为

$$W = \frac{E_{总消耗}}{D}$$

$$E_{总消耗} = \int I_1 U_1 \mathrm{d}t \tag{4-29}$$

式中，$E_{总消耗}$为一个 NEDC 循环下电动汽车消耗的总能量，由电流和电压的乘积对时间积分得到；D 为一个 NEDC 循环下电动汽车的续驶里程；I_1为 NEDC 试验循环内，可充电储能系统总线的电流，由试验得到，单位为 A；U_1为 NEDC 试验循环内，可充电储能系统两端的电压，由试验得到，单位为 V。

④ 制动能量回收系统续驶里程贡献率计算方法如下。相同车辆状态、测试工况、环境条件下，关闭与开启制动能量回收功能时电动汽车续驶里程的差值 $D_2 - D_1$，与关闭制动能量回收功能时的续驶里程 D_2的比值，即

$$P_1 = \frac{D_2 - D_1}{D_2} \tag{4-30}$$

四、制动性能台架试验

道路试验对道路条件和气象条件要求较高，试验周期长，所需的人员和设备比较多。为了节约时间、提高效率，可采用台架试验法检测汽车制动性能。可采用道路试验对台架检测

结果进行复检，结果不一致时以满载道路试验的结果为准。

1. 滚筒试验台制动试验

滚筒式制动试验台利用滚筒充当活动路面支承车轮，在试验台上测量力矩和转速，反映车轮和滚筒之间的相互作用力。滚筒试验台包括反力式和惯性式两类。其中反力式主要用于测量制动器制动力。

（1）反力式滚筒试验台制动试验

反力式滚筒试验台主要用于测量制动器制动力，其基本结构如图 4-10 所示。

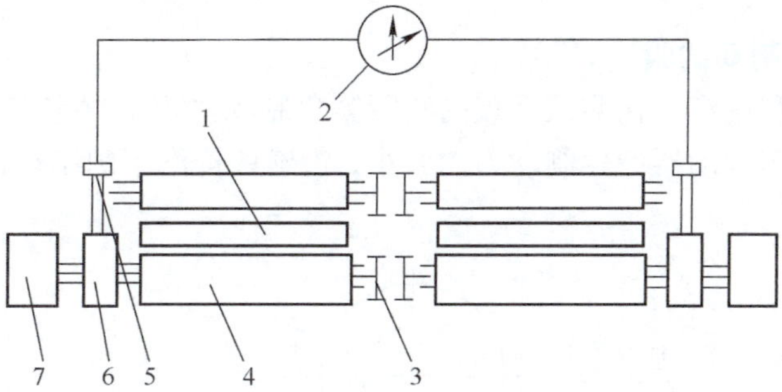

图 4-10　反力式滚筒试验台的基本结构

1—举升器　2—测量表　3—链传动　4—滚筒　5—测力传感器　6—减速器　7—电动机

被试汽车驶入试验台，前、后车轴的左、右轮分别停放于左、右滚筒上。开动试验台电动机，通过减速器、链传动等装置带动滚筒转动。滚筒带动被试车轮低速转动。在不施加行车和驻车制动的条件下，可以测出车轮阻滞力，也就是滚筒带动车轮空转所需的推力。

驾驶员踩下制动踏板，轮胎和滚筒之间的摩擦力使车轮和滚筒减速。而试验台的电动机驱动系统驱使滚筒继续转动。车轮在摩擦力的作用下也转动。也就是说，当踩下制动踏板时，车轮还在转动。这就意味着制动器内部的主、从动部分（制动盘—制动鼓—制动蹄）产生了相对滑动，此时车轮和滚筒之间的摩擦力就是制动器制动力 F。两侧车轮的制动器制动力及其变化过程，都可由试验台测量并显示出来。

反力式滚筒试验台一般是单轴式的，其结构较紧凑，制动力的测试较精确，但也存在一些缺点。为了能测得车轮的最大制动器制动力，要求轮胎和滚筒之间的附着力足够大。而一般汽车的最大制动器制动力大于附着力，因此利用反力式试验台检测最大制动器制动力时，通常需在车辆上增加足够的附加质量，或施加相当于附加质量的作用力，以增大附着力。这些附加力是不计入轴荷的。为了维持较高的附着力，对滚筒表面技术状况以及日常维护的要求较高。

反力式试验台只能在很低的车速下测试，由于车速较低时 ABS 装置不起作用，因此无法测试 ABS 激活状态下的制动性能。

（2）惯性式滚筒试验台制动试验

惯性式滚筒试验台具有飞轮机构，用于模拟汽车的惯性。该台架主要用于测量制动距离和制动减速度。

测试时，先使滚筒带动车轮在同一转速下转动，然后切断驱动滚筒旋转的动力并踩下制动踏板。于是车轮对滚筒产生切向阻力（相当于地面制动力），而滚筒在试验台飞轮机构的惯性作用力下继续转动、逐渐减速。在此过程中，滚筒周缘的减速度和线位移，就相当于汽车的制动减速度和制动距离。

由于要模拟不同型号汽车的不同惯量值，惯性式试验台的飞轮机构需要具有多组飞轮，而且为了定量反映汽车的制动距离，惯性式试验台需要同时测量所用车轮，试验台占用的场地面积大，结构复杂，适用车型有限。

滚筒式试验台的缺点是：由于试验时汽车不运动，不会产生轴荷转移，也不会发生轴荷转移造成的悬架系统变形，因此无法反映轴荷转移和悬架变形对于汽车制动时的方向稳定性产生的影响。

2. 平板式试验台制动试验

平板式试验台是利用汽车在测试平板的实际紧急制动过程来测定汽车前、后制动力，因此能较客观地反映汽车制动器产生制动力的大小，正确评价汽车的制动性能。平板式试验台的结构如图 4-11 所示。

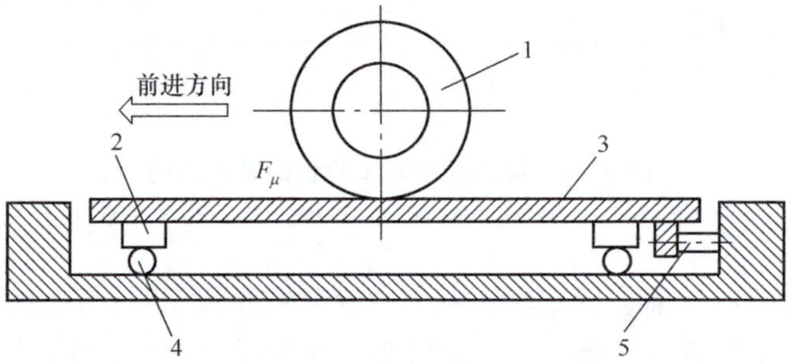

图 4-11　平板式试验台的结构

1—车轮　2—称重传感器　3—平板　4—钢球　5—拉力传感器

检测时，汽车以 5 ~ 10km/h 的速度驶上测试平板，紧急制动。显然，在车轮不打滑的情况下，制动器制动力就是车轮受到平板的地面制动力，而地面制动力与车轮给平板的切向力是一对作用力与反作用力，两者数值相等，车轮给平板的切向力由拉力传感器测出。该试验台可测量各车轮的制动器制动力。

平板式试验台结构简单，其在汽车动态减速过程中进行测试，测试过程与实际道路行驶比较接近，工况模拟能反映轴荷转移及悬架变形等因素对汽车制动性的影响，不需要增加垂直质量或模拟汽车的惯性，操作简便，效率较高，而且容易与轴重仪、侧滑仪等组合在一起。其主要缺点是测试的重复性差，占地面积较大，需要助跑车道，存在一定安全问题等。

第四节　操纵稳定性试验

汽车的操纵稳定性是指在驾驶员不感到过分紧张、疲劳的条件下，汽车能遵循驾驶员通过转向系统及转向车轮给定的方向行驶，且当遭遇外界干扰时，汽车能抵抗干扰而保持稳定行驶的能力。操纵稳定性涉及的内容广泛，影响因素多且复杂，例如轮胎侧偏特性、转向特性、悬架刚度阻尼特性、侧倾转向特性、减振器阻尼特性等。通常采用汽车操纵稳定性试验来评价其性能的优劣。评价主要分为客观评价、主观评价和仿真分析。客观评价法是通过测试仪器测出表征性能的物理量如横摆角速度、侧向加速度、侧倾角及转向力来评价操纵稳定性的方法。客观评价又分为闭环操纵稳定性评价和开环操纵稳定性评价。主观评价法是让试验评价人员，根据试验时自己的感觉来进行评价，并按规定的项目和评分办法进行评分。通过主观评价可以从驾驶员驾乘主观感受的角度对设计汽车进行评价。由于需要专业的试验场地和评价工程人员，因此，主观评价是一项耗时且昂贵的试验。通过客观测试可以对样车的结构及性能目标进行定量测试；通过仿真分析可以对整车的结构与性能目标进行分析及优化改进设计。客观评价与仿真分析的方法使得整车开发性能优化设计变得简单易行，是主观评价的有效补充，已经成为整车开发过程中非常重要的环节。

操纵稳定性试验是汽车转向特性和转向时的稳定性的试验，主要有以下 3 种试验方式：①道路试验，如转向特性、蛇行试验、侧风试验等；②室内台架试验，如测定有关操纵稳定性的基本参量（重心位置、惯性矩、车轮定位）；③主观感觉评价试验，如操纵轻便性等。汽车操纵稳定性试验要求具有丰富驾驶经验的驾驶员驾驶试验车来完成，以保证试验的安全性和试验结果的可靠性。汽车操纵稳定性试验带有一定的危险性，对车辆技术条件要求，特别是操纵系统技术条件的要求比较严格。汽车操纵稳定性试验的相关国家标准有：GB/T 6323—2014《汽车操纵稳定性试验方法》、GB/T 40499—2021《重型汽车操纵稳定性试验通用条件》和 GB/T 12549—2013《汽车操纵稳定性术语及其定义》。

本节介绍常见的操纵稳定性客观评价试验，包括试验准备、稳态转向特性试验、瞬态转向特性试验、转向回正性试验、蛇行试验、转向轻便性试验等。

一、试验准备

各项操纵稳定性试验在试验准备阶段的工作内容基本相同，主要包括试验车辆准备、试验场地准备和试验设备准备等。

（1）试验车辆准备

试验车辆准备包括：车辆信息登记、底盘零部件规格参数确认、底盘紧固件力矩确认、安全件检查（轮胎、安全带、气囊、后视镜、刮水器等）；加油、配载、轮胎气压调整、轮胎的磨合、仪器的安装及信号调试。对于车辆载荷，我国规定试验时为满载，货车内可以按照规定载质量均匀放置沙袋；轿车、客车以及货车驾驶室的乘员可用重物替代，每位乘员的质量相当于 65kg。

（2）试验场地准备

操纵稳定性试验一般车速较高，转弯半径较大，因此需要比较大的场地。通常在汽车试验场的直线性能跑道和操稳广场上进行，也可以在铺装条件比较好的飞机跑道上进行。

（3）试验设备准备

汽车操纵稳定性试验的测量仪器主要包括汽车车速测量仪、加速度计、陀螺仪、转向盘力矩转角传感器和车轮定位仪等，以及试验数据处理系统。通过车速测量仪采集速度、加速度和距离等数据，用陀螺仪采集横摆角速度、侧向加速度、侧倾角、俯仰角等数据，用转向盘力矩转角传感器测量施加在转向盘上的力矩和转角数据，用加速度计测量汽车做曲线运动时的侧向加速度和纵向加速度，用车轮定位仪测量车轮外倾角、主销内倾角、主销外倾角、车轮前束、车轮最大转角及转角差等。操纵稳定性试验数据处理系统主要用来处理试验中的数据，进行数据的实时显示、处理、打印以及保存等工作。

二、稳态转向特性试验

汽车的行驶稳定性与转向特性有关，具有过度转向特性的车辆转弯行驶时易出现危险的急转而翻车的现象。稳态转向特性试验又称为稳态圆周试验，试验的目的在于测试汽车的转向特性，评价汽车弯道行驶的安全性。简单地说，就是通过试验方法判定汽车的稳态转向特性是不足转向还是过度转向，并且确定不足或过度转向量。

最常见的试验有固定转向盘转角试验和定转弯半径试验。评价指标主要有转弯半径比 R_i/R_0（R_i为汽车某瞬时的转弯半径，R_0为行驶的圆周半径）；侧向加速度 a_y、汽车前后轴侧偏角（$\delta_1-\delta_2$）、车身侧倾角，以及中性转向点的侧向加速度 a 等。

$R_i/R_0=1$ 或 $\delta_1-\delta_2=0$，表征汽车具有中性转向特性，转弯半径是常值，不随车速而变。但当向心加速度增大到某点之后，会变为过度转向特性。

$R_i/R_0>1$ 或 $\delta_1-\delta_2>0$，表征汽车具有不足转向特性，转弯半径随车速的增加而增大；良好的操纵稳定性的汽车必须有适度的不足转向。

$R_i/R_0<1$ 或 $\delta_1-\delta_2<0$，表征汽车具有过度转向特性，转弯半径随车速的增加而减小；汽车难以驾驭，而且到达某一临界车速以后汽车就会失去控制。

1. 固定转向盘转角的稳态转向特性试验

试验准备时，在试验场地上按照国家标准用明显颜色画出半径为 15m 的圆周，接通仪器电源，使之预热到正常工作温度。试验开始之前，汽车应以侧向加速度 3m/s^2 的相应车速沿着画定的圆周行驶 500m，使轮胎升温。

（1）试验方法

试验车辆沿着直线行驶，待稳定后，转向盘转角标零；停车熄火，除转向盘转角外，其余参数标零。驾驶员操纵车辆以最低稳定车速沿所画圆周行驶，待车辆质心位置在半圈内都能对准地面所画圆周时，固定转向盘不动，停车并开始记录各参数零线。汽车起步并以纵向加速度不大于 0.25m/s^2 缓慢连续加速，直至汽车侧向加速度达到 4m/s^2 或受限于汽车最高车速，或受限于汽车出现不稳定状态为止。试验按照向左转和向右转两个方向进行，每个方向试验三次，每次试验开始时车身应该处于正中位置。

图 4-12 所示为固定转向盘转角的稳态圆周试验汽车运行轨迹示意图，测定车速 V、纵向加速度 $\frac{dv}{dt}$、侧向加速度 a_y、横摆角速度 ω、车身侧倾角 ϕ 以及转向盘力矩 M 等参数，主要目的是测定在转向盘转角输入下达到稳定行驶状态时汽车的稳态横摆响应。

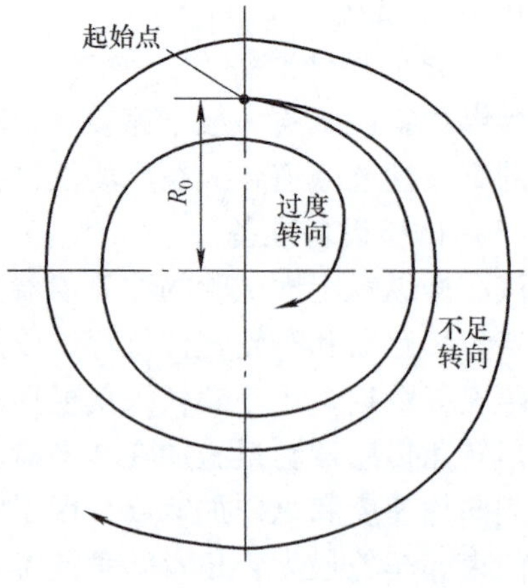

图 4-12　固定转向盘转角的稳态圆周试验汽车运行轨迹示意图

（2）试验数据处理

试验数据处理方法如下。

1）转弯半径比曲线 R_i/R_0 与侧向加速度 a_y 的关系曲线。根据记录的汽车横摆角速度及前进车速，按照下述公式计算各点的转弯半径：

$$R_i = \frac{V_i}{\omega_i} \tag{4-31}$$

式中，V_i（$i=1,2,\cdots,n$，n 为采样点数）为第 i 点的前进车速，单位为 m/s；ω_i 为第 i 点的汽车横摆角速度，单位为 rad/s；R_i 为第 i 点的转弯半径，单位为 m。

由于汽车的侧向加速度与向心加速度相差较小，在数据处理中，用向心加速度代替横向加速度完全可以满足精度要求，故各时刻的侧向加速度可按式（4-32）计算。

$$a_{yi} = V_i\omega_i \tag{4-32}$$

式中，a_{yi} 为第 i 点的侧向加速度，单位为 m/s^2。

除此之外，侧向加速度还可以用汽车前进车速的平方除以圆的半径来计算，即

$$a_{yi} = \frac{V_i^2}{R_0} \tag{4-33}$$

另外，侧向加速度也可以利用加速度计测量，加速度计的输出轴应与汽车纵轴垂直。为了去掉车身倾角 ϕ 的影响，应按下式加以修正：

$$a_{yi} = \frac{\overline{a_{yi}}g\sin\phi}{\cos\phi} \tag{4-34}$$

式中，a_{yi} 为真实侧向加速度值，单位为 m/s^2；$\overline{a_{yi}}$ 为加速度计指示侧向加速度值，单位为 m/s^2；g 为重力加速度，单位为 m/s^2；ϕ 为车身侧倾角，单位为°。

这样便可以计算出数组 R_i/R_0（R_0 为初始半径，单位为 m）、a_{yi} 数值，据此绘制汽车转弯半径（R_i/R_0）-a_y的关系曲线。曲线一般以 a_y 为横坐标，R_i/R_0 为纵坐标。允许把左转、右转试验结果取绝对值并绘于一张图上。

2）汽车前后侧偏角差值（$\delta_1-\delta_2$）与侧向加速度 a_y曲线。当汽车以极低的速度行驶时，作用于汽车上的横向力很小，此时汽车的侧偏角几乎为零，转向轮转角与汽车回转半径间近似存在如下关系，如图 4-13 所示：

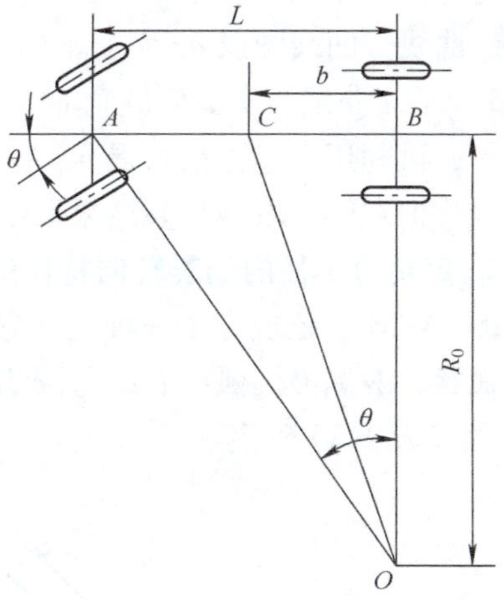

图 4-13　转向轮转角与汽车回转半径的近似关系

$$R_0 = \frac{L}{\tan\theta} \tag{4-35}$$

式中，θ 为转向轮转向角，单位为 rad；L 为汽车轴距，单位为 m；R_0 为汽车后桥中点回转半径，单位为 m。

当转向轮转角很小时，可以近似认为 $\tan\theta\approx\theta$，故后桥中点 B 的回转半径的计算公式可变为

$$R_0 = \frac{L}{\theta} \tag{4-36}$$

由几何关系可得汽车质心 C 的回转半径 R_c的计算公式为

$$R_c = \sqrt{b^2 + R_0^2} \tag{4-37}$$

式中，R_c 为汽车质心回转半径，单位为 m；b 为汽车质心至后桥的水平距离，单位为 m。

当 b 与 R_c 相比很小的时候有 $b^2 \ll R_0^2$，b^2可以忽略不计，所以

$$R_c \approx \sqrt{R_0^2} = R_0 \tag{4-38}$$

由式（4-37）、式（4-38）可以看出，由于数据处理时，常以 R_0 代替 R_c，所以初始转弯半径越大，试验结果精度越高，故本试验都希望初始转弯半径大一些，以提高试验精度。

当试验车速提高后，由于侧向力的增大，左、右轮胎负荷的转移，转向系与悬架运动干涉加剧，悬架举升效应增强，以及车轮外倾等综合作用结果，使汽车的回转中心已不在图 4-13 的 O'点，而移至图 4-14 所示的 O'点，此时汽车回转半径的计算公式变为

$$R_i = \frac{L}{\theta - (\delta_1 - \delta_2)} \tag{4-39}$$

式中，R_i为汽车某瞬时的回转半径，单位为 m；δ_1为某瞬时前桥综合侧偏角，单位为 rad；δ_2 为某瞬时后桥综合侧偏角，单位为 rad。

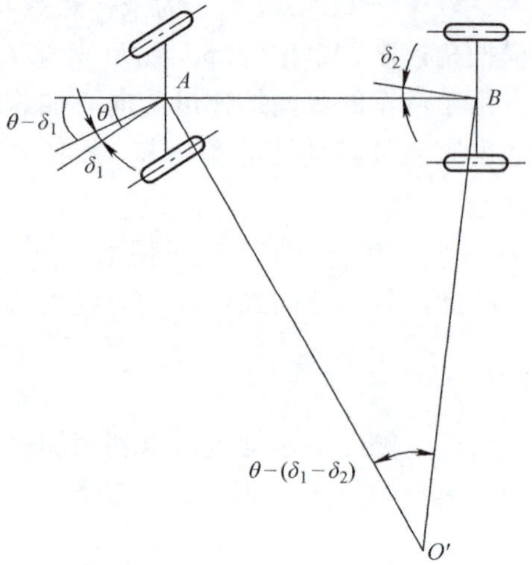

图 4-14　汽车高速转弯行驶时回转半径计算示意图

将式（4-36）代入式（4-39）中，经整理得

$$\delta_1 - \delta_2 = L\left(\frac{1}{R_0} - \frac{1}{R_i}\right) \tag{4-40}$$

式（4-40）为汽车高速转向行驶时其前、后桥侧偏角之差的计算公式。若前后桥侧偏角之差以°为单位，此时计算公式为

$$\delta_1 - \delta_2 = \frac{360}{2\pi} \times L \times \left(\frac{1}{R_0} - \frac{1}{R_i}\right) \tag{4-41}$$

这样，利用式（4-40）或式（4-41）计算出数组（$\delta_1 - \delta_2$）、a_y 值，即可绘制（$\delta_1 - \delta_2$）-a_y 曲线。曲线图以 a_y 为横坐标，（$\delta_1 - \delta_2$）为纵坐标。

3）ϕ-a_y曲线。车身侧倾角 ϕ 可以直接利用时间历程曲线进行采样，且乘以标定系数即可求得，再利用上述方法求得 a_{yi} 值，即可绘制 ϕ-a_y 曲线。

允许把左转、右转试验结果取绝对值并绘于一张图上。

2. 定转弯半径的稳态转向特性试验

ISO 4138 中还规定了一种定转弯半径试验法。试验路径如图 4-15 所示，为半径为 30m 的圆弧状，两侧沿圆弧中心线每隔 5m 设置标桩，两侧标桩至圆弧中心线距离为 1/2 车宽加 b，b 值按表 4-13 确定。

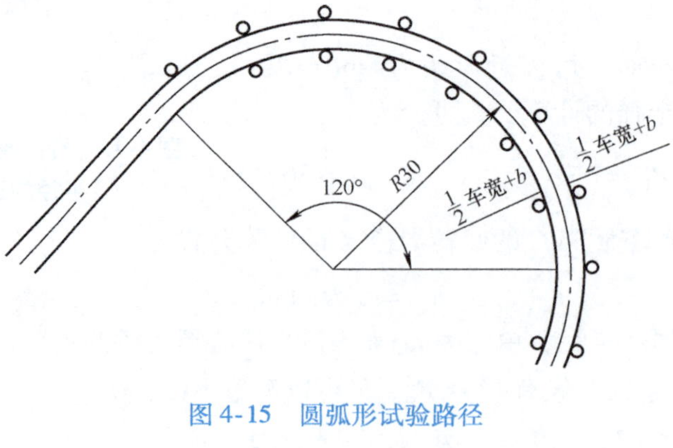

图 4-15　圆弧形试验路径

表 4-13 *b* 值确定

试验汽车轴距/m	标桩距离 *b*/m
≤2.5	30
2.5<轴距≤4.0	50
>4.0	70

试验开始之前，汽车应以侧向加速度 $3m/s^2$ 的相应车速沿半径为 15m 的圆周行驶 500m，以使轮胎升温。试验时，汽车以最低稳定车速行驶，调整转向盘转角，使汽车能沿圆弧行驶。在进入圆弧路径并达到稳定状态后，开始记录并保持加速踏板和转向盘位置在 3s 内不动（允许转向盘转角在 ±10°范围内调整）之后，停止记录。汽车通过试验路时，如撞到标桩，则试验无效。增加车速，但侧向加速度增量每次不大于 $0.5m/s^2$（在所测数据急剧变化区，增量可更小些）。重复上述试验，直至侧向加速度达到 $6.5m/s^2$，或受发动机功率限制，或汽车出现不稳定状态时为止。

三、瞬态转向特性试验

瞬态转向特性是指汽车在受到外界扰动下，达到稳定状态前所表现出的特性，是评价汽车操纵稳定性的重要指标之一。瞬态转向特性试验有转向盘角阶跃试验和转向盘角脉冲试验两种。通常用转向盘角阶跃试验来得到汽车的时域响应特性，用转向盘角脉冲试验来得到汽车的频域响应特性。

1. 转向盘角阶跃试验

汽车在等速直线行驶工况下，给转向盘一个突然的转角并维持此转角不变，汽车需经过一个短暂而复杂的过程后才进入等速圆周行驶，这一“短暂而复杂的过程”就是转向盘角阶跃输入试验。这一段时间内汽车的瞬态响应过程，反映了汽车转向的瞬态特性，反应时间越短，车辆的瞬态转向特性越好，车辆操纵越灵敏。

（1）试验方法

试验前试验车以试验车速行驶 10km，使轮胎升温。试验车速以最高车速的 70% 并四舍五入为 10 的整数倍确定；试验时转向盘转角的位置按稳态侧向加速度 $1\sim3m/s^2$ 确定，从侧向加速度为 $1m/s^2$ 做起，每隔 $0.5m/s^2$ 进行 1 次。

试验时，汽车以试验车速直线行驶，先按角输入方向轻轻靠紧转向盘，消除自由间隙，然后以尽可能快的速度（超越时间不大于 0.2s 或起跃速度不小于 100°/s）转动转向盘，使其达到预先选好的位置，并固定数秒直至所测变量达到新的稳定状态，试验中测量车速 V、转向盘转角 θ、侧向加速度 a_y、横摆角速度 ω、侧向速度 V_y、质心处侧偏角 β、转向盘力矩 M 及车身侧倾角 ϕ。逐次改变转向盘转角，测定不同侧向加速度时的瞬态特性。按向左、向右分别进行试验。

（2）评价指标

1）稳态侧向加速度。稳态侧向加速度可以根据测量结果按式（4-42）计算得到。

$$a_y = \frac{\overline{a_y} - g\sin\phi}{\cos\phi} \tag{4-42}$$

式中，a_y 为侧向加速度稳态值，单位为 m/s^2；$\overline{a_y}$ 为稳态侧向加速度测量值，单位为 m/s^2；ϕ 为车身倾角，单位为°。

也可以由汽车稳态横摆角速度与汽车纵向速度按式（4-43）计算得到。

$$a_y = \omega_r V \tag{4-43}$$

式中，ω_r为汽车稳态横摆角速度，单位为 rad/s；V 为汽车纵向速度，单位为 m/s。

2）横摆角速度响应与侧向加速度响应时间。如图 4-16 所示，横摆角速度响应时间是指从转向盘转角达到转角设定值的 50% 起，至横摆角速度达到其稳态值的 90% 时止的时间。该时间越短，车辆瞬态响应性能越好。

侧向加速度响应时间是指转向盘转角达到设定转角值的 50% 起，至侧向加速度达到其稳态值的 90% 止的时间。该时间越短，车辆瞬态响应性能越好。

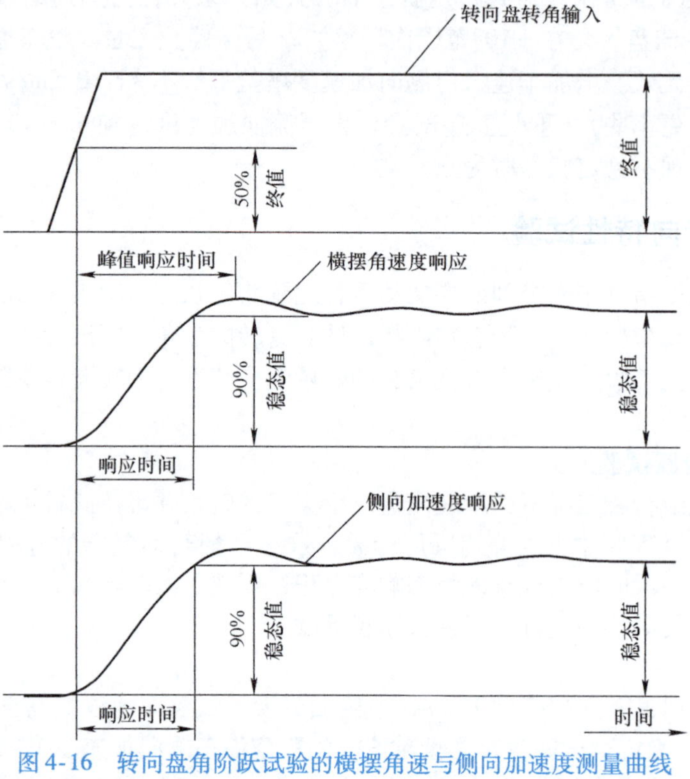

图 4-16　转向盘角阶跃试验的横摆角速与侧向加速度测量曲线

3）横摆角速度峰值响应时间。如图 4-16 所示，横摆角速度峰值响应时间是指从转向盘转角达到转角设定值的 50% 起，至横摆角速度达到最大值时为止的时间。该值越小，瞬态响应性越好。

4）横摆角速度超调量。采用式（4-44）来计算横摆角速度超调量。

$$\sigma = \frac{\omega_{rmax} - \omega_{r0}}{\omega_{r0}} \tag{4-44}$$

式中，σ 为横摆角速度超调量，单位为%；ω_{r0} 为横摆角速度响应的稳态值，单位为 rad/s；ω_{rmax} 为横摆角速度响应的最大值，单位为 rad/s。

横摆角速度超调量值过大，说明瞬态响应不好。

5）横摆角速度总方差与侧向加速度总方差。横摆角速度总方差为

$$D_r = \sum_{i=0}^{n} \left(\frac{\theta_i}{\theta_0} - \frac{\omega_{ri}}{\omega_{r0}} \right)^2 \Delta t \tag{4-45}$$

式中，D_r为横摆角速度总方差，单位为 s；θ_i为转向盘转角输入的瞬时值，单位为°；ω_{ri} 为汽

车横摆角速度输出瞬时值，单位为°/s；θ_0 为转向盘转角输入终值，单位为°；n 为采样点个数，取至汽车横摆角速度响应达到新稳态值；Δt 为采样时间间隔，不应大于 0.25s。

6）侧向加速度总方差。其计算方法如下：

$$D_{ay} = \sum_{i=0}^{n}\left(\frac{\theta_i}{\theta_0} - \frac{a_{yi}}{a_{y0}}\right)^2 \times \Delta t \tag{4-46}$$

式中，D_{ay} 为侧向加速度总方差，单位为 s；a_{yi} 为侧向加速度响应的瞬时值，单位为 m/s^2；a_{y0} 为侧向加速度响应稳态值，单位为 m/s^2。

7）汽车因数。汽车因数是瞬态响应时域特性综合评价指标，为

$$TB = t_{\omega}\beta \tag{4-47}$$

式中，TB 为汽车因数，单位为 s·(°)；t_{ω} 为横摆角速度的响应时间，单位为 s；β 为汽车质心处侧偏角，单位为°。

某汽车在转向盘角阶跃输入下，横摆角速度的变化曲线如图 4-17 所示，侧向加速度的变化曲线如图 4-18 所示。

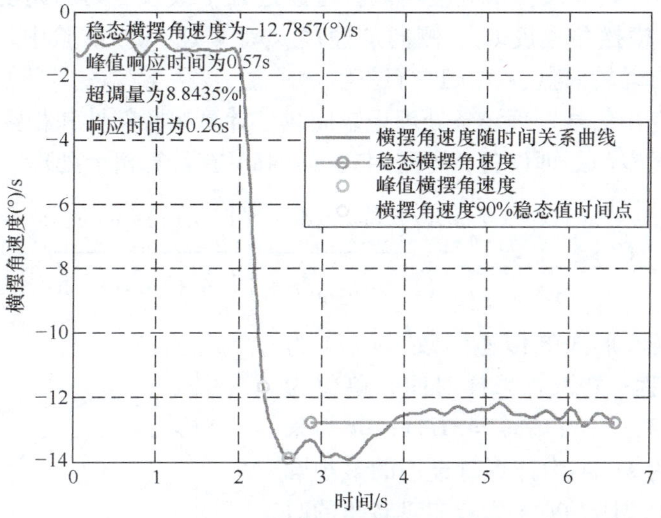

图 4-17　横摆角速度的变化曲线

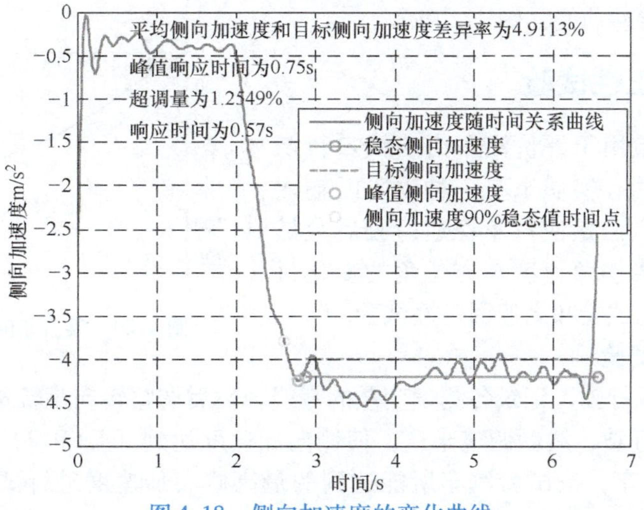

图 4-18　侧向加速度的变化曲线

2. 转向盘角脉冲试验

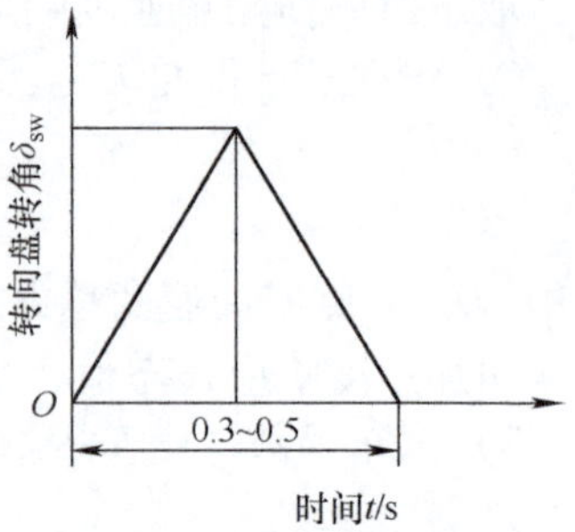

图 4-19 三角脉冲函数

转向盘角脉冲输入是指以尽可能快的速度将转向盘转动一定转角后，迅速返回原位置的操作过程，它在数学上相当于三角脉冲函数，如图 4-19 所示。汽车受此角脉冲输入产生的瞬态响应用频率响应特性表示，频率响应特性分为幅频特性和相频特性。幅频特性是指输出响应的幅值（汽车横摆角速度）与输入激励的幅值（转向盘或前轮转角）之比随频率f变化的函数；相频特性是输出与输入相位差随频率f变化的函数。

转向盘角脉冲试验的准备工作、汽车车速的确定同转向盘角阶跃试验。试验时汽车以试验车速直线行驶，然后迅速向左（向右）转动转向盘，并迅速回到原处（允许及时修正方向）保持不动，直到汽车回到直线行驶位置。转向盘转角输入脉宽 0.3 ~0.6s，其最大转角应使本试验过渡过程中最大侧向加速度为 $4\mathrm{m/s^2}$。试验中记录转向盘转角 θ、横摆角速度 ω_r、侧向加速度 a_y、车速 V_0。试验中，节气门开度不变，至少按向左、向右转动转向盘各 3 次进行试验。

试验完毕，用专用信号处理设备处理记录曲线，计算幅频特性和相频特性并将数据结果记入数据表中。若无专门处理设备，可利用式（4-48）在计算机上处理。

$$G(\mathrm{j}k\omega_0)=\frac{\int_0^T \omega_r(t)\cos k\omega_0 \mathrm{d}t+\mathrm{j}\int_0^T \omega_r(t)\sin k\omega_0 \mathrm{d}t}{\int_0^T \theta(t)\cos k\omega_0 \mathrm{d}t+\mathrm{j}\int_0^T \theta(t)\cos k\omega_0 \mathrm{d}t} \tag{4-48}$$

式中，$G(\mathrm{j}k\omega_0)$ 为复数形式的传递函数；$\omega_r(t)$ 为横摆角速度时间历程；T 为总采样时间，单位为 s，$T=k\mathrm{d}t(k=1,2,3,\cdots,N;\ N\omega_0=3\mathrm{Hz})$；$\mathrm{d}t$ 为采样时间间隔，单位为 s；ω_0为计算时选用的最小圆频率，一般取 $\omega_0=0.2\mathrm{Hz}$；$\theta(t)$ 为转向盘转角的时间历程。

某汽车的频率特性曲线如图 4-20 所示。

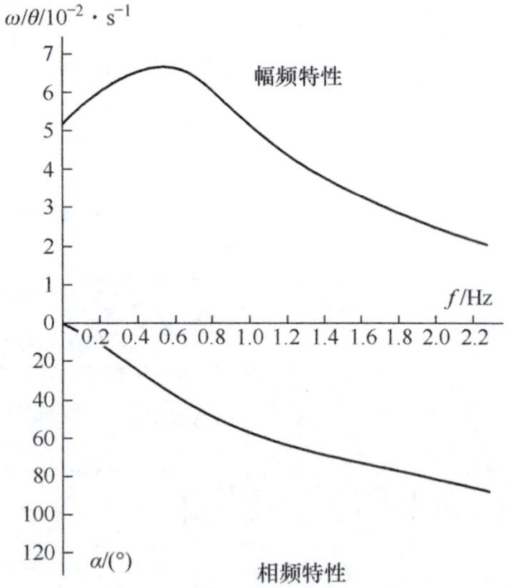

图 4-20 某汽车的频率特性曲线

四、转向回正性试验

转向回正性试验用于评价汽车由曲线自行恢复到直线行驶的能力，实质上是一种力阶跃输入试验。其基本试验方法是使汽车稳速行驶后突然松开转向盘，测定横摆角速度与方位角的变化过程，包括低速回正性试验和高速回正性试验。

1. 低速回正性试验

试验车先以直线行驶，记录各测量变量的零线，然后调整转向盘转角，使汽车沿半径为（15 ±1） m 的圆周行驶，然后调整车速，使侧向加速度达到（4 ±0.2） $\mathrm{m/s^2}$；对于达不到（4 ±0.2） $\mathrm{m/s^2}$的汽车，按试验汽车所能达到的最高侧向加速度进行试验，固定转向盘转角，稳定车速并开始记录，待3s 后，驾驶员突然松开转向盘并做一标记，至少记录松手后4s 的汽车运动。

2. 高速回正性试验

对于最高车速大于100km/h 的汽车，应进行高速回正性试验。试验时，试验车沿试验路段以该车最高车速的70%，并四舍五入为10 的整数倍对应的试验车速直线行驶，记录各测量变量的零线。随后，驾驶员转动转向盘使侧向加速度达到（2±0.2）m/s，待稳定并开始记录后，驾驶员突然松开转向盘并做标记，至少记录4s 内汽车运动过程。试验记录时间内加速踏板开度保持不变。按向左转向与向右转向两个方向进行试验，每个方向三次。

3. 评价指标

转向回正性试验的横摆角速度时间历程曲线分两大类：收敛型与发散型，分别如图4-21中的曲线1、4 和曲线5、6 所示。对于发散型，不进行数据处理；对于收敛型，按向左转向与向右转向分别确定评价指标。确定评价指标时，时间坐标原点以微动开关时间历程曲线上松开转向盘时微动开关所做的标记为准。

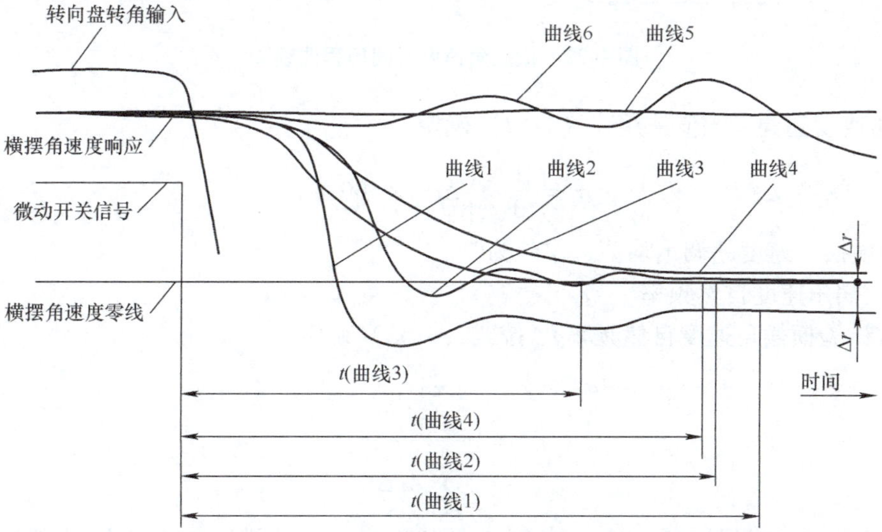

图4-21　横摆角速度时间历程曲线1

（1）稳定时间

稳定时间是指从时间坐标原点开始，至横摆角速度达到新稳态值（包括0 值）为止的一段时间间隔。其均值为

$$t = \frac{1}{3}\sum_{i=1}^{3} t_i \tag{4-49}$$

式中，t 为稳定时间均值，单位为 s；t_i 为第 i 次试验的稳定时间，单位为 s。

（2）残留横摆角速度

残留横摆角速度指在横摆角速度时间历程曲线上，松开转向盘3s 时刻的横摆角速度值（包括0 值），按式（4-50）确定。

$$\Delta\omega_{\mathrm{r}} = \frac{1}{3}\sum_{i=1}^{3} \Delta\omega_{ri} \tag{4-50}$$

式中，$\Delta\omega_r$ 为残留横摆角速度均值，单位为(°)/s；$\Delta\omega_{ri}$为第 i 次试验的残留横摆角速度值，单位为(°)/s。

（3）横摆角速度超调量

横摆角速度超调量在横摆角速度时间历程曲线上是横摆角速度响应第一个峰值超过新稳态值的部分与初始值之比，如图 4-22 所示，计算方法如下：

$$\sigma_i = \frac{\omega_{ri}}{\omega_{r0}} \tag{4-51}$$

式中，σ_i 为第 i 次试验横摆角速度超调量，单位为%；ω_{r0}为横摆角速度响应初值，单位为 rad/s；ω_{ri}为横摆角速度响应第一个峰值，单位为 rad/s。

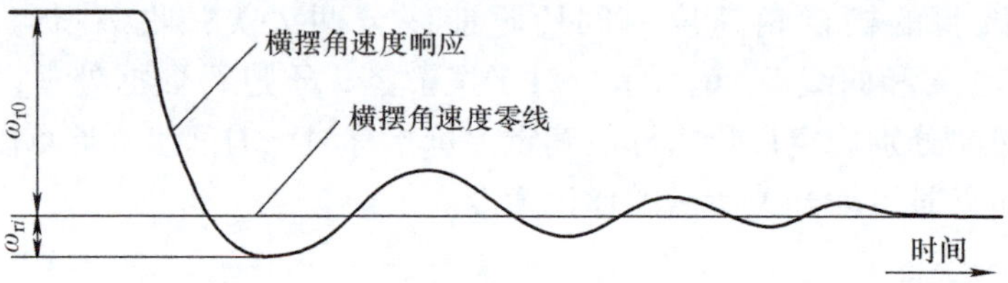

图 4-22　横摆角速度时间历程曲线 2

横摆角速度超调量均值采用式（4-52）确定。

$$\sigma = \frac{1}{3}\sum_{i=1}^{3}\Delta\sigma_i \times 100\% \tag{4-52}$$

式中，σ 为横摆角速度超调量均值，单位为%。

（4）横摆角速度自然频率

第 i 次试验横摆角速度自然频率f_{oi} 按式（4-53）确定。

$$f_{oi} = \frac{\sum_{j=1}^{n} A_{ij}}{2\sum_{j=1}^{n} A_{ij}\Delta t_{ij}} \tag{4-53}$$

式中，f_{oi}为第 i 次试验横摆角速度自然频率，单位为 Hz；A_{ij} 为横摆角速度响应时间历程曲线 2 的波峰值，如图 4-22 所示，单位为(°)/s；Δt_{ij}为横摆角速度响应时间历程曲线 3 上，相邻波峰的时间间隔，如图 4-23 所示，单位为 s；n 为横摆角速度响应时间历程曲线 3 的波峰数。

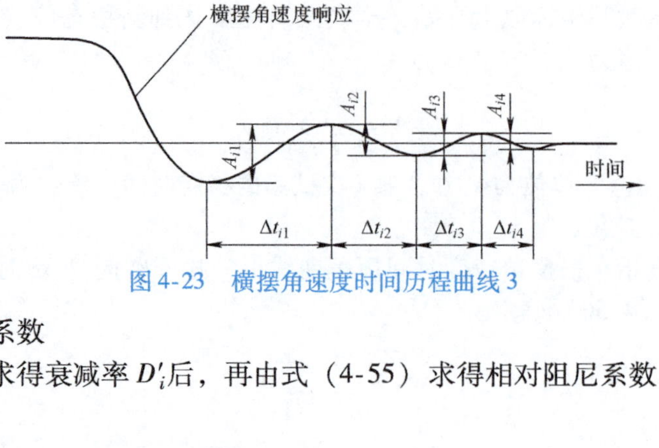

图 4-23　横摆角速度时间历程曲线 3

（5）相对阻尼系数

由式（4-54）求得衰减率 D'_i后，再由式（4-55）求得相对阻尼系数。

$$D'_i = \frac{A_{i1}}{\sum_{j=1}^{n} A_{ij}} \tag{4-54}$$

式中，D'_i为衰减率；A_{i1} 为横摆角速度第一个波峰峰值，如图 4-23 所示。

$$\zeta_i = \frac{1}{\sqrt{\left[\frac{\pi}{\ln(1 - D'_i)}\right]^2 + 1}} \tag{4-55}$$

式中，ζ_i 为第 i 次试验相对阻尼系数。

相对阻尼系数均值按式（4-56）确定。

$$\zeta = \frac{1}{3}\sum_{i=1}^{3}\zeta_i \tag{4-56}$$

相对阻尼系数也可由图 4-24 根据 D'从曲线上查得。

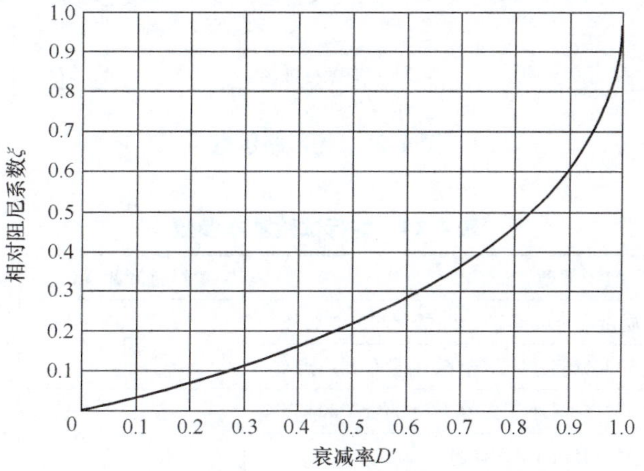

图 4-24 相对阻尼系数-衰减率关系曲线

（6）横摆角速度总方差

第 i 次试验横摆角速度总方差，按式（4-57）确定。

$$E_{ri} = \left[\sum_{j=1}^{n}\left(\frac{\omega_{rij}}{\omega_{r0j}}\right)^2 - 0.5\right]\Delta t \tag{4-57}$$

式中，E_{ri}为第 i 次试验横摆角速度总方差；ω_{rij}为横摆角速度响应时间历程曲线瞬时值，单位为(°)/s；ω_{r0j}为横摆角速度响应初值，单位为(°)/s；Δt 为采样时间间隔，一般不大于 0.2s；n 为采样点数，按 $n\Delta t = 3\text{s}$ 选取。

横摆角速度总方差均值按式（4-58）确定。

$$E_r = \frac{1}{3}\sum_{i=1}^{3}E_{ri} \tag{4-58}$$

式中，E_r为横摆角速度总方差均值，单位为 s。

转向回正性试验的评价指标中，残留横摆角速度和横摆角速度总方差为基本评价指标，稳定时间、横摆角速度超调量、横摆角速度自然频率、相对阻尼系数等为争取获得的指标。

五、蛇行试验

蛇行试验是评价汽车随动性、收敛性、方向操纵轻便性及事故可避免性的典型试验，在保证安全的前提下以尽可能高的车速进行，可以考查汽车在接近侧滑或侧翻工况下的操纵性能，也可以作为汽车操纵性对比时主观评价的一种感觉试验。其试验结果不但取决于车辆本身的特性，而且还取决于驾驶员的自身特性和驾驶技术，是一种闭环试验。

1. 试验场地

蛇行试验场地为宽度不小于车宽 5 倍，长不小于 1000m 的坚实平坦的路面，蛇形路示意如图 4-25 所示，在路中央和两头布置 10 个标桩，标桩间距见表 4-14。

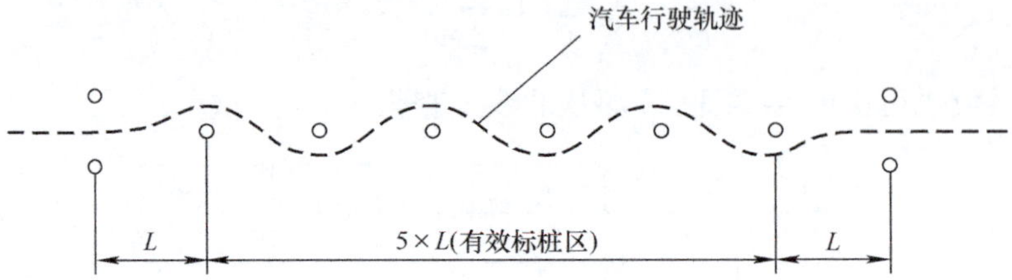

图 4-25　蛇形路示意

表 4-14　蛇行试验基本参数

汽车类型	标桩间距/m	基准车速/km · h^{-1}
轿车、轻型客车及最大总质量小于或等于 2.5t 的货车和越野车	30	65
中型客车及最大总质量大于 2.5t 且小于等于 6t 的货车和越野车		50
大型客车及最大总质量大于 2.5t 且小于或等于 6t 的货车和越野车	50	60
特大型客车及最大总质量大于 15t 的货车和越野车		50

2. 试验方法

汽车进入试验区之前以 1/2 基准车速（见表 4-14）左右的车速稳速直线行驶，进入试验区后按图 4-25 所示路线稳速行驶，同时记录转向盘力矩 M、侧向加速度 a_y、通过有效标桩区的时间 t。试验从低速开始，逐次增加车速，直到试验出现不稳定行驶现象或驾驶员再升高车速将使通过标桩有困难为止。车速通常不超过 80km/h，试验以不同车速共进行 10 次。

3. 评价指标及计算

（1）蛇行车速

$$V_i = 3.6L(N-1)/t_i \tag{4-59}$$

式中，V_i 为第 i 次试验的蛇行车速，单位为 km/h；L 为标桩间距，单位为 m；N 为有效标桩数，$N=6$；t_i 为第 i 次试验通过有效标桩区时间，单位为 s。

（2）平均转向盘转角

第 i 次试验平均转向盘转角为

$$\theta_i = \frac{1}{4}\sum_{i=4}^{4}|\theta_{ij}| \tag{4-60}$$

式中，θ_i 为第 i 次试验平均转向盘转角，单位为°；θ_{ij} 为在有效标桩区内，转向盘转角时间历程曲线的峰值，单位为°，如图 4-26 所示。

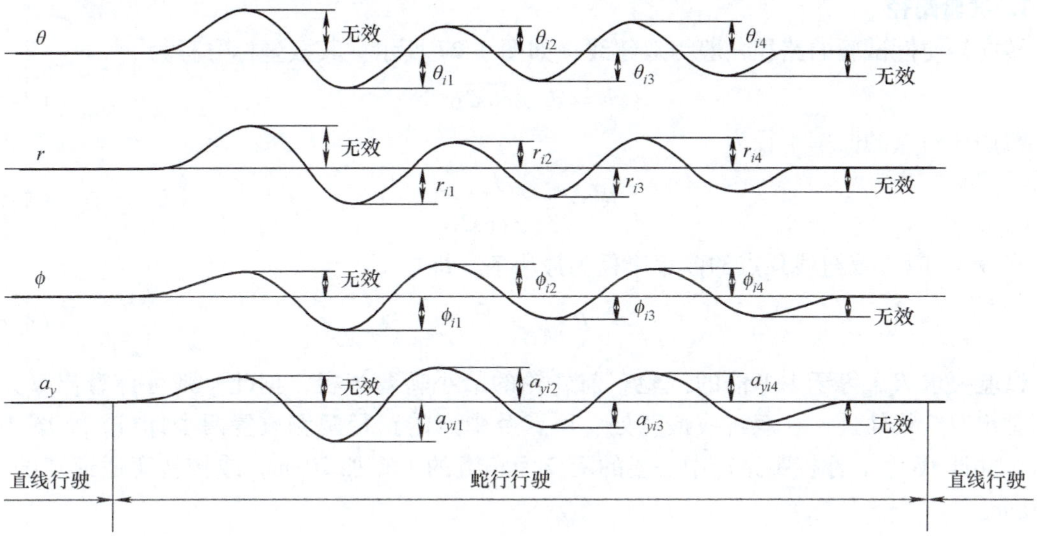

图 4-26　蛇行试验曲线

（3）平均横摆角速度

第 i 次试验的平均横摆角速度为

$$\omega_{ri} = \frac{1}{4}\sum_{i=4}^{4} |\omega_{rij}| \tag{4-61}$$

式中，ω_{rij}为在有效标桩区内，横摆角速度时间历程曲线峰值，单位为(°)/s，如图 4-26 所示。

（4）平均车身侧倾角

第 i 次试验平均车身侧倾角为

$$\phi_i = \frac{1}{4}\sum_{i=4}^{4} |\phi_{ij}| \tag{4-62}$$

式中，ϕ_i 为第 i 次试验平均车身侧倾角，单位为°；ϕ_{ij} 为在有效标桩区内，车身侧倾角时间历程曲线峰值，单位为°，如图 4-26 所示。

（5）平均侧向加速度

第 i 次试验平均侧向加速度为

$$a_{yi} = \frac{1}{4}\sum_{i=4}^{4} |a_{yij}| \tag{4-63}$$

式中，a_{yi} 为第 i 次试验平均侧向加速度，单位为 m/s^2；a_{yij}为在有效标桩区内，侧向加速度时间历程曲线峰值，单位为 m/s^2，如图 4-26 所示。

六、转向轻便性试验

评价汽车低速沿双纽线（近似“8”字形曲线）行驶时转向盘操纵力大小的试验。汽车转向轻便性试验一般是指汽车沿固定的“8”字形跑道做等速行驶，测定转向盘力、转角、横摆角速度及向心加速度等，因此又称为“8”字形行驶试验。这种试验通常用来评价转向盘的力输入特性，特别是用于评价转向盘的轻便性。

1. 试验路径

转向轻便性试验的路径一般为双纽线，如图 4-27 所示，其极坐标方程为

$$l = d\sqrt{\cos 2\alpha} \tag{4-64}$$

轨迹任一点的曲率半径为

$$R = \frac{d}{3\sqrt{\cos 2\alpha}} \tag{4-65}$$

当 $\alpha = 0$ 时，双纽线顶点的曲率半径为最小值，即

$$R_{\min} = \frac{d}{3} \tag{4-66}$$

试验要求 $R_{\min}$ 等于 1.1 倍的试验车前外轮的最小转弯半径，据此，则可计算出 d 及 l，从而画出双纽线轨迹。在双纽线最宽处、顶点及中点的路径两侧放置两个标桩，如图 4-27 所示，共计 16 个。标桩距路径中心线的距离为车宽的 1/2 加 50cm，或按转弯通道宽的 1/2 加 50cm。

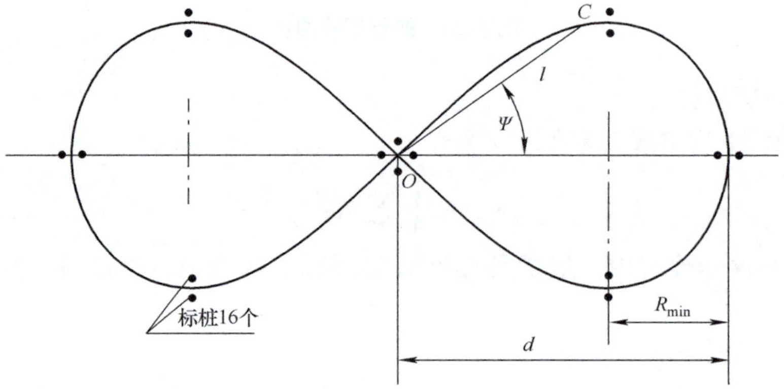

图 4-27 测定转向轻便性的双纽线

2. 试验方法

试验前，驾驶员可操纵汽车沿双纽线路径行驶若干周，熟悉路径和相应操作。随后，使汽车沿双纽线中点“O”处的切线方向做直线滑行，并停车于“O”处，停车后注意观察车轮是否处于直行位置，否则应转动转向盘进行调整。然后双手松开转向盘，记录转向盘中间位置和作用力矩的零线。试验时，驾驶员操纵转向盘，使汽车以（10 ±2） km/h 的车速沿双纽线路径行驶，待车速稳定后，开始记录转向盘转角和作用力矩，并记录行驶车速作为监督参数。汽车沿双纽线绕行一周至记录起始位置，即完成 1 次试验，全部试验应进行 3 次。在测量记录过程中，驾驶员应保持车速稳定和平稳地转动转向盘，不应同时松开双手，并且在行驶中不准撞到标桩。

3. 评价指标及其计算

汽车的轻便性有两个方面，一是路感好坏，二是转向轻重。一般作出向心加速度系数与转向盘力的关系曲线，二者是否有明晰的对应关系可反映路感好坏；或者由转向盘上的转角

和力矩绘出示功图，最大转向力与示功图面积大小可以作为转向轻重的尺度判断依据，图4-28所示为转向盘转角-力矩曲线。

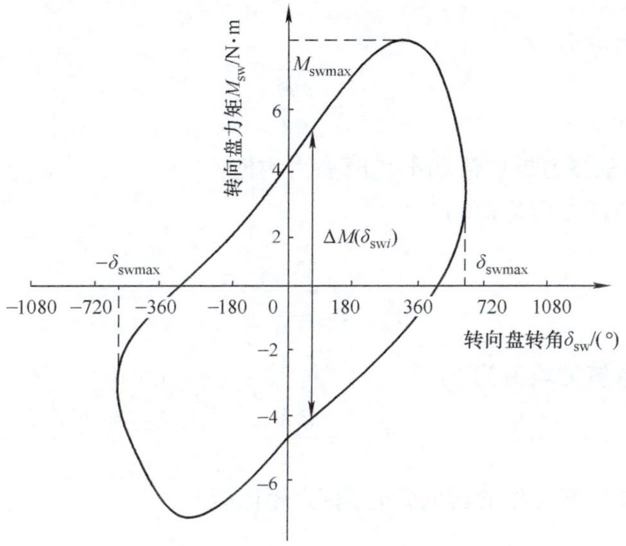

图4-28　转向盘转角-力矩曲线

（1）转向盘最大作用力矩均值

$$\overline{M}_{max} = \frac{\sum_{i=1}^{3} |M_{maxi}|}{3} \tag{4-67}$$

式中，$\overline{M}_{max}$为转向盘最大作用力矩，单位为N·m；M_{maxi}为绕双纽线路径第i周的转向盘最大作用力矩，单位为N·m。

（2）转向盘最大作用力均值

$$\overline{F}_{max} = \frac{2\overline{M}_{max}}{D} \tag{4-68}$$

式中，$\overline{F}_{max}$为转向盘最大作用力均值，单位为N；D为试验汽车原有转向盘直径，单位为m。

（3）转向盘的作用功

1）绕双纽线每一周的转向盘的作用功为

$$W_i = \frac{1}{57.3}\int_{-\theta_{maxi}}^{+\theta_{maxi}} |\Delta M_i(\theta)\,d\theta| \tag{4-69}$$

式中，W_i为绕双纽线路径每一周的转向盘作用功，单位为N·m；$\Delta M_i(\theta)$为绕双纽线路径第i周的转向盘往返作用力矩之差，单位为N·m；θ_{maxi}为绕双纽线路径第i周的转向盘左、右最大转角。

2）转向盘的作用功均值为

$$\overline{W} = \frac{\sum_{i=1}^{3} W_i}{3} \tag{4-70}$$

（4）转向盘平均摩擦力矩和平均摩擦力

1）绕双纽线路径每一周转向盘平均摩擦力矩为

$$\overline{M}_{swi} = \frac{W_i}{2(|+\theta_{maxi}| + |-\theta_{maxi}|)} \tag{4-71}$$

2）转向盘平均摩擦力为

$$\overline{F}_{sw} = \frac{2\overline{M}_{swi}}{D} \tag{4-72}$$

（5）转向盘平均摩擦力矩均值和平均摩擦力均值

1）转向盘平均摩擦力矩均值为

$$\overline{M}_{sw} = \frac{\sum_{i=1}^{3}\overline{M}_{swi}}{3} \tag{4-73}$$

2）转向盘平均摩擦力均值为

$$\overline{F}_{sw} = \frac{2\overline{M}_{sw}}{D} \tag{4-74}$$

图4-29所示为某车型实际的转向盘转角-力矩曲线。

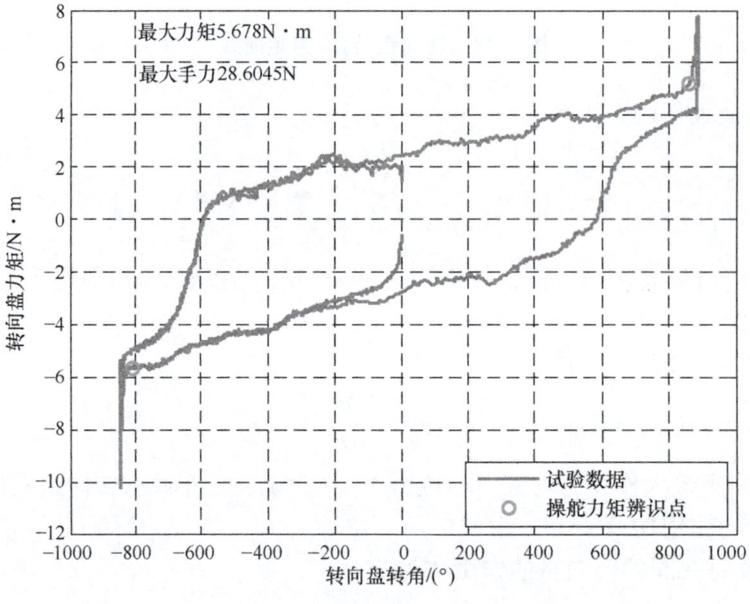

图4-29　某车型实际的转向盘转角-力矩曲线

第五节　平顺性试验

汽车的平顺性主要是指保持汽车在行驶过程中产生的振动和冲击环境对乘员的影响在一定界限之内，对于载货汽车还包括保持货物完好的性能，它是现代高速汽车的主要性能之一。汽车平顺性试验是指在特定路面上，使给定试验车辆以不同车速行驶，测定其特定位置的加速度并计算出平顺性的各项评价指标参数值的过程。

汽车平顺性试验的主要对象是“路面-汽车-人或货物”系统。在这个系统中，输入是路面的不平度，它经过汽车的轮胎、悬架及座椅等弹性阻尼元件衰减后传到人体，再由人的生理、心理等复杂因素综合产生系统的输出——人或货物对振动的响应。在制定汽车平顺性的试验方法和评价指标时，都是针对上述整个系统而不是其中的某一环节。

GB/T 4970—2009《汽车平顺性试验方法》对汽车平顺性的试验方法进行了规定，汽车平顺性试验可以分为随机输入行驶试验和脉冲输入行驶试验。

一、试验准备

1. 车辆准备

在进行平顺性试验前，需要对试验车辆进行准备。首先，要求确保车辆处于良好的工作状态，包括发动机、悬架、轮胎等。其次，要校准车辆仪表板上的测量设备，以确保测量的准确性。最后，要安装合适的传感器和数据采集设备，以便记录和分析车辆在试验过程中的数据。对于车辆载荷，我国规定试验时为满载，货车内可以按照规定载质量均匀放置沙袋；轿车、客车以及货车驾驶室的乘员可用重物替代，每位乘员的质量相当于65kg。

2. 场地和设备

根据试验内容和国标规定，平顺性试验在沥青路面上进行，路面平直、干燥、纵坡不大于1%，长度不小于3km，两端有30~50m的稳速段，风速不大于5m/s。

仪器设备包括加速度传感器、放大器、数据处理器、计算机、人体振动测试仪等。

二、随机输入行驶试验

随机输入平顺性试验是汽车平顺性道路试验中最常用的方法。

试验道路为沥青路面或水泥路面，应平直，纵坡不大于1%，路面干燥，不平度均匀无突变，累计的试验路面总长度不应小于试验样本个数要求的最短路面长度，并在两端应有30~50m的稳速段。

加速度传感器的安装位置：客车安装在驾驶座椅上、左侧后轴正上方座椅上和左侧最后排座椅上。安装在座椅上的传感器要能测量垂向、侧向和纵向的加速度。

测试座椅部位的载荷应为身高（1.75±0.05）m、体重为（65±5）kg的真人乘员，乘员应全身放松，两手自然地放在大腿上，其中驾驶员的两手自然地置于转向盘上，在试验过程中应保持乘坐姿势不变。乘员自然地靠在靠背上。非测试部位的载荷应符合GB/T 12534—1990《汽车道路试验方法通则》的有关规定，即每人平均质量65kg，代替重物分布：座椅上为55kg，座椅前的地板上为10kg。

试验车速应有车速仪监控，试验时，应根据车速选择适当的档位，车速偏差为试验车速的±4%。针对特定的设计原则确定试验用良好路面或一般路面。良好路面试验车速：从40km到最高设计车速，每隔10km/h或20km/h选取一种车速为试验车速；一般路面试验车速选择30km/h、40km/h、50km/h、60km/h。对于沥青路面，客车常用试验车速取60km/h；对于砂石路面，客车常用车速为50km/h。

试验时，汽车在稳定路段以规定的车速稳定行驶，然后以稳定车速通过试验路段。在进入试验路段时，启动测试仪器开始测量并记录各测试部位的加速度时间历程，同时测量通过试验路段的时间以计算平均车速。驶出试验路段后关闭仪器。记录样本的时长不小于3min。

变换车速，重复上述试验过程。

依据记录的试验数据，计算疲劳-降低工效界限、降低舒适性界限、总加权加速度均方根值、加速度均方根值或加速度功率谱密度等评价指标。

随机输入平顺性评价是对乘员（或驾驶员）人体及脚部地板处的振动用加权加速度均方根值 $\bar{a}_w$ 评价，并分别用 $\bar{a}_{wx}$、$\bar{a}_{wy}$、$\bar{a}_{wz}$ 表示前后方向、左右方向和垂直方向振动的加权加速度均方根值。人体及脚部地板处振动也可用综合加权加速度均方根值 $\bar{a}_v$ 来表示。

以评价指标与车速的关系曲线作为汽车随机输入平顺性的基本评价方法。根据需要，随机输入平顺性亦可只用常用车速的评价指标来评价。

三、脉冲输入行驶试验

脉冲输入行驶试验是考察汽车遇到凸出的不平障碍物引起乘员不适或货物破坏的表现。实际路面的许多障碍物都可以简化为三角形凸块，如图 4-30 所示，通过采用三角形凸块来模拟典型的脉冲输入。三角形凸块能激起汽车较强的振动，频率成分丰富。

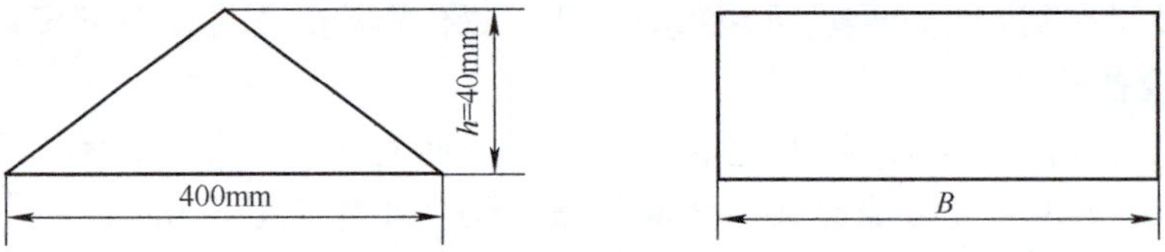

图 4-30　三角形凸块

注：B 按需要而定，但必须大于轮宽。

在试验时，在试验道路中间放置两个三角形凸块，并按汽车的轮距调整两个凸块之间的距离，将两个凸块放置在与汽车行驶方向垂直的一条线上，保证同轴的左右侧车轮同时驶上凸块。

加速度传感器安装位置和座椅施加载荷同上述随机输入行驶试验。

试验车速为在 10～60km/h 之间间隔 10km/h 取一个车速。每个车速的试验次数不得少于 5 次。

当汽车行驶到距凸块 50m 时应稳定在试验车速上，然后以该稳定车速驶过凸块，同时记录汽车振动的全过程，待汽车驶过凸块且冲击响应完全消失后，停止记录。

脉冲输入平顺性评价方法包括基本评价方法和辅助评价方法。基本评价方法是指当振动波形峰值系数小于 9 时，脉冲输入行驶试验用座椅坐垫上方、座椅靠背、乘员（或驾驶员）脚部地板和车厢地板最大（绝对值）加速度响应 $\ddot{Z}_{max}$ 与车速 v 的关系评价。辅助评价方法是指当峰值系数大于 9 时，用基本评价方法不能完全描述振动对人体的影响，应采用振动剂量值来评价平顺性。

采用振动加速度响应量的最大值对脉冲输入行驶试验进行定量评价。测出每次的加速度最大值，计算算术平均值作为对应车速下的响应量最大值。

第六节　噪声试验

汽车噪声试验用来评估汽车在不同运行条件下的声学表现，以确保其符合法规要求、提升用户体验、增强市场竞争力。汽车噪声试验的相关国家标准有：GB/T 18697—2002《声

学　汽车车内噪声测量方法》、GB/T 25982—2024《客车车内噪声限值及测量方法》、GB/T 44040—2024《重型汽车多工况行驶车外噪声测量方法》、GB/T 40578—2021《轻型汽车多工况行驶车外噪声测量方法》、GB/T 44038—2024《车辆倒车提示音要求及试验方法》、GB/T 38694—2020《车辆右转弯提示音要求及试验方法》、GB/T 37153—2018《电动汽车低速提示音》等。

一、试验准备

1. 车辆准备

当使用连续测量设备试验时，车辆的速度应由测量误差不超过 0.5km/h 的设备进行测量。当使用独立的速度测量时，测量设备的偏差不应超过 0.2km/h。车辆试验质量为整备质量加上一位驾驶员的质量（取 75kg）。在试验开始之前，车辆应进入正常运行模式，车辆动力蓄电池电量应充足，以确保制造商规定的所有关键功能设备可以正常工作。试验期间，任何类型的可再充能量存储系统都应做好运行准备。试验应以纯电模式运行。所有的音频、娱乐、通信、导航系统，以及其他会产生噪声的可以关闭的辅助设备（空调、刮水器、加热系统、空调鼓风机等）应关闭。在试验开始之前，为避免车辆自锁功能产生噪声干扰，车门及车窗应关闭，且车门锁死。被测汽车的技术状况应符合该车型的技术条件和有关规定。其他需要准备的车辆条件如下。

（1）轮胎条件

所采用的轮胎应该与制造厂家规定的型号一致。轮胎的压力必须符合制造厂家的规定要求。如果车辆备有可选择非公路用特殊轮胎，则应该使用公路用轮胎。

轮胎应较新，花纹无明显磨损（特别是不应有偏磨）。

轮胎型号和充气压力应该在报告中加以说明。如果因车轮不平衡影响汽车车内噪声，则需对汽车车轮进行静态和动态平衡调校。

（2）车辆载荷

车辆载荷的基本条件应该符合 GB/T 3730.2—1996《道路车辆　质量　词汇和代码》中的规定，这些规定与汽车制造厂家所做的规定是相同的。汽车在测试噪声时必须是空载（除驾驶员、测量人员和测试装备外，不得有其他载荷）。

只有汽车的标准装备、测试装备和必不可少的人员方可留在车内。在轿车、货车、牵引车等汽车的驾驶室内，人员不得超过 2 人（驾驶员和测量人员）。在公共交通用车且座位在 8 个以上的汽车中，在车内的人员也不得超过 3 人。

（3）开口、窗户、辅助装置、可调节的座椅

开口，如天窗、所有的车窗、进风口及出风口，如有可能都必须关上，只有需要研究它们对汽车内部噪声的影响时才打开。

辅助装置，如刮水器、暖风装置、风扇以及空调等，在测量试验过程中不得工作。如果研究通风系统或任意辅助装置的噪声对总噪声影响时，则必须在辅助装置工作时重复测试噪声。如果某一辅助装置自动工作，则必须将工作条件在试验报告中加以说明。

可调节的座椅应该调节到水平和垂直的中间位置。如果座椅的靠背也是可调的，则应尽可能使其处于垂直位置。可调节的头枕应该处于中间位置。

（4）车辆运行条件

应该从以下三种运行条件选出可以代表被测汽车车内噪声的运行的条件。

1）匀速行驶。从60km/h或最高车速的40%（取两者较小值）到120km/h或最高车速的80%（取两者较小值）范围内，至少以等间隔的5种车速进行A声级测量。

测量按以下两种方法之一进行：

① 汽车在上述规定的车速范围内进行慢加速行驶（如加速度为$0.1m/s^2$）。加速度应足够小，以测得与稳定车速行驶时的相同声级，在所选择的车速上读取A声级数值。

② 汽车以所选择的车速匀速行驶，读取相应的声级数值，对于每一车速行驶时，测量时间至少为5s，变速器应处于最高的档位，使得不必换档即可覆盖规定的速度范围。

2）全油门加速行驶。将车速调整到所规定的初始工作状况。当汽车达到稳定的初始工作状况时，须尽可能快地使节气门全开，同时启动记录装置开始记录，直到汽车转速达到（汽车制造厂）规定额定转速的90%或达到120km/h车速（取两者较小值），记录停止。

应该防止车轮打滑，它会影响声级的最大值。

3）车辆定置。对于定置汽车，变速器置于空档测试噪声。此方法按如下步骤进行：使发动机在低速空转；将节气门尽可能快地完全打开，使发动机加速到高速空转，并在此位置上保持至少5s。

2. 场地和设备

（1）试验的类型

验证性试验：所进行的测量用于验证制造厂所提供的汽车是否满足有关噪声的规定。每次测量时必须遵守选定的条件。但如果必须修改时，要将修改情况在试验报告中加以说明。

检查性试验：所进行的测量是为了检查汽车的噪声是否在规定的限值之内，以及自从提交汽车以来或在不同批次提交的汽车之间是否出现明显的变化。在检查性试验中，允许测量条件与验证性试验有微小的偏差，例如测量点的数目和行驶条件的数目减少。任何变化必须在试验报告中加以说明。

（2）测试量

所用声级计读数应使用“F”时间计权特性。所有测量点的测量值应是A声级L_{pA}，单位为dB。在附加的专项测量中，为了在所选择的测量点上进行频谱分析，测量值应该用倍频程或1/3倍频程声压级表示；频率范围至少要覆盖45～11200Hz的频率范围。应优先采用1/3倍频程声压级。

（3）测量仪器

1）声级计应该符合GB/T 3786—2023《电声学　声级计》规定的Ⅰ型的要求。声级计的指向性会影响测量结果，因此，必须优先采用全指向声级计。而声级计的类型应该在报告中加以说明。可以采用合适的防风罩，以减小测量时风的影响。

2）如果使用其他的测量系统，则其电声性能应该符合GB/T 3785—2023有关条款中Ⅰ型的要求。

3）为了测量噪声频谱，其滤波器应该满足GB/T 3241—2010《电声学　倍频程和分数倍频程滤波器》的要求。

4）在每次测量的开始和结束，都要按照制造厂家的说明书对测量装置的声学性能进行检查，最好用声校准器（如活塞发声器）进行校准。声级计应在有效检定期内，使其符合

GB/T 3785—2023 规定的Ⅰ型的要求。

机械振动、电磁的杂散或其他无关的影响而产生的干扰信号不得诱发声级计输出。为了对这些干扰信号进行检查，在传声器上装一个隔声罩，并确保可能产生的所有非声学信号在相同测试条件下至少比不装隔声罩时传声器测得的声学信号低 10dB。该隔声罩的质量和刚度适中，并对声级计四周提供良好的密封。

5）对于汽车加速试验，特别推荐使用双通道记录装置，能够同时记录噪声和汽车速度信号，可以得到汽车噪声与车速的关系图。

6）测量装置必须至少覆盖 45～11200Hz 的频率范围。

7）汽车速度和发动机转速的测量仪器的准确度应为 3% 或优于 3%。

（4）声学环境、气象条件、背景噪声

1）测量地点必须具备如下条件，即从汽车辐射的声音只能通过道路表面的反射成为车内噪声的一部分，而不能通过建筑物、墙壁或汽车外的类似大型物体的反射成为车内噪声。在进行测量的过程中，汽车与这类大型物体之间的距离应该大于 20m。

2）汽车外面的气温必须在 -5～35℃范围内，沿着测量路线在约 1.2m 高度的风速不得超过 5m/s。其他的气象条件不得影响测量结果。风速和风向对于汽车行驶方向应该在试验报告中加以说明。

3）对于所有 A 声级测量，由背景噪声和仪器内部电噪声而确定的测量动态范围下限应该至少低于所测声级 10dB。在进行频率分析修正时，应该按下列公式引人修正值 K：

$$K = 10\lg(1 - 10^{-0.1\Delta L})，当 \Delta L < 10 时 \tag{4-75}$$

式中，ΔL 为车内噪声与测量装置本身噪声加上背景噪声频带声压级的差，单位为 dB。如果 $K < -3$dB，即相当于 $\Delta L < 3$dB，则以上结果修正无效。

（5）试验道路的条件

汽车车内噪声一般受道路表面结构的粗糙度影响很大，平滑路面可以产生平稳的车内噪声。因此试验的路段应该是硬路面，必须尽可能平滑，不得有接缝、凸凹不平或类似的表面结构，否则将会增加汽车内部的声压级。道路表面必须干燥，不得有雪、污物、石块、树叶等杂物。

二、车内噪声试验

1. 测量位置的选择

汽车车内噪声级明显与测量位置有关，应该选择能够代表驾驶员和乘客耳旁的车内噪声分布的足够多的测点。

一个测量点必须选在驾驶员座位；对于轿车来说，也可以在后排座位上追加一个测量点；合适的座位和站立位置都应作为测量点，在测试过程中，除驾驶员位置外，所选的测量位置上不得有人；声级计离车厢壁或座椅坐垫的距离必须大于 0.15m；声级计应以最大灵敏度的方向水平指向测量位置坐着或站立的乘客视线方向，如果不能定义这个方向，则应指向行驶方向；所采用的声级计在测试噪声过程中必须按一定形式安装，以使其不会受到汽车振动的影响。安装应该能够防止其与汽车之间产生过大（振幅约为 20mm）的相对运动。只要声级计的制造厂家未做说明，则其最大灵敏度的方向应与其中心方向一致。

座位处的声级计位置：声级计的垂直坐标是（无人）座椅的表面与靠背表面的交线以

上（0.70±0.05）m处，如图4-31所示。水平坐标应在座椅的中心面（或对称面）上。在驾驶员座位上，水平横坐标向右（右置转向盘的汽车则向左）到座位中心面的距离为（0.2±0.02）m。

站立处的声级计位置：垂直坐标应在地板以上（1.6±0.1）m处。水平坐标应在所选测量点站立的位置上。

卧姿的声级计位置：卧姿指处于汽车或货车的卧铺和救护车的担架等状态。声级计须放在（无人）枕头的中部以上（0.15±0.02）m处。

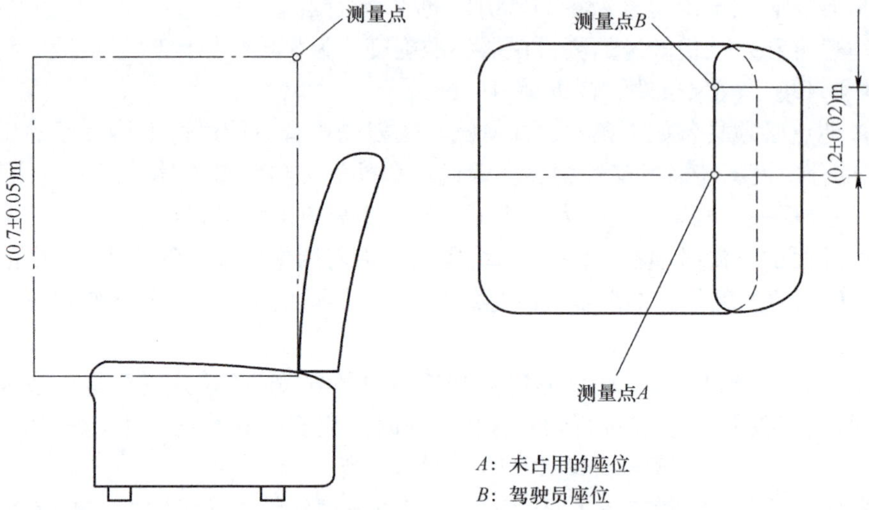

图4-31 声级计相对于座椅的位置

2. 测量步骤

1）对于匀速行驶试验，至少要在车辆运行条件中所规定的五个车速下记录A计权声级的数值。

2）对于全油门加速试验，应记录在所规定的加速范围内出现的A计权声级最大值，并应在测试报告中加以说明。

3）对于定置噪声试验，应记录怠速时A计权声级读数和全油门加速过程中最大声级读数，并要在测试报告中加以说明。在稳定的高速空转转速时声级值可作为附加读数。

4）对于验证性试验，必须在每一个测点上，对每一种运转工况，至少测量2次。如果A计权声级在任何一种运转工况下，两次测量值之差超过3dB，则必须继续测试，一直到两次连续的测量读数差值在3dB范围内为止；这两次测量的平均值便可作为测试结果。

在试验报告中给出的数值，应该修约到最接近的整数（单位为dB）。对于检查性试验，在所选择的测量点上，在每一个规定的测试条件下，各进行一次测试便可。不符合一般声级特性的异常读数应予忽略。

5）如果所显示的声级计读数有波动，则应该确定读数的平均值。个别很高的峰值可不予考虑。

6）匀速行驶时噪声测试的评定方法，如下所述。

声级是汽车速度的函数，此函数可用线性回归曲线来说明。将此回归曲线绘入同一图中，此图是借助线性刻度表示的 L_{pA} 和车速的关系，而此车速是按匀速行驶条件、步骤 1）和 4）得出的。为了测定此回归曲线，建议采用最小二乘法。

从这个回归曲线中，可以得出当速度为 120km/h 或最大车速的 80% 时（取较小值）的声级 L_{pA} 的数值。如果在此速度或小于此速度下测得的 A 计权声级超过 3dB 以上，则必须对这些测量数值中的最大值加以说明。

在尽可能接近选择的速度上测量倍频程或 1/3 倍频程谱，使得由频谱的 A 计权值在上述规定的回归曲线的 2dB 之内。对应这些频谱的车速，必须在试验报告中加以说明。

此方法的目的是避免在规定的速度下由于车内共鸣导致的对车内噪声的过高估计。为了对车内的 A 计权噪声级进行更加概括的描述，可以在回归曲线中得出车速为 60km/h 或为最大车速的 40 % 时（取两者中较小值）的 A 计权声级，并给予附加说明。

7）如果存在明显可听见的纯音或具有明显脉冲特征的噪声，则应在试验报告中加以说明。

三、车外噪声试验

1. 基本要求

（1）测量场地要求

测量场地应平整，试验路面干燥，*AA′*线为加速始端线，*BB′*线为加速终端线，加速段长度为 2×(10±0.05)m，如图 4-32 所示。

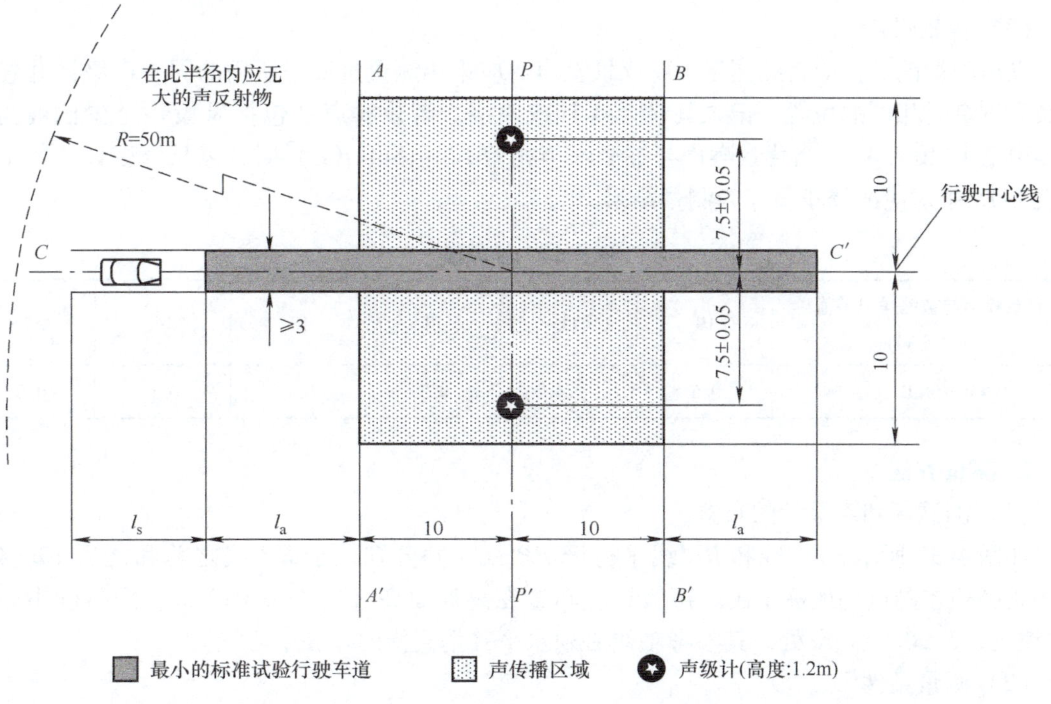

图 4-32 测量场地和测量区及声级计的布置（单位：m）

关于车道延伸长度 l_a 和平稳加速连接段长度 l_s 需要根据车型确定：对于参考点到前轴中心纵向距离超过 10m 的后置发动机汽车，l_a 需要延伸 20m，l_s 需要延伸 60m；其他汽车 l_a 需要延伸 10m，l_s 没有具体要求。此外，只对测量场地 BB' 端出口方向的 l_a 长度有具体要求。建议为了保持汽车通过测量场地时的稳定性，至少预留 60m 的平稳加速连接段。

测量场地应达到的声场条件是：在该场地的中心（位于声级计连线 PP' 和试验行驶车道中心线 CC' 的交点）放置一个无指向性小声源时，半球面上各方向的声级偏差不超过 ±1dB。如果达到了下列条件，也可以认为该场地满足声场条件：

1）以测量场地中心为基点、半径为 50m 的范围内，没有大的声反射物，如围栏、岩石、桥梁或建筑物等。测量场地半径 50m 以外的建筑物，如果其声反射点在测量驾驶车道上，也会对测量结果产生影响。

2）试验路面和其余场地表面干燥，没有积雪、松土或炉渣之类的吸声材料。

3）声级计附近没有任何影响声场的障碍物，并且声源与声级计之间没有任何人站立。进行测量的观察者也应站在不致影响仪器测量值的位置。

（2）气象条件

气象参数测量仪器应放置在测量场地附近，距离地面高度为（1.2 ±0.02）m。不能在恶劣天气条件下进行测量。噪声测量期间，环境温度必须在 5 ~40℃ 的范围内，如果汽车制造企业允许，可在最低到 0℃ 的环境温度下进行测量。声级计高度处的风速不超过 5m/s（包括阵风），必须确保测量结果不受阵风的影响。噪声测量过程中，需要记录气温、风速和风向、相对湿度以及大气压值。

（3）背景噪声

噪声测量前后，应持续测量 10s 背景噪声。应采用测量过程中所用的同一声级计并置于与噪声测量时相同的位置，记录其最大 A 计权声级。背景噪声（包括风噪）至少比被测汽车噪声低 10dB（A）。当背景噪声与被测噪声相差 10 ~15dB（A）时，需从声级计读数中减去表 4-15 中对应的修正值作为测量结果。

表 4-15　修正值

背景噪声与被测噪声差值 /dB(A)	10	11	12	13	14	≥15
修正值/dB(A)	0.5	0.4	0.3	0.2	0.1	0.0

2. 测量方法

（1）测试区和声级计的布置

如图 4-32 所示，AA' 线和 BB' 线平行于 PP' 线，并分别位于 PP' 线之前和之后 10m 处。这些线必须在测量场地标示出。声级计应布置在离地面高（1.2 ±0.02）m，距行驶中心线 CC' 线（7.5 ±0.05）m 处，其参考轴线必须水平并垂直指向行驶中心线 CC'。

（2）测量条件

对于 M_1、N_1、M_2（GVM≤3500kg）类汽车，从汽车接近 AA' 线到汽车后端通过 BB' 线的整个测量过程中，汽车行驶中心线应尽可能接近 CC' 线。当汽车参考点到达 PP' 线时的车速（$V_{PP'}$）必须在（50 ±1）km/h 范围内。如果汽车装有辅助手动变速器或多齿轮轴，其位置应置于道路正常行驶时的位置。任何情况下都不能使用慢速档位、驻车或制动档位。

对于 M_2（GVM＞3500kg）、M_3、N_2、N_3 类汽车，从汽车接近 AA'线到汽车后端通过 BB'线的整个测量过程中，汽车行驶中心线应尽可能接近 CC'线。对于不可分解的汽车列车，汽车后端通过 BB'线时不考虑挂车。如果汽车装备有混凝土搅拌机、压缩机等设备，则测量期间不应起动这些设备。

新能源汽车的车外噪声测试的试验加速度，采用汽车加速噪声试验时汽车参考点每次通过 PP'线的车速 $V_{PP'}$ 和汽车最后端通过 BB'线的车速 $V_{BB'}$，依据如下公式计算获取每次加速噪声试验时的试验加速度：

$$a_{\text{awot test},\text{D},j} = \frac{(V_{BB'}/3.6)^2 - (V_{PP'}/3.6)^2}{2 \times (10+1)} \tag{4-76}$$

相应的试验加速度 $a_{\text{awot test},\text{D}}$ 为各相应试验档位 4 次加速噪声试验加速度 $a_{\text{awot test},\text{D},j}$ 的均值：

$$a_{\text{awot test},\text{D}} = \frac{1}{4}\sum_{j=1}^{4} a_{\text{awot test},\text{D},j} \tag{4-77}$$

（3）加速噪声测量

汽车制造企业应确定参考点接近 AA'线之前踩下加速踏板的预加速位置点。当汽车参考点通过汽车制造企业确定的预加速位置点时，必须尽可能迅速地将加速踏板踩到底（即油门或节气门全开），并保持不变，直到汽车最后端通过 BB'线时再尽快地松开踏板（即油门或节气门关闭）。应在测量数据中记录预加速位置点。

对于不可分解的汽车列车，汽车最后端通过 BB'线时不考虑挂车。

（4）匀速噪声测量

噪声测量时，应采用加速噪声测量时相同的档位，并在 AA'线与 BB'线之间稳定住加速踏板，以（50±1）km/h 的速度匀速行驶。

功率质量比系数 PMR＜25 的汽车，无须进行匀速噪声测量。

（5）汽车噪声最终结果 L_{urban} 的确定

记录汽车每次通过测量区的最大 A 计权声级，不能锁定传动比的新能源汽车加速噪声为 $L_{\text{wot test},\text{D},j}$，匀速噪声为 $L_{\text{crs test},\text{D},j}$。汽车每一侧在各档位至少测量 4 次，左右两侧可同时或依次测量。如果汽车同侧连续 4 次测量结果差值不大于 2dB（A），将被用于汽车该侧声级最终结果的计算，不符合汽车一般声级特性的异常读数应予忽略。分别计算汽车每侧的平均结果，取两侧算术平均值中较高侧的值，并保留到小数点后一位，作为加速、匀速噪声中间结果 $L_{\text{wot test},\text{D}}$、$L_{\text{crs test},\text{D}}$。

通过加速噪声计算值 $L_{\text{wot rep}}$ 与匀速噪声计算值 $L_{\text{crs rep}}$ 加权，并保留到小数点后一位，作为测量最终结果，公式如下：

$$L_{\text{urban}} = L_{\text{wot rep}} - k_{\text{p}} \times (L_{\text{wot rep}} - L_{\text{crs rep}}) \tag{4-78}$$

式中，$k_{\text{p}} = 1 - (a_{\text{urban}}/a_{\text{wot test},\text{D}})$，当 $a_{\text{wot test},\text{D}}$ 小于 a_{urban} 时取 $k_{\text{p}} = 0$。

（6）噪声限值

按照规定的测量方法进行汽车加速行驶车外噪声的测量，获得的结果不应超过表 4-16 规定的限值。

表 4-16　汽车加速行驶车外噪声限值

汽车分类		噪声限值/dB（A）	
		第三阶段	第四阶段
M_1	GVM≤2500kg	72	71
	GVM＞2500kg	73	72
M_2	GVM≤3500kg	74	73
	GVM＞3500kg	76	75
M_3	GVM≤7500kg	78	77
	7500kg＜GVM≤12000kg	80	79
	GVM＞12000kg	81	80
N_1	GVM≤2500kg	73	72
	GVM＞2500kg	74	73
N_2	GVM≤7500kg	78	77
	GVM＞7500kg	79	78
N_3	GVM≤17000kg	81	80
	GVM＞17000kg	82	81

对于某些特殊车型，噪声限值可以有所增加，具体如下。

1）M_1 类车型：

① GVM ≤ 2500kg：如属于越野车（G 类），或采用中置（后置）发动机且后轴参与驱动时，限值增加 1dB（A）；如果采用中置发动机仅后轴驱动的车型且驾驶员座椅 R 点离地高度≥800mm，限值再增加 1dB（A）。

② GVM ≤ 2500kg：如 PMR＞120kW/t，限值增加 1dB（A）；如果 PMR＞160kW/t，限值再增加 2dB（A）。

③ GVM＞2500kg：如属于越野车（G 类），或驾驶员座椅 R 点离地高度≥850mm，限值增加 1dB（A）。

④ GVM＞2500kg：如 PMR＞160kW/t，限值增加 2dB（A）。

2）N_1 类车型：如属于越野车（G 类），或噪声测量时后轴参与驱动，限值增加 1dB（A）。

3）M_2、M_3、N_2、N_3 类车型：如噪声测量时采用多于两轴行驶，限值增加 1dB（A）；如果采用多轴驱动，限值再增加 1dB（A）。

4）N_3 类车型：GVM＞17000kg，如属于越野车（G 类），限值增加 1dB（A）。

第七节　通过性试验

汽车的通过性是指汽车在一定的装载质量下，能够以足够高的平均车速通过各种坏路和无路地带及各种障碍的能力。支撑通过性又称牵引通过性，表征汽车通过各种坏路和无路地带的能力，其主要影响因素是轮胎和地面之间的力学机械特性。几何通过性又称越障通过性，表征汽车通过各种障碍的能力，其主要影响因素是车辆接地部分和地面接地障碍物的几何尺寸关系。车辆的实际行驶地面，往往是几何障碍和坏路/无路地带同时存在，因此在试验过程中，不必严格区分是几何通过性还是支撑通过性。

汽车通过性试验主要包括通过性参数、横向通过性及地形通过性等，对 M_2 类和 M_3 类汽车，试验项目主要涉及部分汽车通过性参数和地形通过性项目，具体试验内容主要包括接近角、离去角、最小离地间隙、纵向通过角、横向通过半径测量，以及垂直障碍物试验、涉水性能试验等。GB/T 12541—2023《汽车通过性试验方法》中对汽车通过性试验方法进行了规定。

一、试验准备

1. 车辆准备

试验车辆的轮胎、车轮定位参数和转向轮的最大转角符合该车的技术条件规定，汽车处于空载状态，只乘坐一名驾驶员，全轮着地，试验车清洁，测量通过性参数时，汽车应该停稳，发动机熄火，变速器置于空档，制动器放松。

2. 场地和设备

试验场地为平整的混凝土或沥青路面，其大小应能允许车辆做直径不小于 30m 的圆周运动。

测量所用钢卷尺量程不小于 30m，精度不小于 0.1%。

二、通过性参数测量

测量场地应为水平坚硬覆盖层的支承表面，只针对车辆的刚性部件进行测量。车辆可活动零部件应处于关闭状态，车外附件应处于制造商设计状态。车辆转向车轮应以直线前进状态置于测量场地上。

通过性参数主要包括接近角、离去角、最小离地间隙、纵向通过角、横向通过半径。

（1）接近角

车辆前端突出点向车辆静载荷前轮轮胎作切平面，且使车辆前轴前方任何固定在车辆上的部件在切平面之上，在整备质量和/或最大设计总质量状态下测量切平面与支承表面之间的夹角。

（2）离去角

车辆后端突出点向车辆静载荷后轮轮胎作切平面，且使车辆后轴后方任何固定在车辆上的部件在切平面之上，在整备质量和/或最大设计总质量状态下测量切平面与支承表面之间的夹角。

（3）最小离地间隙

在车辆纵向对称平面等距离且平行的平面 *A* 和平面 *B* 之间，选取车辆底部 3～5 个低点，逐一测量低点与车辆支承平面的垂直距离，取最小值记录为最小离地间隙。平面 *A* 和平面 *B* 之间的距离为车辆同一轴上两端车轮内缘间最小距离的 80%，在整备质量和/或最大设计总质量状态下测量。确定 *AB* 两平面之间的距离时，如车辆各轴轮距不一致则取最大轮距的轴。

（4）纵向通过角

对于两轴车辆，在两轴中间选取 3～5 个较低点，将选定的点平移至任意一侧两轮中心平面内，通过平移后的点作与前、后车轮外缘的切线，在整备质量和/或最大设计总质量状态下分别测量前、后切线与支撑平面的夹角，相加取最小值记录为整车纵向通过角。对于多轴车辆，按照两轴车辆测量方法，在整备质量和/或最大设计总质量状态下分别测量相邻两轴间纵向通过角，取最小角度记录为整车纵向通过角。

（5）横向通过半径

如图 4-33 所示，在整备质量和/或最大设计总质量状态下，取车辆轴（如车辆各轴轮距不一致时取最大轮距的轴）的左、右车轮与支承平面接触的最内侧点（点 A、点 B）测量两点间的距离（L），沿车辆前进方向在支承平面作车辆 X 方向中心线，选取车辆底部除车轮外的 3 ~5 个较低点（点 C），记录点 C 离地高度（h）及点 C 在支承平面投影距中心线 X 的距离（L），在同一平面内按 L、L_1、h 确定点 A、点 B、点 C 的关系，并绘制经过点 A、点 B、点 C 的圆弧，选取的 3 ~5 个较低点分别绘制的圆弧半径中的最大值即车辆横向通过半径。

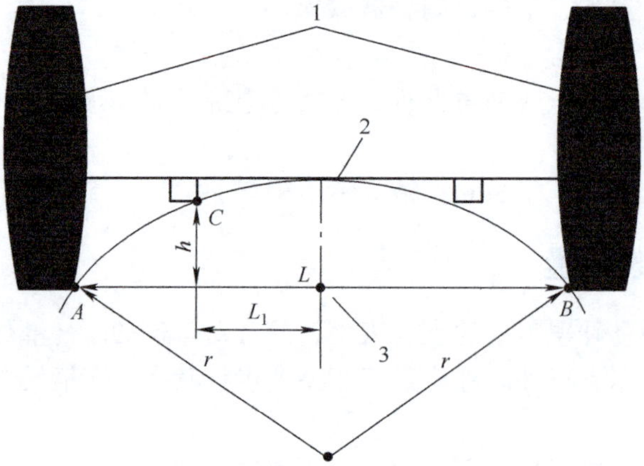

图 4-33　横向通过半径示意图

1—车轮　2—车轮底部　3—沿 X 方向的车辆中心线

三、横向通过性

横向通过性试验包括最小转弯直径、最小转弯通道圆直径和外摆值测量等参数的测定。GB/T 12540—2024《汽车及汽车列车最小转弯直径、转弯通道圆直径和外摆值测量方法》对横向通过性试验方法进行了规定。

1. 试验条件

试验场地为平整的混凝土或沥青地面，其大小应能允许车辆作直径不小于 30m 的圆周运动。汽车装备的轮胎应符合该车技术条件的规定。汽车的车轮定位参数和转向轮的最大转角应符合该车技术条件的规定。汽车处于空载状态，只乘坐一名驾驶员，全轮着地。对最小转弯通道圆外圆直径接近 25m 的车辆，应增加满载状态下的试验。测量仪器为钢卷尺，量程不小于 30m，精度不小于 0.1%。

2. 最小转弯直径

根据需要，在车身上离转向中心最远点、最近点和车轮胎面中心上方安装行驶轨迹显示装置。汽车处于最低前进档并以较低的车速行驶，转向盘转到极限位置并保持不变，稳定后起动轨迹显示装置，车辆行驶一周，使各测点分别在地面上显示出封闭的运动轨迹，然后将车驶出测量区域。用钢卷尺测量各测点在地面上形成的轨迹圆直径，应在相互垂直的两个方向测量，测量时应向左向右移动，读取最大值。取两个方向的测量值的算术平均值作为试验结果。汽车向左转和向右转各测量一次，记录试验结果。如果左、右转方向测得的试验结果之差在 0.1m 以内，则取左、右转试验结果的平均值作为该车的最终结果，否则以左、右转方向测得的试验结果的较大值作为最终结果。汽车最小转弯直径示意图如图 4-34 所示。最小转弯通道圆直径的测量方法同最小转弯直径测量方法。

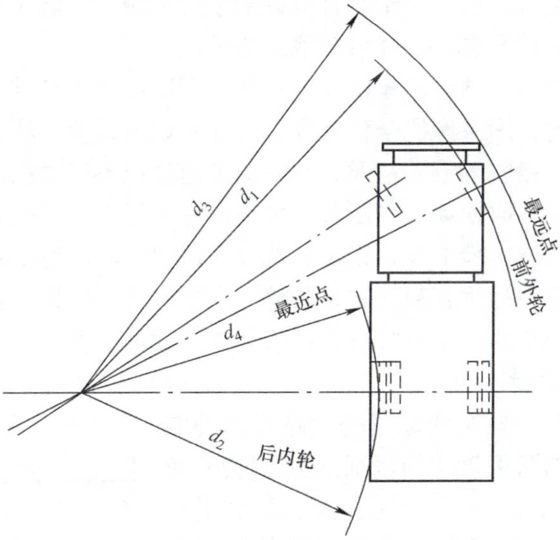

图 4-34　汽车最小转弯直径示意图

3. 外摆值

在平整地面上画一个直径为 25m 的圆周。在车辆尾部最外点和车体离转向中心最远点安装轨迹显示装置。汽车或汽车列车处于最低前进档，并以较低的车速进入该圆周内行驶；调整转向盘转角，起动车体离转向中心最远点轨迹显示装置，使轨迹落在该圆周上，记下这时的转向盘转角位置。汽车或汽车列车以直线行驶状态停于平整地面上，沿车辆最外侧向地面作一条与车辆纵向中心线平行的投影线，转动转向盘到预定转角位置并保持，起动车辆尾部最外点轨迹显示装置，汽车或汽车列车起步前行，直至车辆尾部最外点轨迹与已作好的车辆最外侧投影线相交为止。左右转方向各进行一次试验，记录试验结果，其中较大者为试验车辆的外摆值。外摆值示意图如图 4-35 所示。

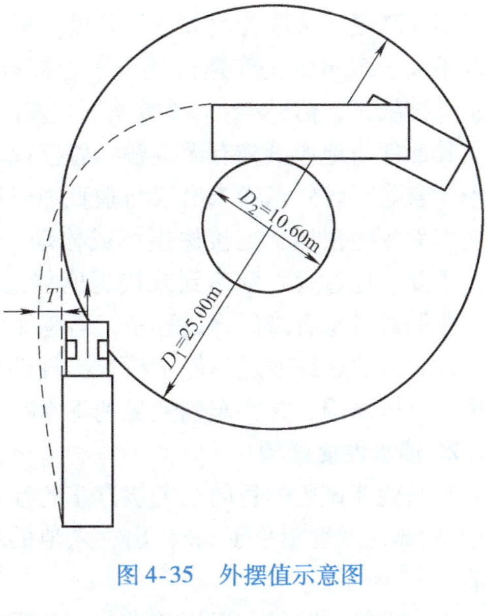

图 4-35　外摆值示意图

四、地形通过性

特殊地形通过性试验的目的是考核汽车通过特殊地形的能力。地形通过性是指车辆通过某些地形如垂直障碍物、凸岭、水平壕沟、路沟、扭曲路、涉水池、侧向坡、坡道等的能力。一般情况下，越野汽车需要做此试验。

试验车辆轮胎花纹的磨损量不应超过原始轮胎花纹高度的1/5。同一车型有不同轮胎型号时，应选取配备最小直径尺寸轮胎的车辆进行试验。试验车辆按制造商规定的最大设计总质量、轴荷及轮荷要求进行装载。对于装有可调悬架的车辆，试验车辆调整至制造商要求的悬架状态。根据制造商设计要求，选择汽车地形通过性设施。

试验车辆安装仪器设备，试验前车辆充分预热。若制造商无特殊要求，车辆调整至最大设计总质量状态。试验时，用录像机全程录像，观察并记录试验过程中车辆的运动状况，以及部件和地面有无碰撞、接触等干涉情况，同时记录通过或不通过的原因。试验后，检查汽车各部件和连接件有无损坏或松动，判断各总成工作有无异常，检查地面破坏情况，并进行相关记录，通过图像记录汽车零部件、损坏的地面，保留损坏的零部件。

地形通过性试验设施包括垂直障碍物、凸岭、水平壕沟、路沟、扭曲路、涉水池、侧向坡、坡道等，本节主要介绍通过垂直障碍物试验和涉水性能试验。

1. 通过垂直障碍物试验

通过垂直障碍物主要考核车辆通过垂直障碍物的能力。垂直障碍物示意图如图4-36所示。垂直障碍物的高度 h 为轮胎滚动半径的1/3～4/3之间，宽度不小于车宽，长度 L 不小于试验车辆轴距。也可按试验场的固定设施进行。

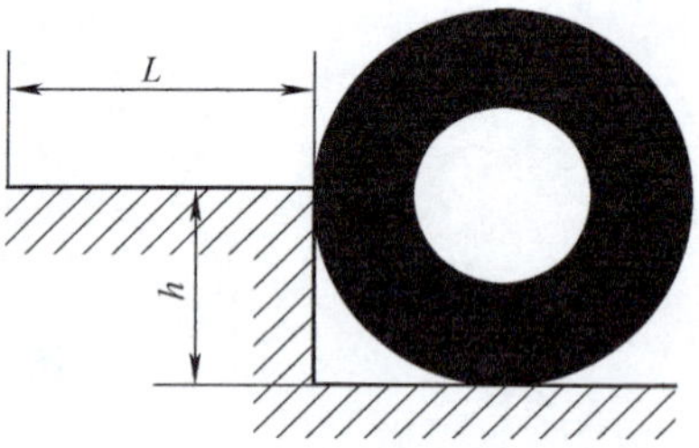

图4-36　垂直障碍物示意图

车辆驶上垂直障碍物时，以不大于5km/h的车速行驶至车轮接近垂直障碍物时制动停车，保持档位不变，松开制动踏板，选取合适节气门开度，前进/倒车驶上垂直障碍物。驶下垂直障碍物时，车辆以不大于5km/h的车速行驶至车轮接近垂直障碍物时制动停车，保持档位不变，适当调整制动踏板力，前进/倒车缓慢驶下垂直障碍物。观察在通过垂直障碍物过程中车辆运动状况及其部件与地形设施有无接触、碰撞或其部件间有无干涉等现象。车辆通过垂直障碍物过程中，若除车轮外车辆未出现与垂直障碍物接触、碰撞或部件间干涉，且通过后停车检查未出现部件碰撞损坏、连接件损坏或松动、总成工作异常等现象，可选择其他参数垂直障碍物，重复上述过程直到达到或接近所能通过的最大值，将通过情况等记录在相应的记录表中。车辆通过垂直障碍物过程中，若除车轮外车辆出现与垂直障碍物接触、碰撞或部件间干涉，或者未通过或通过后停车检查出现部件碰撞损坏、连接件损坏或松动、总成工作异常等现象，分析原因，并将车辆恢复到正常状态后，重新选定垂直障碍物高度，重新试验。

2. 涉水性能试验

涉水性能试验的目的是考核汽车的涉水能力。要求涉水池长度 L 不小于50m，深度 h 不小于1.5m，宽度不小于5m，出、入池的坡度小于15%，水深大于100mm。涉水池示意图如图4-37所示。

涉水性能试验时，置于前进位，全驱车调整至全轮驱动状态。按车辆制造商规定的涉水技术要求检查调整车辆的技术状况，电动客车应满足 GB 38032—2020《电动客车安全要求》规定的涉水要求。以不大于 10km/h 的初始车速稳定驶入选定深度的涉水池，行驶至少 500m。如果水池距离小于 500m，应重复试验使涉水距离累计不小于 500m，包括车辆在水池外的总试验时间应少于 20min。车辆通过涉水池后，若驾驶室内、行李舱内、空气滤芯、炭罐、各油液内未出现进水情况，起动机、离合器、制动系、底部护板、电器附件、仪表等工作正常，检测电动汽车绝缘电阻正常，可调整涉水池深度，重复进行以上试验过程，直到达到或接近所能通过的最大值，记录涉水深度、通过时间、通过距离、通过情况等。电动客车涉水池通过性试验如图 4-38 所示。

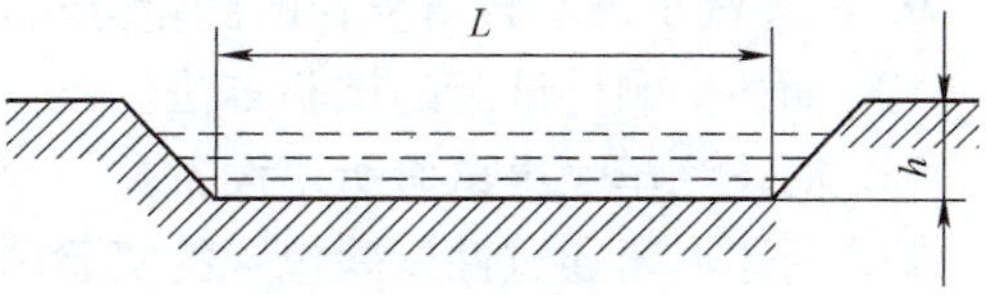

图 4-37　涉水池示意图

图 4-38　电动客车涉水池通过性试验

若车辆通过涉水池后驾驶室内、行李舱内、空气滤芯、炭罐、各油液内等出现进水情况，起动机、离合器、制动系、底部护板、电器附件、仪表等工作异常，检查电动汽车绝缘电阻异常，分析原因，并将车辆恢复到正常状态后重新选定涉水池深度，重新试验。若涉水过程中，发动机熄火，不宜再次起动，可拖拽出涉水池。若制造商有再次起动验证需求也可按实际要求执行。

复习思考题

1. 简述电动汽车 30min 最高车速试验方法。
2. 简述电动汽车加速性能试验的试验方法。
3. 简述电动汽车经济性试验的步骤。
4. 简述轻型混合动力电动汽车经济性试验内容。
5. 简述汽车制动性能的评价指标。
6. 简述制动距离的概念及其影响因素。
7. 简述防抱死制动系统试验的试验方法。
8. 简述操纵稳定性道路试验目前常使用的试验设备。

9. 简述汽车最小转弯直径的测量方法。
10. 简述平顺性试验的试验方法。
11. 简述汽车噪声试验所用设备。
12. 简述汽车通过性试验包含的实验项目。
13. 简述汽车通过垂直障碍物的试验方法。
14. 简述汽车涉水性能试验的目的。

第五章 整车可靠性试验

汽车可靠性是指汽车在规定使用条件下，在规定的时间内完成规定功能的能力。汽车可靠性是用户最关心的汽车重要性能之一，也是影响汽车市场竞争力的关键要素。它与产品设计、质量管理、原材料和零部件质保等密切相关。通过试验可以暴露设计和制造的可靠性问题，经过分析、评价和改进来提高汽车的可靠性，同时也用于验证汽车可靠性指标是否达到规定要求。

按试验场所的不同，汽车可靠性试验可分为常规可靠性试验、试验场可靠性试验和台架模拟可靠性试验。我国现行的汽车可靠性试验标准主要有 GB/T 12678—2021《汽车可靠性行驶试验方法》。

第一节　常规可靠性试验

常规可靠性试验是在非试验场道路上，按一定规范进行的可靠性试验。一般在开发新车型时至少进行两次现场试验，一次在设计定型前，一次在投产后。这种测试方法能够提供最接近真实情况的试验结果，对于全面评估车辆的性能和质量至关重要。常规可靠性试验是在类似于或接近于汽车实际使用条件下进行的，试验周期较长。

一、试验目的

现场可靠性试验目的是模拟车辆在实际行驶环境中的表现，评估车辆的可靠性、耐久性和性能。这种试验需要遵循一系列的标准和规范，以确保试验结果的客观性和准确性。现场可靠性试验可以帮助车辆制造厂了解车辆在实际使用中的性能和可靠性，发现潜在的问题和故障，以便能够及时采取改进措施，提高汽车质量。

二、试验准备

汽车可靠性行驶试验通常需要行驶 1 万 ~ 3 万 km，试验周期长、项目多，试验中随时可能发生突发事件，具有一定危险性。要求试验准备要充分，试验保障要及时有力。

1. 试验环境

试验应选择在多种气象条件下开展，特殊地区使用的汽车或特殊用途的汽车应在相应高寒地区、高原地区、高温干热及高温湿热地区等条件下进行。

2. 试验道路

汽车可靠性行驶试验是让汽车在各种不同的路面上行驶，来全面考察其性能。试验用的各种道路及每种路面行驶的里程数因车型不同，其要求也有所不同。对主要试验道路类型的要求如下：

对于平原公路，要求路面平整度为 C 级或 C 级以上的平原微丘公路，最大坡度小于

5%，路面宽阔平直，视野良好，汽车能持续以较高车速行驶，距离大于50km；对于坏路，要路基坚实，为路面凸凹不平的道路。最好有明显的搓板波，分布均匀的鱼鳞坑等。试验车在路面不平度为E级或E级以下路面上行驶时，应受到较强的振动激励和扭曲负荷，但不应有太大的冲击；对于山路，要求其平均坡度大于4%，最大坡度15%，连续坡长大于3km，路面平整度为C级以上；对于城市道路，应选择大、中城市交通干线街道，路面平整度为C级以上。

此外，试验道路还应覆盖无路地段及很少有车辆行驶的荒野地区，如沙漠、草地、泥泞地、灌木丛、冰雪地及水滩等。

3. 试验车辆

试验车辆在技术上应满足制造商设定的标准，并按照GB/T 12548—2016《汽车速度表、里程表检验校正方法》确定的方法对速度表、里程表进行检验校正，以确保其显示的数据是准确的。

在所选样车数量上，对于乘用车，至少需要3辆进行认证或检验测试；对于商用车和电动汽车，数量由制造商自行决定。

在选择用于测试或认证的车型时，应该选择具有代表性的配置，以确保测试结果的广泛适用性。对于客车，所选车辆应覆盖车型主要技术参数的最大及最小值、主要总成的各种不同型式、不同配置以及不同的匹配形式，并且每种情况均要进行试验。

4. 试验配载

试验装载应使车辆处于最大总质量状态下，制造商有特殊要求的按制造商的要求装载。对于底盘与整车同时定型的客车，在可靠性试验中按底盘最大设计总质量加载。装载方法需参照GB/T 12534—1990《汽车道路试验方法通则》要求，其中对于长途客车乘员配重按照座椅上50kg，座椅前的地板上10kg，合计60kg计算，行李质量按13kg计算。

三、试验方法

1. 整车参数测量及调整

试验开始前，按照GB/T 12674—2024《汽车、挂车及汽车列车质量参数测量方法》规定的方法对整车质量参数进行测量，并按照制造商车轮定位规范对车轮定位参数进行测量及调整。测量通过性参数时，需按照GB/T 12673—2019《汽车主要尺寸测量方法》确定的方法，进行接近角、离去角、纵向通过角以及最小离地间隙等参数的测量。

此外，根据产品使用说明书或设计规范要求，测量并调整关键总成紧固件力矩，确认紧固件力矩后，应对紧固件位置进行标记。

2. 整车性能试验

可靠性行驶试验前后宜进行整车动力性、经济性、制动性能、排放、噪声、舒适性、操纵稳定性和密封性等性能试验的评价，用于评定整车性能的衰减程度。可靠性行驶试验前后性能试验的试验条件、试验方法应一致。性能评价前，试验车辆可根据制造商规定进行磨合。

3. 可靠性行驶试验

（1）试验里程分配

根据用户调查或车载记录数据，确定试验车辆在城市道路、高速公路、一般公路、山路、非铺装路上的行驶里程分配比例，表 5-1 给出了基于用户调研的行驶里程分配比例和配载参考方案，检测机构或制造商可在此基础上根据需要进行调整。

表 5-1　基于用户调研的行驶里程分配比例和配载

车辆类型			路面类型比例（%）					配载比例（%）		
			城市道路	高速公路	一般公路	山区公路	非铺装路	空载	半载	满载
乘用车			55	20	10	10	5	20	50	30
越野车			15	30	20	25	10	—	—	100
客车	城市客车		50	10	30	5	5	10	50	40
	长途客车		10	50	30	5	5	10	10	80
货车	载货车	≤7.5t	40	15	40	5	—	30	30	40
		7.5～18t	10	30	50	10	—	20	40	40
		＞18t	5	65	20	10	—	10	10	80
	牵引车		5	70	15	10	—	10	10	80
	自卸车	≤18t	30	—	50	10	10	50	—	50
		＞18t	20	—	50	10	20	50	—	50

（2）驾驶操作

除试验规范另有规定外，应按下述规定进行：

1）试验过程中按照设计工况选择档位，应在保证安全的前提下，按照设计工况车速行驶。

2）每行驶 100km，至少有两次由静止状态全油门加速行驶；累积倒档行驶不小于 200m；至少制动 2 次，制动前后的车速变化率应不小于 30%。

3）山路行驶时，每行驶 100km 至少做 1 次上坡停车和起步，在不小于 6% 的坡道上用行车制动停车，变速器置于空档，再用驻车制动停稳，然后按正常操作进行坡道起步。

4）夜间行驶里程比例不应少于试验总行驶里程的 10%。

按照 GB/T 13043—2022《客车定型试验规程》中的规定要求，在客车可靠性试验期间每行驶 300km 还应进行下列操作：倒车行驶 10m、停车，向前行驶 10m、停车，各 5 次；开关发动机舱盖和行李舱门各 2 次；开关各车门 10 次；驾驶员侧窗玻璃启闭 10 次；刮水器工作 2min（可根据需要喷射清洗剂或对风窗玻璃洒水）；组合开关各操作 20 次。

4. 故障的发现、判断和处理

故障一般凭感官主观判断，对于不易判断的故障，也可通过测量确定。故障发现的途径有：接车检查、停车检查、行驶中检查、定期保养检查、性能测试、拆车检查。

停车检查是指每行驶 100km 左右停车检查一次，主要检查各部件的松脱、渗漏、损坏等。行驶中检查是指由试验员和驾驶员注意汽车工作状况，判断是否发生故障。收车后检查是指每班试验结束后，除进行停车检查外，还应检查制动系统、发动机油、冷却水、外部照明、刮水器等。定期维修作业中，除按规定逐项维护外，还要注意检查有无异常现象，如零部件的磨损、裂纹、变形等。性能测试在汽车拆检时检查。

发生故障应立即停车检查，原则上要及时排除故障。如发生的故障不影响行驶安全及基本功能，且不会引起诱发其他故障，可以继续试验观察，直至需要修理时为止，故障级别按最严重时计，里程按照发生最严重故障时的里程进行记录。

故障停车时间包括等候时间、诊断时间、修理时间、调试时间等。车辆因修理、保养或其他原因需要更换零件或更新软件的，应在行驶记录中明确并注明零件号或软件的版本号。

5. 汽车的维修

汽车的维修有预防维修和故障后维修两种。

（1）预防维修

预防维修内容包括紧固、调整、润滑、清洗及更换易损件等。预防维修时间应为从准备工作开始到全部工作结束为止的时间，维护人数定额为每车 2 人，不足或超过定额人数时，维修时间折算到标准人时数。预防维修费包括材料费、设备费及工时费。

（2）故障后维修

维修范围仅限于故障有直接关系部分；维修方式可根据具体情况，采取最快、最经济的维修方法，包括更换零部件，但所更换的零部件应是同一批合格品；维修时间应包括故障诊断时间、维修准备时间、实际修理时间、调试及清理场地时间；维修费用应包括材料费、设备费及工时费。

6. 试验记录

试验过程中和试验结束后，要严格认真做好记录，如接车记录、行车记录、故障维修记录、预防维修记录等。

7. 性能测试

在可靠性行驶试验结束后再进行一次汽车性能测试，确定是否达到设计要求或国家规定的限值及其稳定程度。

汽车性能测试的内容包括动力性（最高车速、最低稳定车速及加速性能）、燃料经济性、制动性、噪声、排放物浓度、操纵稳定性、平顺性及车身密封性等。

8. 汽车的拆检

汽车试验结束后，为检查各总成内部结构的磨损及其他异常现象，应按相应试验规程的规定对主要总成（包括发动机、变速器、转向器、驱动桥等）进行部分或全部拆检，并进行记录。

拆检的具体项目内容和操作应按照产品维修手册的规定进行。拆检中发现的故障，应计入指标统计，拆检时间计入修理时间。检测方法一般为感官评价，根据实际需要进行有关测量。拆检中发现潜在故障，不计入指标统计，检验时间不计入维修时间。

9. 试验数据统计

（1）行驶情况统计

定期统计汽车在各种试验道路上行驶情况，如实际行驶的里程、平均技术车速、变速器各档位使用次数、里程及时间的百分率、制动次数等内容。

（2）故障统计

汽车故障是指汽车整车、总成及其零部件在规定的条件下和规定的时间内，丧失规定功能的事件。根据故障的危害程度，将汽车故障分为四类，见表 5-2。

表 5-2 汽车故障分类

故障类别	名称	当量故障数	分类原则	各类故障扣分数
1	致命故障	20	涉及汽车行驶安全，可能导致人身伤亡或者引起主要总成报废，造成重大经济损失或对周围环境造成严重污染，达不到法规要求	10000
2	严重故障	5	导致主要总成、零部件损坏或性能显著下降，且不能用随车工具和易损备件在短时间（约 30min）内修复	1000
3	一般故障	1	造成停驶或性能下降，但一般不会导致主要总成、零部件损坏，并可用随车工具和易损备件在短时间（约 30min）内修复	100
4	轻微故障	0.4	一般不会导致性能下降，不需要更换零件，可用随车工具在短时间（5min）内能轻易排除	20

以上四类故障的危害程度不同，为定量表达不同类型故障的危害程度，可采用当量故障数的概念来进行当量等效，就是当某类故障发生一次相当于一般故障发生多少次。致命故障的当量故障数是 20，严重故障的当量故障数为 5，一般故障为 1，轻微故障为 0.4。

所有故障均按单车，依发现故障的里程顺序，统计于故障统计表中。未通过改进措施排除的故障，只统计 1 次，故障类别按最严重情况统计，其对应里程数为该故障里程。同一里程不同零部件发生故障应分别统计。同一零部件出现不同模式故障也应分别统计；如果同一个零部件发生几处模式相同的故障，则只统计 1 次，故障类别按最严重的统计。可靠性试验前，检查发现的故障不计入统计。

四、试验评价

根据评价指标计算需要，按单车分别统计各类故障频次和首次故障里程、当量故障数、实际行驶里程、平均技术车速、故障维修时间、预防维修时间和维修费用等。

1. 当量故障数

当量故障数 r_D 的计算公式为

$$r_D = \sum_{i=1}^{4} \varepsilon_i r_i \tag{5-1}$$

式中，ε_i 为第 i 类故障数，其值分别为 $\varepsilon_1 = 100$，$\varepsilon_2 = 10$，$\varepsilon_3 = 100$，$\varepsilon_4 = 0.2$；r_i 为第 i 类故障数。

2. 可靠性行驶检验综合评定扣分数

可靠性行驶检验综合评定扣分数计算公式为

$$Q_k = \sum_{i=1}^{4} q_{kj} r_j \tag{5-2}$$

式中，r_j 为试验样车发生的第 j 类故障数；q_{kj} 为每发生一次第 j 类故障的扣分数。

3. 首次故障里程

首次故障里程是指车辆在正常行驶过程中，从开始使用到第一次出现故障时所行驶的里程数。这个指标是评估车辆可靠性的一个重要参数，它反映了车辆的质量和性能。一般来说，首次故障里程越长，说明车辆的可靠性越高，性能更稳定。

首次故障里程 S'_j 计算公式为

$$S'_j = s_j \tag{5-3}$$

式中，s_j 为第 j 辆样车无故障行驶里程，单位为 km，第 j 辆样车在试验期间未发生故障时，s_j 按试验截止里程计，式（5-3）中“=”改为“>”。

4. 平均首次故障里程

平均首次故障里程（Mean Time To First Failure，MTTFF）是指一批同样型号、同样技术状态的汽车（总成或零件）按规定条件行驶，各车（总成或零件）首次出现故障的行驶里程平均值。

平均首次故障里程 $\widehat{\text{MTTFF}}$ 是评定该型汽车（总成或零件）可靠性的一种单项评定指标，它的数值计算如下：

$$\widehat{\text{MTTFF}} = \frac{S'}{n} \tag{5-4}$$

式中，n 为试验车辆数；S' 为无故障行驶总里程，单位为 km，它可以定义为

$$S' = \sum_{j=1}^{n'} S'_j + (n - n')S_e \tag{5-5}$$

式中，n' 为发生首次故障车辆数；S'_j 为第 j 辆车首次故障里程，单位为 km，只统计第 1、2、3 类故障；S_e 为定时截尾里程，单位为 km。

5. 平均故障间隔里程

平均故障间隔里程（Mean Time Between Failures，MTBF）是指一批同型号、同技术状态的汽车（总成或零件）按规定条件行驶，在可靠性检验行驶限额里程内，所有汽车出现故障的总次数中，平均每两次故障之间的行驶里程。

平均故障间隔里程 $\widehat{\text{MTBF}}$ 的计算公式为

$$\widehat{\text{MTBF}} = \frac{S}{n} \tag{5-6}$$

式中，n 为试验车辆数；S 为总试验里程，它的计算公式为

$$S = \sum_{j-1}^{k} S_j + (n - k)S_e \tag{5-7}$$

式中，S_j 为第 j 辆车中止试验里程，单位为 km；k 为中止试验车辆数；S_e 为定时截尾里程，单位为 km。

平均故障间隔里程置信下限值 $(\text{MTBF})_L$ 定义为

$$(\text{MTBF})_L = \frac{2S}{\chi^2[2(r+1),\alpha]} \tag{5-8}$$

式中，$\chi^2[2(r+1),\alpha]$ 为自由度为 $2(r+1)$、置信水平为 α 的 χ^2 分布值，α 建议取 0.1 或 0.3。

平均故障间隔里程置信下限值也可按下式进行计算：

$$(\text{MTBF})_L = K \times \widehat{\text{MTBF}} \tag{5-9}$$

式中，$\widehat{\mathrm{MTBF}}$为平均故障间隔里程点估计值；K 为定时截尾求置信下限时应乘的系数。

6. 当量故障率

当量故障率 λ_D 定义为平均每 1000km、每辆汽车的当量故障数，其可按下式计算：

$$\lambda_D = 1000 \times \frac{\sum_{j-1}^{n} r_{Dj}}{S} \tag{5-10}$$

式中，r_{Dj}为第 j 辆车当量故障数；S 为总试验里程，单位为 km。

7. 千公里维修时间

千公里维修时间 T_m 按下式计算：

$$T_m = 1000 \times \frac{T_{Rm} + T_{Pm}}{S} \tag{5-11}$$

式中，T_{Rm}为总试验里程内修理时间总和，单位为 h；T_{Pm}为总试验里程内维护时间总和，单位为 h；S 为总试验里程，单位为 km。

8. 千公里维修费用

千公里维修费 M_c（单位为元/1000km）按下式计算：

$$M_c = 1000 \times \frac{C}{S} \tag{5-12}$$

式中，C 为总试验里程内维修费，包括修理费用和维护费用；S 为总试验里程，单位为 km。

第二节　试验场可靠性试验

汽车的普遍使用寿命很长，在类似于真实使用场景道路上进行的常规可靠性行驶试验需要耗费大量时间和经济成本，会对新产品开发和产品质量评价带来严重影响。试验场可靠性试验是在试验场道路上进行的具有一定加速系数的可靠性试验，属于加速可靠性试验的一种。试验场道路上一般设置卵石路、坑洼路、颠簸路、扭曲路、比利时路等各种复杂路面，且按照一定比例分配。相比于常规非试验场道路，试验场道路条件更加恶劣，强度是非试验场道路的许多倍。因此，加速可靠性行驶试验是一种快速、高效、可控的整车可靠性测试方法。

试验场可靠性试验可保持试验条件恒定，参数和因素易于控制，适宜于针对性地解决问题。但得到的可靠性数据需要进行折算，这种折算需要大量的试验统计数据作为基础。

一、试验目的

应用疲劳损伤、摩擦损耗等理论，通过进行典型用户关联研究，制定代表 90% 以上目标车型典型用户使用工况的试验场可靠性试验方案，使在设计开发阶段能够得到与典型用户相对一致的行驶工况，避免出现“过设计”和“设计不足”的情况，提高设计开发效率，缩短设计开发周期，降低设计开发成本。

二、试验原理

试验场可靠性试验基于材料的疲劳累积损伤理论，一款车型在研发阶段定义好保修里程（如 $x$km 保修）、销售范围等策略，据此去调研用户实际使用工况，采集道路载荷谱，计算出该车型在相应 $y$km（$y=ax$，a 为安全系数）范围内的疲劳损伤累积量，将该损伤量等效转化到试验场各种路面上，通过试验场的道路耐久试验在短时间内实现车辆承受在 $y$km 现场道路行驶中所受等价损伤。

1. S-N 曲线

疲劳问题最早在 19 世纪初提出。德国工程师 Wöhler 通过对疲劳损伤问题进行系统的研究，提出了疲劳寿命与循环应力的关系，并确定应力幅是疲劳破坏的决定因素。在 1871 年，他提出了利用应力-寿命（S-N）曲线来分析疲劳问题的方法，为工程结构疲劳的研究奠定了理论基础。

零件的疲劳损伤是一个复杂的过程，通常可以分为裂纹初始、裂纹扩展和断裂失效三个阶段。对于外形和材料分布比较均匀的零部件来说，局部变形通常是从表面应力集中区域开始。随着加载循环次数的增加，零件的裂纹长度随之增加。达到一定循环次数之后，裂纹将导致零件失效。

金属材料通常存在一个临界的最大应力，低于此应力进行循环加载时，材料永远不会发生破坏，这个应力称为疲劳极限，也称疲劳强度。当载荷大于疲劳极限时，材料会出现疲劳破坏。疲劳试验采用循环周期载荷进行加载，用不同的载荷或应力幅值与其对应的失效次数来表达，这就是 S-N 曲线，如图 5-1 所示。

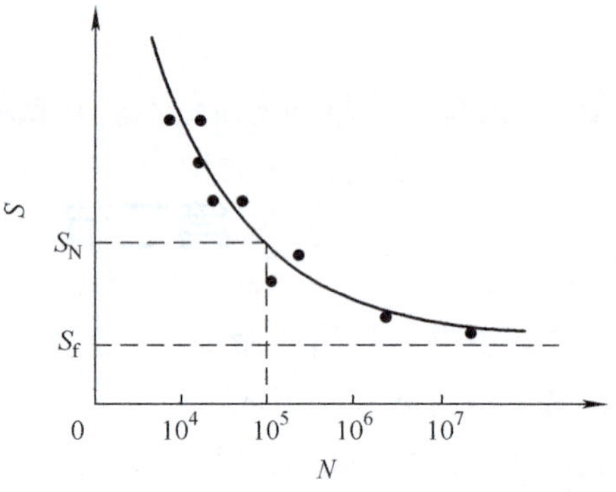

图 5-1　S-N 曲线

在曲线上点应力 S 越小，试验的次数越多，也就是材料的疲劳寿命越长；当输入的载荷产生的应力小到一个特定值时，寿命 N 趋于无穷大，应力 S 的极限值 S_f 称为材料的疲劳极限。在疲劳极限以下，载荷周期即使很长也不会引起零部件失效。

2. 疲劳累积损伤理论

疲劳损伤理论可归结为两个大类：线性损伤理论和非线性损伤理论。其中线性损失理论主要是 Miner 准则、修正 Miner 法则及相对 Miner 法则，非线性损伤累积理论主要有 Manson 双线性累积理论、Corten-Dolan 理论等。其中，Miner 准则最为简单，应用最为广泛。

线性累积损伤理论是当前预测疲劳寿命的重要工具。假设车辆在某段实际运行载荷中，某载荷幅值出现的次数为 n_1，其零件 S-N 曲线中，同载荷幅值对应的循环次数为 N_1，则这段运行信号中这种载荷对零件的损伤 $D=n_1/N_1$。以此为基础，零件在应力水平 S_i 下作用 n_i 次循环的损伤为 $D_i=n_i/N_i$，若在 k 个应力水平 S_i 作用下，各经受 n_i 次循环，则可定义线性累计损伤为

$$D=\sum_{i}^{k}\frac{n_i}{N_i} \tag{5-13}$$

当 $D=1$，即损伤值进行相加求和等于 1 时，就可认为零部件出现了失效。

Miner 准则的假设前提为：①不论构件材料损伤处于何种状态，相同载荷产生相同的损伤；②损伤与载荷的作用次序无关；③当 $D=1$ 时，即各载荷循环应力产生的所有损伤值累积相加为 1 时，构件将会产生工程裂纹，最终导致构件发生疲劳失效。

在各种不同损伤累积理论的指导下，由主机厂广泛采集目标用户的使用工况，即进行路谱采集。

3. 路谱采集及等效转换

汽车使用场景多种多样，覆盖了山地、丘陵、平面等地貌，有起伏路、砂石路、平整沥青路等路面，这就要求针对目标客户采集相应路谱数据。

路谱采集包含两个概念，一个是道路路面谱采集和道路载荷谱采集。汽车可靠性试验中所指的第二个概念，即通过将各种采集设备布置在采集车上，来收集特定车型在各种社会路面上行驶时不同位置所承受的加速度、应力等数据，最终形成特定车型的道路载荷谱。

使用相同的设备及车辆在试验场的各种路面上行驶，采集在试验场的路谱。通过等效计算，最终计算出该车型在试验场道路环境下应该分别在哪种路面上行驶多少千米，可以等效用户在社会道路上行驶多少千米而达到的损伤效果。

三、试验准备

1. 试验环境、道路、车辆及配载

试车场可靠性试验道路一般应包括：具有固定路形的特殊可靠性道路（如石块路、卵石路、鱼鳞坑路、搓板路、扭曲路、凸块路、沙槽、水池、盐水池等）、高速跑道、坡道、砂土路等。

试验环境、试验车辆及配载与常规可靠性试验相同。

2. 用户关联加速可靠性行驶试验规范设计

汽车产品在设计研发、试验验证阶段应该结合用户的实际使用情况考虑，因此可靠性试验设计也必须将用户的使用条件考虑在内。用户关联技术就是将用户使用道路的复杂载荷工况通过试验场不同道路之间的组合得以复现，达到加速试验的目的。根据用户关联进行加速可靠性行驶试验规范设计，一般包含以下内容：

1）根据设计开发目标，确定车型的目标里程。

2）识别整车可靠性影响因素，通过用户调查、用户车辆数据采集等形式，获取道路类型及其里程占比、配载情况和驾驶操作等用户特征信息。

3）根据用户关联特征，进行实车社会道路载荷谱数据采集并确定基准载荷。

4）进行试验场道路载荷谱数据采集，用于试验场特征道路、车速、配载及驾驶操作的编排、组合和优化。

5）根据试验场实际情况，进行试验场道路行驶试验规范设计。

3. 可靠性试验方案的确定

试验方案确定应按表 5-3 的规定进行。当车辆的变化情况与表中描述不对应时，根据车辆结构特点参照最接近的条款进行试验，其他变更内容企业可自主进行。

表 5-3　客车可靠性试验方案的确定

序号	试验方案	确定依据	
		基本车型	扩展车型①
1	A 类试验方案	1）超出 GB/T 13043—2022《客车定型试验规程》中车型界定范围的车型 2）企业全新设计的基本车型 3）第一次引进的基本车型	1）悬架系统、车桥及车架骨架等任意一项为首次应用 2）客车的总质量或任一轴载质量超过已定型底盘最大总质量或相应轴载质量
2	B 类试验方案	与按 A 类试验方案进行试验的样车相比存在相当于右栏中的变化情况	1）总质量或任一轴载质量增加≥10%，但不超过原底盘最大总质量或相应轴载质量 2）客车悬架、车身或车架等主承载结构变更，分析存在风险 3）轴距变化≥10%

① 与基本车型相比有变化的车型。

基本车型及扩展的车型分别按表中 A 类和 B 类试验方案开展。扩展的车型可以单独确定试验方案，或引用以前的试验结果，将需扩展的配置与已定型的配置综合在一起确定试验方案。

可靠性试验中出现如下四类达到中止试验的条件时，应重新进行可靠性试验：

1）车架、车身及其承载系统出现断裂或开裂，试验无法进行。

2）铰接客车的机械连接装置失效，无法安全行驶。

3）试验中应考核的总成严重损坏需要更换。

4）引起车辆行驶安全的其他致命故障等。

四、试验方法

1. 整车参数测量调整及性能试验

同常规可靠性试验一样，进行加速可靠性行驶试验前首先对试验车辆进行整车参数的测量和调整。在此基础上，对整车动力性、经济性、制动性能、排放、噪声、舒适性、操纵稳定性和密封性进行测试。

2. 试验里程分配

根据用户关联或试验场规范，确定试验车辆在试验场不同类型道路的行驶里程和工况分配。以等效用户里程 24 万 km 为例，某汽车在某试验场强化可靠性试验工况分配示例参见表 5-4。特定总成/系统的可靠性试验可抽取特定工况分配进行试验。

表 5-4　试验场强化可靠性试验工况分配示例

工况	试验设施	循环次数	工况	试验设施	循环次数
工况 1	卵石路	1000	工况 11	比利时路	250
工况 2	振动路 1	625	工况 12	路缘石冲击	125
工况 3	振动路 2	625	工况 13	铁轨交叉	250
工况 4	振动路 3	625	工况 14	正弦波冲击	500
工况 5	扭曲路	1000	工况 15	住宅路入口	1000
工况 6	坑洼 1	1000	工况 16	城市广场 8 字区	500
工况 7	坑洼 2	1000	工况 17	砂石路	250
工况 8	颠簸路	500	工况 18	起动互锁检查区	500
工况 9	沟渠路	500	工况 19	转向检查区	1000
工况 10	破损混凝土	500			

试验场综合可靠性试验里程和工况分配示例参见表 5-5。

表 5-5　试验场综合可靠性试验里程和工况分配示例

工况	试验设施	总里程/km	比例（%）
工况 1	强化耐久路	8850	32.16
工况 2	倒车工况	31	0.11
工况 3	评价路	550	2.00
工况 4	山区路	295	1.07
工况 5	灰尘路	125	0.45
工况 6	砂石路	525	1.91
工况 7	操稳路	1100	4.00
工况 8	高环 1	5890	21.40
工况 9	高环 2	7913	28.76
工况 10	盐水池	5	0.02
工况 11	泥浆池	5	0.02
工况 12	连接路面	2228	8.10

3. 驾驶操作及车辆日常操作

根据用户关联或试验场规范，确定试验场不同道路的驾驶操作，复现不同道路的驾驶工况。根据车辆配置，进行日常操作检查，检查项目表见表 5-6，按汽车产品使用说明书操作，保证车辆可正常运行。

表 5-6　车辆日常操作检查项目表

序号	操作项目	操作方法	操作频次	备注
1	门盖开关			
2	天窗开关			
3	加油口盖/充电口盖开关			
4	杂物箱开关			
5	玻璃升降开关			
6	刮水器洗涤开关			
7	灯具开关			
8	空调开关			
9	音响娱乐开关			
10	仪表开关			
11	座椅/转向盘调节			
12	后视镜调节/遮阳板调节			
13	车载信息娱乐系统功能操作			
14	高级驾驶辅助系统功能操作			
15	车联网系统功能操作			

针对配置中特殊功能，如驾驶模式（如运动模式、经济模式或雪地模式），需按照产品使用说明书要求在行驶试验中进行相应操作。

五、试验评价

可靠性评价指标的计算及统计方法与常规可靠性行驶试验方法相同。可靠性试验后，评价试验样车的首次故障里程、平均故障间隔里程（点估计值、区间估计置信下限值）、各子系统平均当量故障数和可靠性行驶检验综合评定扣分数。

第三节　台架模拟可靠性试验

台架模拟可靠性试验是指在实验室使用专门的试验装置模拟实际工作状态完成整车、系统或总成零部件的试验。相比于常规可靠性试验和试验场可靠性试验，台架道路模拟试验无须在实际路面上进行试车，可以在实验室内精确地模拟各种不同的道路工况，快速、精确地测试车辆的各项性能指标，测试和优化车辆的不同子系统，模拟测试车辆对不同故障模式的应对能力。台架模拟可靠性试验具有加速试验进程、数据重复性好、可比性强、采集数据方便、寿命分布明确等优点，可实现优化车辆设计和制造过程，提高车辆的整体品质，同时可以大幅降低试验成本和缩短试验周期。

台架模拟可靠性试验分为多种不同类型，包括整车道路模拟试验、子系统道路模拟试验、故障模拟试验等。整车道路模拟试验是最常见的试验类型，它可以模拟整个车辆在各种不同道路工况下的性能指标，包括悬架系统、转向系统、制动系统等。子系统道路模拟试验则是指对车辆的某个特定子系统进行模拟试验，例如只测试车辆的悬架系统性能。故障模拟试验则是在模拟道路工况的基础上，加入各种故障模式，从而测试车辆在不同故障模式下的应对能力。

一、试验目的

台架模拟可靠性试验的试验目的为：①在开发试制阶段用于考核零件可靠性，以及材料的强度、性能；②在批量试车阶段，主要用于质量控制或外购件的质量验收。

二、试验原理

根据疲劳理论，汽车的疲劳损伤主要是由循环载荷引起的，若汽车的输入载荷相同，那么它所引起的疲劳损伤理论上也应相同，汽车各部位所承受的载荷基本上与汽车的输入载荷信号成比例。基于这一原理，如果已知用户实际使用环境中汽车的载荷输入，就可以通过控制道路模拟试验台架来重现这一载荷输入。

1. 雨流计数

由于路谱采集得到的数据格式大部分为时间历程文件，必须通过滤波、去均值、去毛刺等处理，使数据更符合实际。但处理后的数据量仍然很大，试验所需时间很长，不利于发挥台架试验的优势，目前普遍采用雨流计数法进行等损伤时间压缩。

雨流计数法最早是由松石（Matsuishi）和恩杜（Endo）通过模拟雨滴落到塔顶和从塔顶边缘落下的过程提出来的，是将变幅载荷转化为多个恒幅载荷的经典方法，适用于以典型载荷谱段为基础的重复历程。

按照雨流计数法的规则：

1）从峰或谷为起点，沿着峰谷的内侧向下流动。

2）雨流从某一个峰或谷开始流动，当遇到比其起始峰或谷更大的峰或谷时要停止流动。

3）雨流遇到上面流下的雨流时，必须停止流动。

考虑图 5-2a 所示的变幅载荷，采用雨流计数法进行统计，常将载荷图旋转 90°，如图 5-2b所示。

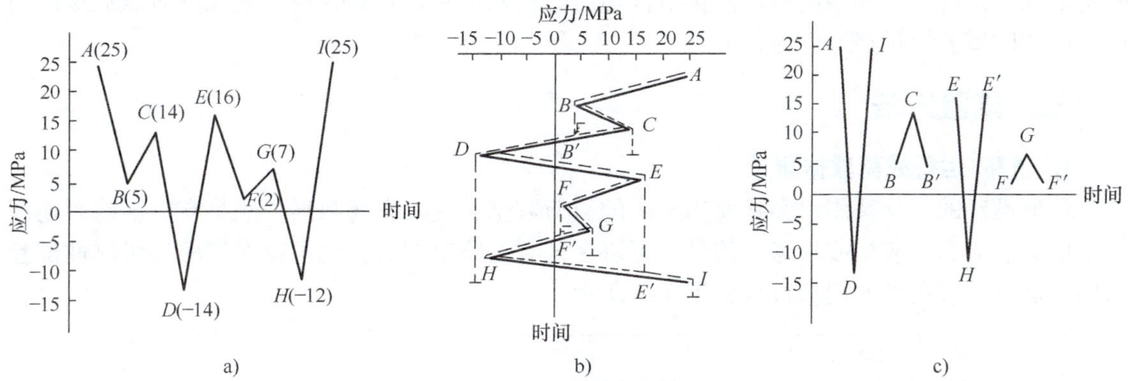

图 5-2　雨流计数法原理

雨流从最大值 A 点开始向下流，流至 B 点，下方的屋檐可以接住雨流，则从 B 点流至 B'点，继续向下流至 D 点，由于 D 点下方屋檐没法接住雨流，此时雨流方向折返，流向 E 点，同理至 I 点终止，至此得到第一个循环 A-D-I。

去除雨流已经走过的路径，从当前最大值 E 点继续雨流步骤，可以得到 E-H-E'的循环。最终剩下 B-C-B'和 F-G-F'两个循环，最终得到的 4 个循环如图 5-2c 所示。

2. 试验台架的控制

当汽车行驶时，作用在其轮胎上的载荷十分复杂，主要包括路面粗糙度在轮胎接地面上引起的冲击载荷、汽车运动引起的惯性载荷以及汽车结构共振引起的载荷。这些载荷可以分解为垂直力、侧向力、纵向力、制动力及转矩。道路模拟试验过程中需要对这些力和力矩或其组合在台架上进行复现。实验室可靠性试验是基于道路模拟系统进行的，这些系统可以模拟各种不同的道路工况，包括直线行驶、曲线行驶、起伏路面、弯道行驶等。这些道路工况可以通过不同的方式实现，例如电液伺服系统、电机系统、气压缸系统等。道路模拟试验台架的控制方式有开环控制和闭环控制两种。

（1）开环控制

开环控制通常采用实测的载荷信号经过处理后来驱动试验台架，主要的控制方法有等幅疲劳试验法和程序疲劳试验法。

等幅疲劳试验法是在实测的道路载荷信号中找出最大和最小值，并据此产生等幅正弦波信号，以此信号作为驱动信号控制试验台架进行疲劳试验。程序疲劳试验法是由几种不同幅度和时间长度的正弦波载荷信号（通过对实测道路载荷信号进行分级计数得到），按照一定的顺序组成加载程序对试验车辆施加载荷，得到的试验结果分散性比较小、可信度高。

开环控制往往难以获得较高的模拟精度，但所需的加载设备比较简单，试验成本较低，试验周期短，在工程上得到了一定应用。

(2) 闭环控制

为提高模拟精度，在现代道路模拟试验中多采用闭环控制方式。这种控制方式通常不把道路实测载荷信号作为驱动信号，而是用作期望响应信号，即室内试验中要模拟复现的目标信号。

闭环控制道路模拟试验过程中，通过不断测量响应数据，与目标信号进行比较，并根据两者之间的差值产生补偿信号来修正给作动器的输入信号，直到获得的响应的时域波形与期望响应的时域波形足够逼近为止。

三、试验方法

1. 道路/运行载荷数据测量

测取准确的、反映用户实际使用工况的载荷数据。这些载荷数据一般是在车辆感兴趣部位上的力、应力、应变或加速度信号，可以在公共道路上测量，也可以在试验场可靠性试验道路上测量。载荷数据测量过程如图 5-3 所示。

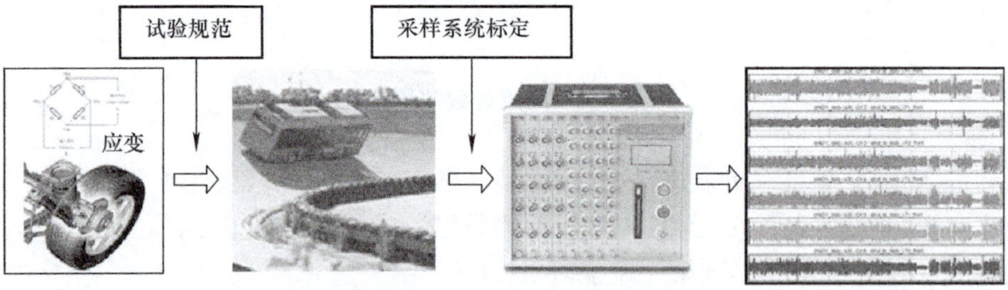

图 5-3　载荷数据测量过程

2. 编辑分析数据，产生目标载荷信号

对测取的信号进行分析处理，形成在道路模拟试验中要复现的目标载荷信号。采回的载荷谱数据不能直接作为台架试验的期望响应信号，必须加以编辑和处理，具体步骤如下：

1）数据检查，剔除异常信号，去除趋势项。

2）对信号进行频域分析，滤除因干扰噪声等引起的高频信号。

3）去除试验场过渡路的载荷信号，保留典型路况载荷信号。

4）对 5 个循环数据进行疲劳损伤计算，选取可靠度为 5% 的损伤样本，作为道路模拟试验迭代目标信号。

3. 复现目标载荷信号，进行可靠性试验

在道路模拟试验台上模拟复现目标载荷信号，并通过反复施加这种信号来进行可靠性试验。

常见的整车台架有 4 通道、16 通道、24 通道等，耦合方式也分为轮胎耦合、车轴耦合等方式。典型的轮胎耦合道路模拟试验台架如图 5-4 所示，车辆通过轮胎放置于液压作动器上，垂直布置的作动器把载荷施加给汽车。

典型的车轴耦合道路模拟试验台架如图 5-5 所示，即把车轮去掉，作动器通过夹具与车轴连接固定。此台架多在考虑车身水平载荷时使用。

图 5-4 轮胎耦合道路模拟试验台架

图 5-5 车轴耦合道路模拟试验台架

无论是轮胎耦合道路模拟试验台架还是车轴耦合道路模拟试验台架，被试车辆的车身均没有施加任何约束，故也称为自由车身试验。这类模拟试验台架主要向汽车施加冲击载荷，特别是垂直冲击载荷。由于车身没有约束，而作动器的行程一般又不大，通过这类台架难以施加低频的非冲击载荷，如车辆加速、制动、转向等引起的惯性力。因此，道路模拟试验台架主要用于考察悬架以上车架、车身等零部件的耐久性，这些零部件的疲劳主要由垂直冲击载荷所引起的弯曲和扭转决定。

4. 数据分析和评估

利用原始道路载荷信号和模拟试验中测量的信号来估计实验室试验与道路行驶里程之间的当量关系。此外，为了验证实验室可靠性试验方法的合理性，在正式开始可靠性试验前，一般需要先对一个现有产品进行试验，把试验结果与在实际使用中发生的情况进行对比分析。如果所发生的损坏位置、损坏形式、损坏发生的顺序和当量行驶里程等与在实际情况相符，则表明这个试验循环具有高度的可信性；如果存在比较严重的不相符，则应该进行仔细分析，进行必要改进。

四、试验评价

实验室台架可靠性评价指标与常规可靠性行驶试验方法相同，不再赘述。

复习思考题

1. 简述常规可靠性试验的方法。
2. 简述试验场可靠性试验的方法。
3. 简述台架模拟可靠性试验的方法。

第六章 汽车安全性试验

汽车安全性是指预防事故发生，减轻事故伤害，保障行人和乘客安全，避免财务损失，降低系统安全风险的能力，按照交通事故发生前后可分为主动安全性和被动安全性。随着汽车电动化、智能化、网联化技术的发展，电磁兼容安全和信息安全已经成为重要的汽车安全性能。本章主要对汽车被动安全中的碰撞安全试验、主动安全系统试验、电磁兼容性试验和信息安全试验进行介绍。

第一节　汽车碰撞安全试验

汽车碰撞安全试验的目的是评估和提升车辆在发生碰撞时的安全性能，确保车内乘员和行人的安全，同时减少事故造成的伤亡和财产损失。这类试验有助于优化车辆设计，改进安全系统，如车身结构、安全气囊和安全带等，以满足或超越安全标准和法规要求。

汽车碰撞安全试验相关标准主要有 GB 11551—2014《汽车正面碰撞的乘员保护》、GB/T 37337—2019《汽车侧面柱碰撞的乘员保护》、GB 20071—2006《汽车侧面碰撞的乘员保护》、GB 20072—2024《乘用车后碰撞安全要求》、GB/T 20913—2007《乘用车正面偏置碰撞的乘员保护》、GB 11557—2011《防止汽车转向机构对驾驶员伤害的规定》、GB 18384—2020《电动汽车安全要求》、GB/T 31498—2021《电动汽车碰撞后安全要求》、GB 24550—2024《汽车对行人的碰撞保护》等。

一、试验准备

1. 车辆准备

试验车辆应能反映出对应产品系列的特征，包括正常安装的所有装备，并处于能够正常运行的状态。一些零部件可以被等质量代替物代替，但要求不应对测量结果有影响。对于 M_1 类车辆，提交试验的车辆质量应是整备质量。对于 N_1 类车辆，提交试验的车辆质量应是整备质量加上 136kg 或其额定载货量的质量（取其中较小的）作为配重，且要求配重牢固地安装在其载货区域内。对于混合动力车型，其燃油箱应注入水，水的质量为制造厂规定的燃油箱满容量时燃油质量的（90±1）%。应排空所有其他系统如制动系、冷却系等，并对其质量予以补偿。当车载测量装置的质量超过 25kg 时，可以通过减少对测量结果无明显影响的零部件来进行质量补偿。车载测量装置使各轴轴荷的变化不大于 5%，每轴变化不超过 20kg。

座椅位置应调节到制造厂规定的位置，如果制造厂没有规定，则调节到可调范围的中间位置。高度可调节的头枕应处于最高位置。如果前排乘坐位置的保护系统包括安全带，则应符合 GB 14166—2024《机动车乘员用安全带和约束系统》的要求。用于安放假人且装备了保护系统（包括安全带）的乘坐位置，其安全带固定点应符合 GB 14167—2024《机动车乘员用安全带和约束系统安装固定点》的要求。车门应关闭但不锁止。车辆上的活动玻璃应处于关闭位置。为便于试验测量，可以放下活动玻璃，只要此时操纵手柄的位置相当于玻璃关闭时所处的位置。遮阳板应处于收起位置。内后视镜应处于正常的使用位置。

在每个前排外侧座椅上安放一个符合要求的假人，假人应符合 50% Hybrid Ⅲ假人技术要求及相应调整要求，并在试验时使用制造厂设置的约束系统。除非受到车内假人的限制，前后座椅扶手若可移动，则应处于放下位置。座椅靠背如果可调，则应调节到使假人躯干倾角尽量接近制造厂规定的正常使用角度，若制造厂没有规定，则应调节到从铅垂面向后倾斜 25°的位置。后排座椅或后排长条座椅如果可调，则应处于最后位置。

2. 碰撞试验假人

碰撞试验假人最初主要用于飞机弹射座椅和降落伞等安全设备的研发，随后其应用逐渐扩展至汽车碰撞安全领域，成为汽车碰撞试验不可或缺的关键试验工具。

假人依据人体工程学原理设计，采用多种特殊材料制成，具有独特的结构，能够尽可能真实地模拟人体在汽车碰撞中所受的伤害，并能装备多种传感器以收集碰撞过程中的各种信号。此外，碰撞试验假人还需满足可重复使用的要求。

自 20 世纪 60 年代起，碰撞试验假人经过多年的发展，已经衍生出多种类型，如图 6-1 所示。根据形体尺寸分为成年假人和儿童假人两大类。成年假人进一步细分为中等身材男性假人、小身材女性假人和大身材男性假人。儿童假人的设计则基于特定年龄组儿童的平均身高和体重，不区分性别。根据碰撞场景的不同，假人还分为正面碰撞试验假人、侧面碰撞试验假人、后面碰撞试验假人，以及用于行人保护试验的假人。

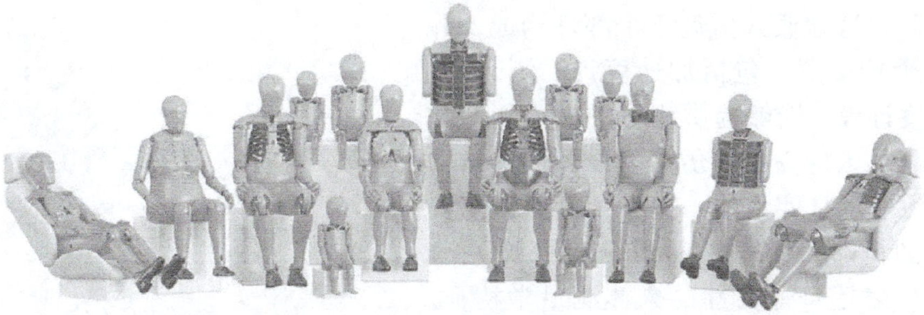

图 6-1　碰撞试验假人

（1）Hybrid Ⅲ假人

Hybrid Ⅲ第 50 百分位成年男性假人，身高约 177cm，体重约 86kg，由通用汽车公司在 20 世纪 70 年代开发，广泛应用于全球的碰撞测试中，如图 6-2 所示。Hybrid Ⅲ假人由多个部件组成，包括头部、颈部、胸部、上肢、髋部、下肢等，内部装有约 60 个传感器，用于测量在碰撞中各部位的加速度、力和位移等数据。这些数据帮助研究人员分析碰撞对人体的影响，从而改进汽车安全设计。

此外，Hybrid Ⅲ系列假人还包括第 5 百分位女性假人和第 95 百分位男性假人，以适应不同体型的需求。

（2）ES-2re 假人

ES-2re 假人是基于 Hybrid Ⅲ假人的改进型假人，主要用于汽车侧面碰撞研究，以评估乘员在车辆侧向受到撞击时的受伤风险。它代表了第 50 百分位的成年男性，在设计上考虑了更接近真实人体的特性，包括外形尺寸、内部结构、生物仿真度等，如图 6-3 所示。

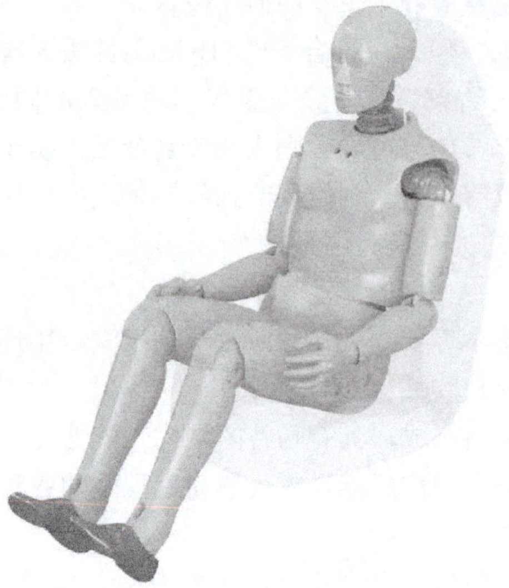

图 6-2　Hybrid Ⅲ第 50 百分位成年男性假人

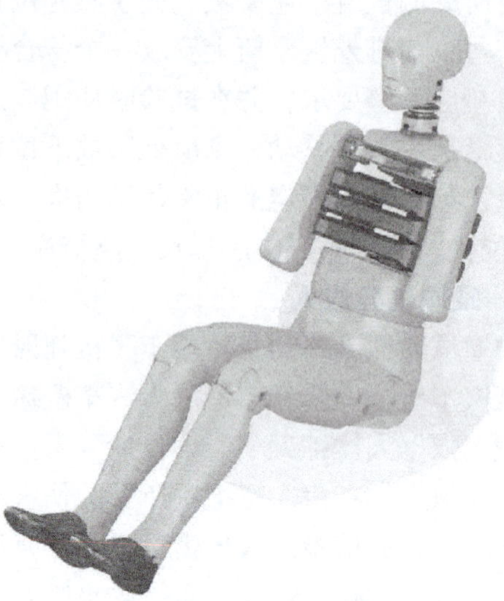

图 6-3　ES-2re 假人

（3）WorldSID 假人

WorldSID 假人是一款先进的侧面碰撞测试假人，专门设计用于评估车辆在遭受侧向撞击时乘员的受伤风险。这款假人由近千个部件构成，并内置约 100 个传感器，包括加速度计、测力计、位移计和角度计等，能够提供详尽的碰撞测试数据。WorldSID 假人的高生物仿真度设计使其结构和响应特性更贴近真实人体，提高了侧面碰撞安全性能评估的精确度。其中 WorldSID 第 50 百分位男性假人代表了普通男性的人体测量学特征，成为全球范围内的法规和研究测试工具，用于评估侧面撞击中的伤害风险以及评价乘员与车辆之间的相互作用，如图 6-4 所示。

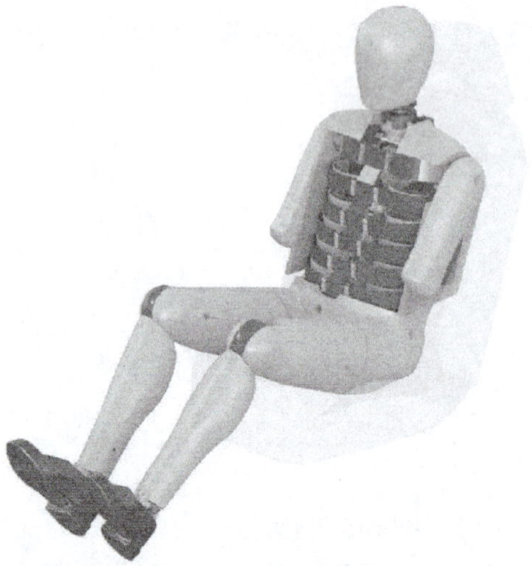

图 6-4　WorldSID 第 50 百分位男性假人

目前，WorldSID 假人已被广泛应用于欧洲新车碰撞测试（Euro-NCAP）的侧面碰撞和斜柱碰撞测试中，同时也作为中国新车评价规程（C-NCAP）评估体系的一部分，用于车型侧面碰撞安全性能的评定。

3. 试验场地及壁障

试验场地应足够大，以容纳跑道、壁障和试验必需的技术设施。在壁障前至少 5m 的跑道应水平、平坦和光滑。

壁障由钢筋混凝土制成，前部宽度不小于 3m，高度不小于 1.5m。壁障厚度应保证其质量不小于 7×10^4kg。壁障前表面应铅垂，其法线应与车辆直线行驶方向成 0°夹角。如果有必要，应使用辅助定位装置将壁障固定在地面上，以限制其位移。

二、试验评价指标

评估车辆碰撞时乘员受伤风险的指标包括：头部伤害指标、颈部伤害指标、胸部加速度指标、腿部压缩力指标和腹部压缩力指标。这些评价指标的获取需要依靠对 Hybrid Ⅲ第 50 百分位男性假人的测量，采用相应的通道频率等级（Channel Frequency Class，CFC）来独立记录不同位置的参数。上述指标值越高，表示乘员相应部位受伤的风险越高。

1. 头部伤害指标

头部伤害指标（Head Injury Criterion，HIC）是通过测量头部质心的三轴合成加速度来计算的，通常选择两个时间点 t_1 和 t_2 来计算加速度的积分值。加速度分量测量时 CFC 为 600，假人头部重心处的合成加速度 a_r 由加速度的三维分量按下式进行计算：

$$\mathrm{HIC}=(t_2-t_1)\left(\frac{1}{t_2-t_1}\int_{t_1}^{t_2}a_r\mathrm{d}t\right)^{2.5} \tag{6-1}$$

式中，t_1、t_2 为试验期间时间的任意值，且要求 $t_2-t_1\leqslant15\mathrm{ms}$；$a_r$ 为头部重心位置的合加速度，$a_r=\sqrt{a_1^2+a_2^2+a_3^2}$，其中，$a_1$、$a_2$ 和 a_3 分别为测量的纵向瞬时加速度、横向瞬时加速度和垂直瞬时加速度。

2. 颈部伤害指标

颈部伤害指标（Neck Injury Criterion，NIC）包括三个指标，分别是：颈部轴向力 F_z、颈部剪切力 F_x 和颈部弯矩 M_y。这三个指标都能在碰撞时对人体颈部造成伤害，NIC 值基于这三个力的大小和作用时间来计算。

在头颈连接处测量轴向力 F_z 和前后剪切力 F_x 时，CFC 为 1000。颈部弯矩指标 M_y 由在头颈连接处的绕 Y 轴测出的弯矩确定，在头颈连接处测量对 Y 轴的弯矩时 CFC 为 600。颈部对 Y 轴在伸张方向的弯矩 M_{ccy} 按下式进行计算：

$$M_{ccy}=M_y-F_x\times d \tag{6-2}$$

式中，d 为传感器中心到头颈交界面的距离，一般取 $d=0.01778\mathrm{m}$。

3. 胸部加速度指标

胸部加速度指标（Thoracic Acceleration Criterion，ThAC）是通过测量胸部质心的三轴合成加速度来计算的，通常选择两个时间点 t_1 和 t_2（通常为 $t_2-t_1=30\mathrm{ms}$）来计算加速度的积分值。加速度分量测量时，CFC 为 180。根据测出的合成加速度的绝对值和加速度持续时间确定。

4. 腿部压缩力指标

对于腿部压缩力指标（Foot-Floor Compression，FFC），测量假人大腿轴向压缩力时，CFC 为 600，根据测出的假人每条腿轴向传递的压缩力和压缩力持续时间确定。

5. 腹部压缩力指标

（1）WorldSID 第 50 百分位假人腹部压缩力指标

腹部压缩力指标为腹部肋骨变形量和下腰椎（T12）累计 3ms 合成加速度。

1）腹部肋骨变形量：指腹部肋骨变形峰值，是腹部肋骨位移传感器测得的任一腹部肋骨的变形最大值，CFC 为 600。

2）下腰椎（T12）累计 3ms 合成加速度 a_R：记录加速度-时间的 CFC 为 180，a_R 通过下式进行计算：

$$a_R = \sqrt{a_X^2 + a_Y^2 + a_Z^2} \tag{6-3}$$

式中，a_X为下腰椎纵向加速度；a_Y为下腰椎侧向加速度；a_Z为下腰椎垂直方向加速度。

（2）ES-2re 假人腹部压缩力指标

腹部压缩力指标为腹部受力峰值，是安装在假人碰撞侧表面覆盖物下部的力传感器测得的三个力合力的最大值，CFC 为600。

三、试验方法

1. 汽车正面碰撞试验

在进行汽车正面碰撞试验时，壁障前表面应铅垂，其法线应与车辆直线行驶方向成0°夹角，且壁障表面应覆以（20±1）mm 厚、状态良好的胶合板，如图6-5所示。

试验车辆与牵引系统连接，试验过程中车辆不应靠自身动力驱动，要由牵引系统拖拽运行。经过匀加速和匀速行驶两个阶段，试验车辆在碰撞瞬间速度达到50^{0}_{-2}km/h，牵引系统和试验车辆自动分离，在碰撞瞬间，车辆应不再承受任何附加转向或驱动装置的作用，试验车辆借助惯性自由运行，与试验壁障发生碰撞。

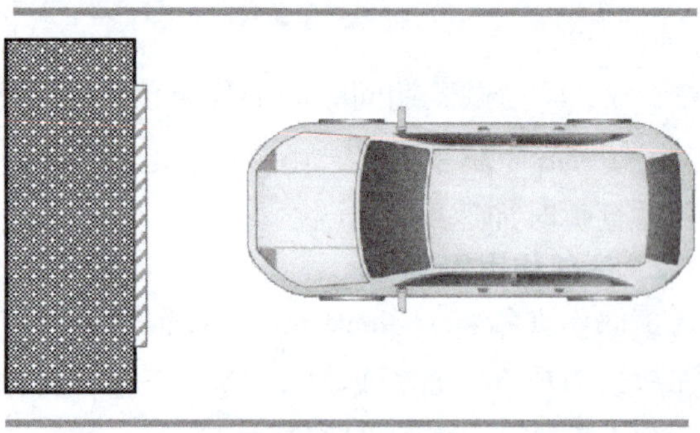

图6-5　带胶合板的0°壁障

如果试验在更高的碰撞速度下进行并且车辆符合要求，也认为试验合格。车辆到达壁障的路线在横向任一方向偏离理论轨迹均不应超过150mm。

2. 汽车正面偏置碰撞试验

除壁障设置外，汽车正面偏置碰撞试验的流程与正面碰撞试验相同。汽车正面偏置碰撞试验用的可变性壁障由蜂窝铝主体、保险杠元件、背板、覆板、保险杠面板等组成，如图6-6所示。

可变形壁障应刚性地安装到质量不少于7×10^4kg 的固定壁上或连接于固定壁上的刚性结构上。可变形壁障与固定壁或连接于固定壁上的刚性结构的连接，应使车辆在碰撞过程中不与从可变形壁障上表面到75mm处的连接结构的任何位置接触。安装可变形壁障的表面应平坦光滑，竖直偏差±1°，并垂直于跑道轴线，偏差±1°。连接表面在试验过程中的位移不应大于10mm。若需要，应使用防止固定壁上或连接于固定壁上的刚性结构产生位移的附加约束装置。按照汽车碰撞侧试验要求，可变形壁障的边缘应与固定壁上或连接于固定壁上的刚性结构边缘对齐。

3. 汽车侧面碰撞试验

车辆碰撞和移动的场地地面应保持水平、平整、干燥和干净。移动变形壁障应装有适当装置，以避免与试验车发生二次碰撞。保持移动变形壁障的纵向中垂面轨迹垂直于被撞车辆的纵向中垂面。移动变形壁障的纵向中垂面与试验车辆上通过碰撞侧前排座椅 R 点的横断垂面之间的距离应在±25mm 内，确保在碰撞瞬间，变形壁障前表面上边缘和下边缘限定的水平中间平面与试验前确定的位置的上下偏差在±25mm 内。

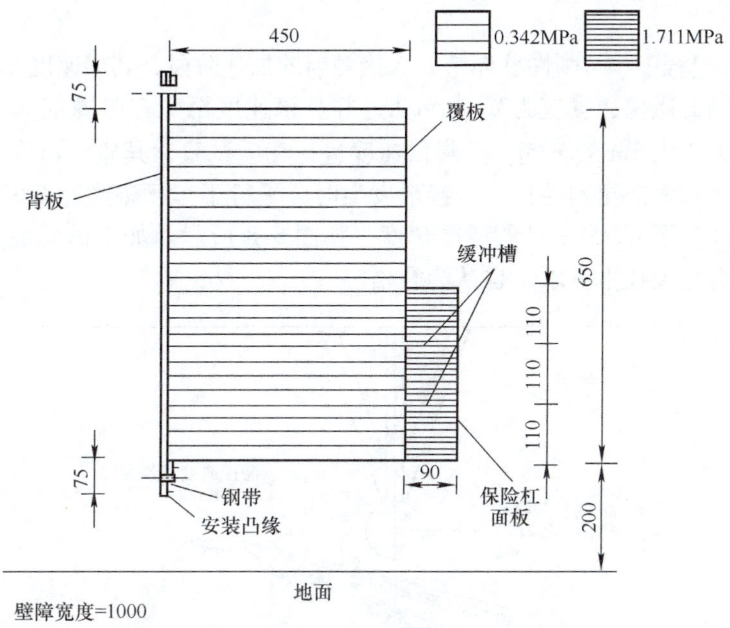

图 6-6　汽车正面偏置碰撞试验用的可变性壁障

试验时，试验车辆保持静止。碰撞瞬间移动变形壁障的速度应为（50 ±1）km/h，并且该速度至少在碰撞前 0. 5m 内保持稳定。如果试验在更高的碰撞速度下进行，且车辆符合标准技术要求，也认为合格。汽车侧面碰撞试验示意图如图 6-7 所示。

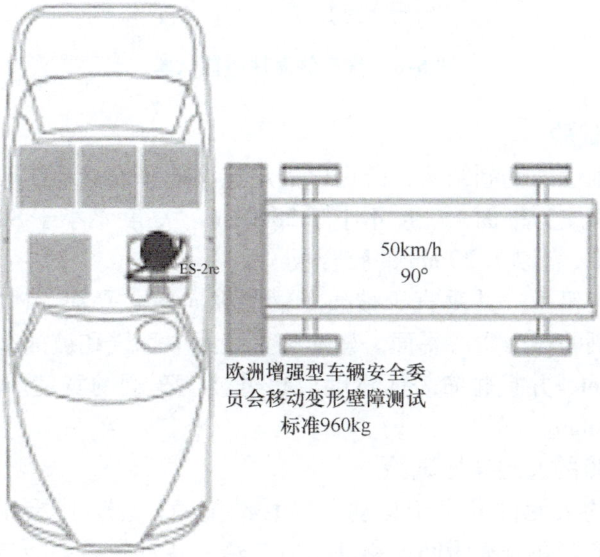

图 6-7　汽车侧面碰撞试验示意图

4. 汽车侧面柱碰撞试验

碰撞试验时碰撞基准线应对准刚性柱表面中心线，当车辆与刚性柱发生碰撞时，刚性柱表面中心线应控制在与碰撞基准线平行，且分别距离碰撞基准线 25mm 的两垂直平面形成的接触区域内。

试验车辆驱动过程中，与刚性柱体第一次接触前的加速阶段，其加速度不得超过 1.5m/s^2。在碰撞瞬间，车辆的碰撞速度应为32 $^{+1}_{0}$km/h，并且该速度至少在碰撞前 0.5m 内保持稳定。对于车辆宽度不大于 1.5m 的车辆，可降低速度进行相应试验，其碰撞速度应为26 $^{+1}_{0}$km/h。

滑动或驱动车辆横向至刚性柱，当接触发生时，平行于车辆碰撞速度矢量的垂直面与车辆纵向中心线之间应形成 75° ±3°的碰撞角度，如图 6-8 所示。如果试验在更高的碰撞速度下进行且车辆符合相关技术要求，也认为合格。

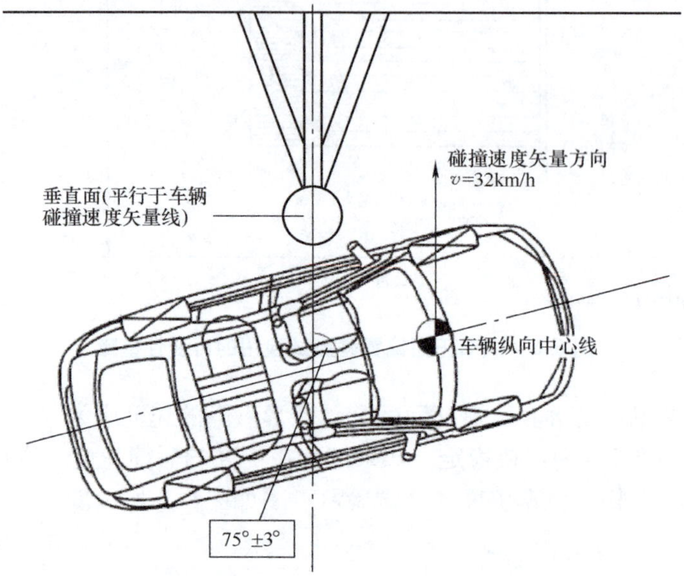

图 6-8 汽车侧面柱碰撞试验

5. 汽车追尾碰撞试验

碰撞装置应为一刚性的钢制结构，既可以固定在移动车或移动壁障上，也可以为摆锤的一部分。碰撞装置表面应为平面，宽度不小于 2500mm，高度不小于 800mm，其棱边圆角半径为 40 ~ 50mm，表面装有厚为 20mm 的胶合板。

碰撞时碰撞表面应铅垂，并垂直于被撞车辆的纵向中心平面。碰撞装置移动方向应水平，并平行于被撞车辆的纵向中心平面。碰撞装置表面中垂线和被撞车辆的纵向中心平面间横向偏差不大于 300mm，并且碰撞表面宽度应超过被撞车辆的宽度。碰撞表面下边缘离地高度应为（175 ±25） mm。

（1） 使用移动壁障的追尾碰撞试验

如果碰撞装置用约束元件固定于移动车（移动壁障）上，则要求约束元件为刚性的，不应因碰撞而产生变形。在碰撞瞬间，移动车应与牵引装置脱离并能自由移动。碰撞速度为（50 ±2） km/h。移动车和碰撞装置总质量为（1100 ±20） kg。

（2） 使用摆锤的追尾碰撞试验

碰撞装置应牢固地固定在刚性臂上并通过刚性臂自由地悬挂，摆锤结构不能因碰撞而变形。碰撞装置的碰撞表面中心与摆锤旋转轴线间距离不应小于 5m。摆锤应装有制动器，以防止摆锤二次碰撞试验车。摆锤撞击中心在碰撞瞬间速度为（50 ±2） km/h。

摆锤撞击中心的转换质量 m_r 与总质量 m 之间关系为

$$m_r = m\frac{l}{a} \tag{6-4}$$

式中，a 为撞击中心与旋转轴间距离；l 为系统重心与旋转轴距离；转换质量 m_r 应为（1100 ± 20）kg。

6. 电动汽车底部抗碰撞能力试验

电动汽车在实际行驶中面临着极其复杂的底部工况，如在通过凹坑、凸起物或石子路面时，车辆底部容易遭受撞击和刮擦。由于这些易受损区域通常位于车辆底部，具有较高的隐蔽性，这给电动汽车的安全性能，尤其是电池包的安全，带来了重大隐患。

最新版 C-NCAP 增加了电动汽车刮底试验的评估项目，从 X 方向和 Z 方向分别对电动汽车底部抗碰撞能力进行测试与评价。X 方向为刮底试验，主要模拟纯电动汽车在行驶过程中经过凸起地面对底板处电池系统的影响。Z 方向为托底试验，主要模拟纯电动汽车在行驶过程中底部飞溅物或者爬坡上坎过程中异物对整车底部电池系统的影响。

（1）电动汽车刮底试验

电动汽车刮底试验使用直径 150mm、材质为#45 钢的实心半球壁障，沿车辆三维坐标系 X 轴方向上，先正向后负向进行刮底测试，每次测试间隔至少 2h。刮底测试的初始对准位置基于动力蓄电池包整车安装点几何中心，选择半径 240mm 内一点沿 X 轴方向进行。刮底工装顶部最高点与电池包或系统底部投影点在 Z 轴方向的重叠量需为 30mm，允许误差在 0 ~6mm 之间。试验车速要求正向行驶时为（30 ±1）km/h，倒车时为（5 ±1）km/h。电动汽车刮底试验如图 6-9 所示。

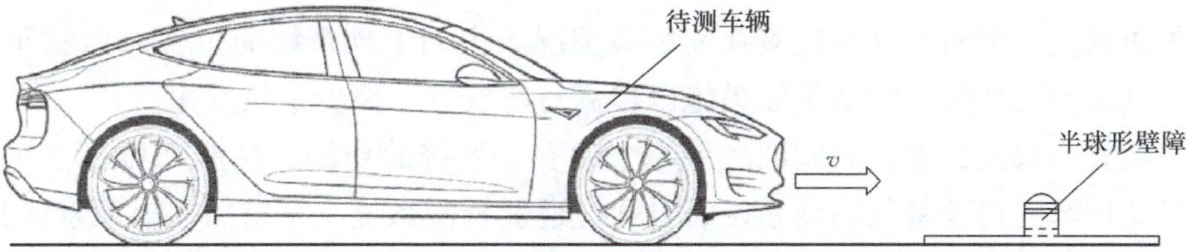

图 6-9　电动汽车刮底试验

试验中监测车辆 B 柱下端 X 轴加速度、电池包或系统底部加速度、壳体温度，并进行高速摄像，试验后还需观察 2h 以监测电池包或系统的泄漏情况并测量底部变形量。

安全要求方面，依据 GB/T 31498—2021《电动汽车碰撞后安全要求》标准进行绝缘电阻测量，直流母线绝缘电阻不低于 100Ω/V，交流母线不低于 500Ω/V，并根据 GB/T 4208—2017《外壳防护等级（IP 代码）》标准进行电池包或系统外壳防护等级测试，确保防护等级达到 IPX7。

（2）电动汽车托底试验

如图 6-10 所示，电动汽车托底试验使用一个前端为 Φ25mm 半球形、质量 10kg、材质为#45 钢的撞击头，沿 Z 轴垂直向上方向，在动力蓄电池包整车安装点几何中心半径 240mm 水平区域内，根据主机厂提供的电池包或系统布置图选定撞击点，以（120 ±3）J 的撞击能量进行测试。

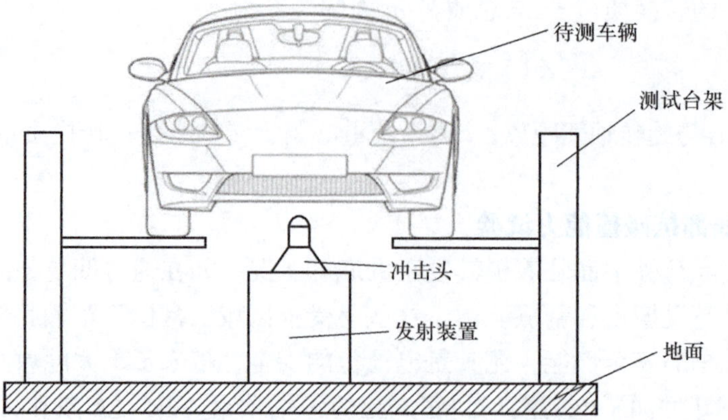

图 6-10　电动汽车托底试验

试验中监测电池包或系统底部壳体温度，并在试验完成后 2h 内监控电池包或系统的泄漏情况并测量底部变形量。安全要求方面同上述电动汽车刮底试验。

第二节　主动安全系统试验

主动安全系统通过不同类型的传感器感知汽车行驶道路环境、车辆状态和驾驶员状态，并采取一定的策略来控制汽车主动采取预警、干预措施，有效防止和避免事故的发生。主动安全系统包括主动预警系统和主动干预系统。主动预警系统通过使用传感器、监测设备、数据分析和算法等技术，实时监控和分析数据，并在潜在危险变得严重之前提出警告，提醒驾驶员采取预防或应对措施，以减轻潜在的危险情况。主动干预系统通过实时监测车辆状态、驾驶员行为以及周围环境，主动采取措施以提高行车安全、减少事故发生。

开展主动安全系统试验，对验证和保障主动安全系统的功能、性能和可靠性至关重要。本节重点对商用车的自动紧急制动系统、自适应巡航控制系统、车道保持辅助系统和驾驶员注意力监测系统的试验项目和试验方法进行介绍。

一、自动紧急制动系统试验

自动紧急制动系统（Advanced Emergency Braking System，AEBS）能够自动探测前方车辆、行人目标，对车辆前方潜在的碰撞危险进行识别和评估，给予驾驶员相应的警告提示，紧急情况下对车辆自主施加制动以避免或减轻碰撞危险，有效降低追尾碰撞事故的发生概率。

AEBS 已在商用车辆上得到广泛应用。根据 ECE R131 规定，除特殊用途车辆和有人站立的客车等外，从 2013 年 11 月起商用车辆必须依照法规配备 AEBS，并且于 2014 年 Euro-NCAP 正式将 AEBS 纳入新车安全评价加分项中。JT/T 1094—2016《营运客车安全技术条件》要求 2019 年 4 月起我国 9m 以上营运客车必须装备 AEBS。GB/T 38186—2019《商用车辆自动紧急制动系统（AEBS）性能要求及试验方法》对 M_2、M_3 和 N 类商用车辆用 AEBS 的试验方法进行了相关规定。

(1) 试验准备

车辆应在制造商规定的载荷状态下进行试验，试验开始后不应对车辆载荷进行任何调整。被试车辆应按规定进行制动器磨合。

AEBS 测试对于试验车和目标车的纵向与侧向位置、速度以及减速度有较高精度要求，需要采用专业的测试系统来保证测试的准确性和可重复性。

典型的测试系统主要由 RT 基站、试验车、目标车等组成，如图 6-11 所示。

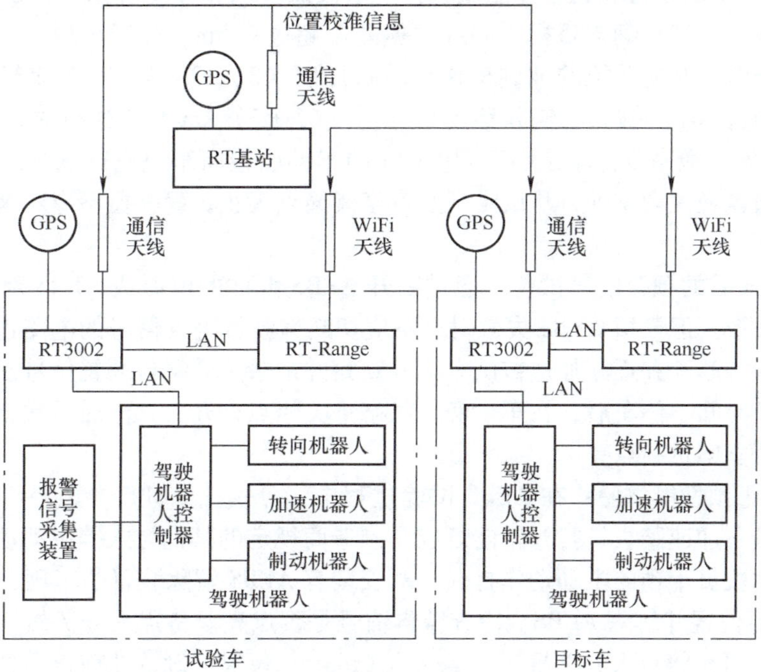

图 6-11　AEBS 测试系统

RT 基站通过 Radio 广播模式向测试车辆中的 RT3002 提供位置校准信息。试验车是装配 AEBS 的车辆，目标车是在试验车前方被 AEBS 识别为障碍物的车辆。目标车通常由牵引车、轨道和 EVT 假车构成，如图 6-12 所示。EVT 假车采用充气式可撞击的气囊，内部填充有金属材料，可模拟真实 M_1 类车辆尾部的雷达反射率，EVT 假车在受撞击后可在轨道上滑行，以保障试验车在测试过程与假车撞击后有一定的制动缓冲距离。

图 6-12　试验车和目标车

在试验车和目标车中安装的驾驶机器人用于测试时自动驾驶功能。车载 RT3002 为驾驶机器人提供定位、导航等信息。报警信号采集装置用于识别车辆报警信号并输出给驾驶机器人。RT-Range 作为车-车通信装置，通过 WiFi 天线可将目标车的速度、位置等信息传输给试验车辆，并实时计算两车相对距离、相对速度和碰撞时间。

（2）试验项目和试验方法

1）静止目标下的预警和起动性能试验：被试车辆应在开始之前至少 2s 沿直线向静止目标行驶，与目标中心线的偏差不应超过 0.5m。试验应在被试车辆以（80 ±2）km/h 车速行驶且距离目标 120m 时开始，最高设计车速小于 80km/h 的车辆以最高车速进行试验。除为防止车辆方向偏移对转向盘轻微调整外，从试验开始直至碰撞点为止，驾驶员不应对被试车辆进行任何调整。

2）移动目标下的预警和起动性能试验：要求被试车辆和移动目标应在试验之前至少 2s 沿直线同向行驶，被试车辆与目标中心线的偏差不超过 0.5m。被试车辆以（80 ±2）km/h 车速行驶，对于气压制动系统的被试车辆移动目标以（32 ±2）km/h 车速行驶，对于阻力液压制动性的 M_3、M_2 类被试车辆和移动目标以（67 ±2）km/h 车速行驶，且在二者相距至少 120m 时开始；最高设计车速小于 80km/h 的车辆以最高车速进行试验。除为防止车辆方向偏移对转向盘轻微调整外，从试验开始直至碰撞点为止，驾驶员不应对被试车辆进行任何调整。

3）系统失效后的预警信号试验：通过断开 AEBS 部件的电源或 AEBS 部件间的电路连接来模拟电路失效。但模拟 AEBS 失效时，不应切断驾驶员警告信号的电路连接和 AEBS 手动关闭控制装置。起动并逐渐加速被试车辆，观察并记录失效警告装置信号及首次发出警告信号时的车速及时间。停车后，在车辆静止状态下关闭点火开关，然后再重新打开，检查失效警告信号是否立即重新点亮。

4）驾驶员干预性能试验：在 AEBS 试验过程中，分别在 AEBS 的预警阶段和紧急制动阶段，驾驶员踏下加速踏板、打开转向灯以及制造商规定的其他方式等主动动作，检查系统的响应能否被驾驶员干预的主动动作打断。对安装有 AEBS 解除装置的车辆，将点火开关置于“点火”运行位置并解除 AEBS，检查警告信号是否点亮。将点火开关置于“熄火”（关闭）位置，然后再次将点火开关置于“点火”（运行）位置，确认此前曾点亮的警告信号是否点亮。如果点火系统通过钥匙启动，则应在全程未拔出钥匙的条件下进行上述操作。

5）系统防止误响应性能试验：目标车与被试车辆行驶方向相同，两目标车内侧相距 4.5m，并排尾部对齐，被试车辆从与目标车相距至少 60m 以外沿着两车中心线以（50 ±2）km/h 等速从两辆静止的车辆中间通过。除为防止车辆方向偏移对转向盘轻微调整外，试验中不应对被试车辆进行任何调整。

（3）评价标准

1）AEBS 正常运行时应满足的基本性能要求：除非驾驶员干预，在发出规定的预警后，应进入紧急制动阶段，明显降低被试车辆车速；除手动关闭 AEBS 外，在车辆所有载荷状态下都至少应在 15km/h 至最高设计车速之间正常运行；在驾驶员不认为会与前方车辆发生碰撞的情况下，AEBS 设计应尽量减少发出碰撞预警信号并且避免自动制动。

2）静止目标条件下的预警和起动性能要求：对于气压制动系统被试车辆，最迟应在紧急制动阶段开始前 1.4s 开始以声学、触觉及光学中的一种模式预警，最迟应在紧急制动阶段开始前 0.8s 开始以声学、触觉及光学中的两种模式预警；对于助力液压制动系统 M_2 类、M_3类被试车辆，最迟应在紧急制动阶段开始前 0.8s 开始以声学、触觉及光学中的一种模式预警，最迟应在紧急制动阶段开始前以声学、触觉及光学中的两种模式预警。碰撞预警阶段之后应为紧急制动阶段，预警阶段的速度下降不应超过 15km/h 或试验车辆车速下降总额的

30%中的较高者。被试车辆与静止目标碰撞时的速度下降总额不小于10km/h。紧急制动阶段不应在预计碰撞时间小于或等于3s前开始。排除其他干扰因素后，5次试验至少3次满足以上规定。

3）移动目标条件下的预警和起动性能要求：相比静止目标条件下的预警和起动性能要求，主要变化是要求被试车辆在紧急制动阶段不应与移动目标发生碰撞，其余内容两者要求一致。

4）系统失效的警告信号要求：符合规定的常亮的光学警告信号最迟应在车辆以大于15km/h的车速行驶10s时启动；并且只要失效仍然存在，车辆在静止状态下关闭点火开关又重启后，还应保持其失效警告状态。

5）驾驶员干预性能要求：AEBS可允许驾驶员中断预警阶段；如果采用车辆制动系统提供的触觉预警，则系统应保证驾驶员能够中断预警制动。AEBS应保证驾驶员能够中断紧急制动。上述两种情形均可通过表明驾驶员意识到紧急状态的主动动作中断。车辆接触AEBS时应保证车辆点火时自动恢复至正常工作状态，关闭AEBS功能后应能向驾驶员发出符合规定的常亮的黄色光学警告信号。

6）防止误响应性能要求：进行系统防止误响应性能试验时，AEBS不应发出碰撞预警，也不应启动紧急制动功能。

二、自适应巡航控制系统试验

自适应巡航控制（Adaptive Cruise Control，ACC）系统，又称为智能巡航控制系统，它是通过基于特定的信息控制车辆车速与前方车辆运动状况相适应，对车辆纵向运动进行自动控制，以减轻驾驶员的劳动强度，保障行车安全，并为驾驶员提供辅助支持。ACC系统的最大优点是不仅能够保持驾驶员预先设定的车速，还能够在特定驾驶条件下随时根据需要降低车速，甚至自动制动。ACC系统一般在车速大于25km/h时才会起作用，当车速降低至25km/h以下时，需要驾驶员进行人工控制。ACC系统也可以实现“停车/起步”功能，以应对频繁的停车和起步行驶工况。当车速超过30km/h时，无论驾驶员以何种方式驾驶车辆，ACC系统均会介入工作，以使车辆始终保持驾驶员预先设定的车速。

ACC功能主要分为前方有车和前方无车两种情况。对于前方有车情况，系统会根据驾驶员设定的跟车距离一直跟随着前车巡航，跟随车速随着前车快慢相应地自动调整。对于前方无车情况，系统就会自动根据车主设定的巡航速度匀速前进，解放驾驶员双脚，驾驶员只需要掌握好转向盘即可。

GB/T 20608—2006《智能运输系统自适应巡航控制系统性能要求与检测方法》对智能运输系统自适应巡航控制系统的性能要求与检测方法做了规定。

该试验用于验证ACC系统的性能稳定性和安全性，确保ACC系统在实际道路使用中能够安全、可靠地运行，符合相关法规和标准。

（1）试验准备

选择合适的测试场地，包括模拟城市、高速公路和其他常见道路情况，以确保系统在各种场景下都能够得到有效测试。测试场地为平坦干燥的沥青或混凝土路面；水平能见度应大于1km。

对测试车辆进行必要的准备工作，包括安装和调试ACC系统，确保系统硬件和软件的正常运行。对车载系统中使用的传感器进行校准，以确保它们准确地感知周围环境，并在不同条件下可靠工作。

（2）试验项目和试验方法

1）目标识别能力测试：两辆同型号的车辆在本车的前方以速度 $V_{\text{vehicle start}}$ 同向行驶，两车纵向中心线间的距离为（3.5±0.25）m，车宽在1.4~2m之间；本车在车间时距控制模式下稳定跟随其中一辆前车行驶（即目标车），车间时距为最大跟车时距，设定车速大于 $V_{\text{vehicle end}}$，本车与目标车纵向中心线间的横向偏差小于0.5m，如图6-13所示。

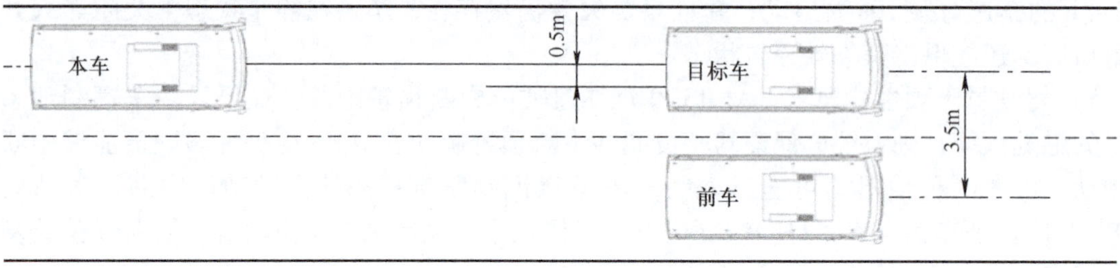

图6-13 目标识别能力测试试验

目标车加速至 $V_{\text{vehicle end}}$，如果本车在ACC状态下超过相邻车道上的前车，则测试合格，其中，$V_{\text{vehicle start}}=27\text{m/s}$（约100km/h），如果车辆无法实现上述速度，则采用 $V_{\text{vehicle start}}=22\text{m/s}$（约80km/h），$V_{\text{vehicle start}}=V_{\text{vehicle end}}-3\text{m/s}$。

2）弯道适应能力测试：本测试应考虑对道路几何结构参数进行预测，同时兼顾ACC系统传感器的视野范围。由于道路几何结构参数预测方法和前方车辆探测方法不同，故需要设计一个驾驶场，以便进行弯道适应能力测试。

在目标车位安装测试目标A，其余未被遮盖的表面按如下原则进行隐藏处理：在移去测试目标A以后使车尾的雷达散射截面（RCS）不大于 2m^2 或使其反射率不大于测试目标的20%。

本车以车间时距控制模式跟随同一车道上的目标车（二者纵向中心线间的横向偏差为±0.5m），测试之前，需满足以下初始条件：两辆同型号的车辆在本车的前方以速度 $V_{\text{vehicle start}}$ 同向行驶；两车纵向中心线间的距离为（3.5±0.25）m，车宽在1.4~2m之间；本车在车间时距控制模式下稳定跟随其中一辆目标车，车间时距为最大跟车时距，设定车速大于 $V_{\text{vehicle end}}$，本车与目标车纵向中心线间的横向偏差小于0.5m。

目标车的初始速度为 $V_{\text{vehicle start}}=\min\left[\sqrt{a\times R},\ V\pm1\right]$，其中，$a$ 为最大横向加速度，R 为转弯半径，V 为车辆的最高行驶速度。当 $R=500\text{m}$ 时，最大横向加速度为 2.0m/s^2；当 $R=250\text{m}$ 时，最大横向加速度为 2.3m/s^2；当 $R=125\text{m}$ 时，最大横向加速度为 2.3m/s^2。

选择适当时机，使目标车减速，观察本车的反应。正常情况下，在车间时距减小至最大跟车时距之前，本车就会因为与目标车车距减小而开始减速。

（3）评价标准

评价标准包括跟车时距控制和车速控制应自动转换，跟车时距可适用于各种ACC工作下的车速，跟车时距应≥1s，并且至少提供一个在1.5~2.2s区间的时距。ACC系统可以控制本车的行驶速度；在稳定状态下ACC系统应遵循规定的车间时距的最小临界值；过渡过程中的车间时距可能会暂时降至临界值以下，系统应在一定时间内恢复到临界值以上。

为有助于全面评估系统的性能和安全性，以上评价标准可以根据具体的 ACC 系统设计和试验计划进行调整。

三、车道保持辅助系统试验

车道保持辅助（Lane Keeping Assist，LKA）系统在提高驾驶安全性和舒适性方面起着重要的作用，其主要功能要求如下：

1）车道保持功能：LKA 系统应能通过车辆边线的视觉识别或其他传感器技术，准确判断车辆当前所在车道的位置，及时识别车辆的偏离行为，并采取相应的控制措施，如轻微的方向调整或轻微的制动力，辅助驾驶员将车辆保持在预定行驶轨迹的车道内行驶。

2）车道偏离抑制功能：LKA 系统应能够在车辆出现偏离当前车道的情况下，通过操控转向系统对车辆进行干预，使其重新回到车道内行驶，抑制车道偏离，有效减轻驾驶员的操作负担和驾驶疲劳，提高驾驶安全性。

3）车道居中控制功能：当车辆偏离车道中心线时，LKA 系统能够主动操控转向系统，使车辆回到车道中心位置，以保持稳定的行驶轨迹。

GB/T 41796—2022《商用车辆车道保持辅助系统性能要求及试验方法》对 M_2 类、M_3 类和 N 类汽车具备车道偏离抑制功能的车道保持辅助系统的试验方法进行了规定。

（1）试验准备

1）试验场地条件：试验路面上的可见车道标识状态良好，道路两侧具有车道线，车道线边线为白色或黄色的实线或虚线，颜色和线型应符合 GB 5768.3—2009 的规定。试验车道长度应满足试验需求，车道线的宽度应在 0.10～0.30m，车道宽度应在 3.50～3.75m；直线试验道路弯曲半径应大于或等于 5km。弯道试验道路为一段直道连接一段长度能保证车辆行驶 5s 以上的弯道，如图 6-14 所示。此弯道分为变曲率部分 AB 和定曲率部分 BC，定曲率部分的曲率半径 R_{BC} 为 500m，直道和定曲率部分弯道的连接段为变曲率部分，曲率随弯道长度呈线性变化，从 0 逐渐增大到 $0.002\mathrm{m}^{-1}$，曲率变化率不大于 $4\times10^{-5}\mathrm{m}^{-2}$。图 6-14 中，$S_1$、$S_2$ 和 S_3 分别为变曲率部分长度、定曲率部分长度和弯道总长度。

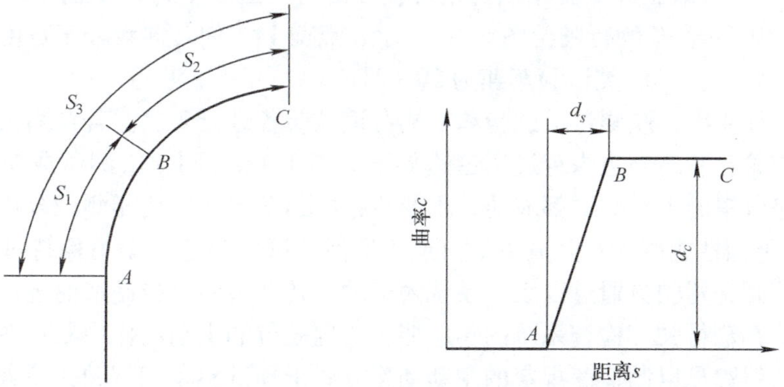

图 6-14　试验弯道示意图

2）测试车辆条件：测试车辆的质量应在整车整备质量和最大允许总质量状态下分别进行试验，试验开始后不准许改变试验车辆的条件。

3）系统设置要求：对于具有可调干预临界点的系统，试验应在系统设置为最迟干预临界点状态下进行，试验开始后不准许改变系统设置。

4）试验环境条件：干燥、平坦、清洁的沥青或混凝土路面；平均风速应不大于3m/s；温度范围为 -20 ~45℃；光照强度不低于500lx；水平能见度应大于1km。

5）试验设备要求：试验仪器和设备动态数据采样和存储的频率大于或等于100Hz，速度精度优于0.028m/s，位置精度优于0.05m，加速度精度优于0.1m/s^2。

（2）试验方法及步骤

1）直道车道保持试验：如图6-15所示，试验车辆初始行驶方向与车道线平行，车辆中心线与车道中心偏差不应大于0.2m。试验车辆以20 ~21m/s的速度通过试验起始点 d_0 并稳定行驶至转向起始点 d_1 后偏离本车道，当满足 $0.2\text{m/s} \leqslant V_\text{d} \leqslant 0.6\text{m/s}$ 条件后，转向盘处于自由状态。经试验结束点 d_4 后试验结束。

直道试验共计8次，分为4次左侧偏离试验以及4次右侧偏离试验，单侧试验应包括1次在 $0.2\text{m/s} \leqslant V_\text{d} \leqslant 0.4\text{m/s}$ 条件下偏离本车道的试验，以及3次在 $0.4\text{m/s} \leqslant V_\text{d} \leqslant 0.6\text{m/s}$ 条件下偏离本车道的试验。图6-15中，d_2 和 d_3 分别为转向速度为0.6m/s和0.2m/s对应点。

每组单次测试过程中，若主体车辆偏离方向一侧的前轮轮胎的外边缘越过车道边界距离不大于1.1m，则该次测试成功。若8次测试都成功，则直线路段的车道保持功能测试合格。

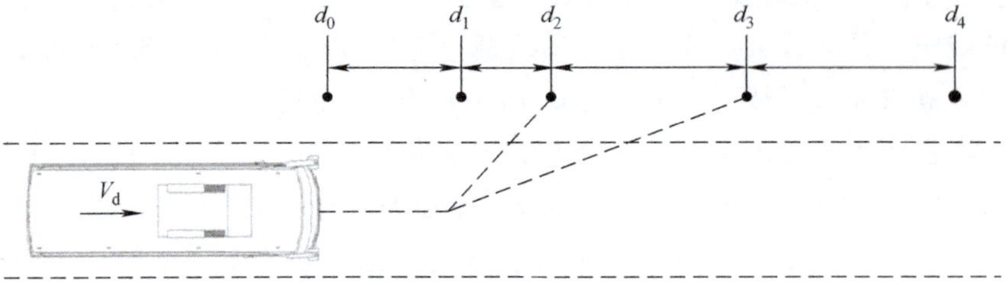

图6-15　直道试验示意图

2）弯道车道保持试验：试验车辆初始行驶方向与车道线平行，车辆中心线与车道中心线偏差不应大于0.2m，车辆行驶至图6-14所示 A 点前1s，使转向盘处于自由状态，驶出弯道后试验结束，M_2 类和 M_3 类试验车速为20 ~21m/s。

弯道试验共计4次，左侧弯道试验和右侧弯道试验各进行2次。若在测试期间自车的偏离方向一侧的前轮轮胎的外边缘越过车道边界不大于1.1m，则单次测试成功。若在右曲线路段和左曲线路段中的4次测试都成功，则曲线路段的车道保持功能测试合格。

3）驾驶与干预性能试验：开展以上直道车道保持试验和弯道车道保持试验过程中，在系统干预动作期间，驾驶员通过以大于系统阈值的力转动转向盘或制造商规定的其他主动动作方式干预试验车辆行驶，检查系统的响应能否被驾驶员的主动动作中断；在系统发出车道偏离预警期间，驾驶员以制造商规定的主动动作方式干预试验车辆行驶，检查系统的响应能否被驾驶员的主动动作中断。

四、驾驶员注意力监测系统试验

驾驶员注意力监测系统（Driver Attention Monitoring System，DAMS）基于驾驶员生理图像反应，由 ECU 和摄像头两大模块组成。它利用驾驶员的面部特征、眼部信号、头部运动性等推断驾驶员的疲劳状态，并报警提示和采取相应措施。对驾乘者给予主动智能的安全保障。如果该系统本身存在一定的安全隐患，或是驾驶员未疲劳，而预警系统已产生相应的措施来应对，反而会影响正常的驾驶情况。GB/T 41797—2022《驾驶员注意力监测系统性能要求及试验方法》对 M 类和 N 类车辆安装有基于图像识别技术的驾驶员注意力监测系统的试验方法进行了规定。

（1）试验准备

模拟车辆驾驶环境的试验台应至少包括仪表台、转向盘、座椅、安全带、座椅后方背景；光线模拟光谱应满足太阳光光谱范围，照度及角度可调，白天照度在 2000 ~ 10000lx 范围内，夜晚照度在 0 ~ 15lx 范围内；外部光源在驾驶舱内无明显反光现象，温度范围为 -20 ~ 45℃。

仿真机器人应能反映人的特征，并根据指令做出闭眼、打哈欠、左右转头、抬头、低头、接打手持电话等动作。

试验道具应满足以下要求：手持电话宽度为 70 ~ 90mm，长度为 140 ~ 170mm，厚度为 7 ~ 10mm 且未装配手机壳，或同尺寸替代物；香烟长度为 84 ~ 120mm，直径为 5 ~ 10mm，或具有香烟外形特征的替代物。

（2）试验方法及步骤

1）驾驶员识别能力试验：试验目标为至少 3 名无面部、眼部缺陷，满足 GB/T 10000—2023《中国成年人人体尺寸》中 18 ~ 60 岁组身高、坐姿眼高、头部形态面长尺寸要求的成年人。试验过程为在白天光照强度下，系统处于激活且功能正常时，试验目标于驾驶区域执行表 6-1 中的行为，每人每项行为执行 6 次，单次行为之间应至少间隔 5s。

表 6-1　系统监测行为及提示信息条件

序号	行为	内容	提示信息条件
1	闭眼	眼睛完全闭合	闭眼持续时间≥2s
2	头部姿态异常（试验人员头部姿态方向与视线方向抑制）	头部偏转角度左偏或右偏≥45°或抬头或低头≥30°	头部姿态异常持续时间≥3s
3	接打手持电话	手持电话任意点与面部的距离 <5cm	接打手持电话持续时间≥3s
4	打哈欠	张嘴高宽比 >0.6	打哈欠持续时间≥3s
5	抽烟	手持香烟与嘴唇最小距离不应大于 2cm	抽烟持续时间≥2s

2）检出率及准确率试验：分别在白天与夜晚条件下进行试验，系统处于激活且功能正常时，试验目标于驾驶区域执行表 6-2 中的行为，试验次数见表 6-3，各单次行为间隔时间应大于 5s。

表 6-2　行为动作单次完整试验定义

序号	行为		单次完整试验定义
1	闭眼		试验目标目视前方保持正常驾驶姿势，然后闭眼，持续闭眼 2s 后睁开眼睛
2	打哈欠		试验目标目视前方保持正常驾驶姿势，然后打呵欠，持续张嘴 3s 后闭合嘴巴
3	头部姿态异常	向左转头	试验目标目视前方保持正常驾驶姿势，头部方向与车辆行驶方向一致记为 0°位置，然后向左转头 45°～50°，持续 3s 后回到 0°位置
		向右转头	试验目标目视前方保持正常驾驶姿势，头部方向与车辆行驶方向一致记为 0°位置，然后向右转头 45°～50°，持续 3s 后回到 0°位置
		抬头	试验目标目视前方保持正常驾驶姿势，头部方向与车辆行驶方向一致记为 0°位置，然后抬头 30°～35°，持续 3s 后回到 0°位置
		低头	试验目标目视前方保持正常驾驶姿势，头部方向与车辆行驶方向一致记为 0°位置，然后低头 30°～35°，持续 3s 后回到 0°位置
4	接打手持电话		试验目标目视前方保持正常驾驶姿势，接打手持电话时，手持电话靠近头部持续 3s 后放下继续正常驾驶
5	抽烟		试验目标目视前方保持正常驾驶姿势，手持香烟靠近面部 2cm 以内，持续 2s 后将香烟放下继续正常驾驶

表 6-3　试验次数

行为	光照条件	穿戴条件		
		裸眼	戴墨镜	戴眼镜
闭眼	白天试验次数	20	20	20
	夜晚试验次数	20	0	20
打哈欠	白天试验次数	20	20	20
	夜晚试验次数	20	0	20
头部姿态异常	白天试验次数	20	20	20
	夜晚试验次数	20	0	20
接打手持电话	白天试验次数	20	0	0
	夜晚试验次数	20	0	0
抽烟	白天试验次数	20	0	0
	夜晚试验次数	20	0	0

第三节　电磁兼容性试验

电磁兼容性（Electromagnetic Compatibility，EMC）是指在电磁环境中，电子设备和系统在彼此之间能够以适当的方式共存，互不干扰，同时也不受外部电磁干扰的能力，旨在确保各种电子设备和系统在电磁环境中能够正常运行。

电磁兼容性主要包括电磁干扰（Electromagnetic Interference，EMI）和抗电磁干扰能力（Electromagnetic Susceptibility，EMS）两个方面。EMI 指的是电子设备在操作时产生的电磁辐射或传导，可能会对其他设备造成干扰。例如，电子设备可能通过电缆、无线传输等方式释放电磁辐射，而这可能干扰到附近其他设备的正常工作。EMS 指的是设备对外部电磁干扰的抵抗能力，设备需要能够在存在其他电子设备、雷电、无线电信号等干扰源的环境中正常运行，而不受到干扰影响。

电磁兼容性是电子设备和系统设计中的重要考虑因素，尤其在现代社会中，各种电子设备的广泛使用使得电磁兼容性问题变得尤为突出。为确保电磁兼容性，制造商需要在设计阶段考虑电磁兼容性，采取一系列措施，包括使用屏蔽材料、设计电路以降低辐射、采用滤波器等。此外，还需要进行一系列的测试，确保设备在现实的电磁环境中能够稳定可靠地工作，同时不会对其他设备造成不良影响。

电动汽车出口认证通常按照 72/245/EEC 指令《有关车辆的无线电骚扰（电磁兼容性）》和 ECE R10 法规《关于就电磁兼容性方面批准车辆的统一规定》进行整车及零部件电磁兼容性能的测试和评价。

一、电磁辐射发射试验

基于电磁辐射的频谱宽度不同，电磁兼容性测试中主要采用宽带电磁辐射发射试验和窄带电磁辐射发射试验两种测试方法。通过宽带和窄带试验相结合，能够更全面地评估设备在电磁环境中的辐射性能，确保其在实际应用中不会对其他设备或系统造成干扰。

车辆宽带、窄带电磁辐射发射试验，应采用 10m 法或 3m 法进行试验。宽带发射试验应使用准峰值或峰值检波器进行试验，但使用峰值检波器时，应使用 CISPR 12—2005 规定的 20dB 修正系数进行修正。

1. 宽带电磁辐射发射试验

（1）试验准备

车辆应处于运行状态，打开长时工作的、能产生宽带发射的所有设备，如刮水器电动机和冷却风扇，使其工作在最大负载状态，短时工作的设备如喇叭和玻璃升降器电动机等除外。

（2）试验方法

应在半电波暗室中分别在天线垂直极化和水平极化下进行测量，频率范围为 30～1000MHz。可以使用频谱分析仪或扫描接收机进行测量，测量参数应按照 GB/T 18655—2025《车辆、船和内燃机　无线电骚扰特性　用于保护车载接收机的限值和测量方法》中规定来设置。为加快测试进度，可以使用峰值检波器进行扫描，但是当峰值测量结果超过限值要求时，应使用准峰值检波器进行最终测试。

如果车辆制造商能提供经授权的检测机构测试的全频段试验数据，可以采用替代试验方法减少试验频点的数量。

车辆宽带电磁辐射发射试验的替代试验方法：可以将频率范围分成 14 个频段，分别为 30～34MHz、34～45MHz、45～60MHz、60～80MHz、80～100MHz、100～130MHz、130～170MHz、170～225MHz、225～300MHz、300～400MHz、400～525MHz、525～700MHz、700～850MHz、850～1000MHz，应在以上 14 个频段内水平极化和垂直极化天线位于车辆左侧和右侧产生最大发射的频点上进行试验。

天线位于车辆的左侧和右侧，分别记录以水平极化和垂直极化在 14 个子频段的最大读数，作为所测频率的特征值。如试验结果超过限值，应进行分析，以保证所测辐射发射来自于车辆而不是背景噪声。

2. 窄带电磁辐射发射试验

（1）试验准备

打开点火开关至“On”状态，车辆静止，所有电气电子系统应处于正常通电状态，开启所有内部振荡器大于9kHz或具有重复信号的长时工作设备，使其正常工作。

（2）试验方法

使用平均值检波器进行试验，应在半电波暗室中进行测量，频率范围为30～1000MHz。应该分别在天线垂直极化和水平极化下进行测量，可以使用频谱分析仪或扫描接收机进行测量，测量参数应按照GB/T 18655—2018中规定来设置。HV和LV正常供电，EUT驱动模块处于待机状态，无输出功率。

如果车辆制造商能提供经授权的检测机构测试的全频段试验数据，可以采用替代试验方法减少试验频点的数量。

车辆窄带电磁辐射发射试验的替代试验方法可以将频率范围分成14个频段（与宽带电磁辐射发射替代试验相同），应在水平极化和垂直极化天线位于车辆左侧和右侧产生最大发射的频点上进行试验。

天线位于车辆的左侧和右侧，分别记录以水平极化和垂直极化在14个子频段的最大读数，作为所测频率的特征值。如试验结果超过限值，应进行分析，以保证所测辐射发射来自于车辆而不是背景噪声。

二、电磁辐射抗扰试验

本试验用于测试车辆的电气或电子系统的电磁辐射抗扰性能。车辆应完全暴露于电磁场中，在试验过程中应对车辆状态进行监控。试验应按照GB/T 33012.2—2016《道路车辆　车辆对窄带辐射电磁能的抗扰性试验方法　第2部分：车外辐射源法》规定的试验方法进行，试验场地也可选择在室外场地。如果车辆长度大于12m，宽度大于2.6m，高度大于4m，在20～2000MHz频率范围内可以按GB/T 33012.4—2016《道路车辆　车辆对窄带辐射电磁能的抗扰性试验方法　第4部分：大电流注入法》使用大电流注入（BCI）方法进行。

电磁辐射抗扰试验旨在测试车辆在复杂的电磁环境中能够稳定运行且不受外部电磁干扰影响的能力。为了避免这些辐射对车内其他电子设备或周围环境造成干扰，测试要求车辆在预定的频率范围内满足特定的辐射标准。通过测试，确保车辆在使用过程中不会对其他电子设备产生有害影响；也包括对无线通信、雷达、电磁传感器等外部设备的抗扰能力的检测，确保电动客车能够在不同的电磁环境下可靠运行；电磁辐射抗扰试验也关注车辆系统在特殊情况下的稳定性，如紧急制动、急加速等情况下的电磁兼容性。

（1）试验准备

除必要的试验设备外，车辆应为空载、正常运行，车速为50km/h。车辆应置于测功机上，如没有测功机，可将其放于绝缘支撑物上，并保证最小的离地间隙。车辆抗扰试验条件和失效判定准则见表6-4。可能影响抗扰度相关功能的车辆其他系统的试验条件和失效判定准则，应由制造商和检测机构协商确定。

表 6-4　车辆抗扰试验条件和失效判定准则

车辆抗扰试验条件	失效判定准则
车速为 50km/h×(1±20%)。如果车辆装备有巡航控制系统，应使系统运行	速度变化大于运行速度的 ±10%
近光灯打开（手动模式）	近光灯熄灭，如有自适应前照灯系统（AFS）产生误动作
前刮水器开到最大速度（手动模式）	前刮水器完全停止
驾驶员侧的转向灯打开	频率改变低于 0.75Hz 或高于 2.25Hz 占空比改变低于 25% 或高于 75%
可调节悬架处于正常位置	变化范围超出车辆制造商的规定
驾驶员座位和转向盘处于中间位置	位置变化大于总范围的 10%
报警器关闭	报警器非预期激活
喇叭关闭	喇叭非预期激活
驾驶员侧安全气囊和安全约束系统运行	非预期激活
自动门关闭	非预期激活
可调节缓速制动杆处于常规位置	非预期激活
制动工况，应包括制动踏板的操作，防抱死制动系统可以不起作用	制动灯不亮、制动故障警告灯亮（制动功能失效）、其他非预期激活

应使车辆抗扰度相关功能系统都处于正常工作状态，包括长时间工作的所有设备和所有影响驾驶员对车辆进行控制的其他系统均应处于正常工作状态。

（2）试验方法

对于 M、N 类车辆，按 GB/T 33012.2—2016 来建立场强确定的参考点。车辆应暴露在频率范围为 20～2000MHz、垂直极化的电磁辐射场中。如无其他规定，对试验信号应按如下规定进行调制：对于 AM 调幅，适用频率范围为 20～800MHz，调制频率为 1kHz，调制深度为 80%；对于 PM 脉冲调制，适用频率范围为 800～2000MHz，脉宽为 577s，周期为 4600μs。在 20～2000MHz 全频段范围内应按 GB/T 33012.1—2016《道路车辆　车辆对窄带辐射电磁能的抗扰性试验方法　第 1 部分：一般规定》的规定进行试验。如果制造商能提供经授权的检测机构的全频段试验数据，可以减少试验频点的数量，如选择 27MHz、45MHz、65MHz、90MHz、120MHz、150MHz、190MHz、230MHz、280MHz、380MHz、450MHz、600MHz、750MHz、900MHz、1300MHz 和 1800MHz 进行试验。如车辆未能通过试验，应进行分析，保证试验结果不是由非试验场强所造成的。

第四节　信息安全试验

随着智能化和网联化技术快速发展和应用，汽车从相对孤立的电子机械系统逐渐演变成能与外界进行信息交互的智能系统，汽车网联化衍生的信息安全问题日益凸显。作为高速行驶的载人和载物的交通工具，当发生汽车信息安全问题时，不仅会造成财产损失，还将严重威胁人身和公共安全。

为了评估新能源汽车在信息传输和处理过程中的安全性，确保车辆信息系统的可靠性、完整性和保密性，以保护车辆及其乘客的隐私和安全，GB/T 40855—2021《电动汽车远程服务与管理系统信息安全技术要求及试验方法》对纯电动汽车、插电式混合动力电动汽车和燃料电池汽车的车载终端、车辆企业平台和公共平台之间数据通信的信息安全的试验方法进行了规定。

一、基本概念

信息安全是指包括硬件、软件、数据、人、物理环境及其基础设施等的信息系统受到保护，不因偶然的或者恶意的原因而遭到破坏、更改、泄露，系统能连续可靠正常地运行，信息服务不中断，最终实现业务连续性。信息安全测试是指运用安全分析、检测、评估技术，搭建模拟、硬件在环、实物的平台测试评价环境，并从设备感知层、网络链路层、系统层、应用层、管理层、基站系统等方面开展信息安全测试与评价。汽车信息安全是指汽车电子电气系统、组件和功能被保护，使其资产不受威胁的状态。GB /T 40861—2021《汽车信息安全通用技术要求》对 M 类和 N 类汽车整车及其电子电气系统和组件的信息安全通用技术要求进行了规定。新能源汽车网络包括车内网、车际网和车云网，构成复杂，在对车辆操纵时是否存在数据丢失、数据泄露、系统被侵入等问题，以及数据安全和通信协议等，都需要进行信息安全测试。GB/T 40856—2021《车载信息交互系统信息安全技术要求及试验方法》对车载信息交互系统的信息安全的试验方法进行规定。

设备感知层是由一系列传感、控制、执行等关键电子单元组成的，对汽车感知层信息安全相关测试，也就是对电子单元的相关测试，首选是对电子控制单元的代码漏洞测试。电子控制单元代码漏洞测试主要有静态测试技术和动态测试技术。静态测试技术用于对电子控制单元的源程序或者二进制代码进行扫描，从语法语义上理解程序的行为，直接分析被检测程序的特征，寻找可能导致错误的异常，内容包括静态结构分析、代码质量度量和代码检查。动态检测技术是通过运行电子控制单元的被测程序，检查运行结果与预期结果的差异，并分析运行效率和健壮性等性能，测试内容包括功能确认与接口测试、函数执行性能测试和动态内存分析等。

网络链路层主要包含车内网、车际网、车载移动互联网，所用通信信息通过链接车内 CAN 网、V2X 无线通信网络、3G/4G 移动通信网络，形成智能网联汽车和智能交通大系统。网络链路层测试主要是智能网联汽车通信链路系统协议安全测试，主要包括车载通信协议随机测试、车载通信协议语法变异测试、基于形式化模型的车载通信协议安全测试和车载通信协议漏洞测试。

操作系统安全具有很强的抽象性，一般把机密性、完整性、可用性和抗抵赖性作为系统基本的安全需求。系统层信息安全测试主要包括基于安全模型的形式化系统分析、系统信息安全功能化测试、系统信息安全渗透测试和系统信息安全漏洞检测。

新能源汽车信息系统涉及大量敏感数据，通过对其进行信息安全试验，能够检测和排除潜在的安全漏洞，防范信息泄露、篡改和恶意攻击，保障乘客和车辆的安全；可以评估车辆系统的抗攻击性能，加强网络安全策略，防范未知的网络威胁，确保车辆在运行过程中不受外部攻击的影响。

二、车载终端信息安全试验

（1）车载终端硬件信息安全试验

拆解被测样件设备外壳，取出 PCB，将 PCB 放大至少 5 倍，观察 PCB，检查是否存在可非法对芯片进行访问或者更改芯片功能的隐蔽接口；根据车载终端接口定义说明，检查是否存在暴露在 PCB 上的 JTAG 接口、USB 接口、UART 接口、SPI 接口等调试接口，并使用测试工具尝试获取调试权限。

（2）车载终端固件信息安全试验

根据车载终端安全启动可信根存储区域访问方法和地址范围说明，使用软件或硬件调试工具写入数据，重复多次验证是否可将数据写入该存储区域；使用软件调试工具对系统镜像的签名数据进行破坏，将破坏签名后的系统镜像写入到车载终端内的指定区域，检测车载终端是否校验系统镜像签名，并在校验不成功时停止工作。

（3）车载终端软件系统信息安全试验

按照访问控制规则创建一个未添加访问控制权的软件应用程序，使用该未添加访问控制权的软件应用程序尝试访问受保护的软件应用程序资源，检测受保护的软件应用程序资源是否可被访问。根据车载终端安全启动可信根存储区域访问方法和地址范围说明，使用软件调试工具向软件系统可信根存储区域写入数据，重复多次验证是否可将数据写入该存储区域。使用软件调试工具破坏系统镜像的受保护的关键代码段，并将破坏后的系统镜像写入车载终端，检测加载破坏后的系统镜像的车载终端是否能正常工作。

（4）车载终端数据存储信息安全试验

使用软件分析工具读取存储远程服务与管理数据区域内容，检测是否为密文存储。使用非授权的应用程序读取存储远程服务与管理数据区域内容，检测是否可进行修改，若可修改，则检测修改后，终端是否依然可正常调用该数据。使用非授权的应用程序读取系统数据区域的安全重要参数，测试是否可读取或使用。

（5）车载终端网络端口传输信息安全试验

对被测样件设置符合标准规定的访问控制策略，检测设备向列表指定的源端口发送不符合策略规定的报文，并在列表指定的目的端口检测接收报文和日志。使用网络扫描工具对车载终端进行网络端口扫描，检测车载终端是否开放非业务所需的冗余网络端口，检测是否可针对开放的网络端口建立非授权访问控制连接。将车载终端接入测试网络，使用攻击案例对车载终端实施攻击，检测车载终端对攻击的识别率。若车载终端到平台采用专用网络或者虚拟专用网络进行通信，尝试在非授权网络条件下，将车载终端连接远程网络服务平台，多次重复检测是否可建立通信。根据车载终端安全规则更新扩展方案说明，核查车载终端是否具备安全规则更新扩展的能力。

（6）车载终端远程升级功能信息安全试验

使用软件调试工具破坏升级包的任意内容，将被破坏的升级包下载到车载终端指定区域，并下发升级包升级指令，检测车载终端加载升级包时是否进行完整性校验。将非授权签名的升级包下载到车载终端指定区域，并下发升级包升级指令，检测车载终端加载升级包时是否进行授权校验。

（7）车载终端日志功能信息安全试验

根据车载终端安全事件日志记录规则说明，核查车载终端日志信息记录的内容是否包括但不限于日期和时间、主体身份、事件类型、事件结果等组成部分。

（8）车载终端系统信息安全试验

使用漏洞扫描工具对车载终端进行漏洞检测，检测是否存在权威漏洞平台 6 个月前公布的高危及以上的安全漏洞。若存在高危及以上的安全漏洞，则检查厂商是否提供了该漏洞的处置方案。

三、平台间通信安全试验

首先核查平台间通信接入是否具有认证机制，再使用网络监听工具，监听网络传输数据，检测企业平台与公共平台之间传输的数据是否为密文。对车载终端上报的数据进行破坏后，检测企业平台与公共平台之间传输是否失败。通过网络扫描工具对企业平台进行网络端口扫描，检测企业平台是否有开放非业务所需的冗余网络端口，在非授权网络条件下，使用外部网络工具，检测针对开放的网络端口是否可建立非授权访问连接。核查安全通信协议版本。核查安全通信协议是否禁用 TLS 会话重协商和 TLS 压缩功能。

四、车载终端与平台通信安全试验

核查安全通信协议版本。核查安全通信协议是否禁用 TLS 会话重协商和 TLS 压缩功能。在通信链路捕获车载终端与平台间通信流量包，分析捕获的数据报文，检测通信双方有无交换证书流量特征或者有无安全认证心跳包流量特征等双向认证方式。使用网络抓包工具监听网络传输数据，检测车载终端与平台之间传输的数据是否为密文。对传输的数据进行破坏，检测数据破坏后，车载终端与平台之间传输是否失败。

复习思考题

1. 汽车碰撞安全试验有哪些试验方法？
2. 简述汽车正面碰撞试验的过程。
3. 简述自动紧急制动系统试验方法。
4. 简述车道保持辅助系统试验方法。
5. 简述汽车电磁兼容性试验的必要性。
6. 电磁辐射发射试验有哪几类？
7. 简述汽车信息安全试验的意义。

第七章 系统总成与零部件试验

系统总成与零部件的性能和质量决定了新能源汽车的性能品质，绝大多数的系统总成与零部件都有专业的设计目的和使用环境，需要专门的试验方法。本章主要介绍动力与能源系统试验、传动系统试验、制动系统试验、转向系统试验、行驶系统试验和空调系统试验。

第一节 动力与能源系统试验

一、驱动电机系统试验

驱动电机系统通过机械能与电能间相互转化，为车辆行驶提供驱动力，是电动汽车的心脏。电动汽车驱动电机系统主要由驱动电机和电机控制器等组成，对于电动汽车的动力性、经济性、安全性、操纵稳定性等性能具有重大影响。随着电动汽车相关的法律法规及整车性能对零部件技术要求日益提高，对汽车动力总成的性能测试要求也越来越严格。台架试验不仅能够实时精确测量电机系统的性能，而且能够对其控制参数进行在线标定测量；基于电机测试台架或动力总成测试台架，能够实现整车道路循环测试工况的模拟，从而缩短其开发测试周期、降低开发测试风险与成本；因此，实现电动汽车用驱动电机系统的台架试验研究的必要性日益凸显。

与传统工业用驱动电机系统不同，电动汽车用驱动电机系统的使用条件、结构和控制方式均发生较大变化，这对电动汽车用驱动电机系统的性能、功率密度、可靠性、环境适应性以及成本等提出了更高的要求。GB/T 18488—2024《电动汽车用驱动电机系统》对驱动电机系统规定了专用的性能指标和试验方法。试验项目主要包括静态测试项目和动态测试项目，静态测试项目分为一般性试验和安全性试验两大类，动态测试项目有温升试验、输入输出特性、环境适应性、可靠性试验四大类测试项目。

1. 试验台架及设备

典型的驱动电机系统试验台架示意图如图 7-1 所示，主要由测功机、动力直流电源、电功率分析仪和冷却系统等组成。其通过专用计算机控制各部件运行，同时测量转速、转矩、电流、电压等参数。

测功机系统包括测功机（永磁同步电机或异步电机等）、变频器、转矩/转速传感器、联轴器等部分。联轴器实现测功机和被测电机系统的机械连接，转矩/转速传感器负责测量系统的转速和转矩。电力测功机系统主要的功能为：在试件驱动模式下，模拟实际负载并消耗被测电机消耗的机械功率；在试件发电模式下，提供机械功率输入。冷却系统的功能是为被测试件（电机和电机控制器）提供设定的冷却条件，此外还能为测功机和电池模拟器提供冷却。电池模拟器用于模拟车用电池的充放电行为，主要功能是保证电机控制器 DC 侧电压稳定，并实现和电网之间的电能传输。电功率分析仪的主要作用为采集测试过程中电机控制器的 DC 侧、AC 侧的电压、电流信号，以及机械侧的转速及转矩信号，为用户计算效率、损耗等性能指标提供依据。自动控制系统是用户和台架系统信息交互的窗口，主要包括三大功能：①用户通过自动控制系统输入试验工况，包括测功机的转速、试件转矩、温度控制台架等；②测试数据的可视化及数据存储；③测试系统运行监控，自动控制系统实时监控测功机及被测试件的运行状态，一旦发生异常，自动控制系统发出急停信号，测试系统则会响应发来的急停信号，按一定的规则控制系统停机，保护测试系统不被损坏。环境舱为可选模块，用来模拟电动汽车可能遇到的不同范围内的温度条件。

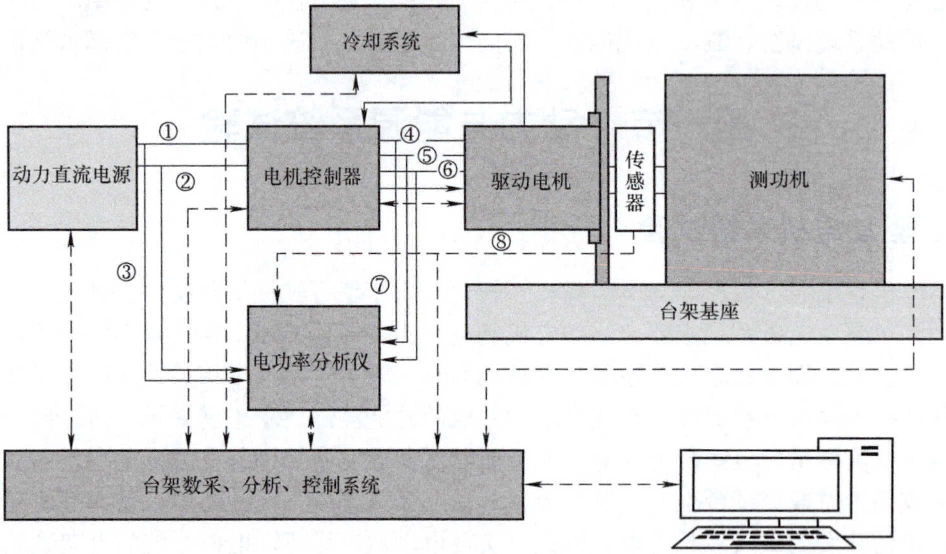

图 7-1 驱动电机系统试验台架示意图

某驱动电机系统试验台架主要技术参数见表 7-1。

表 7-1 某驱动电机系统试验台架主要技术参数

序号	设备名称	主要技术参数
1	测功机	最大转矩：933.5N·m；额定转矩：280N·m 最大转速：16000r/min；额定转速：4500r/min 额定功率：132kW
2	动力直流电源	峰值功率：200kW；峰值电流：667A 电压范围：24～800V；电压精度：≤0.1%量程
3	电功率分析仪	电压采集范围：15～1000V；精度：0.01%读取 电流传感器采集范围：0～600A；精度：0.01%读取
4	冷却系统	冷却能力：20kW；控制范围：50～120℃；控制精度：±1℃；测量范围：2～40L/min；流量精度：±0.5 L/min

对于试验仪器的选择，其准确度或误差不应低于表 7-2 的要求，并满足实际测量参数的精度要求，尤其对于电气参数测量的仪器仪表，应能够满足相应的直流参数和交流参数测量的精度和波形要求。

表 7-2　试验仪器准确度或误差

项目编号	试验仪器	准确度或误差
1	电压测量装置	0.5 级（绝缘电阻表除外）
2	电流测量装置	0.2 级
3	转速测量装置	±2r/min
4	转矩测量装置	0.2 级
5	温度测量装置	±0.5℃
6	压力测量装置	0.1 级
7	时间测量装置	0.1 级

2. 静态测试项目

（1）一般性试验项目

一般性试验项目主要包含外观目测、外形和安装尺寸、质量、驱动电机壳体机械强度、液冷系统冷却回路密封性能、驱动电机定子绕组冷态直流电阻、绝缘电阻、耐电压、超速试验。

检查时被试驱动电机系统不连接高压和低压电源，不外接负载，且动力线无短接。转动驱动电机系统输出轴，通过听的方式进行异响检查，通过目测、触摸的方式进行外观检查。

针对液冷系统冷却回路密封性能试验，分体式驱动电机系统宜将驱动电机和驱动电机控制器的冷却回路分开后单独测量；试验前，不应对驱动电机系统表面涂覆可以防止渗漏的涂层，可进行无密封作用的化学防腐处理；试验时，试验介质的温度应和试验环境的温度一致并保持稳定；试验使用的介质可以是气体或液体，气体介质宜选用干燥、干净且不含油分的压缩空气等非有害气体，液体介质宜选用含防锈剂的水、煤油或黏度不高于水的非腐蚀性液体；使用气体介质试验时，需将回路中液体吹出并烘干，将被试样品冷却回路的一端堵住，但不能产生影响密封性能的变形，向回路中充入规定的压力试验介质，升压时间不大于 15s，保压（平衡）时间不少于 1min，与气源断开后，1min 内压力下降不应大于 300 Pa；使用液体介质试验时，需要将冷却回路腔内的空气排净，试验方法按照产品技术文件执行；试验结束后，降低试验介质压力至试验前水平。

电阻的常用测量方法有比例运算法、比率法、惠斯通电桥法、开尔文电桥法、电流电压表法以及微机辅助测量法等。绝缘电阻试验包括驱动电机定子绕组对机壳的绝缘电阻试验、驱动电机定子绕组对温度传感器的绝缘电阻试验以及驱动电机控制器的绝缘电阻试验。绝缘电阻试验通过采用绝缘电阻表进行测量，常见的绝缘电阻表有指针式绝缘电阻表（俗称兆欧表）和数字式绝缘电阻表，如图 7-2 所示。

数字式绝缘电阻表在工程实际中比较常用。数字式绝缘电阻表由中大规模集成电阻组成，由机内电池作为电源经 DC/DC 变化产生直流高压，高压输出经被测对象，产生一个直流电流，进而经过电流电压变换经除法器完成运算，直接将被测的绝缘电阻值显示出来。绝缘电阻表主要用来检查电器设备电气线路对地及相间的绝缘电阻，以保证这些设备和线路工作在正常状态，避免发生触电伤亡及设备损坏等事故。试验前，应根据被测绕组或测量点的最高工作电压来选择绝缘电阻表。当最高工作电压不超过 250V 时，应选用 500V 绝缘电阻表，当最高工作电压超过 250V 但不高于 1000V 时，应选用 1000V 绝缘电阻表。测量时，应在绝缘电阻表指针或者显示数值达到稳定后再读取数值。

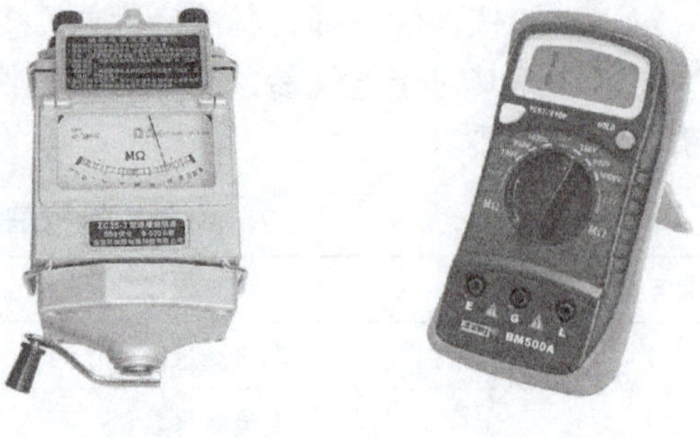

a) 指针式　　　　b) 数字式

图 7-2　绝缘电阻表

耐电压试验主要包括工频耐电压试验和冲击耐电压试验。工频耐电压试验需要分别在电机绕组与电机机壳之间、电机绕组与温度传感器之间、电机控制器相关元器件之间进行。冲击耐电压试验根据电机类型主要包括驱动电机电枢绕组的匝间冲击耐电压试验（有刷直流驱动电机电枢绕组除外）、驱动电机励磁绕组的匝间冲击耐电压试验以及有刷直流驱动电机电枢绕组的匝间冲击耐电压试验。常采用对地耐冲击电压试验仪进行冲击耐电压试验。

超速试验的被测样品应按照产品的规定工况进行磨合。试验前，应仔细检查驱动电机的装配质量，特别是转动部分的装配质量，应采取相应的防护措施，防止转速升高时有杂物或零件飞出。对于具有一个档位以上的集成式驱动电机系统，应选择合适档位开展试验。可根据具体情况选用被试驱动电机空载自转或测功机拖动法：采用被试驱动电机空载自转的方法试验时，被试驱动电机在驱动电机控制器的控制下，平稳旋转至规定的试验转速并保持；采用测功机拖动法试验时，被测驱动电机不通电。在测功机拖动下，驱动电机以不超过 1000（r/min）/s的速度升至规定的试验转速并保持。升速时，当驱动电机达到峰值转速时，应观察电机运转情况，确认无异常现象后，再以适当的速度提高转速，直至规定的转速。试验后，将被试驱动电机以适当速度降低电机转速直至静止。

（2）安全性试验

安全性试验项目主要包含安全接地检查、控制器保护功能、驱动电机控制器支撑电容放电时间测试。安全接地检查采用毫欧表测量被试驱动电机系统相应的接地电阻。驱动电机控制器支撑电容放电时间分为被动放电时间和主动放电时间。

3. 动态测试项目

（1）温升试验

考虑安全以及测试过程的一致性，温升试验普遍采用额定工况连续工作记录电机温升，直至电机温度在 5min 内温度变化在 ±1℃ 以内，则记录电机稳定的温度以及温度上升过程的连续数据，并绘制温升曲线。将被试电驱动电机与测试台架良好连接，控制器冷却系统和电池模拟器均正常工作，初始电机反馈温度为室温时，开始控制被试电机输出转速和转矩，在额定工况点持续工作，此时开始记录温度及各项数据。

（2）输入输出特性试验

1）工作电压范围试验。台架试验时，将驱动电机系统的直流母线电压分别设定在最高工作电压处和最低工作电压处，驱动电机系统处于电动或馈电状态。在不同工作电压下，测试在不同工作转速下的最大工作转矩，记录稳定的转速和转矩数值。在驱动电机系统转速范围内的测量点数不少于 10 个，每个测试点保持时间不少于 5s。试验过程中，若出现可恢复的报警信息，应在复位报警信息后重新完成该工作点测试并记录。试验后，计算各测试点功率，绘制转速-转矩特性曲线，检查转矩输出是否符合产品技术文件的规定。

2）30 分钟持续转矩。试验时，将驱动电机系统的直流母线电压设定在额定工作电压处，驱动电机系统处于电动机状态，冷却系统工作 5min 后开始试验。控制驱动电机系统工作于额定转速和 30min 持续转矩。

3）30 分钟持续功率。对于具有单个机械连接轴的驱动电机系统，按照式（7-1）计算其轴伸端 30min 持续功率。

$$P_{\mathrm{m}} = \frac{T \times n}{9550} \tag{7-1}$$

式中，P_{m} 为驱动电机系统 30min 持续功率，单位为 kW；T 为驱动电机轴伸端 30min 持续转矩，单位为 N · m；n 为驱动电机额定转速，单位为 r/min。

对于具有两个机械连接半轴的驱动电机系统，根据式（7-2）计算其轴伸端 30min 持续功率。

$$P_{\mathrm{m}} = \frac{T_1 \times n_1 + T_2 \times n_2}{9550} \tag{7-2}$$

式中，T_1、T_2 为驱动电机半轴两端 30min 持续转矩，单位为 N · m；n_1，n_2 为对应的驱动电机半轴两端额定转速，单位为 r/min。

4）峰值转矩和峰值功率。峰值转矩试验时，将驱动电机系统的直流母线电压设定在额定工作电压处，驱动电机系统处于电动机状态，冷却系统工作 5min 后开始试验。控制测功机工作于产品技术文件规定的可以输出峰值转矩的最高转速，驱动电机系统工作于该转速下最大转矩。如果需要多次开展峰值转矩的测量，宜将驱动电机恢复到试验初始状态，再进行第二次试验测量。

控制驱动电机系统工作于产品技术规定的可以输出峰值功率的最低转速，以及该转速下最大转矩，根据轴伸端输出形式选择式（7-1）或式（7-2）计算驱动电机系统轴伸端峰值功率。

5）最高工作转速。试验时，将驱动电机系统的直流母线电压设定为额定工作电压。以不超过 1000（r/min）/s 的速度匀速调节试验台架，使驱动电机的转速升至最高工作转速。驱动电机系统工作稳定后，记录试验转速和转矩不少于 5 个，取多次测量结果的平均值作为该驱动电机系统的最高工作转速。

6）转矩-转速特性及效率。转速测试点的选取：试验时，在驱动电机系统工作转速范围内一般取不少于 10 个转速点，最低转速点宜不大于最高工作转速的 10%，相邻转速点之间的间隔不大于最高工作转速的 10%，测试点选择时应包含必要的特征点，如额定工作转速点、最高工作转速点、持续功率对应的最低工作转速点、其他特殊定义的工作点等。

转矩测试点的选取：在驱动电机系统电动或馈电状态下，在每个转速点上一般取不少于 10 个转矩点，对于高速工作状态，在每个转速点上选取的转矩点数可以适当减少，但不宜低于 5 个。测试点选择时应包含必要的特征点，如持续转矩数值处的点、峰值转矩（或最大转矩）数值处的点、持续功率曲线上的点、峰值功率（或最大功率）曲线上的点。

根据试验目的，在相关的测试点处可以全部或者部分选择测量以下数据：驱动电机控制器直流母线电压和电流；驱动电机的电压、电流、频率及电功率；驱动电机的转矩、转速及机械功率；驱动电机、驱动电机控制器或驱动电机系统的效率；驱动电机电枢绕组的电阻和温度；冷却介质的流量和温度。

试验时，可以根据试验目的设置试验条件，驱动电机系统可以在实际冷状态或者热状态条件下试验，驱动电机控制器的直流母线电压可以设置在最高工作电压、最低工作电压、额定工作电压或其他工作电压处，试验的转速和转矩可以是一个工作点，也可以是一条特性曲线或者全部工作区。

（3）控制精度试验

对具有转矩控制或转速控制功能的驱动电机系统，需要进行此项试验。控制精度分为转速控制精度和转矩控制精度，本节以转矩响应试验为例说明控制精度试验方法。

试验时驱动电机控制器直流母线电压宜设定为额定电压，驱动电机系统宜处于空载、热态、电动工作状态。对具有转矩控制功能的驱动电机系统，在设定转速条件下的10%～90%峰值转矩范围内，均匀取10个不同的转矩点作为目标值。按照某一转矩目标值设定驱动电机控制器或上位机软件，驱动电机由静止状态工作至转速和转矩稳定状态，记录驱动电机系统的实际转矩值，并计算实时转矩值与目标转矩的差值，或者目标转矩与实际转矩的偏差占目标转矩值的百分数，此值即特定转速条件下，这一转矩目标值对应的转矩控制精度。

（4）响应时间试验

对具有转矩控制或转速控制功能的驱动电机系统，需要进行此项试验。

响应时间包括转速响应时间和转矩响应时间，本节以转矩响应试验为例说明响应时间试验方法。试验时，驱动电机控制器直流母线电压宜设定为额定电压，驱动电机系统宜处于空载、热态、电动机工作状态。对具有转矩控制功能的驱动电机系统，在堵转状态下，按照转矩期望值设定驱动电机控制器或上位机软件，对电机进行转矩控制，使驱动电机输出转矩从零快速增大，此过程中不应对驱动电机控制器或上位机软件做任何调整，记录驱动电机控制器从接收到转矩期望指令信息开始至第一次达到规定容差范围的期望值所经过的时间。试验时，应改变驱动电机定子和转子的相对起始位置，沿圆周方向等分取5个点，在同一转矩期望值条件下分别重复以上试验，取5次测量结果中记录时间的最大值作为该驱动电机系统对该转矩期望值的转矩响应时间。

（5）环境适应性试验

环境适应性试验主要包括低温试验、高温试验、湿热试验、耐振动、防水、防尘、盐雾和电磁兼容性试验。本节主要对低温试验、高温试验、湿热试验和电磁兼容性试验进行简要介绍。

1）低温试验。进行低温贮存试验时，将驱动电机和驱动电机控制器正确连接，按照GB/T 2423.1—2008《电工电子产品环境试验　第2部分：试验方法　试验A：低温》的规定，放入低温箱内，使箱内温度降至－40℃，并保持2h。试验过程中，驱动电机系统处于非通电状态，对于液冷式驱动电机及驱动电机控制器，不通入冷却液。低温贮存2h后，在低温箱内复测绝缘电阻，复测绝缘电阻期间，低温箱内的温度应保持在－40℃。低温贮存2h后，低温箱内的温度继续保持在－40℃，在低温箱内为驱动电机系统通电，检查能否正常空载起动。对于液冷式驱动电机及驱动电机控制器，若要求在起动过程中通入冷却液，冷却液的成分、温度及流量按照产品技术文件规定。试验结束，按照GB/T 2423.1—2008的规定恢复常态后，将驱动电机控制器直流母线工作电压设定为额定电压，驱动电机工作于持续转矩、持续功率条件下，检查系统能否正常工作。

2）高温试验。进行高温贮存试验时，将驱动电机和驱动电机控制器放入高温箱内，按照 GB/T 2423.2—2008《电工电子产品环境试验　第 2 部分：试验方法　试验 B：高温》的规定，使箱内温度升至 85℃，并保持 2h，试验过程中，驱动电机系统处于非通电状态，对于液冷式驱动电机及驱动电机控制器，不通入冷却液。高温贮存 2h 后，检查驱动电机轴承内的油脂是否有外溢，同时在高温箱内复测绝缘电阻，复测绝缘电阻期间，高温箱内的温度应保持在 85℃，高温贮存 2h，按照 GB/T 2423.2—2008 的规定恢复常态后，将驱动电机控制器直流母线工作电压设定为额定电压，驱动电机工作于持续转矩、持续功率条件下，检查系统能否正常工作。进行高温工作试验时，将驱动电机和驱动电机控制器正确连接，按照 GB/T 2423.2—2008 的规定，放入高温箱内，按照 GB/T 18488—2024 的要求设置高温箱内的试验环境温度，驱动电机控制器直流母线工作电压设定为额定电压，驱动电机工作于持续转矩、持续功率条件下，检查驱动电机系统能否正常工作 2h。对于液冷式驱动电机及驱动电机控制器，应在试验过程中通入冷却液，冷却液的成分、温度及流量按照产品技术文件规定。高温工作 2h 后，按照规定的方法在高温箱内复测绝缘电阻，复测绝缘电阻期间高温箱内的温度应继续保持不变。

3）湿热试验。将驱动电机和驱动电机控制器放入温度为（40 ± 2）℃、相对湿度为 90% ~95% 的试验环境条件下，保持 48h，试验过程中，驱动电机系统处于非通电状态，对于液冷式驱动电机及驱动电机控制器，不通入冷却液。48h 后，复测绝缘电阻，复测绝缘电阻期间，试验环境条件应继续保持不变。试验结束恢复常态后，将驱动电机控制器直流母线工作电压设定为额定电压，驱动电机工作于持续转矩、持续功率条件下，检查系统能否正常工作。

4）电磁兼容性试验。按照 GB/T 36282—2018《电动汽车用驱动电机系统电磁兼容性要求和试验方法》执行。

（6）可靠性试验

驱动电机系统的可靠性是电机系统性能随时间的保持能力。电动汽车电机系统在运行过程中，长期受热、电、机械和化学等不利因素的影响，一些结构、部件的性能会逐渐退化甚至丧失，叠加制造、安装及维护不当等原因，出现电气和机械方面的故障，影响电机系统的可靠运行。驱动系统的可靠性试验可按照 GB/T 29307—2022《电动汽车驱动电机系统可靠性试验方法》的规定进行，试验内容包含转速升降循环和转矩负荷循环两部分。试验程序包括试验前准备、性能初试、可靠性试验和性能复试等。

可靠性试验过程中，监控驱动电机系统的运转状态，适时记录被测电机的转矩和转速、电机控制器直流母线电压和电流、电机表面温度、冷却介质温度和流量等参数；每 24h 允许停机 1 次、巡视试验设备、检查紧固件、机械连接件及管路等，停机检查的时间最多不超过 1h。

二、发动机试验

发动机是混合动力汽车结构最复杂、要求最高的总成，其性能直接或间接地影响着汽车的动力性、经济性、环保性、安全性和舒适性等性能。发动机试验是通过相关仪器设备，对发动机被测系统中所存在的相关参数进行测试和数据处理的全部过程。发动机试验是发动机生产制造过程和科学研究中不可缺少的一个环节。通过发动机试验，检验设计思想是否正确，设计意图是否实现，设计的产品性能是否符合使用要求等。发动机的试验项目主要包括发动机参数测量、发动机性能试验和发动机可靠性试验。GB/T 18297—2024《汽车发动机性能试验方法》对发动机的性能试验方法进行了规定。

1. 试验台架及设备

在工程实际中，发动机试验主要包括台架试验和实车试验两大类。台架试验是由发动机测功设备和各种测试仪表组成的一个测试系统，按照规定的方法和要求模拟发动机实际使用的各种工况而进行的试验。台架试验通常在发动机台架实验室内进行，发动机台架实验室是进行发动机试验研究和技术开发的基础，发动机技术的发展很大程度上取决于试验台架的技术水平。实车试验一般针对已生产定型的发动机，开展实车动态性能试验、标定试验等，试验目的是检测发动机性能或进行改进试验。

（1）基本要求

根据不同的试验目的和任务，对发动机台架试验系统的具体要求也不同。如专门用于试验研究的试验台架，应要求其能灵活方便地改变和控制试验条件和参数，便于安装各种精密仪表。而对用于发动机精密测量的台架试验，则经常需要寻求新的测试方法和测试手段，对试验台架的自动化程度则要求不高。对那些需要长期连续运转的耐久性试验台架，则要求有较高的自动化程度，能自行监视、报警、记录、远距离控制，以防试验人员疲劳和发生意外。

一般来说，发动机台架试验应满足以下基本要求：安装在试验台上的发动机能模拟实际的使用条件或最大限度地接近实际使用条件；便于安装、调整、检查和更换发动机零部件；具有广泛的适应能力，能完成不同机型和不同试验目的的试验项目；具有发动机正常工作的检测仪表和测定发动机各项性能参数的精密测量仪表；操作简便、可靠，尽量采用先进技术，提高自动化水平，减轻试验人员的劳动强度；具有良好的通风、消声、消烟、隔振设施，尽可能改善试验人员的工作条件。

（2）基本组成

发动机台架试验系统主要由试验测试系统和实验室环境系统两大部分组成。测试系统由对发动机进行加载与测量的装置如测功机、燃料供给系统、空气供给系统、冷却系统和控制系统及数据采集系统等组成；实验室环境系统主要包括通风系统、发动机进排气系统、消声与隔振系统，以确保发动机在所需的正常环境中运行。图 7-3 所示为发动机试验台架示意图。

2. 发动机主要性能参数测量

在进行发动机试验研究和检测所需参数时，有些参数可以直接测量，有些参数则需利用直接测得的参数或已有数据经过计算得到。发动机试验测量或计算后得到的参数项目主要包括：

1）与常规动力性、经济性有关的项目，如发动机的转速、转矩、功率、燃油消耗率、点火提前角、供油提前角、空气消耗量、进气压力和温度、排气压力与温度、中冷前后温度和压力、排气背压、润滑油的压力和温度、冷却液温度、燃油温度、密度等。

2）与发动机尾气排放有关的项目，如一氧化碳（CO）、二氧化碳（CO_2）、碳氢化合物

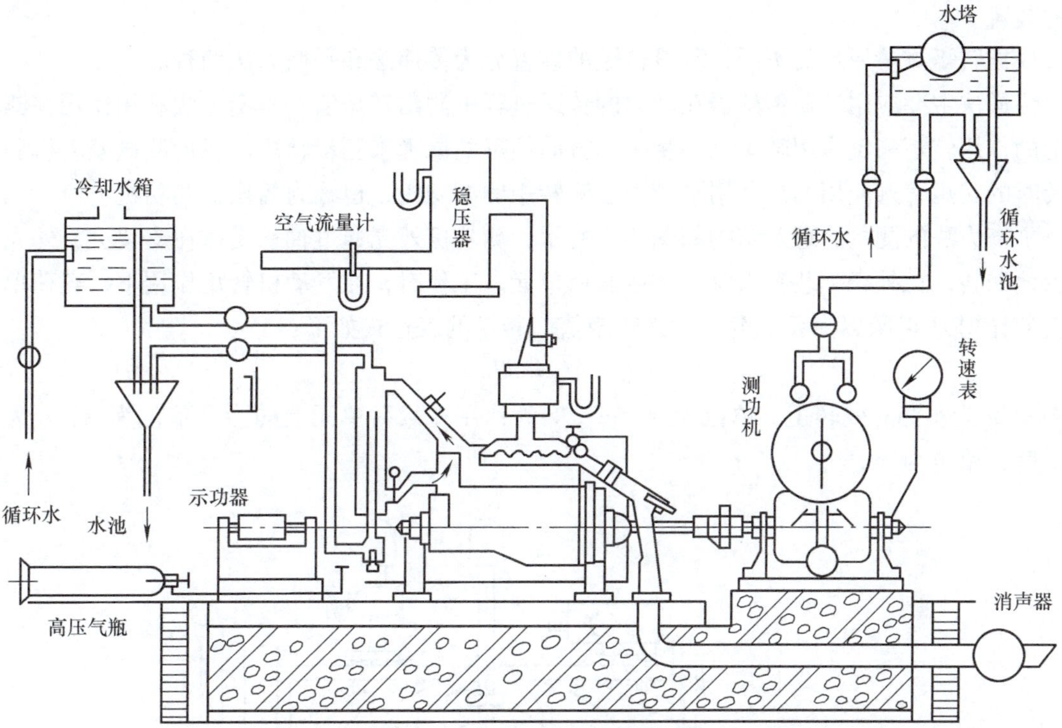

图 7-3　发动机试验台架示意图

(HC)、氮氧化物（NO_x）、柴油机的微粒（PM）和烟度等。

3）与试验环境有关的项目，如大气压力、温度和湿度等。

4）根据一些特殊要求进行测试的其他项目，如充气效率、过量空气系数、气缸内的最高爆发压力、平均有效压力、压力升高率、噪声、振动等。

对以上所述参数涉及的基本测试项目，需要采用不同的方法和相应的仪器和设备。

（1）发动机转速、转矩的测量和功率计算

在汽车发动机中，功率是重要的性能参数。发动机某工况下的有效功率是测定有效转矩和转速值后计算而得。计算公式如下：

$$P_e = \frac{2\pi M_e n}{60 \times 1000} = \frac{M_e n}{9550} \tag{7-3}$$

式中，P_e为有效功率，单位为 kW；M_e为实测有效转矩，单位为 N · m；n 为实测转速，单位为 r/min。

从式（7-3）中可以看出，发动机的有效输出功率与有效转矩、转速成正比。

1）转速测量。转速是单位时间内曲轴的平均旋转次数，通常以每分钟的转数（r/min）作为计量单位。对于发动机转速的测量，可用的传感器有很多种，目前常用的转速传感器有磁电式传感器、光电式传感器和霍尔传感器等。

2）转矩测量。在发动机台架上，要想精确地测出发动机转矩的大小，通常的办法是给发动机施加阻力矩，即通过测功机给发动机一个“负荷”，利用测功机浮动外壳的测点受力来测量发动机的转矩。为此，测功机本身应具有吸收能量或传送动力的功能，并具有测量转矩的装置。

根据转矩测量原理的不同，测量转矩的装置分为传递法和平衡力法两种。

传递法主要应用转矩传感器在动力的传递过程中测出转矩值。平衡力法利用作用在测功机上的作用转矩与反作用转矩大小相等、方向相反的原理来测量转矩。目前测试发动机稳态运转时的转矩普遍应用的是利用平衡力法测转矩的测功机，也称为摇摆式测功机。

平衡力法的测量原理及结构如图 7-4 所示，测功机外壳通过轴承支撑在支架上，外壳能自由地回转，在外壳上装有力臂，连接载荷单元。工作时，在发动机转矩作用下，载荷单元承受的作用力 W 乘以力臂长度 L 就是转矩值。转矩的表达式如下：

$$M_e = WL \tag{7-4}$$

式中，M_e为实测有效转矩，单位为 N · m；W 为作用在载荷单元上的力，单位为 N；L 为力臂长度，单位为 m。

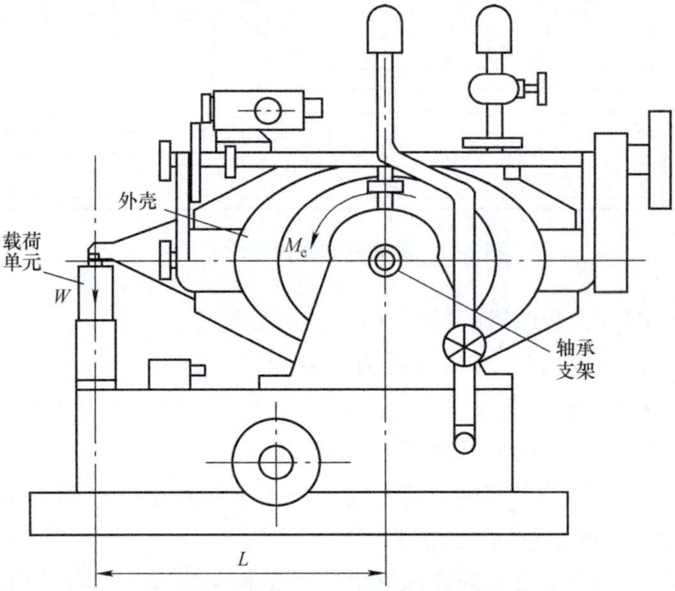

图 7-4　平衡力法的测量原理及结构

传递法是基于转轴受到转矩作用时会产生变形，利用应力与应变的关系来测量转矩。传递法主要应用轴式或法兰式转矩传感器在动力的传递过程中测出转矩值。传递式转矩测量装置的应用也日益增多，该装置精度较高，瞬态性能好，常用在动态测试试验台上。转矩传感器一般安装示意图如图 7-5 所示。根据转矩信号的传输方式，转矩传感器可分为接触式转矩传感器和非接触式转矩传感器。非接触式转矩传感器是在接触式测量的基础上发展起来的。它综合利用了已有的转矩测量技术和方法，通过技术改进和升级实现非接触的转矩测量目标。由于非接触式转矩传感器在其内部的输入和输出之间没有机械连接，不会受到磨损，故精度高，因此常用于发动机试验测试中，尤其是动态试验。非接触式转矩传感器按检测方法可分为应变式、磁弹性式、磁电式和光电式传感器。

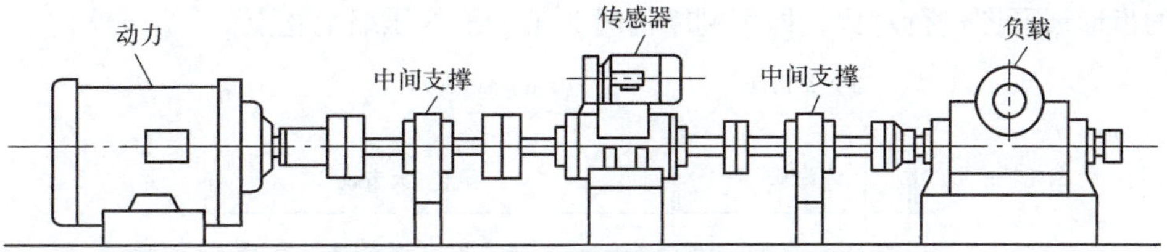

图 7-5 转矩传感器一般安装示意图

（2）活塞压缩上止点与点火提前角的测定

发动机的大多数性能都与点火提前角有紧密的关系。研发试验中要进行大量随提前角而变化的性能参数试验，如最大功率空燃比和最经济空燃比的确定等。因此，必须准确确定提前角数值。提前角准确测量的前提则是正确决定点火定时和喷油定时的基准点，即必须准确测定曲轴在压缩上止点时的位置。曲轴位置传感器又称为发动机转速与曲轴转角传感器。其功用是采集曲轴转动角度和发动机转速信号，并输入电子控制单元，以便确定点火时刻和喷油时刻。对于四冲程发动机，由于每循环曲轴旋转两周，各缸都存在压缩行程和进气行程两个上止点，因此还需要识别是哪一缸，哪一个上止点，即需要一个用于识别气缸的传感器信号轮。信号轮通常安装在凸轮轴末端，传感器安装在缸盖、缸盖罩或齿轮盖上，又称凸轮轴位置传感器。因为凸轮轴转一圈正好是发动机的一个工作循环，只要它的位置信号与某缸压缩上止点相对应，则该信号出现的时刻必然对应于该缸的压缩上止点。因此，凸轮轴位置传感器的功用是采集配气凸轮轴的位置信号，并输入到发动机电控单元，以便电子控制单元识别顺序排列的第一缸，再确定该缸的压缩上止点，从而进行顺序喷油控制、点火时刻控制和爆燃控制。此外，凸轮轴位置信号还用于发动机起动时识别出第一次点火时刻。

四冲程发动机凸轮轴信号轮转一圈（360°凸轮轴转角和720°曲轴转角）为一个周期。一个周期内，有4个均匀分布的正常齿，每缸对应一个，并有一个多齿，在第一缸正常齿与第三缸正常齿之间的1/5处，作为判缸标志。

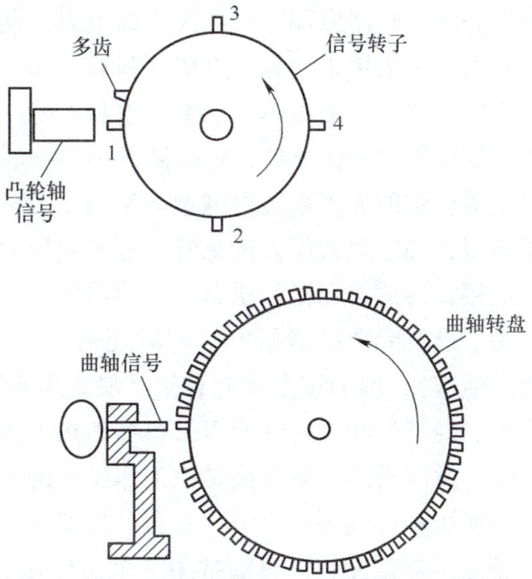

图 7-6 曲轴位置传感器和凸轮轴位置传感器安装示意图（图为第1缸压缩上止点时的位置）

曲轴信号转子为齿盘式，在其圆周上均匀间隔地制作有58个凸齿（或36），57个小齿缺和1个大齿缺。图7-6所示的位置正好对应发动机第1缸压缩上止点。每个凸齿和每个小齿缺各占的曲轴转角均为3°，大齿缺所占的曲轴转角为15°。于是，在测试信号中的15°宽脉冲信号处，必定是1缸或4缸（按1-3-4-2点火顺序）的上止点处。若同时又出现凸轮轴信号转子多齿数的非正常齿间信号时，就可以判别为被测第1缸的压缩上止点，如图7-7所示。

因为通常传感器安装时已确定第1缸压缩上止点处大齿缺同凸轮轴非正常齿相对应。将两个轴的齿形展开图进行对比，即可判断何时为第 1 缸的压缩上止点。

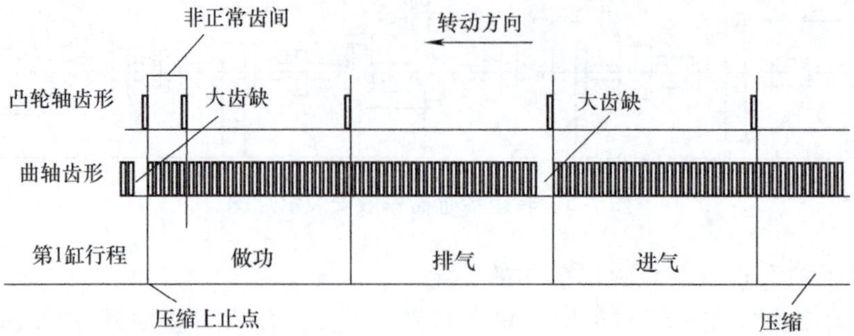

图 7-7　气缸识别信号

（3）压力测量与示功图制取

压力是发动机试验中非常重要的测量项目。在发动机试验中，经常要进行压力的测量，如各种介质（气体、燃料、润滑油和冷却液）的压力和大气压。具体来说，各种发动机试验过程中所需测量的压力主要指：进气管真空度及绝对压力、喷油压力、中冷前后压力、涡轮增压器的压气机进出口压力、排气背压与排气管压力、机油压力、气缸压缩压力、工作过程中的缸内压力和曲轴箱压力等。

由于发动机工作过程的特点，在大多数情况下，缸内压力是经常变化的，而且变化的性质和规律各不相同，数值的大小相差悬殊，精度要求高低不等。因此，需根据不同的试验目的及各测量项目的具体要求来选择测量仪器和测量方法。

发动机试验中测量压力的仪器主要有液柱式压力计和压力传感器等。液柱式压力计是基于液体静压力作用原理，利用液体的重力来测量压强。液柱式压力计结构简单、价格低廉、精度较高，一般用于检定或直接测量较小静压力。常用的液柱式压力计有 U 形管、单管和斜管 3 种结构。所用液体有水银、水和乙醇。为实现压力测量远传、记录和控制，在压力检测中大量应用各种传感器，将被测压力参数转换成电信号，供远传的电子仪表测量、控制。汽车发动机中的大多数压力测量均采用压力传感器进行。因测量原理不同，压力传感器分为不同类型，如压阻式压力传感器、压电式压力传感器、电容式压力传感器、电阻应变式传感器、电感式传感器和霍尔压力式传感器等。

为了进行专项试验研究，有时还需测定某些零件所承受的压力（如气缸盖、排气门、缸套、活塞），因为该参数能直接反映或影响发动机的性能。发动机工作过程的示功图是其动力性、经济性和燃烧性能以及机械和热负荷的综合反映，它本身就是缸内压力随时间的变化曲线。发动机的能量转换是在工作循环的过程中完成的。在一个工作循环的进气、压缩、燃烧、膨胀和排气等过程中，状态参数如压力 p、温度 T、活塞顶容积 V（反映比容积或密度）都在不断地变化。目前常用一个工作循环的 p-V 示功图（横坐标是 V）或 p-φ 压力图（横坐标是曲轴转角 φ）来反映能量转换的完善程度和每一工作循环做功能力的大小。为提高发动机性能，研究示功图的规律是非常必要的。自然吸气式四冲程发动机示功图如图 7-8a所示，压力图以压缩上止点为坐标原点，它是示功图的展开图，如图 7-8b 所示。

示功图或压力图涉及缸内动态压力和曲轴转角（可换算为活塞顶容积 V）两个参数的测

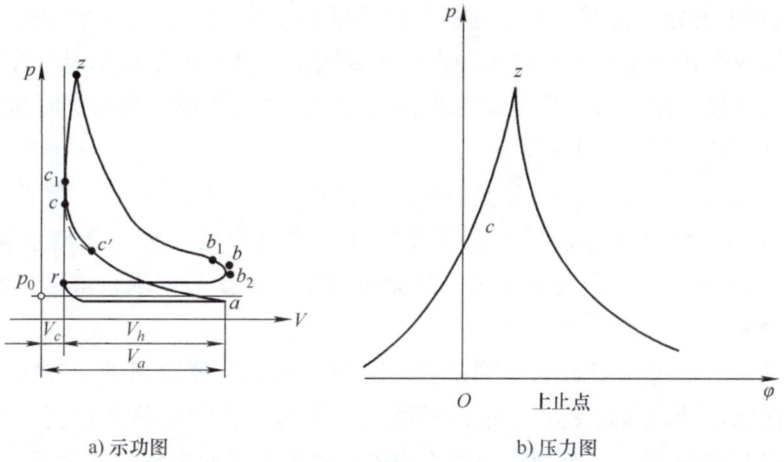

图 7-8　自然吸气式四冲程发动机示功图与压力图

量问题。制取示功图所用的仪器有简单示功仪、机械示功仪、气电示功仪以及现代的应变式示功仪和压电式示功仪。特别是压电式示功仪，由于具有优良的特性而获得广泛的应用。当前微型计算机技术的采用，以及高速数据采集和实时处理功能的实现，都大大扩展了示功图的功能，提高了测试精度和分析计算效率。

（4）其他热力状态参数的测定

发动机进行试验时，除各种压力测定外，还需测定各种温度、大气湿度和燃油密度。这些热力状态参数会影响实际进入发动机气缸的空气量和燃料量，必然会对主要性能指标（功率、油耗、排放）产生较大的影响，使得测量的数据没有可比性。

1）液温、进排气温及大气温度的测量。发动机试验中的温度测量主要包括冷却液温度（进、出液温度）、机油温度、燃油温度、中冷前后进气温度、排气温度和环境温度等。为了进行专项试验研究，有时还需测定某些零件的温度（如气缸盖、排气门、缸套、活塞），因为这些参数能直接反映或影响发动机的性能，尤其是可靠性。

发动机冷却液温度、油温、进气温度等的测量通常用热电阻传感器来进行。热电偶也可以测量发动机的所有温度，但常用于测量排气温度。

2）大气湿度和燃油密度的测定。常用的大气湿度测量仪有毛发湿度计、干湿球湿度计，还有电阻式和电容式湿度传感器与变送器。国家标准 GB/T 18297—2024《汽车发动机性能试验方法》规定，进气湿度的测量是在实验室内不受阳光和热辐射的部位测量，采用抽风式干湿球温度计，通过查抽风式湿度计用湿度图得到水蒸气分压，进而计算大气湿度及相对湿度。随着传感器技术的进步，湿度传感器得到了广泛应用，通过湿度传感器可直接测得大气湿度。

在进行发动机试验时，为保证燃料消耗量测量的准确性，对于易挥发的燃料如汽油，通常采用容积式油耗仪进行测量，此时，需要知道燃料的密度。燃油密度的测量常采用两种方法，一种是利用密度计进行测量，另一种采用天平法进行测量。国家标准 GB/T 1884—2000《原油和液体石油产品密度实验室测定法（密度计法）》建议的测量方法是密度计法。

（5）进气流量及燃油消耗率的测定

1）进气流量的测定。测量进气流量的目的是计算空燃比、充气效率和排气再循环率等重要参数。充气效率是决定发动机输出功率的重要因素；排气再循环率则与排放、经济性和动力性相关；而通过空燃比可分析发动机的燃烧过程。进气流量与发动机的动力性、经济性和排放特性都有直接或间接的关系。

测量空气流量的方法很多，如节流差压法、测速法、热线风速法、激光（光学多普勒效应）法、振荡测频法、柱塞法等。转子流量计也是其中的一种，其测量误差可以小于1%。对于这些气体流量计，只要测量范围及测量精度满足试验要求，都可以作为发动机稳态试验的流量测量。

在发动机试验台上进行稳态工况测试时，因为不论工况稳定与否，进气流动都是脉动的，因此需要在流量计后面加装稳压箱，使稳压箱前的管道中出现（层流）稳定流，则可使用稳（层）流的流量计，以避免在脉动流中进行动态测量而影响测量精度。

在电子控制燃油喷射发动机中，空气量的测量不仅要求有一定的测量精度，而且还要求有很快的动态响应速度。用于该系统的空气流量计有多种形式，目前常见的有热膜式、热线式、涡流式、文丘里管流量计、层流流量计等。为保证测量精度，这些流量计在设计过程中需要考虑连接传感器前后管径、长度大小及长度与管径之比（通常传感器前的管长要大于6倍的管径，传感器后的管长要大于5倍的管径）。

2）燃料消耗量的测定。评价发动机的性能，不仅要看它的动力性，即输出功率的大小，还要看它的经济性，即它在输出一定功时所消耗燃料的多少。发动机每小时消耗燃料的数量，叫作小时耗油量 G_f，可用容积或质量来表示。燃料消耗量的计算公式为

$$G_f=\frac{3.6\Delta V\rho_f}{\Delta t}=3.6\Delta m/\Delta t \tag{7-5}$$

式中，G_f为燃料消耗量或供油量，单位为 kg/h；ΔV 为燃料消耗容积，单位为 cm^3；ρ_f为燃油密度，单位为 g/cm^3；Δt 为燃料消耗时间，单位为 s；Δm 为燃料消耗量，单位为 g。

整机小时耗料量是在 1h 内消耗的燃料量，它只是反映了发动机燃料消耗量的大小，没有考虑燃料消耗所获得收益的多少，不适合用作可比性的发动机经济性评价指标。因此，需采用燃料消耗率，即发动机获得一定输出功率所对应的燃料消耗量，作为发动机燃料经济性的可比指标，其表达式如下：

$$g_e=\frac{G_f}{P_e}\times 1000 \tag{7-6}$$

式中，g_e为燃料消耗率，单位为 g/(kW·h)；G_f为燃料消耗量，单位为 kg/h；P_e为发动机功率，单位为 kW。

测量燃油消耗量的方法可分为稳态测量和瞬态测量。具体来说有容积法、质量法、采用科里奥利（Coriolis）效应的质量流量计及碳平衡法等。在进行发动机稳态试验时，油耗测量通常采用容积法和质量法，前者一般用于汽油发动机，后者一般用于柴油发动机。如进行动态测试，为保证油耗测量精度，通常采用科里奥利质量流量计；进行整车转鼓试验时，燃油发动机的油耗测量一般采用尾气碳平衡法。

（6）空燃比的测量

空燃比是一个可调参数，它对发动机动力性、经济性和排放性能影响极大。在产品研发和科研工作中常常需要进行空燃比的测试。对于火花点火预制均匀混合气的发动机，空燃比范围变化不大，但少许变化就会对性能有重大影响。对于喷雾混合的柴油机而言，空燃比随负荷不同而大幅度变化，而且缸内各处，各时刻的空燃比都是不同的。一般只是测定最大油门位置时的平均空燃比，这是决定柴油机排放和最大动力性能的主要限制因素。空燃比 α 的表达式为

$$\alpha = 单位时间内进入缸内的空气量/单位时间内的燃料消耗量 \tag{7-7}$$

空燃比还可以用过量空气系数 φ_a 来表示，它表示燃料完全燃烧时，实际供给的空气量与完全燃烧所需的理论空气量之比，表达式为

$$\varphi_a = l/l_0 \tag{7-8}$$

式中，l、l_0 分别为完全燃烧 1kg 燃料实际供给的空气量和理论空气量。

测量空燃比的方法有多种，主要采用测量进气量和燃料消耗量来计算空燃比、直接测量排气成分来计算空燃比、测量排放样气氧的浓度来计算空燃比等方法。

（7）发动机排放污染物测量

汽车发动机的排放污染物主要包括气态污染物和颗粒物。气态污染物指 CO、CO_2、碳氢化合物（HC）和氮氧化物（NO_x）；颗粒物（PM）指在温度不超过 325K（52℃）的稀释排气中，由规定的过滤介质收集到的所有物质，包括碳粒及其吸附的可溶性有机物和硫酸盐。随着排放法规的加严，对颗粒物的测量则是更加关注微粒粒径分布和数量（PN）的测试，这样可更好地分析发动机排放微粒对环境和人体健康的实际影响。

对污染物进行测量分析的方法一般有两种：物理方法和化学方法。根据我国制定的汽车排放标准，采用物理分析方法测量 CO、CO_2、HC 和 NO_x。

3. 发动机基本性能试验

发动机的性能主要指动力性、经济性、排放性、可靠性和耐久性。根据发动机运行工况的不同，发动机的性能可分为稳态性能和动态性能。发动机的稳态性能对应发动机的稳定运行，此时发动机循环平均性能指标、工作过程参数不随时间变化，如汽车的匀速行驶、发动机台架试验中的稳定运行就属于这种工况。发动机的动态性能是指发动机在过渡过程或不稳定工作过程中的特性，如汽车加速、减速、起动等工况或发动机从一个稳定工况过渡到另一个稳定工况时。

GB/T 18297—2024《汽车发动机性能试验方法》中规定了发动机的一般性能试验项目和试验方法：功率试验、负荷特性试验、万有特性试验、机械损失功率试验、起动试验、怠速试验、压燃机调速特性试验、各缸工作均匀性试验、机油消耗量试验、活塞漏气量试验。本节重点介绍以下性能试验方法。

（1）发动机功率试验

发动机功率试验也称外特性试验，就是发动机节气门全开时与动力、经济性有关的速度特性试验。它是在发动机节气门开度 100% 的位置时，发动机动力性、经济性指标（M_e、G_f、g_e、P_e、T_e 等）随转速而变化的特性试验。速度特性是发动机节气门开度不变时，发动机性能指标和特性参数随转速的变化规律。

发动机功率试验的目的，首先是评价发动机在额定工况下的动力性、经济性和排放性指

标，包括额定功率、转矩、油耗率等；其次是确定其他工况下的最大动力性指标，包括整机的最大转矩、最大转速与最大功率值；此外还可了解外特性段的有害排放情况。

功率试验分为总功率试验和净功率试验。总功率试验时，发动机仅带有能保证其工作的附件，如曲轴箱通风装置、发电机、调压器及蓄电池、发动机电控系统等，没有这些附件，发动机就不能工作。它表示发动机运转时能达到的最大动力性指标。

净功率表示发动机装在汽车上运转时，曲轴端能输出的最大有效性能指标。试验时，发动机应安装整车运行时所需配备的各种附件，而且这些附件应该是原生产装备件，安装位置应尽可能地与实际安装情况相同。随着汽车排放法规日趋严格，为了使真实运行时的排放性、动力性和经济性达到最佳匹配，匹配调整试验必须在净功率试验状态下进行，因此现代车用发动机的动力性指标常用净功率指标来表示。

在进行功率试验时，发动机节气门开到最大位置。在发动机工作转速范围内，依次地改变转速进行测量，适当地选择不少于 8 个稳定工况点。有些试验，因试验目的要求，为能获得更加准确的曲线，试验点会选得更多，如每 100 转有一测量点，其中必须包括额定点和最大转矩点。测量各稳定工况点的转速、转矩、油耗量，并计算功率和燃料消耗率等。某发动机功率试验性能曲线如图 7-9 所示。

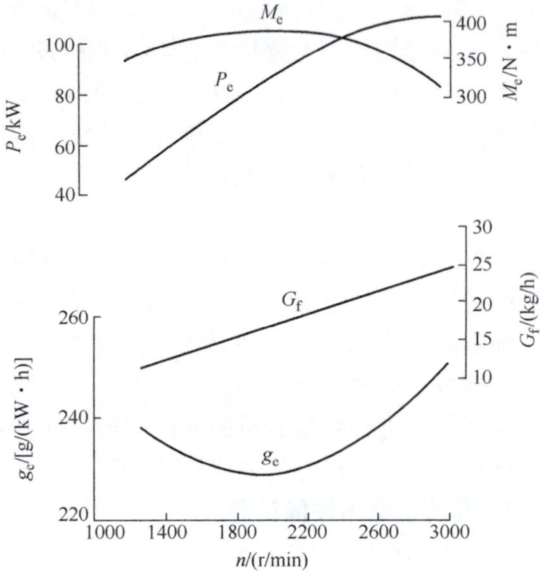

图 7-9　某发动机功率试验性能曲线

对同一机型，如果用途不同，标定目标会不同，就会通过一定的技术手段使得发动机外特性曲线形状、额定功率、额定转速等参数都不同。额定工况的指标是根据发动机应用场所不同而人为标定的结果，与发动机最大可能的性能指标是有区别的。

试验所需测量的主要项目有：

1）转速、转矩。发动机功率试验中可直接测量发动机的转矩和转速，通过转速和转矩再计算出功率。转矩、转速和功率决定了发动机的动力性，从而决定了汽车动力性三要素（车速、爬坡能力和加速能力）的最重要的参数。

2）燃料消耗量。为了解发动机在全负荷工况下的经济性，需测量发动机燃料消耗量，再由此计算出外特性各工况的燃油消耗率。

3）排放污染物。对于排放污染物限值及测量方法，可参考国家标准 GB 17691—2018《重型柴油车污染物排放限值及测量方法（中国第六阶段）》进行。此外，测试排放污染物是为了了解外特性段的排放情况，而不是按排放法规进行达标和认证试验。

4）排气温度、点火提前角或喷油提前角、冷却液温度、润滑油温、油压以及燃油温度和燃油牌号等。测量目的是保证发动机试验工况处于最佳调整和正常工作状态。

5）进气状态。主要指大气温度、湿度、大气压力，测量目的是计算获得校正有效功率及压燃机的燃油消耗率，以便进行对比分析。

如果进行功率试验时不能在标准状态的实验室内进行，就必须将非标准大气状况下所测得的功率和燃油消耗率换算成标准大气状况下的数值，以便发动机之间进行比较、评价和配套。这种换算就称为大气校正。发动机标准进气状态见表7-3。

表7-3　发动机标准进气状态

进气参数	单位	标准值
进气温度 T	K	298
进气干空气压 p_d	kPa	99
水蒸气分压 p_w	kPa	1
进气总压 P	kPa	100

有关详细校正的计算公式可参考国家标准 GB/T 18297—2024《汽车发动机性能试验方法》。

功率试验可以直接反映该发动机产品所具有的最大动力性能，是汽车及发动机生产中以及产品检验、维修时最常用的试验方法。

功率试验也可用于进行发动机产品在使用不同牌号燃油、不同调节参数、不同使用条件下的对比研究。在产品开发或研究过程中，有时要了解发动机外特性曲线的具体形状。此时不宜使用较少试验点的曲线拟合方法进行分析。实际发动机中，由于进气管中压力波动态效应的作用，外特性曲线往往是波动的，用标准函数拟合成的平滑曲线反而是失真的。

功率试验只是速度特性中的外特性试验，还有节气门开度小于100%的部分速度特性试验，如节气门开度为15%、25%、45%等时的速度特性试验。其试验方法与外特性试验相同。

（2）负荷特性试验

负荷特性是在发动机转速保持不变的条件下，发动机主要性能参数（G_f、g_e 等）随发动机负荷（功率、平均有效压力或节气门开度）的改变而变化的关系。负荷特性试验的目的是评定发动机在规定转速、不同负荷时的经济性和排放性能。它主要表明在同一转速下，各种不同负荷时的燃油消耗率 g_e 随功率 P_e 变化的关系。对于额定转速，可以通过负荷特性曲线找出发动机所能达到的额定功率和额定点的燃油消耗率，判断功率标定的合理性。对于其他转速，可以通过负荷特性曲线找到发动机各工况中的最低燃油消耗率 g_{emin}，是评价不同发动机经济性的一个重要指标。

发动机起动后，稍加负荷，使发动机逐步达到规定的稳定热状态［发动机冷却液的出口温度为（36.1 ± 5）K，机油温度为（36.8 ± 5）K］，再开始试验。一般试验在发动机50% ~80%的额定转速（其中应含常用转速和2000r/min）下进行，需要时，转速范围可上、下扩展，直至其额定转速。试验从小负荷开始，逐步开大节气门进行测量，直至节气门全开为止，也可以从大负荷开始，逐渐降低至小负荷，但转速始终保持不变。应适当分布8个以上的测量点，测量点应包括转速为2000r/min、平均有效压力为200kPa的工况点。图7-10所示为某汽油机在2800r/min时的负荷特性曲线。

在进行发动机负荷试验时，试验工况点是从小负荷开始逐渐加大负荷，还是从大负荷即节气门全开逐渐降低负荷，主要取决于当时试验对象的状态及试验工程师的意图，有时人们为提高负荷特性曲线精度，试验从小负荷开始，然后逐渐加大负荷直至最大，接着逐渐降低负荷到小负荷，完成负荷特性试验。

在对发动机进行负荷特性试验时，其测量参数的数量和方法与功率试验的测量参数基本相同，即在每一个工况下，测量发动机进气状态、转速、转矩、燃油消耗量、燃油消耗率、点火提前角或喷油提前角、空燃比和排气温度，记录燃料牌号等。按需要测量CO、HC、NO_x排放量等。

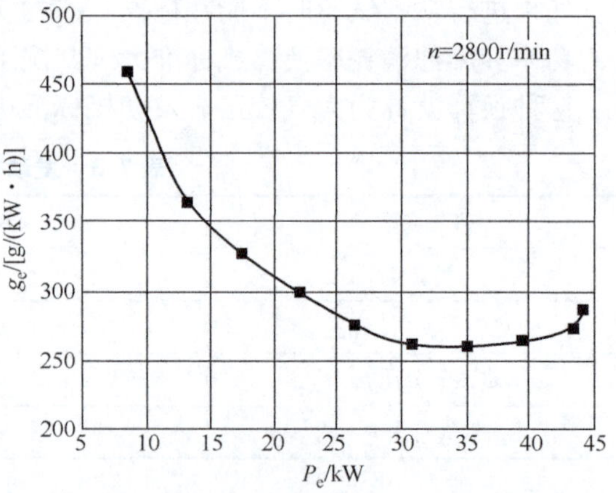

图 7-10　某汽油机在 2800r/min 时的负荷特性曲线

负荷特性曲线的横坐标可以是功率 P_e、平均有效压力 p_e 或者节气门开度。多个转速的负荷特性曲线画在同一张坐标图上时，如图 7-11a 所示，以功率为横坐标，则各条曲线按转速由低到高的顺序从左到右分开，这样分析、观察比较方便。若以平均有效压力或节气门开度为横坐标时，如图 7-11b 所示，则各曲线处于同一区段，上下略有差别。后一种曲线族图，便于万有特性曲线图的制取，也便于比较各转速负荷特性曲线的差异。

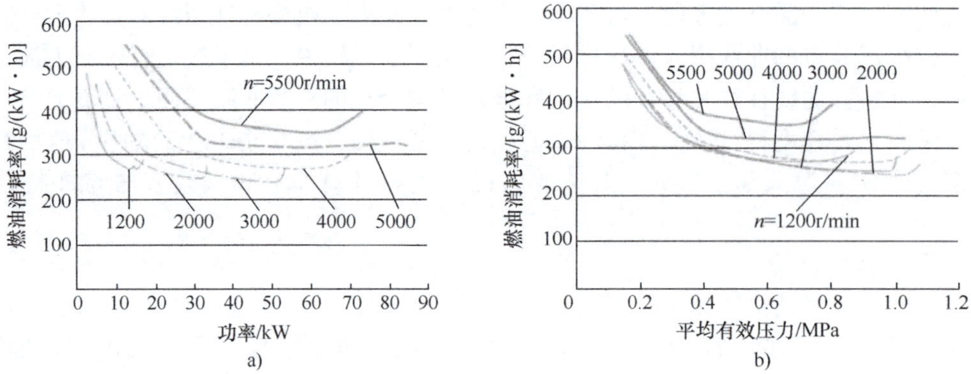

图 7-11　某发动机负荷特性曲线

（3）万有特性试验

发动机负荷特性和速度特性分别反映了发动机主要性能参数仅随负荷和转速变化的规律，从而可以从不同的角度评价发动机的性能。汽车发动机在实际工作中，转速、负荷都在不断地变化。要全面评价发动机的性能，仅凭负荷特性或速度特性则有一定的局限性，因此需要一种能同时展示上述两种特性的图形来进行评价。这种图形可以是在三维坐标图上，以工况面（转速和负荷的二维平面）为自变量域的特性曲面；也可以在工况面的二维坐标图上，表示为各种参数的等值线，如等燃油消耗率线、等功率线、等NO_x 排放线等。后者就是万有特性曲线，如图 7-12 所示。

万有特性曲线实质是所有负荷特性和速度特性线的合成。它可以表示发动机在整个工况范围内主要参数的变化关系，可以用来确定发动机最经济的工作区域，当然也可以确定某一排放污染物的最小值区域等。在发动机性能匹配优化过程中，通过对调整参数如点火提前角、喷油提前角、喷油脉宽、排气再循环率、配气相位等进行优选，可以使发动机的最低油耗区和排放区域落在最常用的工况范围内，这是发动机性能匹配的重要原则之一。

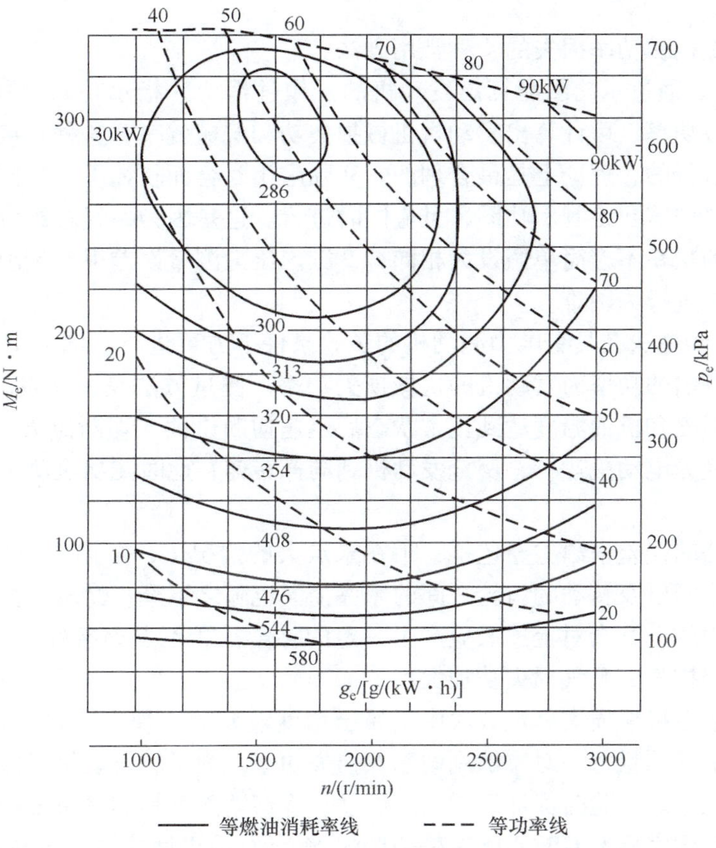

图 7-12　某发动机的动力性、经济性万有特性曲线

（4）机械损失功率试验

评价发动机机械损失大小的主要指标有机械损失功率和机械效率。机械损失功率指的是发动机运行过程中的机械摩擦功率、附件功率和泵气损失功率之和。机械效率定义为发动机的有效功率与指示功率之比，用于衡量发动机机械损失大小的程度，其中机械效率可以用下式表示：

$$\eta_{mo}=\frac{P_{eo}}{P_{eo}+P_m}\times 100\% \tag{7-9}$$

式中，η_{mo}为机械效率；P_{eo}为机械有效功率，单位为 kW；P_m为机械损失功率，单位为 kW。

在测功机上利用倒拖法测定机械损失功率时，其计算式为

$$P_m=\frac{2\pi W_m Ln}{60\times 1000}=CW_m n \tag{7-10}$$

式中，W_m为测功机磅秤读数，单位为 N；L 为测功机臂长，单位为 m；n 为转速，单位为 r/min；C 为测功机常数。

式（7-10）适合外壳是浮动式的电力测功机，对于不是浮动式外壳的电力测功机，通常在其轴上装有转矩传感器，根据转矩传感器测出的摩擦副总转矩计算发动机摩擦功率。

机械效率在大功率输出时可以超过 80%，中低负荷时较低，怠速时则为零。由此可知，提高机械效率是提高发动机性能指标不可忽视的因素，所以对于机械损失的精确测量也具有

非常重要的意义。

下面介绍测量机械功率损失的4种常用方法。

1）示功图法。通过示功图测算出发动机的工作过程功（指示功），再根据台架上测算得出的发动机有效功率，可计算出发动机机械损失功和机械效率。这种直接测定方法是在真实的试验工况下进行的，理论上是最合理的。实际应用时会面临如下一些问题：①在多缸发动机中，所有气缸都需要绘制示功图，且应同时进行。这是因为各气缸产生的功率是有差别的，即各缸产生的功率不应简单假设为相同；②缸内压力测量误差很难精确控制；③精确确定真实的上止点位置极为困难。

2）倒拖法。倒拖法在具有电力测功机的试验条件下方可进行。电力测功机拖动发动机运转，测功机所测出的功率为发动机的机械损失功率。测量方法是先使发动机带负荷运转，当发动机冷却液温度和机油温度达到正常状态后迅速切断供油或切断点火（汽油机），立即将电力测功机转换为电动机运行，反拖发动机到同样转速，此时测功机测出的功率为机械损失功率。

这种测试方法的误差来源主要包括：①在未点火的情况下，缸内压力显著下降，活塞、活塞环与气缸套之间以及转动的齿轮之间的摩擦损失也随之下降；②缸壁温度比不点火时显著下降，黏性阻力的上升会对上述效应产生一定的补偿；③不点火条件下，排气温度下降，工质密度上升，使排气的泵气损失功加大。

这种方法在诸多机械损失测定方法中仍属于精度较高的一种，且方法简便，再现性好，还可以分解发动机，测量每一对摩擦副的摩擦损失功率，为了解发动机摩擦损失的根源和降低摩擦损失提供依据。试验时保证润滑油的温度和冷却液温度是非常重要的，这可避免摩擦功率过大的变化，国家标准GB/T 18297—2024《汽车发动机性能试验方法》中规定机械损失功率试验方法采用倒拖法，当然这是针对可能应用电力测功机的中、小型发动机而言。

3）灭缸法。灭缸法在发动机在稳定工况下运转，且各缸点火或喷射装置被轮流关断的情况下进行，该技术只适合多缸发动机和自然吸气发动机，增压和增压中冷发动机不适合。

当关断其中某缸后，测功器立刻调整以恢复发动机转速，于是可以测出功率的下降量。在假定整机的总机械损失不变的条件下，该值与不工作的气缸发出的指示功率应相等。对各缸分别进行相同操作，各缸功率下降值之和就被认为是发动机的指示功率。于是再通过发动机的有效功率就可以求出机械效率。

灭缸法本质上仍然是倒拖法，因此，此方法具有与倒拖法相同的误差来源，但由于发动机基本处于正常工作状态，所以理论上误差应比倒拖法小。不过由于多缸机灭一缸后，进、排气压力波动态效应会影响各缸分配均匀性，以及通过灭一缸计算单缸指示功率时是两个大数（不灭缸与灭缸的总功率）相减，其相对误差会加大，所以其精度的高低仍是难以定量说明的问题。

4）油耗线法。此方法仅适用于没有节气门的压燃式发动机。从图7-13所示的柴油机油耗线法可看出，柴油发动机在某一恒定转速下，在75%总功率以下部分近似为直线。在特性曲线的直线部分，任意增量燃料将产生相同增量的功率。显然在零功率输出点，发动机消耗的所有燃料都被用于克服机械损失，因此可以推断，油耗线直线段的反向延长线与横坐标相交，交点 O_1 到坐标0点间的负值为机械损失值。

严格地说，此方法只适用于空载条件下的摩擦损失测评。因此，加载测试时，功率损失无疑会加大。此外，中低负荷段直线性的假设也存在一定的误差。因为该方法的优点是不用驱动装置就能测量，所以适合大型柴油发动机，不适用进气节流的发动机。

上述四种测量发动机机械损失的方法均存在一定的误差，如果运用尽可能多的方法测量，并进行结果对比将更具有意义。最后还要指出，增压发动机在倒拖或灭缸时，增压器的工作状况会有很大变化，所以能用此二法测定其机械损失功率。油耗线法也只在低增压机型中应用，且误差难以估算。目前，除示功图法外，尚别无良策。

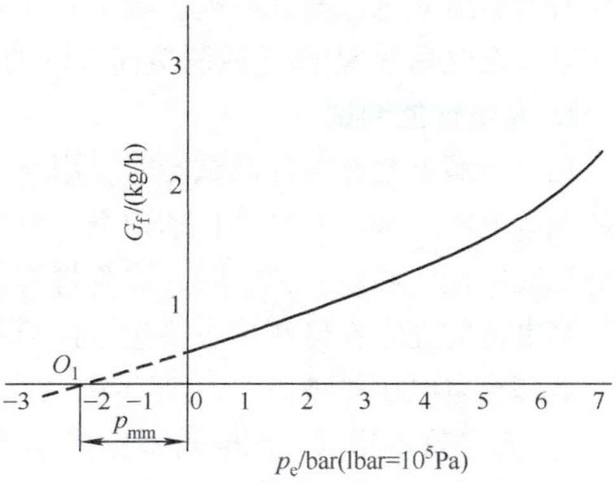

图 7-13　柴油机油耗线法

三、动力蓄电池系统试验

动力蓄电池是新能源汽车的能量存储装置，由电池包和电池管理系统等组成。动力蓄电池系统测试的目的是评估电池在实际使用条件下的性能、稳定性和安全性，验证电池系统是否满足设计和制造的要求，并确保在各种操作条件下都能够可靠地工作。

动力蓄电池作为典型的二次化学电源，除包含化学电源的电化学基本性能外，如容量、电压、内阻、自放电、存储性能、高低温性能等，还包括充放电性能、循环性能、内压等。

动力蓄电池相关的国家标准有 GB/T 31486—2024《电动汽车用动力蓄电池电性能要求及试验方法》、GB/T 31484—2015《电动汽车用动力蓄电池循环寿命要求及试验方法》、GB/T 31467—2023《电动汽车用锂离子动力电池包和系统电性能试验方法》、GB/T 39086—2020《电动汽车用电池管理系统功能安全要求及试验方法》、GB/T 5008. 1—2023《起动用铅酸蓄电池　第 1 部分：技术条件和试验方法》。

本节依据 GB/T 31486—2024 和 GB/T 31484—2015 对动力蓄电池的充放电性能、容量、内阻、循环寿命及安全性的测试方法进行介绍。

1. 试验准备

试验应在温度为（25±5）℃、相对湿度为 15%～90%、大气压力为 86～106kPa 的环境中进行。室温是指（25±2）℃。

测量仪器、仪表准确度应不低于以下要求：电压测量装置为±0. 5% FS，电流测量装置为±0. 5% FS，温度测量装置为±0. 5℃，时间测量装置为±0. 1% FS，尺寸测量装置为±0. 1% FS，质量测量装置为±0. 1% FS。控制实际值与目标值之间的误差要求为：电压为±1%，电流为±1%，温度为±2℃。

在试验的过程中若需要充电，应按照以下方法充电：单体蓄电池先以制造商规定且不小于 $1I_3$（I_3 为 3h 率放电电流，等于额定容量值的 1/3）的电流放电至制造商技术条件中规定的放电终止电压，搁置 1h（或制造商提供的不大于 1h 的搁置时间），然后按制造商提供的充电方法进行充电，充电后搁置 1h（或制造商提供的不大于 1h 的搁置时间）。若制造商未提供充电方法，则由检测机构和制造商协商确定合适的充电方法，或依据以下方法充电：以制造商规定且不小于 $1I_3$ 的电流恒流充电至单体蓄电池达制造商技术条件中规定的充电终止电压时转恒压充电，至充电电流降至0.05I_1（I_1为1h率放电电流，等于额定容量值）时停止充电，充电后搁置1h（或制造商提供的不大于1h的搁置时间）。

2. 充电性能测试

在进行蓄电池充电性能试验时，用电源及测试电路应满足以下要求：充电电源的充电电压和充电电流可调，并且可自动记录充电过程的电压、电流及充电时间，以便于获取所需的蓄电池充电性能参数；充电时，需要将其正负极分别与外电源的正负极分别连接。

蓄电池的充电性能测试主要包括检测蓄电池的充电效率、充电可接受电流、耐过充电能力、最高充电电压等项目。

1）充电效率测试。充电效率也称为充电接受能力，是指电池充电过程中用于活性物质转化的电能与充电时所消耗的总电能之比，常用百分数表示。充电初期的充电效率接近100%，充电后期由于电极极化增大，电极上伴随有气体析出，充电效率较低。充电效率越高，电池接受充电的能力越强。充电方式、充电电流的大小、环境温度等直接影响充电效率。蓄电池充入的电量通常用其所放出的电量来度量，而充电消耗的总电量可通过充电过程的充电电流和时间的累积得到，充电电流的大小、充电方法、充电时的环境温度等均会影响蓄电池的充电效率，蓄电池本身充电可接受电流的大小也会影响充电的效率。

测试方法如下：室温下，蓄电池模块以1I_1（A）电流放电至任一单体蓄电池电压达到放电终止电压，静置1h；室温下，蓄电池模块以2I_1（A）（最大电流不超过400A）电流充电，直至任意一个单体蓄电池电压达到充电终止电压，或达到企业规定的充电终止条件，并且总充电时间不超过30min，静置1h；室温下，蓄电池模块以1I_1（A）电流放电至任一单体蓄电池电压达到放电终止电压；以A·h来计量放电容量。

2）充电可接受电流测试。蓄电池在各种荷电状态下的充电可接受电流参数，对于确定蓄电池快速充电最佳方案十分重要。蓄电池在各种荷电状态下的充电可接受电流大，表明蓄电池接受快速充电的能力就强，蓄电池在使用过程中也不容易过充电。但是，实际测试过程获取准确的蓄电池充电可接受电流参数比较困难。本节以铅酸蓄电池为例介绍充电可接受电流测试方法，其他电池可参考此处。

对于铅酸蓄电池而言，可以用定流充电至电解液开始冒气泡的时间大致确定可接受电流值，方法如下：定电流充电至电解液开始冒气泡的时间越短，该充电电流值就越接近充电可按受电流；如果蓄电池需要充电很长时间电解液才有冒气泡现象，则该充电电流小于可接受电流；如果蓄电池充电极短时间电解液就大量冒气泡，则表明该充电电流已超出了充电可接受电流。

3）耐过充电能力。蓄电池的耐过充电能力是指蓄电池在非正常充电情况下，仍然保持良好状态的能力，这也是蓄电池充电性能的重要指标之一。不同类型的蓄电池，耐过充电性能的评价标准和测试方法也有所不同。例如，镍氢蓄电池通常要求在1C充电率下，蓄电池充电90min无泄漏，充电6h以内蓄电池不发生爆炸。

4）最高充电电压测试。蓄电池的最高充电电压也是衡量蓄电池充电性能好坏的重要参数。蓄电池在不同充电电流下的最高充电电压可在其充电后期用电压表测得。蓄电池的充电电压高，说明蓄电池充电过程中的极化现象（欧姆极化、浓差极化和电化学极化等）较为严重，蓄电池的充电效率就低。

3. 放电性能测试

蓄电池的放电性能因放电方式的不同而不同，放电电流越大，蓄电池放电过程的端电压及终止放电电压就越低，蓄电池所能放出的电量也就越低。此外，环境温度对蓄电池的放电性能也会有影响。蓄电池的放电性能通常用定电流放电法测试。

采用定电流放电测试法测试蓄电池的放电性能，需要有一个能人工调节放电电流且在放电过程中能自动控制恒定电流放电的放电器。在放电测试过程中，通过自动或人工记录蓄电池的放电电流、端电压及放电时间，获得蓄电池放电性能评价数据。放电电流和温度会影响蓄电池的放电特性。因此，在做放电试验时，不仅要记录放电电压和放电时间，还需要记录放电电流值和温度。

采用定电流放电测试法获得的定电流放电特性曲线来对蓄电池放电性能进行评价。放电特性曲线反映了蓄电池整个放电过程的电压变化，蓄电池的工作电压通常以中点电压表示，而蓄电池的中点电压可由蓄电池允许放电的中点时刻的放电电压确定。此外，蓄电池的放电特性还可用电压特性反映，所谓电压特性是指蓄电池放电至标称电压的时间与蓄电池总放电时间的比值。蓄电池具有良好的电压特性，说明其输出功率较高，而正常工作电压的时间相对较长，则有利于蓄电池容量的充分发挥。

4. 容量测试

蓄电池的理论容量是指其极板活性物质全部参与电化学反应所放出的电量，蓄电池工作时实际放出的电量只是理论容量的一部分。蓄电池标定的额定容量是在规定的放电电流和温度下所放出的电量，蓄电池的实际容量常用定电流放电法和定电阻放电法进行测定。

（1）定电流放电法

定电流放电法测定蓄电池的容量如同蓄电池的定电流放电性能测试，以某定电流连续放电，直到蓄电池的电压降至放电终止电压，蓄电池的容量 C 由放电电流 I 和放电时间 t 的乘积得到，即 $C=It$。

蓄电池在不同的定电流放电情况下，所能放出的电量是不同的，因此，蓄电池的实际容量必须标明其放电电流值。此外，蓄电池在定电流放电过程的中间有停顿，则最后测定的实际容量要比连续放电至终止电压测得的容量高，搁置时间较长所测得的实际容量也要比搁置时间短的要高些。

（2）定电阻放电法

在定电阻放电法容量测试中，由于放电过程中放电电路中的电阻恒定不变，因而放电电流不是一个定值。定电阻放电过程开始的放电电流较大，然后随着蓄电池电动势的下降，放电电流随之缓慢下降。定电阻放电过程蓄电池的容量可由蓄电池在整个放电过程的平均电压、放电过程的定值电阻和蓄电池的放电时间来确定。

与定电流放电法相比，用定电阻放电法所测定的蓄电池实际容量只是一个近似值，但对于负载固定的蓄电池来说，定电阻放电法测定的容量值却能更好地反映蓄电池在该放电条件下的实际放电能力。

根据汽车实际使用工况情况，蓄电池容量测试方法可分为静态容量测试和动态容量测试。静态容量检测的主要目的是确定车辆在实际使用时，动力蓄电池组具有充足的电量和能量，满足在各种预定放电倍率和温度下正常工作。主要的试验方法为恒温条件下进行定电流放电测试，放电终止以动力蓄电池组电压降低到设定值或动力蓄电池组内的单体一致性

（电压差）达到设定的数值为准。电动汽车行驶过程中，动力蓄电池的使用温度、放电倍率都是动态变化的。动态容量检测主要检测动力蓄电池组在动态放电条件下的能力。其主要表现为不同温度和不同放电倍率下的能量和容量。主要测试方法为采用设定的变电流工况或实际采集的车辆应用电流变化曲线，进行动力蓄电池组的放电性能测试，试验终止条件根据试验工况以及动力蓄电池的特性有所调整，基本也是遵循电压降低到一定的数值为标准。该方法可以更加直接和准确地反映电动汽车的实际应用需求。

5. 内阻测试

电流通过蓄电池内部时受到阻力，使蓄电池的工作电压降低，该阻力称为蓄电池内阻。蓄电池内阻包括电极在电化学反应时所表现出的极化电阻和欧姆电阻，欧姆电阻主要由极板电阻、电解液电阻、隔膜电阻及各部分零件的接触电阻构成。由于蓄电池内阻的作用，蓄电池放电时端电压低于电动势和开路电压。充电时的端电压高于电动势和开路电压。蓄电池内阻是化学电源的一个极为重要的参数。它直接影响蓄电池的工作电压、工作电流、输出能量与功率等，通常内阻低的蓄电池电压特性也较好。容量越高的蓄电池内阻越低。

不同的蓄电池，其内阻不同，铅酸蓄电池的内阻约 10mΩ，镍氢蓄电池的内阻为 10 ~ 50mΩ。由于蓄电池内阻很小且是有源元件，不能用普通的欧姆表测量电阻的方法测其内阻。测量电池内阻的方法有方波电流法、交流电桥法、交流阻抗法、直流伏安法、短路电流法和脉冲电流法等。例如，用方波电流法测量蓄电池的内阻，用恒电流仪控制通过电极的电流为一定值，用信号发生器调节方波周期和幅值，用示波器记录电压的响应，即可测出蓄电池的欧姆内阻。

蓄电池内阻通常采用各种专用的内阻检测仪测试。常见的内阻检测仪多采用交流法测试内阻，即利用蓄电池可等效为一个有源电阻的特点，对被测蓄电池施加一个恒定的交流电流（一般为 1kHz，50mA），然后对其电压采样，并经整流、滤波等处理后，获得较为精确的蓄电池内阻。

6. 荷电状态测试

在蓄电池使用过程中，荷电状态是反映蓄电池状态的重要参数。由于荷电状态受充放电倍率、温度、自放电及极板活性物质老化等许多因素的影响，并且与某些参量之间呈非线性关系，因此很难通过单个或几个参数的测量而获得准确的荷电状态值。到目前为止，荷电状态的检测方法已有很多，例如，放电试验法、安时计量法、开路电压法、负载电压法、内阻法、神经网络法、卡尔曼滤波法等，但各种荷电状态估算只能对蓄电池的某种充放电情况较为适用。

（1）放电试验法

放电试验法是通过定电流放电的方法来估算蓄电池的荷电状态，具体测试方法是：将蓄电池进行定电流放电至终止电压，蓄电池放出的电量为蓄电池定电流放电前的荷电状态。

这种方法被认为是最可靠的荷电状态估算方法，但对于在电动汽车上使用中的蓄电池，这种荷电状态估算则没有实际意义。这是因为：使用中的蓄电池剩余电量显示和能量管理需要当前的荷电状态，而放电试验法得到的蓄电池荷电状态是在蓄电池放完电之后；不同定电流放电电流下，所能放出的电量也不同，因而用该方法测得的荷电状态只是在某一种定电流放电情况较准确，对于不同定电流放电或变电流放电的情况则误差较大；放电试验法必须停止蓄电池的工作，而且需要较长的时间才能获得结果，因此，放电试验法通常只是在实验室需要验证蓄电池当前荷电状态时采用。

（2）安时计量法

安时计量法是通过对蓄电池放电电量的累积，并通过蓄电池充放电初始的荷电状态中去除消耗的荷电状态进行计算得到。消耗的荷电量通过对使用时间周期内的充放电电流与充放电效率的积分值与蓄电池额定容量的比值来确定。

安时计量法比较简单，但在实际应用中的主要问题如下：安时计量法本身不能给出初始的荷电状态，而使用中蓄电池充放电起始的荷电状态是很难准确估算的；在蓄电池工作过程中，如果电流测量不准确，将造成充放电电量计量误差，并导致荷电状态计算误差，且长时间积累，误差会越来越大；安时计量须考虑蓄电池的充放电效率，而充放电效率与充放电电流的大小及蓄电池的技术状况等有关。

（3）开路电压法

蓄电池的开路电压与蓄电池的静止电动势数值上相等，对于铅酸蓄电池来说，静止电动势与电解液的密度成比例关系。而电解液的密度与蓄电池的放电程度又有一种线性关系。因此，可以用蓄电池的开路电压来估算荷电状态。镍氢蓄电池和锂离子蓄电池的开路电压与荷电状态之间的关系其线性度不如铅酸蓄电池，但也可用来估算荷电状态。

开路电压法在实际应用中的主要问题是：蓄电池需要长时间静置，蓄电池从充放电状态中的动态电动势恢复到静止电动势需要几个小时，这给使用过程中的蓄电池荷电状态准确估算带来困难。此外，蓄电池最短需要静置多长的时间才能恢复为静止电动势也很难确定。开路电压法通常用于电动汽车驻车时的荷电状态估算，但其准确性还不太高。在蓄电池充电的初期和末期用开路电压法估算荷电状态较为准确，因此，通常将其与安时计量法结合，用于电动汽车使用过程中的蓄电池荷电状态测量。

（4）负载电压法

蓄电池在开始放电的瞬间，其端电压立刻从开路电压下降至负载电压，如果蓄电池的负载电流保持不变，负载电压与荷电状态也有一一对应关系，因此，可根据负载电压得到荷电状态的估算值。

负载电压法可实时估算蓄电池的荷电状态，而且在定电流放电时可获得较为准确的荷电状态估算值。但在电动汽车上，蓄电池的负载电流不可能保持恒定不变，通过负载电压很难获得准确的荷电状态，因而在电动汽车上很少应用，但常被用作蓄电池放电终止的判定依据。

（5）内阻法

蓄电池的内阻可分为交流阻抗和直流内阻，交流阻抗和直流内阻均与荷电状态密切相关，因而可通过测量交流阻抗和直流内阻来估算荷电状态。

蓄电池的交流阻抗表示蓄电池对交流电的阻碍能力，它是蓄电池电压与电流之间的传递函数，是一个复数变量，需要用交流阻抗仪来测量。交流阻抗受温度的影响大，因而很少应用。

蓄电池的直流电阻表示蓄电池对直流电的阻碍能力，可以通过一个很短的时间里蓄电池电压的变化与电流变化的比值求得直流电阻。在实际测量中，将蓄电池从开路状态到定电流充电或放电状态的电压差值除以电流值，即蓄电池的直流内阻。蓄电池直流内阻的大小受计算时间的长短影响，如果时间段短于10ms，只能测到欧姆电阻；如果时间较长，内阻的变化又极为复杂。因此，要准确地测量蓄电池的内阻较为困难，这也是直流内阻法很少工程应用的主要原因。

内阻法对蓄电池放电后期的荷电状态估算较为准确，因此，可以与安时计量法配合使用，应用于电动汽车的荷电状态测量。

7. 循环寿命测试

循环寿命是评价蓄电池使用技术经济性的重要参数。蓄电池经历一次充电和放电，称为一次循环，或者一个周期。在一定放电制度下，二次电池的容量降至某一规定值之前所能耐受的循环次数，称为蓄电池的循环寿命或使用周期。随着充放电循环次数的增加，二次电池容量衰减是个必然的过程。这是因为在充放电循环过程中，蓄电池内部会发生一些不可逆的过程，引起蓄电池放电容量的衰减，这些不可逆的因素主要如下：电极活性表面积在充放电循环过程中不断减小，使工作电流密度上升，极化增大；电极上活性物质脱落或转移，活性物质在充放电过程中发生不可逆晶形改变，因而使活性降低；在蓄电池工作过程中，某些电极材料发生腐蚀；在循环过程中电极上生成枝晶，造成蓄电池内部微短路；隔膜的老化和损耗。蓄电池的循环寿命直接影响其使用经济性。当蓄电池的实际容量低于初始容量或是额定容量80%时，即视为动力蓄电池寿命终止。

本书依据可比较的标准和实际应用条件，将蓄电池循环寿命分为标准循环寿命和工况循环寿命来进行试验测试的介绍。

（1）标准循环寿命

标准循环寿命通常是在特定的标准测试条件下评估的，这些条件包括特定的充电和放电率、温度范围以及其他环境因素。这种测试方法旨在提供一个可比较的基准，使得不同厂家和型号的蓄电池可以在相似的条件下进行比较。测试方法如下：

1）以$1I_1$(A）放电至企业规定的放电终止条件，搁置不低于30min或企业规定的搁置条件。

2）按照试验条件提到的充电方法充电，搁置不低于30min或企业规定的搁置条件。

3）以$1I_1$(A）放电至企业规定的放电终止条件，记录放电容量。

按照1）~3）连续循环500次，若放电容量高于初始容量的90%，则终止试验；若放电容量低于初始容量的90%，则继续循环500次；计量室温放电容量和放电能量。

测试样品按照此方法进行标准循环寿命测试时，循环次数达到500次时放电容量应不低于初始容量的90%，或者循环次数达到1000次时放电容量应不低于初始容量的80%。

（2）工况循环寿命

工况循环寿命考虑更接近实际使用条件的因素，例如变化的温度、不同的充放电率、循环深度等。这种测试更接近蓄电池在实际应用中可能遇到的情况，因此工况循环寿命更贴近实际使用环境。工况循环寿命往往会比标准循环寿命短，因为实际应用中的条件通常更为复杂多变。

该循环测试由充电和放电两部分组成，充电部分按照试验条件提到的充电方法进行，放电部分按照图7-14和表7-4所示的主放电工况进行。

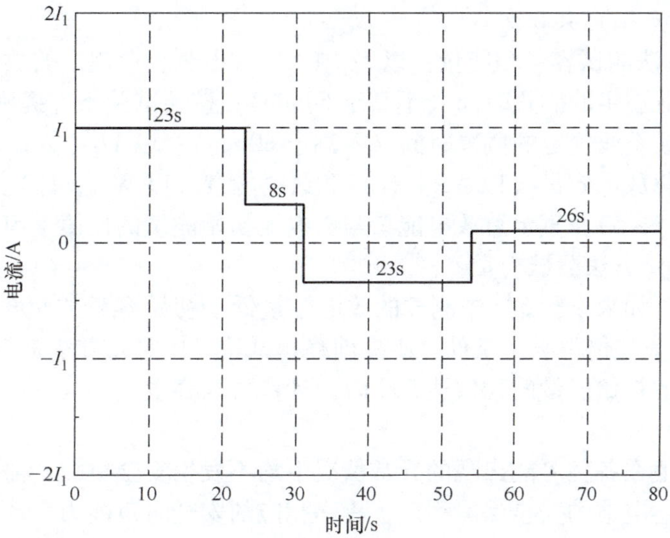

图 7-14　主放电工况

表 7-4　主放电工况试验步骤

时间增量/s	累计时间/s	电流/A	ΔSOC（%）
23	23	I_1	-0.639
8	31	$1/3I_1$	-0.713
23	54	$-1/3I_1$	-0.500
26	80	$0.1I_1$	-0.572

整个测试方法如下：

1）按照试验条件提到的充电方法充电，搁置 30min。

2）运行主放电工况直到 20% SOC 或者企业规定的最低 SOC，或企业规定的放电终止条件，搁置 30min。

3）重复步骤 1）~2）约为 20h，且循环次数为图 7-15 所示大循环的整数倍，搁置 2h。

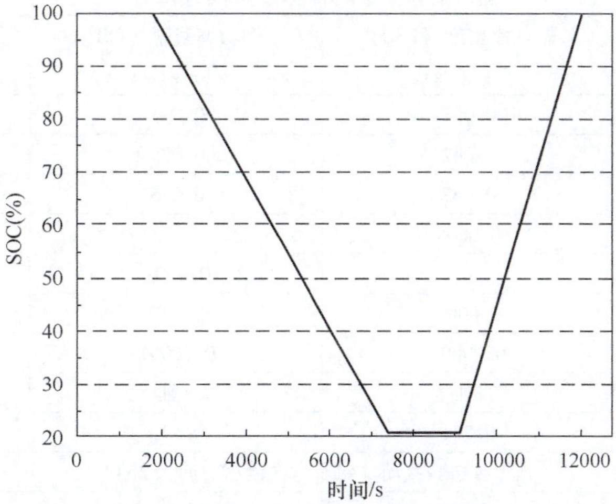

图 7-15　循环 SOC 波动示意图

4）重复步骤1）~3）共6次。

5）按照以下方法测试容量和能量：以 $1I_1$（A）放电至企业规定的放电终止条件，搁置不低于30min或企业规定的搁置时间（不高于60min）；按照试验条件提到的充电方法充电，搁置不低于30min或企业规定的搁置时间（不高于60min）；以 $1I_1$（A）放电至企业规定的放电终止条件；计算放电容量（以A·h计）和放电能量（以W·h计）。

6）重复步骤1）~5），直至总放电能量与蓄电池初始能量的比值达500。

7）按照步骤5）方法测试容量。

需要注意的是，如果步骤5）中测试的放电容量低于初始容量的90%，允许维护一次，然后再重复步骤5），如仍不满足条件，则提前终止试验。按照此方法进行工况循环测试时，总放电能量与蓄电池初始能量的比值达500时，计量放电容量。

8. 安全性试验

为了确保蓄电池在各种可能出现的异常情况下均不发生安全事故，需要对蓄电池进行安全性测试，以确定蓄电池的安全保障程度，提高相应的安全防范能力。动力蓄电池系统安全性试验项目包括振动、模拟碰撞、挤压、浸水、外部火烧。

（1）振动

试验对象为蓄电池系统。

为保护试验操作人员和实验室安全，制造商应提供电压锐变限值作为异常终止条件。

试验开始前，将试验对象的SOC状态调至不低于制造商规定的正常SOC工作范围的50%。

按照试验对象车辆安装位置和GB/T 2423.43—2008《电工电子产品环境试验　第2部分：试验方法　振动、冲击和类似动力学试验样品的安装》的要求，将试验对象安装在振动台上。每个方向分别施加随机和定频振动载荷，加载顺序宜为 z 轴随机、z 轴定频、y 轴随机、y 轴定频、x 轴随机、x 轴定频。

振动测试按照表7-5和图7-16进行，对于试验对象存在多个安装方向（$x/y/z$）时，按照RMS大的安装方向进行试验。

表7-5　振动测试条件

随机振动（每个方向测试时间为12h）			
频率/Hz	z 轴功率密度（PSD）/(g^2/Hz)	y 轴功率密度（PSD）/(g^2/Hz)	x 轴功率密度（PSD）/(g^2/Hz)
5	0.008	0.005	0.002
10	0.042	0.025	0.018
15	0.042	0.025	0.018
40	0.0005	—	—
60	—	0.0001	—
100	0.0005	0.0001	—
200	0.00001	0.00001	0.00001
RMS	z 轴	y 轴	x 轴
	0.73g	0.57g	0.52g
正弦定频振动（每个方向测试时间为2h）			
频率/Hz	z 轴定频幅值	y 轴定频幅值	x 轴定频幅值
20	±1.5g	±1.5g	±1.5g

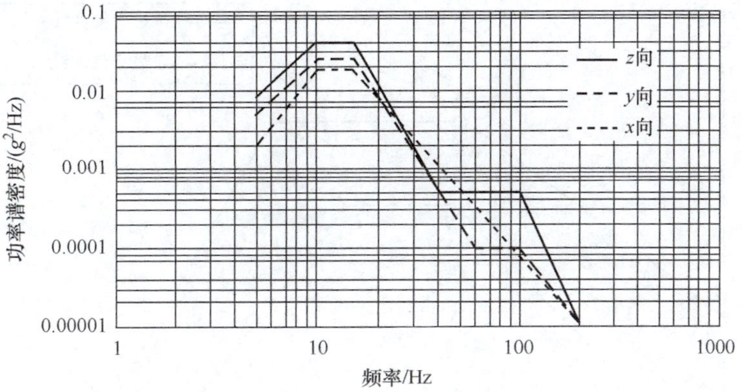

图 7-16 随机振动测试曲线

试验过程中，监控试验对象内部最小监控单元的状态，如电压和温度等。完成以上试验步骤后，在试验环境温度下观察 2h。

（2）模拟碰撞

试验对象为蓄电池系统。

按照试验对象车辆安装位置和 GB/T 2423. 43—2008 的要求，将试验对象水平安装在带有支架的台车上。根据试验对象的使用环境给台车施加规定的脉冲，并落在表 7-6 和图 7-17最大值、最小值容差允许范围内（汽车行驶方向为 x 轴方向，另一垂直于行驶方向的水平方向为 y 轴方向）。对于试验对象存在多个安装方向（$x/y/z$）时，按照加速度大的安装方向进行试验。

表 7-6 模拟碰撞脉冲容差范围

点	脉宽/ms	≤3. 5t（整车整备质量）		3. 5 ~7. 5t（整车整备质量）		≥7. 5t（整车整备质量）	
		x 方向加速度/g	y 方向加速度/g	x 方向加速度/g	y 方向加速度/g	x 方向加速度/g	y 方向加速度/g
A	20	0	0	0	0	0	0
B	50	20	8	10	5	6. 6	5
C	65	20	8	10	5	6. 6	5
D	100	0	0	0	0	0	0
E	0	10	4. 5	5	2. 5	4	2. 5
F	50	28	15	17	10	12	10
G	80	28	15	17	10	12	10
H	120	0	0	0	0	0	0

完成以上试验步骤后，在试验环境温度下观察 2h。

（3）挤压

试验对象为蓄电池单体。按下列条件进行试验：

1）挤压板形式（选择以下两种挤压板中的一种）：①第一种挤压板如图 7-18 所示，半

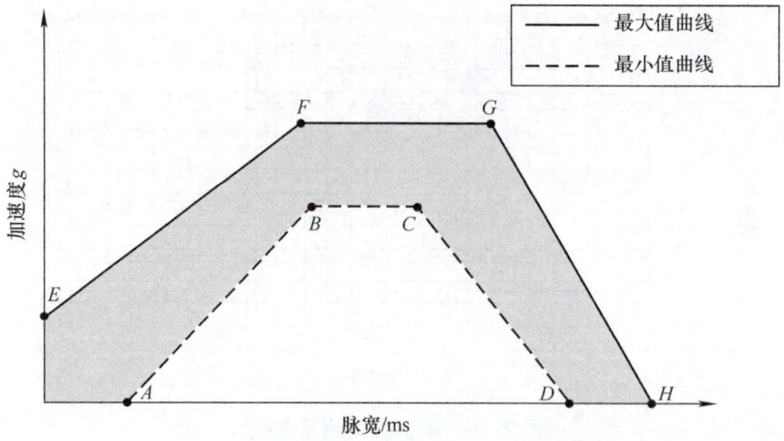

图 7-17　模拟碰撞脉冲容差范围示意图

径 75mm 的半圆柱，半圆柱体的长度（L）大于试验对象的高度，但不超过 1m。②第二种挤压板如图 7-19 所示，尺寸为 600mm × 600mm（长 × 宽）或更小，三个半圆柱体半径为 75mm，半圆柱体间距为 30mm。

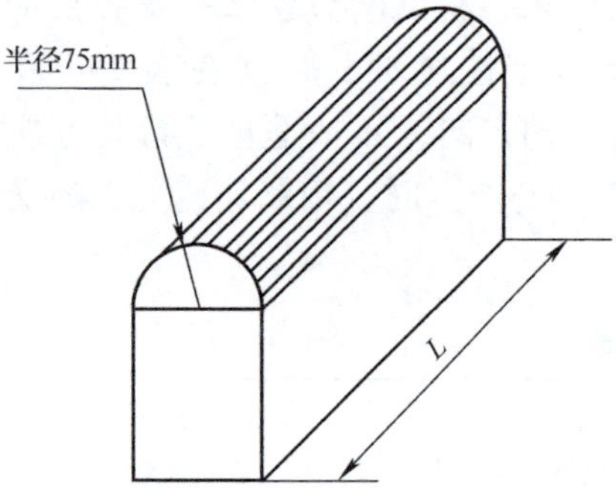

图 7-18　第一种挤压板

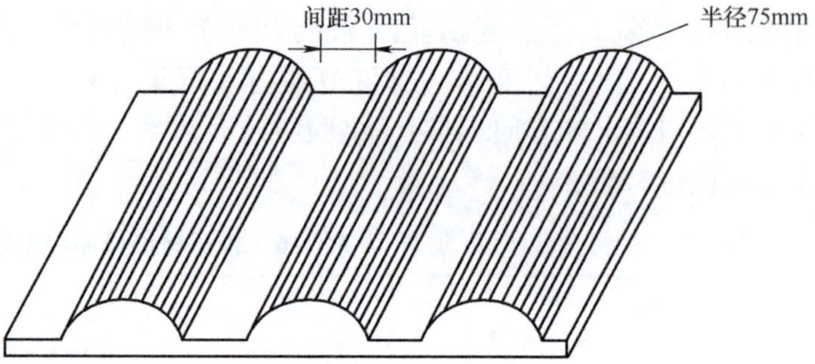

图 7-19　第二种挤压板

2）挤压方向：x 方向和 y 方向（汽车行驶方向为 x 轴方向，另一垂直于行驶方向的水平方向为 y 轴方向），为保护试验操作安全，可分开在两个试验对象上执行测试。

3）挤压速度：不大于 2mm/s。

4）挤压程度：挤压力达到 100kN 或挤压变形量达到挤压方向的整体尺寸的 30% 时停止挤压；保持 10min。

（4）浸水

试验对象为通过振动试验后的蓄电池系统。试验对象按照整车连接方式连接好线束、插接器等零部件，选择以下两种方式中的一种进行：

1）方式一：试验对象以实车装配方向置于 3.5%（质量分数）氯化钠溶液中 2h，水深要足以淹没试验对象。

2）方式二：试验对象按照 GB/T 4208—2017 所述方法和流程进行试验。试验对象按照制造商规定的安装状态全部浸入水中。对于高度小于 850mm 的试验对象，其最低点应低于水面 1000mm；对于高度等于或大于 850mm 的试验对象，其最高点应低于水面 150mm。试验持续时间 30min。水温与试验对象温差不大于 5℃。

将蓄电池包取出水面，在试验环境温度下静置观察 2h。

（5）外部火烧

试验对象为蓄电池系统。对蓄电池包系统起到保护作用的车身结构，可以参与火烧试验。

试验环境温度为 0℃以上，风速不大于 2.5km/h。测试中，盛放汽油的平盘尺寸超过试验对象水平投影尺寸 20cm，不超过 50cm。平盘高度不高于汽油表面 8cm。试验对象应居中放置。汽油液面与试验对象底部的距离设定为 50cm，或者为车辆空载状态下试验对象底面的离地高度。平盘底层注入水。外部火烧示意图如图 7-20 所示。

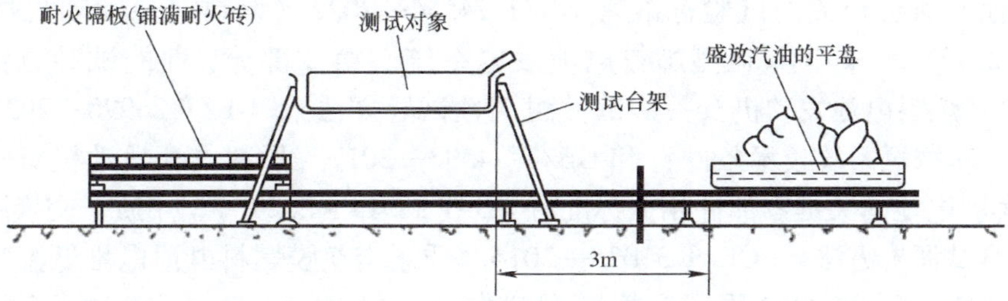

图 7-20　外部火烧示意图

外部火烧试验分为以下 4 个阶段：

1）预热。在离试验对象至少 3m 远的地方点燃汽油，经过 60s 的预热后，将油盘置于试验对象下方。如果油盘尺寸太大无法移动，可以采用移动试验对象和支架的方式。

2）直接燃烧。试验对象直接暴露在火焰下 70s。

3）间接燃烧。将耐火隔板盖在油盘上。试验对象在该状态下测试 60s。或经双方协商同意，继续直接暴露在火焰中 60s。耐火隔板由标准耐火砖拼成，其尺寸和技术数据如图 7-21所示，也可以用耐火材料参考此尺寸制作。

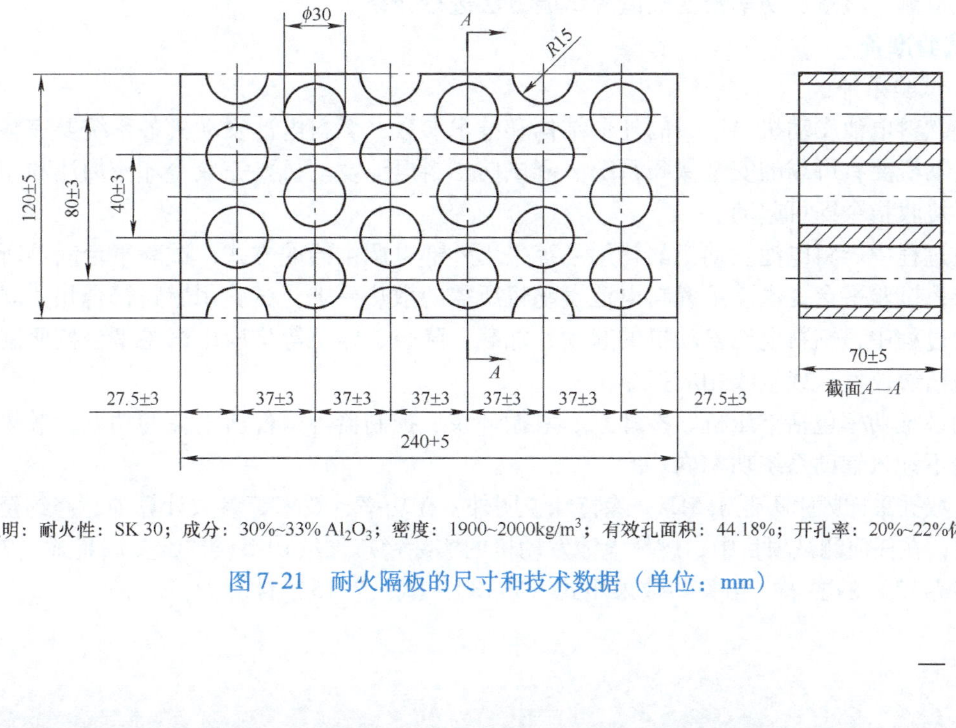

说明：耐火性：SK 30；成分：30%~33% Al_2O_3；密度：1900~2000kg/m^3；有效孔面积：44.18%；开孔率：20%~22%体积比。

图 7-21　耐火隔板的尺寸和技术数据（单位：mm）

4）离开火源。将油盘或者试验对象移开，在试验环境温度下观察 2h 或试验对象外表温度降至 45℃以下。

四、氢燃料电池系统试验

氢燃料电池是一种在常温下能使氢能转化为电能的动力装置，该装置本质上是氢-电反应堆，是能将化学能直接转化为电能的发电装置。氢燃料电池具备比传统内燃机能量转换效率和能量密度高的特点，且不受卡诺循环的限制。氢燃料电池作为一类清洁动力装置，广泛应用于交通运输领域。氢燃料电池系统主要由燃料电池堆、氢气系统、空气系统、水热管理系统和控制系统组成。

燃料电池发动机相关的试验标准有 GB/T 24554—2022《燃料电池发动机性能试验方法》、GB/T 23751.2—2017《微型燃料电池发电系统　第 2 部分：性能试验方法》、GB/Z 44116—2024《燃料电池发动机及关键部件耐久性试验方法》、GB/T 26990—2023《燃料电池电动汽车　车载氢系统技术条件》和 GB/T 34593—2017《燃料电池发动机氢气排放测试方法》。与燃料电池的关键零部件相关标准有 GB/T 38914—2020《车用质子交换膜燃料电池堆使用寿命测试评价方法》、GB/T 31035—2014《质子交换膜燃料电池电堆低温特性试验方法》、GB/T 20042.3—2022《质子交换膜燃料电池　第 3 部分：质子交换膜测试方法》、GB/Z 27753—2011《质子交换膜燃料电池膜电极工况适应性测试方法》、GB/T 33979—2017《质子交换膜燃料电池发电系统低温特性测试方法》、GB/T 41134.2—2021《电驱动工业车辆用燃料电池发电系统　第 2 部分：性能试验方法》。按不同产品特点发布了相关标准：GB/T 28183—2011《客车用燃料电池发电系统测试方法》、GB/T 23645—2009《乘用车用燃料电池发电系统测试方法》、GB/T 33983.2—2017《直接甲醇燃料电池系统　第 2 部分：性能试验方法》。

本节依据 GB/T 24554—2022 中规定对车用质子交换膜燃料电池发动机常温起动特性、低温冷起动特性、稳态特性、动态响应特性、动态平均效率、高温运行试验、气密性检测、绝缘电阻检测、质量及功率密度测试等试验方法进行介绍。

1. 试验准备

（1）试验条件

保持燃料电池发动机出厂时的外形结构和技术参数；燃料电池发动机各系统要完整；燃料电池发动机要有可靠的安全保障系统。测试前燃料电池发动机要完成冷却液加注和相关准备工作，接收指令即可起动。

试验过程中燃料电池发动机的辅助系统采用外部电源供给的方式，试验平台满足所需的供电要求；试验平台提供满足燃料电池发动机所需的散热要求；试验用燃料符合相关规定要求。试验过程中，燃料电池发动机的起动、加载、降载、停机等均应由试验平台按照制造商提供的通信协议发送或接收相应指令。

辅助系统功率包括空压机、冷却泵、氢循环泵、控制器等部件所消耗的功率，散热器风扇的功率不计入辅助系统功率内。

试验数据采样频率不低于 5Hz；除特殊说明外，在功率、效率等参数计算中，修约至小数点后 2 位；在任何测试项目中，燃料电池发动机的实际稳态加载功率误差都要满足式（7-11）或者式（7-12）的要求，相关参数采用式（7-13）~式（7-15）计算。

如果 $P_{3.0\%}>1.0\text{kW}$，则燃料电池发动机功率加载满足：$\delta\leqslant 3.0\%$ (7-11)

如果 $P_{3.0\%}\leqslant 1.0\text{kW}$，则燃料电池发动机功率加载满足：$P_{差}\leqslant 1.0\text{kW}$ (7-12)

$$P_{3.0\%}=3.0\%P_{设} \tag{7-13}$$

$$P_{差}=P_{设}-P_{加} \tag{7-14}$$

$$\delta=\frac{P_{差}}{P_{设}}\times 100\% \tag{7-15}$$

式中，$P_{设}$为设定的燃料电池发动机加载功率，单位为kW；$P_{3.0\%}$为设定的燃料电池发动机加载功率$P_{设}$的3.0%，单位为kW；$P_{差}$为功率加载误差，单位为kW；$P_{加}$为燃料电池发动实际加载功率，单位为kW；δ为燃料电池发动机功率加载相对误差。

试验过程中，燃料电池发动机不补充冷却液及加湿用水；开始进行测试后，包括在测试过程中，不对燃料电池发动机做出任何改动；如果试验没有对环境条件做特殊要求，则是指在常温环境条件下进行测试。

（2）预处理方法

1）常温浸机方法。浸机前应完成一次燃料电池发动机开关机过程，关闭燃料电池发动机。将燃料电池发动机冷却液加注完成，在（23.0±5.0）℃环境条件下静置，浸机时间应不少于12h。在浸机期间，不应对燃料电池发动机做任何改动。

2）低温0℃以下浸机方法。在燃料电池发动机低温冷起动试验中，用于燃料电池发动机的散热器或者热交换器应置于环境舱中。在浸机过程中，在达到设定温度前，可在环境舱降至厂商指定温度后并持续一定时间，时间需要制造商根据产品技术要求确定，进行一次开关机操作，燃料电池发动机起动应起动至怠速状态或燃料电池发动机最低功率点，持续时间（包含起动）不超过3min，然后立即关闭燃料电池发动机。当环境温度达到设定温度时，开始计时，有效浸机时间应不少于12h。在整个低温冷起动以及低温运行过程中，环境舱的温度控制在设定温度的±2.0℃内，且低于0℃。有效浸机时间是指从环境舱的温度达到设定温度后开始计时到浸机结束所用的时间。

3）高温浸机方法。浸机前应完成一次燃料电池发动机开关机过程，关闭燃料电池发动机。在燃料电池发动机高温运行试验中，用于燃料电池发动机的散热器或者热交换器应置于环境舱中。将环境舱的温度设为45.0℃，相对湿度为40%～90%，当环境温度达到设定温度的时候开始计时，有效浸机时间应不少于2h。在整个高温浸机和高温运行过程中，环境舱的温度控制在设定温度的±2.0℃内。有效浸机时间是指从环境舱的温度达到设定温度后开始计时到浸机结束所用的时间。

4）热机方法。按照制造商的使用规定，使燃料电池发动机工作在一定功率，同时监测燃料电池发动机冷却液的出口温度，燃料电池发动机冷却液的出口温度达到正常工作温度，该温度通常由制造商指定，即认为燃料电池发动机达到热机状态。

2. 常温起动特性

常温起动包括常温怠速冷起动、常温怠速热起动、常温额定功率冷起动和常温额定功率热起动四种工况。试验中测量冷起动时间、燃料电池堆（或燃料电池发动机）电压和电流等数据。

（1）常温怠速冷起动特性试验

试验前燃料电池发动机处于常温环境下，完成浸机处理，试验过程自动进行，不应有人工干预。按照制造商建议的起动操作步骤，通过测试平台向燃料电池发动机发送起动指令，起动燃料电池发动机；燃料电池发动机起动后，在怠速或燃料电池发动机最低功率点下至少持续运行 10min。

（2）常温怠速热起动试验

试验前对燃料电池发动机进行热机，使燃料电池发动机处于热机状态，试验过程中自动进行，不应有人工干预。热机过程结束后，停机 10s，然后按照制造商规定的起动操作步骤，测试平台向燃料电池发动机发送起动指令，起动燃料电池发动机，起动后，在怠速状态或燃料电池发动机最低功率点下至少持续运行 10min。

（3）常温额定功率冷起动试验

试验前燃料电池发动机处于常温环境下，完成浸机处理使燃料电池发动机处于冷机状态，试验过程自动进行，不应有人工干预。按照制造商建议的起动操作步骤，通过测试平台向燃料电池发动机发送起动指令，起动燃料电池发动机；通过测试平台向燃料电池发动机发送加载指令，加载到额定功率点后，燃料电池发动机在额定功率下至少持续运行 10min。

（4）常温额定功率热起动试验

试验前对燃料电池发动机进行热机，使燃料电池发动机处于热机状态，试验过程中自动进行，不应有人工干预。热机过程结束后，停机 10s，然后按照制造商规定的起动操作步骤，测试平台向燃料电池发动机发送起动指令，起动燃料电池发动机。通过测试平台向燃料电池发动机发送加载指令，加载到额定功率点后，燃料电池发动机在额定功率下至少持续运行 10min。

3. 低温冷起动特性试验

该试验主要测试氢燃料系统的低温冷起动特性，包括低温怠速冷起动、低温额定功率冷起动等两项试验。试验前将燃料电池发动机置于环境舱内，将环境舱设定为规定温度，对燃料电池发动机进行浸机处理。对于低温怠速冷起动试验，在浸机结束后由测试平台向燃料电池发动机发送起动指令，起动燃料电池发动机，在发动机起动后，在怠速状态或燃料发动机最低功率点下至少运行 10min。对于低温额定功率冷起动试验，在起动燃料电池发动机后，由测试平台向燃料电池发动机发送加载指令，加载到额定功率点后持续稳定运行至少 10min，燃料电池系统的输出功率应始终处于 10min 平均功率的 97% ~ 103% 之间，且燃料电池系统输出的 10min 平均功率应不低于申报值，然后测试平台发送关机指令，完成关机操作。

试验中需要测量起动时间、燃料电池堆或燃料电池发动机的电压和电流、环境温度、冷却液温度、辅助系统的电流、氢气消耗量等数据。

4. 额定功率试验

燃料电池系统的额定功率试验按照 GB/T 24554—2022《燃料电池发动机性能试验方法》进行。试验前燃料电池发动机的状态为热机状态，试验过程中应自动进行。具体试验步骤为：热机过程结束后，回到怠速状态或燃料电池发动机最低功率点运行 10s；通过测试平台向燃料电池发动机发送加载指令，加载到额定功率且以该功率持续运行 63min，加载过程如图 7-22 所示，图中，$P_{设}$为设定的加载功率，P_{I}为怠速功率或最低功率点。以图中有效测量时长 60min 运行功率的平均值作为燃料电池发动机的额定功率测量值 P_{E}，单位为 kW，额定功率测量值按规定修约至小数点后 2 位，额定功率标称值为额定功率测量值的整数部分；燃料电池发动机在有效测量时长内的输出功率应始终处于60min平均功率的97%～103%，否则试验结果无效，需重新试验。

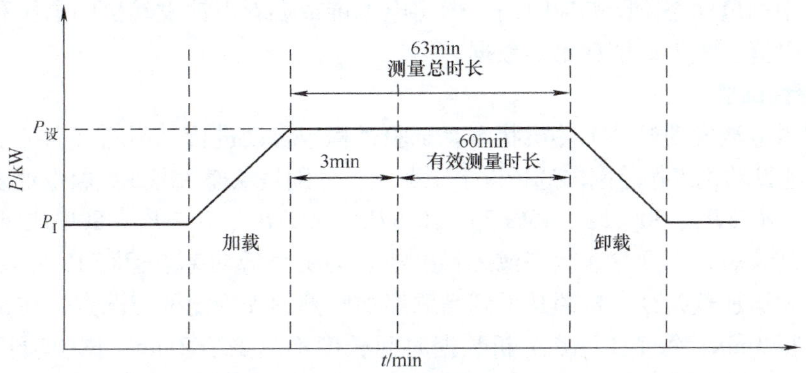

图7-22　额定功率测量示意图

试验过程中测量的数据：燃料电池堆或燃料电池发动机的电压和电流、辅助系统的电压和电流、氢气的消耗量。

5. 峰值功率试验

试验前燃料电池发动机的状态为热机状态，试验过程中应自动进行，不应有人工干预。按以下程序进行试验：燃料电池发动机首先进行热机处理，热机过程结束后，回到怠速状态或者在燃料电池发动机最低功率点运行10s；测试平台向燃料电池发动机发送加载指令，加载到额定功率后在该功率点至少稳定10min，然后加载到设定的峰值功率，在该功率点持续运行，时间长度由制造商指定，到达设定的时间后按照制造商规定的卸载方式进行卸载，则试验成功，否则试验结果无效，需要重新试验。

试验中需要测量峰值功率运行的时间、燃料电池堆或燃料电池发动机的电压和电流、辅助系统的电压和电流、氢气的消耗量等数据。

6. 动态响应特性试验

试验前燃料电池发动机的状态应为热机的状态，试验过程中应自动进行，不应有人工干预。试验内容主要包括加载动态响应试验和卸载动态响应试验。

1）加载动态响应试验。燃料电池发动机首先进行热机处理，热机过程结束后，回到怠速状态或者是燃料电池发动机最低功率点运行10s；测试平台向燃料电池发动机发送加载指令，加载到动态响应的起始功率点，在该功率点至少稳定运行1min；测试平台继续向燃料电池发动机发送加载指令，直至达到动态阶跃的截止点，燃料电池发动机在该功率点至少持续运行10min，否则试验失效，需重新试验。推荐选取怠速状态或燃料电池发动机最低功率点作为动态响应的起始功率点，90% P_E 作为动态阶跃的截止点，此阶跃的响应时间作为评价燃料电池发动机的加载动态响应指标。P_E 为燃料电池发动机额定功率。

2）卸载动态响应试验。燃料电池发动机首先进行热机处理，热机的过程结束后，回到怠速状态或者是燃料电池发动机最低功率点运行10s；测试平台向燃料电池发动机发送加载指令，加载到动态响应的起始功率点，推荐选取90% P_E 作为动态响应的起始功率点，在该功率点至少稳定运行1min；测试平台继续向燃料电池发动机发送卸载指令，在规定的时间内达到动态阶跃的截止点，燃料电池发动机在该功率点至少持续稳定运行10min，否则试验失败，需要重新试验。怠速状态或燃料电池发动机最低功率点作为动态阶跃的截止点，此阶跃的响应时间作为评价燃料电池发动机的卸载动态响应指标。

试验过程中测量动态阶跃响应时间、燃料电池堆或燃料电池发动机的电压和电流、辅助系统的电压和电流、氢气的消耗量等数据。

7. 稳态特性试验

试验前燃料电池发动机处于热机状态。试验过程应自动进行，不应有人工干预。

在燃料电池发动机工作范围内选择以下工况点，分别是怠速状态或燃料电池发动机最低功率点、10% P_E、20% P_E、30% P_E、40% P_E、50% P_E、60% P_E、70% P_E、80% P_E 和 90% P_E。

热机过程结束后，回到怠速状态或燃料电池发动机最低功率点运行 10s；测试平台向燃料电池发动机发送加载指令，按照从低到高顺序加载到预先确定的工况点，在每个工况点至少持续稳定运行 3min；每个工况点分析数据时间长度不应少于 2min；试验项目数据处理结果包括额定功率点和峰值功率点，对于额定功率点的试验数据，采用额定功率试验的数据；对于峰值功率点的试验数据，采用峰值功率试验的数据，峰值功率点的分析数据时间长度取决于峰值功率试验数据时间长度；如果在试验过程中试验中断，则试验需要重新进行。

试验中测量燃料电池堆或燃料电池发动机的电压和电流、辅助系统的电压和电流、氢气的消耗量等数据。

由此可得到燃料电池堆的极化特性曲线即 *V-I* 曲线、效率曲线和功率曲线，以及燃料电池发动机的功率曲线、效率曲线及辅助系统的功率曲线等。

8. 高温运行试验

试验前燃料电池发动机置于环境舱中，将环境舱的温度设定为 45℃，按照高温浸机的方法进行浸机处理，试验过程应自动进行，不应有人工干预。

试验程序：预处理过程结束后，按照制造商建议的起动操作步骤，测试平台向燃料电池发动机发送起动指令，起动燃料电池发动机；测试平台向燃料电池发动机发送加载指令，加载到制造商规定的高温条件下的额定功率且以该功率持续运行 63min，加载过程如图 7-22 所示；燃料电池发动机在图 7-22 所示的有效测量时长内的输出功率应始终处于有效测量时长 60min 运行功率的平均值的 95% ~105%，否则试验结果无效，需重新进行试验。

试验中测量燃料电池堆或者燃料电池发动机的电压和电流、氢气的消耗量以及辅助系统的电压和电流等数据。

9. 气密性试验

气体的外漏尤其是氢气的外漏，不仅降低了氢气的利用率，还会给整个电堆带来极大的安全隐患。内部的窜气，将降低电堆对外功率的输出。气密性测试项目包括电堆整体的外部和内部窜气、漏液等测试。根据电堆的不同设计，测试控制指标也不尽相同。相对简单的测试方法是通过充气保压测试一定时间的压降，而更为精确的控制方式则是计算单位时间内通过单位面积的气体体积。

将燃料电池发动机置于环境温度下，不加注冷却液，静置时间不少于 12h，使燃料电池发动机处于冷机状态。分别开展氢气流道气密性和整体气密性试验。

1）氢气流道气密性试验。若燃料电池发动机氢气侧的工作压力大于或者等于 50kPa，关闭燃料电池堆的氢气排气端口，从氢气进气端口即燃料电池发动机氢气入口充入氦氮混合气，氦气的浓度不低于 10%（体积分数），压力设定为 50kPa，压力稳定后关闭进气阀口，其他端口保持畅通，保压 20min，记录压力下降值；若燃料电池发动机氢气侧的工作压力小于 50kPa，关闭燃料电池堆的氢气排气端口，从氢气进气端口即燃料电池发动机氢气入口充入氦氮混合气，氦气的浓度不低于 10%，如果燃料电池堆氢气侧的工作压力为 30～50kPa，压力设定值为燃料电池堆的工作压力，如果燃料电池堆氢气侧的工作压力低于 30kPa，则压力设定值为 30kPa，保压 20min，记录压力下降值。

2）整体气密性试验。关闭燃料电池发动机的氢气排气端口、空气排气端口和冷却液出口，同时向氢气流道即空压机出口端后部和冷却液流道加注氦氮混合气，氦气浓度不低于 10%（体积分数），压力均设定在正常工作压力，压力稳定后关闭进气阀门，保压 20min，记录压力下降值。

10. 绝缘电阻试验

电堆的电阻测试是通过对膜电极、双极板等部件的接触电阻的测试来考察电堆的装配是否达到预定工艺要求。较低的电阻值可以保证电堆部件之间的充分接触，最大限度降低电堆使用过程中的欧姆极化损失。

冷却液处于热态，用兆欧表测量燃料电池发动机正负极分别对燃料电池发动机外表面可导电或金属接地点的绝缘电阻值。参考表 7-7 选择兆欧表电压等级。测量时，应在兆欧表指针或者显示数值达到稳定后再读数。

表 7-7　最大工作电压及兆欧表电压等级选择

序号	最大工作电压U_{max}/V	兆欧表电压等级/V
1	$U_{max} \leqslant 250$	500
2	$250 < U_{max} \leqslant 1000$	1000

燃料电池发动机辅助系统部件工作电压以 B 级电压运行，则应单独测量其绝缘电阻。若其内部含有高压接触器，测试绝缘电阻时接触器需处于闭合状态。用兆欧表测量其正负极分别对其外壳的绝缘电阻值。测量时，应在兆欧表指针或者显示数值达到稳定后再读数。

取燃料电池发动机和所有检测 B 级电压部件的绝缘阻值的并联阻值，作为燃料电池发动机绝缘值。绝缘电阻测试应在所有性能测试项目结束后进行。

11. 质量及功率密度试验

（1）燃料电池发动机质量及质量功率密度测试

燃料电池系统质量功率密度是指单位质量对应的功率，通过燃料电池系统功率除以燃料电池系统质量得到，单位为 W/kg。测量燃料电池系统的质量 m 时应按照尽可能保证被测系统完整性的原则，应确保被称重的燃料电池系统在连接氢气源和散热器的条件下即可正常工作，称重范围包括燃料电池系统边界内的所有部分，具体包括：燃料电池模块，包括燃料电池堆、集成外壳、轧带、固定螺杆、燃料电池巡检仪（CVM）等；氢气供应系统，包括氢气循环泵和/或氢气引射器等；空气供应系统，包括空气滤清器、消音装置、空气压缩机、中冷器、增湿器等；水热管理系统，包括冷却泵、去离子器、PTC 加热器等，不包括辅助散热组件、散热器总成、水箱、冷却液及加湿用水；控制系统，包括控制器、传感器等；组成燃料电池系统所必需的阀件、管路、线束、接头和框架等。不计入质量测量的包括：辅助散热组件、散热器总成、冷却液及加湿用水、水箱、尾排管路、外接散热器连接的冷却管路、外接高压电缆。应根据燃料电池发动机额定功率测量值（单位为 kW）计算其质量功率密度，质量单位采用 kg。

(2) 燃料电池堆体积功率密度测量方法

1) 燃料电池堆体积。完成燃料电池发动机性能测试后，制造商应对被测的燃料电池发动机进行必要的拆解，以便对燃料电池堆的体积进行测量。燃料电池堆体积测量示意图如图 7-23 所示，根据式（7-16）计算，单位为 L。其宽度 ω 不包括端板、绝缘板及集流板，但应包括所有极板。在拆解过程中不应拆解端板，防止因预紧力改变影响测量结果。

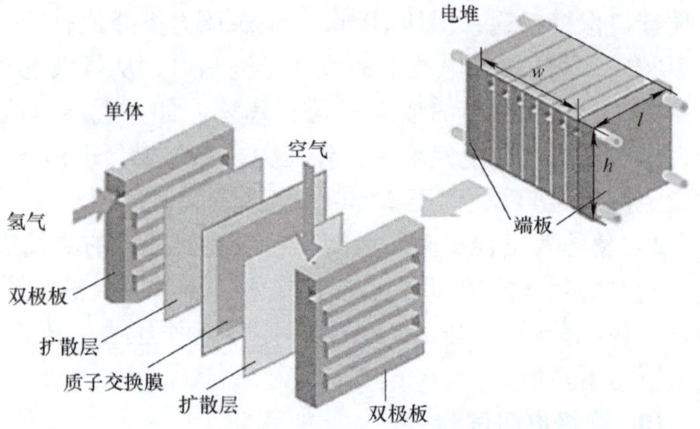

图 7-23 燃料电池堆体积测量示意图

$$V_{stack}=\omega\times l\times h/10^6 \tag{7-16}$$

式中，ω 为两个端板之间的宽度，单位为 mm；l 为双极板外廓长度，单位为 mm；h 为双极板外廓高度，单位为 mm。

双极板长度 l 应测量燃料电池双极板长度方向的最远外廓尺寸，单位为 mm；双极板高度 h 应测量燃料电池堆双极板高度方向的最远外廓尺寸，单位为 mm。图 7-24 列举了几种可能的测量场景。其中，对于连续空白区域面积大于或等于双极板外廓面积（$l\times h$）4% 的部分，计算双极板的面积时应去除该部分面积，但氢气、空气及水路通道除外。连续空白区域面积的计算，应由第三方检测机构基于被测试对象的双极板实物进行测量计算。

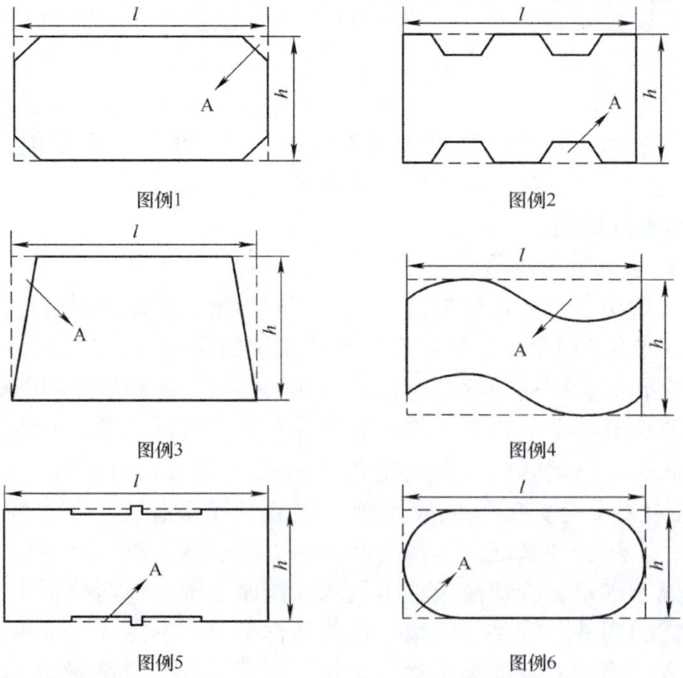

图 7-24 燃料电池堆长度测量示意图

注：A 为连续空白区域；图例 5 中，用于 CVM 引线的突出点，不作为轮廓尺寸参考点。

2）燃料电池堆体积功率密度 VSP_{stack}。VSP_{stack} 按照式（7-17）计算，单位为 kW/L。

$$VSP_{stack} = P_{stack}/V_{stack} \tag{7-17}$$

① 燃料电池发电系统功率。如果燃料电池发电系统的电压和电流直接测量得到，则燃料电池发电系统功率按下式计算：

$$P_F = \frac{U_F \times I_F}{1000} \tag{7-18}$$

式中，P_F为燃料电池发电系统额定功率，单位为 kW；U_F为燃料电池发电系统电压，单位为 V；I_F为燃料电池发电系统电流，单位为 A。

如果燃料电池发电系统的功率由燃料电池堆功率和辅助系统功率相减得到，那么燃料电池发电系统功率P_F按照下式计算：

$$P_F = P_S - P_A \tag{7-19}$$

式中，P_S为燃料电池堆功率，单位为 kW；P_A为辅助系统功率，单位为 kW。

② 燃料电池发电系统质量功率密度。燃料电池发电系统质量功率密度按照下式计算：

$$MP_F = P_F/m \tag{7-20}$$

式中，MP_F 为燃料电池质量功率密度，单位为 kW/kg；m 为燃料电池发电系统质量，单位为 kg。

第二节　传动系统试验

传动系统是位于动力系统和驱动车轮之间的动力传动装置，涉及变速器、传动轴、差速器及驱动桥等多个系统总成，其基本功能是将动力传递给车轮。汽车传动系统的性能对汽车的行驶性能、燃油经济性、振动噪声与舒适性等性能有很大影响。开展传动系统及其主要部件的试验研究，对提高汽车的整体技术指标，改进传动系统的性能具有重要意义。

传动系统试验可以分为动力传递性能评价、变速特性评价、操纵性能评价、舒适性能评价以及扭曲强度和耐久性的评价等。传动系统试验可以只对某个总成或构成总成的某个零部件来进行，也可对关系密切的多总成进行联合试验或整车试验。

一、变速器试验

变速器承担着改变传动比、扩大驱动轮转矩和转速变化范围的重要作用，对汽车的基本性能、振动噪声具有很大影响。变速器总类较多，原理各异，结构复杂，组成零部件繁多，可能出现的失效模式多种多样，需要开展的试验项目较多。本节主要对手动机械式变速器和自动变速器的典型试验项目进行介绍。

1. 手动机械式变速器

（1）传递效率试验

提高变速器传递效率不仅能降低燃料消耗量，而且对抑制高速引起的驱动系统发热具有重要意义。因为该试验测量值很小，所以对试验精度要求较高。

测量变速器传递效率的方法有高精度转矩测量法、对接法、平衡转矩法和平衡框架法等。下面对常用的高精度转矩测量法进行简要介绍。

高精度转矩测量法是通过分别测量变速器的输入转矩（M_1）和输出转矩（M_2），并结合变速器档位来计算变速器效率。这是测量变速器效率最直接的方法，既可在开式试验台（图7-25）上进行，也可在闭式试验台（图7-26）上进行。转矩的测量，既可以用高精度转矩仪，如图7-25a所示，也可以借助测功机和转矩仪，如图7-25b、图7-26a所示。将测得的输入转矩 M_1 和输出转矩 M_2 值代入下式，可得变速器的传动效率为

$$\eta = \frac{M_2}{M_1 i} \tag{7-21}$$

式中，η 为变速器传动效率；M_1 为作用在变速器第一轴上的输入转矩，单位为N·m；M_2 为作用在变速器第二轴上的输出转矩，单位为N·m；i 为变速器所测档位的传动比。

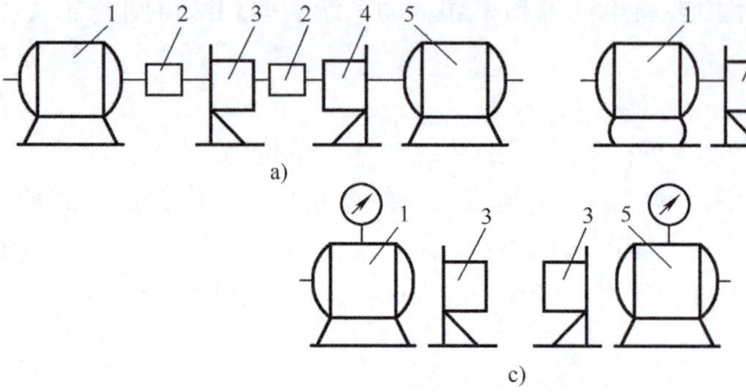

图7-25 变速器开式试验台

1—输入电动机 2—转矩测量传感器 3—主试件 4—陪试件 5—制动测功机

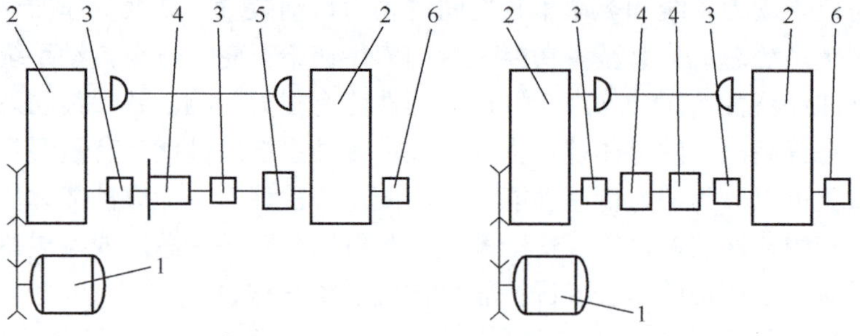

图7-26 变速器闭式试验台

1—电动机 2—辅助齿轮箱 3—转矩传感器 4—被试变速器 5—陪试变速器 6—加载器

此外，对于变速器的传动损失所引起的发热，采用了从其发热量求出传动转矩损失的水浴法和油浴法。在变速器的传递转矩损失中，有传动齿轮啮合损失、润滑油搅拌损失以及轴承、油封等摩擦损失，这些损失变化是由输入转矩、输入转速或润滑油温等因素确定的。因此，在试验中要一方面改变输入转矩和转速以及变换档位，另一方面需要求出广泛使用条件下的损失转矩或传动效率。

（2）润滑试验

为了防止变速器烧坏、摩擦等，同时抑制油温上升，要向变速器内的各润滑部件供给必要而充分的润滑油，并进行确认试验。

试验目的是变速器在各种工作条件下，不传递转矩时，评价润滑效能。其方法是先磨合

变速器，使每一前进档位都进行 30min 的运转，输入转速等于其最大使用转速的 3/4，当油温超过 140℃时冷却变速器，在变速器壳的各部位设置窗口，以便视察润滑油的飞溅和润滑油的流动情况，安装测量油温传感器。循环运转要求见表 7-8。采用目测方法观察润滑情况，并对润滑效能进行评价。

表 7-8 循环运转要求

评价项目	运转要求
变速器操纵力	操纵力要力度适当，则可顺利地实现变速
柔软性	在操纵过程中要感到可靠，无不适感和滑动感，十分柔顺
节度	各变速档位的进入或拔出感到十分明确，切入过程也感到适度
操纵时的噪声	无敲击、滑动、齿轮冲击等噪声
球头柄的形状和位置	适当的球头柄形状和位置有利于操纵的轻便性；另外，其长度和转动方向要适当

（3）动态刚性试验

变速器总成动态刚性是指变速器各轴在传递转矩时抗变形大小的量值。如果轴的动态刚性不足，就会使齿轮的接触偏载，影响其使用寿命。试验装置如图 7-27 所示。为了得出各轴最大变形量及变形曲线，每根轴需要测 5 处以上，每一处又要测出其垂直方向和水平方向的位移量，求出这一点的空间位移量。在箱体上开窗孔，以便安装所需数量的百分表，将百分表触头从变速器壳体相应部位的孔口伸入箱内，对准经磨光的测量部位。正式测量之前，为消除各处间隙，首先要预加一次载荷。卸载后要将百分表调零，然后开始测量变形量。为保证测量数据稳定，在输入轴从零开始，缓慢施加转矩至转矩设计值，连续增量为设计转矩的 25%。同时测量值应包括各档在正拖和反拖转矩条件下的转矩方向。

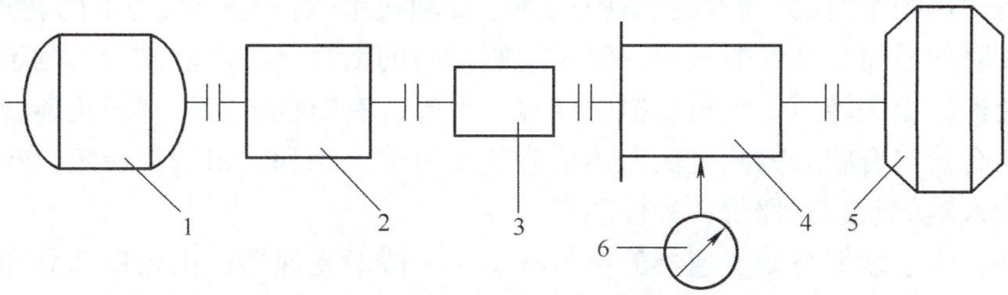

图 7-27 变速器总成动态刚性试验装置

1—电动机 2—减速器 3—转矩传感器 4—试件 5—加载装置 6—百分表

轴的挠度是轴上各部位相对于支承处的位移，因此，所有测量数据都要去掉各支撑处轴承作用中心的位移的影响。轴与轴之间的影响（如第一轴对第二轴的影响）也应按同样办法处理。

（4）变速器耐久性试验

变速器耐久性试验主要包括变速器齿轮、轴承、同步器等零部件耐久性试验。变速器齿轮耐久性试验主要是指齿轮的弯曲疲劳试验，试验条件是根据汽车变速器所匹配的发动机最大转矩和最大转矩时的转速作为变速器台架试验时的输入条件，油温控制在 (85 ± 5)℃之间，试验顺序是根据变速器排档循环试验，对轻、中、重型变速器齿轮的试验次数有不同要求。轴承耐久性试验主要测量轴承的耐久性能。汽车变速器多采用球轴承，减速器总成多采用锥轴承。针对两种轴承，其试验方法存在差异。一般球轴承在试验前，要查清该轴承的主要设计参数，如尺寸公差、径向和轴向间隙、动态负荷系数、静态负荷系数和允许最大转速等，试验要求试件有良好润滑和润滑油温度控制系统。在试验过程中，应该对轴承进行磨合，一般磨合载荷是发动机最大输出转矩的10%，转速为最大工作转速的70%左右，控制油温在（70±5）℃，进行5×10^{c}次循环试验，然后再进行耐久性试验。耐久性试验时施加100%的发动机最大转矩和最大转矩时转速，润滑油的温度控制在110～120℃，所施加的载荷和寿命均由设计人员根据产品工作需要而定。如果c不能确定，也可以要求不低于对比样品轴承的寿命。对于锥轴承，由于存在轴向间隙调整问题，所以在耐久性试验之前应进行性能测试，测试方法是在锥轴承轴向施加一固定力，该力大小根据轴承设计手册确定，也可以根据设计人员的设计参数确定，测量轴承旋转力矩，要求该旋转力矩满足轴承在轴向加载、卸载过程中具有一致性，即在一定范围内。然后如同球轴承的耐久性试验方法一样，在试验到一定循环次数后，该循环次数可以由设计人员根据产品设计参数确定，再进行性能复测，视此转矩变化和转矩变化波形稳定性或变化幅值等来确定。

（5）变速器的磨损试验

汽车变速器的磨损试验我国尚无专门的试验标准，欧洲国家一般是施加发动机最大转矩的60%～70%，也可以由设计人员根据产品设计参数确定，循环次数一般低速档在300万～500万次，而高速档大于100万次。试验结束检测齿轮、轴承不应发生点蚀，允许在轴上有轻微的色变和压痕。

2. 自动变速器

（1）变速器性能台架试验

变速器性能台架试验是用于评价各变速档的动力传递性能的试验。试验项目包括：测定驱动状态下各变速档性能的一般性能试验；测定发动机节气门全开状态下的转矩性能试验；测定定速行驶时的道路负载性能试验；测定逆驱动时的惯性行驶性能试验；测定输出轴无负载状态下各变速档损失转矩的无负载损失试验。另外，有时也进行带有锁止离合器的自动变速器在锁止离合器接合状态的测定。上述试验是通过输入轴和输出轴的转矩、转速变化，来测定输出、输入轴的状态并评价各种性能。

除此之外，为了掌握自动变速器的运行状态，一般对变速器的出入口部分和油槽部分的油温和管路油压以及离合器的工作油进行测定。伴随着电子控制化的发展，也开始进行针对来自计算机指令信号的油压特性和响应性的评价试验，以及对上、下坡等运行状态中所使用的电动方式控制的评价试验。除自动变速器总成试验外，还有与此相关的各构成元件的传递性能和损失试验，如对油泵的驱动转矩、摩擦接合装置的打滑转矩以及润滑油的搅拌阻力的评价试验。

（2）变速性能试验

用于评价锁止离合器接合、分离时的瞬间特性的试验。变速性能试验项目包括根据发动机和整车的惯性质量与行驶阻力负载设定的测功机台架试验和整车行驶试验。前者一般还要通过整车行驶试验进行确认。过渡特性一般通过汽车加速用输出转矩以及发动机的转速来判断，同时也采集作用于摩擦接合装置的油压和电子控制自动变速器中的各种控制信号，利用这些参数改善特性。另外，在加速和转矩变动等过程中难以明确感觉到的变速和变速造成的异响，可通过主观评价来弥补。

自动变速器有两种变速方法，包括因发动机负载和输出轴的转速变化而产生的自动变速和通过变速杆的选档操纵和超速开关操作产生的手动变速。其试验方法是预先掌握它们的变速条件，在各种运转条件下有意识地使其变速，进行测定。

(3) 摩擦试验

该试验是调查各个变速档位的转矩损失情况，大致分为在输出轴无负荷状态下的无负荷损失试验和传递效率试验两种。无负荷损失试验是评价由于油泵的驱动转矩、摩擦元件的打滑转矩、油的搅拌阻力等所造成的转矩损失。传递效率试验是针对上述转矩损失，进一步评价由于齿轮效率、轴承效率等造成的转矩损失。一般取摩擦元件在专用的摩擦试验机上进行试验，如图 7-28 所示。

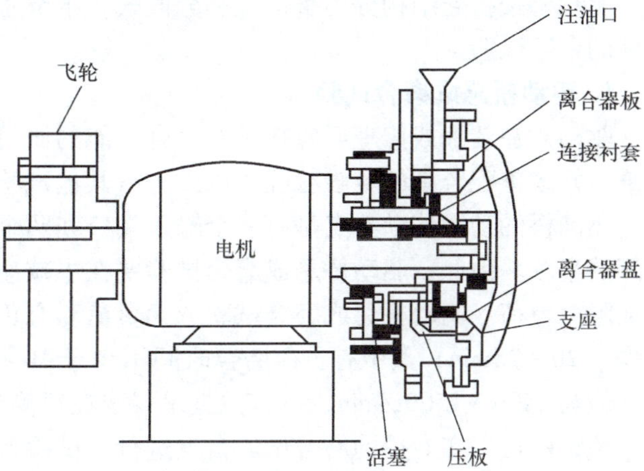

图 7-28　摩擦试验机

(4) 油压制动系统性能试验

该试验以阀体总成为对象进行试验，使用可控制压力和流量的油压装置，评价阀的静态和动态特性及油压控制回路的稳定性等。另外，在电子控制自动变速器中，作为调节器使用的各种电磁阀，可利用此驱动装置进行试验。

(5) 油泵性能试验

该试验是单独取出油泵总成进行试验，通过可控制转矩和转速的转矩仪在其运转中评价喷油性能、脉动和噪声的大小等。

(6) 变速杆操纵感觉试验

该试验通过变速杆的操纵力或自动变速器外操纵杆的操纵力来评价变速杆的操纵性、节度感等。

(7) 驻车制动试验

该试验用于评价驻车制动装置输出轴的固定和松开功能，包括对坡道停车和误操作等误用条件在内的性能、强度耐久性进行评价。一般采用整车行驶方式。

(8) 其他性能试验

自动变速器的性能试验还包括冷却系统、油量测定系统、润滑性能以及对使用环境的适应性、振动噪声等安静性的评价试验。主要项目如冷却系统性能试验、存油水平试验、通气功能试验、润滑试验、低温试验、高温试验、混入泥水试验、齿轮噪声试验等。

二、驱动桥试验

驱动桥是位于传动系统末端能改变来自变速器的转速和转矩，并将它们传递给驱动轮的机构。驱动桥一般由主减速器、差速器、车轮传动装置和驱动桥壳等组成。转向驱动桥还包括等速万向节。另外，驱动桥还承受作用于路面和车架或车身之间的垂直力、纵向力和横向力，以及制动力矩和反作用力。驱动桥的基本功能是：①将万向传动装置传来的发动机转矩通过主减速器、差速器、半轴等传到驱动车轮，实现降速增矩；②通过主减速器圆锥齿轮副改变转矩的传递方向；③通过差速器实现两侧车轮差速作用，保证内、外侧车轮以不同转速转向；④驱动桥壳体属于结构件，不仅起到总成自身的密封、定位和盛油等作用，还要实现承受汽车的全部驱动载荷和传力作用。

驱动桥按桥壳结构分为整体式和分段式，本节主要介绍整体式驱动桥的总成及其主要零部件的台架试验。

1. 驱动桥总成磨合试验

驱动桥在装配或修理后应在具有磨合功能的试验台上进行磨合试验，检查驱动桥的装配质量，并改善配合副的接触状况，以便进行其他试验。

驱动桥的动力传动特点是有一个输入端口和两个输出端口，分别为主减速器主动齿轮和两侧的半轴。因此，驱动桥总成磨合试验要在主减速器主动齿轮处输入动力，在两侧半轴处施加阻力负荷。驱动桥总成磨合试验分无负荷和有负荷两个阶段进行。一般要求磨合总时间不少于20~25min，其中有负荷磨合时间不少于10~15min。试验时主减速器主动齿轮的转速一般为1400~1500r/min，按有关技术规定在每侧半轴上施加负载转矩。

该试验可以在专用的磨合试验台上进行。试验台动力装置采用交流电动机，直接或通过万向节与被试驱动桥主减速器的主动齿轮连接。两侧半轴处的加载方式，可采用电涡流制动器、绕线转子异步电机或被试驱动桥自带的车轮制动器。当采用车轮制动器加载时，因驱动桥拆离整车，没有制动操纵机构和传动机构，试验台需设置制动主缸、制动杠杆、压力表和相关的油管，为车轮制动器提供液压力，并通过调节其压力来控制加载量。在轮毂处设置测力仪，以监测左右车轮制动器的大小和平衡状况。这种制动器加载方式不能在有负荷的情况下长时间连续工作。

此外，还可以在通用的驱动桥试验台上进行磨合试验。由电机提供试验台的输入动力，负载阻力由电力测功机或电涡流测功机提供，采用全电控方式对输入和负载进行全面控制，能进行各种驱动桥总成的驱动传动性试验，测试精度和自动化程度很高。驱动桥试验台的一个输入端和两个输出端通常呈T形布置形式，也简称为T形试验台。

磨合试验结束后，可以视试验目的和磨合时的具体情况对被试件进行拆检、重新润滑和复装，也可以在外观检查后直接进入其他试验项目，即与后续试验使用相同的试验台。

2. 驱动桥总成静扭试验

静扭试验的目的是发现驱动桥总成中抗扭性最弱的零件（一般来说是半轴），并计算驱动桥总成的静扭强度后备系数。和离合器、变速器等总成的静扭试验一样，驱动桥总成静扭试验也是将总成的壳体和动力输出端固定，在输入端加载。加载装置采用扭力机和减速器等。驱动桥有两个输出端，试验时要将两侧半轴外端（即法兰端）都固定，把驱动桥两侧的轮毂用螺栓固定在支架上，支架连同其支承座墩部紧固在扭力机的壳上。动力输入通过扭力机的转轴，带动与其通过凸缘紧固相连的主减速器主动锥齿轮转动。试验时测量并记录主减速器主动齿轮轴的扭矩和对应的转角。为避免随机波动的影响，要求试件数不少于3件，建议取5件。

试验时，起动扭力机，缓慢加载，并记录扭矩和转角，直到驱动桥总成中最薄弱的零件被扭断为止。记录静扭断裂扭矩M_K。如果采用多个样品进行试验，需取样品的静扭断裂扭矩的算术平均值作为测试所得的断裂扭矩。将扭断的驱动桥总成拆开，仔细检查各零件的状况。对断裂零件的断口进行分析，并取样进行金相分析，观察材质及金相组织是否符合设计要求。

静扭后备系数定义为

$$K_K = \frac{M_K}{M_P} \tag{7-22}$$

式中，M_K 为静扭断裂扭矩；M_P为试验计算扭矩，可按传动轴的额定负荷 M_g选取，即

$$M_P = M_g = \min\left(\frac{T_{tqmax} i_{g1} i_{p1}}{n}, \frac{G_2 r \varphi}{i_0}\right) \tag{7-23}$$

式中，min 为求后面若干元素中的最小者；T_{tqmax}为发动机最大转矩，单位为 N · m；i_{g1}为变速器 1 档传动比；i_{p1}为多轴驱动汽车的分动器低档传动比；n 为分动器挂低档时的驱动桥数目；G_2 为驱动桥的满载轴荷，指全部重力，即接地压力，单位为 N；r 为车轮半径；φ 为轮胎和路面的附着系数，一般按良好的沥青或混凝土路面，取 $\varphi=0.8$；i_0为主减速器传动比。

对于大部分汽车而言，可以认为 $M_P = T_{tqmax} i_{g1}$，也有制造企业认为应在此基础上再乘以传动效率。

国家标准要求静扭后备系数 $K_K > 1.8$ 为合格。驱动桥和变速器总成的复杂程度相当，但驱动桥静扭后备系数小于变速器静扭后备系数（2.5 或 3.0），这种差异主要是由两个后备系数定义中的基准——分母不同造成的。变速器静扭后备系数中的分母是发动机的最大转矩 T_{tqmax}，而驱动桥静扭后备系数中的分母则是发动机的最大转矩乘以变速器最大传动比，即 $T_{tqmax} i_{g1}$。汽车使用过程中，事件“发动机输出转矩等于其最大转矩的同时变速器传动比等于其最大传动比”的概率比事件“发动机输出转矩等于其最大转矩”的概率小。也就是说，驱动桥的输入扭矩达到额定负荷的概率要比变速器的输入扭矩达到发动机最大转矩的概率小得多。对于这种更难出现的工况，当然可以规定较低的后备系数，保证两者的工作可靠程度大致相当。

3. 驱动桥总成齿轮疲劳试验

驱动桥总成齿轮疲劳试验用于确定驱动桥的主要传动零件——主减速器齿轮副的工作寿命，涉及主减速器锥齿轮、轴承和其他零件的疲劳寿命，通常被视为驱动桥的验收性试验。实际上，驱动桥的其他部分如差速器壳、半轴和桥壳也承受着交变载荷，半轴和桥壳的疲劳寿命试验是在专门的试验台上进行的。

和变速器总成的疲劳寿命试验相同，驱动桥总成齿轮疲劳试验台也分为开式试验台和闭式试验台两种。出于节能的考虑，驱动桥总成齿轮疲劳试验也经常在机械封闭式试验台上进行，并使用转矩转速仪进行测量。

国家标准要求试验样品不少于 5 件。齿轮失效的标志为轮齿断裂、齿面压碎、齿面严重剥落或齿面严重点蚀。国家标准对寿命限值的要求是：由样件结果统计的中位寿命不低于 50 万次，同时样品中最低寿命不低于 30 万次。随着运输条件的变化，相应的试验规范和标准限值也随之改变。

4. 驱动桥壳垂直弯曲的刚性与静强度试验

对于汽车的驱动桥壳来说，要承担对驱动桥总成的密封、元件定位和承装润滑剂等作用，这对其静刚度提出要求。同时，壳体结构还要承受车轮和悬架之间的相互作用力，尤其是当汽车在崎岖不平路面上行驶时，尽管悬架和轮胎有缓冲和减振的作用，桥壳还是要承受很大的垂直载荷，有时会达到自身重力的 3 倍以上，这要求桥壳必须具备良好的弯曲强度。

该试验一般在专用的液压式驱动桥壳疲劳寿命试验台上进行，也可采用通用的液压式疲

劳寿命试验机进行。因为电控系统可以精确、灵活地控制载荷大小和载荷形式，所以上述的试验台还可以进行驱动桥壳的垂直弯曲疲劳试验。

选取不少于3件样件，在车轮平面处支承、在钢板弹簧座位置加载，也可以将加载点和支承点对调。在刚性试验和静强度试验中，驱动桥壳的支承位置和加载位置不变。为消除壳体结构件内部随机分布的内应力，提高测量结果的重复性，正式测量前应对试件预加载2~3次，每次加载至满载轴荷后再卸载。由于桥壳的结构、材质和热处理工艺并非完全对称，最大挠曲变形点不一定在中点，因而在驱动桥壳下表面安置不少于7块百分表。检查装置安装无误后，开始正式测试。

测量刚性时，用液压装置缓慢加载，直至满载轴荷。记录各百分表读数，卸下百分表，刚性试验结束。继续缓慢加载，一次性直至驱动桥壳失效。该过程可以采用应变式测量装置测量并记录。驱动桥壳失效的标志是断裂或严重塑性变形，可根据驱动桥壳的材料和制造工艺不同来合理确定。对于刚性试验，应计算满载轴荷时各百分表读数，即变形量，将各点变形量连成折线图。限值要求满载最大变形量/轮距≤1.5mm/m。对于静强度，要求处置弯曲静强度后备系数，即失效载荷除以满载轴荷的值要大于6。垂直弯曲静强度后备系数是一个相当大的安全因数。之所以取得如此之大，主要基于两点考虑：第一，驱动桥在实际道路上行驶时，不止受到1倍标准轴荷所形成的垂直平面内的弯矩。驱动力或制动力会造成水平面内的弯矩，转向时内侧桥壳的弯矩会增大，另外制动时地面制动力对车轴线形成的扭矩也作用在桥壳上。车轮驶过不平路面时垂直冲击还会加剧。上述这些都会导致桥壳上某些关键部位的工作应力增大。因为该试验仅在垂直平面内施加载荷，且计算的后备系数仅以满载轴荷为基准，所以后备系数应取得大些。第二，桥壳强度对超载的敏感程度与齿轮传动装置不同。当车辆超载时，驾驶员出于完成运输任务的目的，会加大加速踏板开度、调节变速器档位，对于变速器或驱动桥主减速器等齿轮传动装置，其传递的扭矩可能会增加，但不可能超过车辆原设计规定值，因为超载属于使用环节，汽车的动力参数不会随之改变。例如，无论使用者对于装载质量超载多少，对于驱动桥来说其输入扭矩不会超过发动机最大转矩与变速器1档传动比的乘积。但是，桥壳是结构件，其需要承载该轴对应全部簧载质量，轴荷超载多少倍，桥壳的载荷就会成比例增大多少倍。为了提高实际运输工作中的承载能力、避免安全事故，这也要求桥壳需要具有相对更大的后备系数。

5. 半轴静扭试验

半轴强度直接影响汽车的使用可靠性和安全性。因为更换半轴比拆修主减速器或更换主减速器零件容易，驱动桥设计时希望半轴的强度和寿命略低于主减速齿轮，半轴的安全因数不应大于传动系统其他零件，以保证在峰值扭转载荷下传动系统其他零件不至于先破坏。

半轴静扭和驱动桥总成静扭的试验原理相同、试验设备相似。通过扭力机和减速器在半轴花键端（内端）加载，把半轴的法兰端（外端）固定于专用支架。

试验样件不少于3件，检查其尺寸、硬度以及有无表面缺陷。在样件表面画一条直线，以便观察试验过程中的扭转变形情况。确保安全防护措施可靠。

起动扭力机加载，记录扭矩和对应的扭转角。当扭矩与扭转角之间的关系明显为非线性时，认为其达到屈服状态。继续加载直至半轴断裂。

可以分别计算屈服和断裂时的强度后备系数。其中断裂的强度后备系数是

$$K_B = \frac{M_K}{M_{PB}} \tag{7-24}$$

式中，M_K 是断裂扭矩；M_{PB}是试验计算扭矩，有 $M_{PB} = \min(0.6T_{tqmax}i_{g1}i_0, 0.5G_2r\varphi)$。

由于一侧车轮承担一半的轴荷，也就是说每侧半轴承担一半的驱动轴附着力所产生的扭矩，因此在 M_{PB}计算式中第二项乘以0.5。同时，由于对称式行星齿轮差速器内部有较小的内阻，可以使从两侧半轴齿轮输出的扭矩略有不等，所以在 M_{PB}计算式中第一项乘以0.6，意味着处于扭矩较大一侧的半轴。

对于半轴断裂强度后备系数，标准限值要求 $K_B \geq 1.8$。

6. 半轴扭转疲劳试验

半轴常见的损坏形式为扭转疲劳损坏。对于半轴来说，扭转疲劳载荷必须是脉动的、往复的扭转载荷，而不能是连续的旋转载荷，这一点类似传动轴总成扭转疲劳试验。试验设备为激振式或曲柄摇杆式扭转疲劳试验机。试验样件不少于5件，检查其尺寸、硬度以及有无表面缺陷、裂纹等。

试验前要对样件进行标定，找出试验机摇臂摆动量与被试半轴转矩之间的关系，根据标定值来调好试验机摇臂摆动量、装好半轴，然后可进行试验。

扭转疲劳试验的载荷要求是扭矩，但试验台直接控制输出是位移。对于给定的试件来说，其扭矩和扭转角存在确定的关系，标定就是要确定该关系。其基本过程是将样件安装在试验台上，按实际试验方式进行固定和装夹，施加已知大小的扭矩，测量其扭转角，从而确定两者的定量关系。在试验加载时，控制试验机的输出位移，就相当于对半轴施加了确定的扭矩。

按试验规范，根据标定规律调节试验台的输出。疲劳载荷为正弦脉动扭矩，其最小值 $M_{min} = 0.1M_{PB}$，最大值 $M_{max} = M_{min} + M_{PB}$，$M_{PB}$是试验计算扭矩，含义同半轴静扭试验。加载频率不超过30Hz，半轴表面温度不高于200℃。

在对样件加载测试过程中，要仔细观察疲劳裂纹产生和扩展的规律。

半轴失效的标志是断裂。半轴在交变负荷下经100万次循环后不出现断裂则视为合格。

除以上驱动桥总成的试验外，还有驱动桥总成噪声试验和桥壳垂直弯曲疲劳试验、驱动桥刚度试验、等速万向节的等速试验和等速万向节的刚度和强度试验等驱动桥相关试验。

传动系统在发挥动力、传动作用的同时，还会因车辆振动产生噪声，从而影响汽车的乘坐舒适性、产生环境噪声。为了改善汽车的振动、噪声性能，就必须改善动力传动系统，必须了解和查明其对各个装置的影响程度。动力传动系统的振动、噪声的试验和评价大多是以台架试验和激振试验为主。但是在研究动力传动系统对汽车影响的情况时，也用实车试验。

三、传动轴试验

传动轴总成是汽车传动系统中的整套万向传动装置，包括若干万向节和分段的带滑动花键的传动轴，有时还包括中间支承。由于变速器输出端和驱动桥输入端分属簧上质量和簧下质量，在汽车行驶过程中其相对位置会发生变化，而且两端的轴线不重合（即使在静止时），所以要设置万向传动装置以适应这种距离和夹角的变动。

图7-29所示是汽车传动轴试验系统，可以按照设定的主从动轴夹角变化规律模拟汽车行驶工况，对其进行各项性能试验，为研究传动轴的结构、性能、寿命及开发新产品提供技术支持。

进行传动轴台架试验，首先应确定其标准安装状态、额定负荷和最高转速。

试件的标准安装状态是：传动轴的两个万向节中心之间的长度等于汽车在水平位置时静止、满载状态下的传动轴长度。而且传动轴水平放置，万向节的夹角都为零。注意，这与车上实际安装角度很可能是不同的。

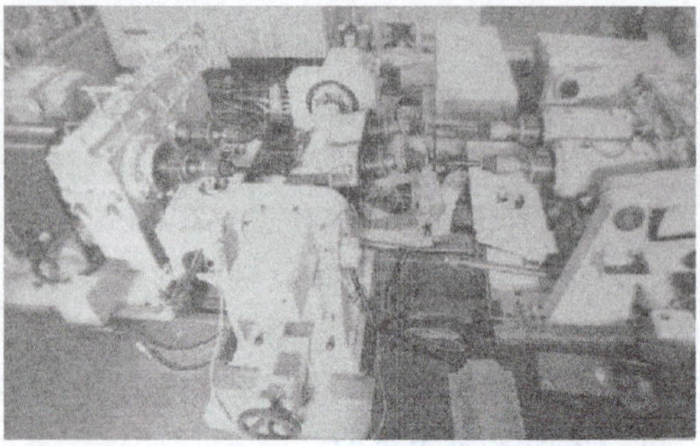

图 7-29　汽车传动轴试验系统

在按照发动机最大转矩和驱动轮最大附着力计算得到的传动轴输入转矩中，取较小者作为额定负荷，记作 M_g。这个“额定负荷”的定义，也适用于驱动桥试验的输入载荷转矩。它的计算公式为

$$M_g = \min\left(\frac{T_{tqmax} i_{g1} i_{p1}}{n}, \frac{G_2 r\varphi}{i_0}\right) \tag{7-25}$$

对于普通的前置后驱的 4×2 汽车来说，就是

$$M_g = \min\left(T_{tqmax} i_{g1}, \frac{G_2 r\varphi}{i_0}\right) \tag{7-26}$$

传动轴的最高转速 n_g 是发动机的最高转速与变速器的最小传动比即最高档传动比之比，即 $n_g = n_{max}/i_{min}$。

1. 传动轴总成的静态跳动量试验

汽车的传动轴总成属于轴向长度较长、支承刚度较差、工作转速变动较大的总成，当发动机高速运转、变速器挂高档时，传动轴转速很高，由于周向质量分布不平衡造成的离心力较大，从而造成传动轴的挠曲变形，影响传动的平稳性，同时增大磨损、噪声和发热。因此，传动轴试验中对于质量的周向分布问题比较重视，规定了若干个项目。

测定质量分布平衡性首先要进行静态跳动量的测定，试验台示意图如图 7-30 所示。被试传动轴总成 4 以其基准面按标准安装状态安装于试验台的支承装置 2 上，用旋转装置 1 以不大于 60r/min 的缓慢速度摇动被试传动轴总成，手动或电动皆可。用百分表 3 测量轴管两端的径向圆跳动量。显然，跳动量为几何偏心量的 2 倍。

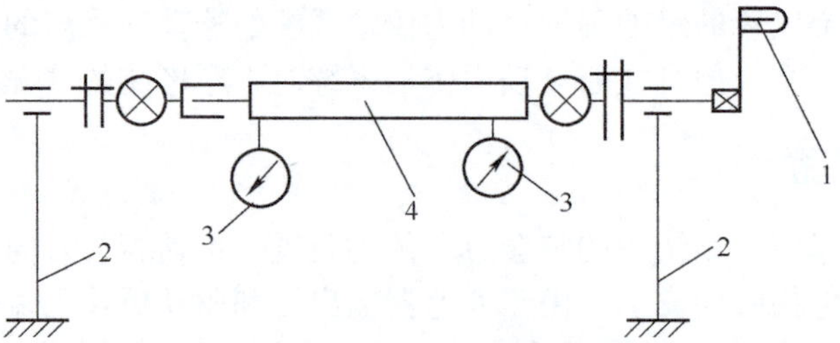

图 7-30　静态跳动量试验台示意图

1—旋转装置　2—支承装置　3—百分表　4—被试传动轴总成

各种标准根据被试传动轴总成所属的车型，以及该段轴在传动轴总成中属于固定轴还是滑动轴，规定了跳动量的限值，可参照执行。

对于带有中间支承的传动轴，也必须要控制中间轴后凸缘止口的摆差。

2. 传动轴总成的剩余不平衡量试验

静态跳动量试验只能确定传动轴总成的几何偏心量，难以完全代表力学不平衡量。所以一般在经过静态跳动量试验并经过初步平衡后，还要进行剩余不平衡量试验。试验要在动平衡试验机上进行。使用前要阅读动平衡试验机的说明指导文件以熟悉试验机的技术特点。

该试验的操作要点包括：①被试传动轴总成以其基准面按标准安装状态安装于平衡机的支承装置上；②可以分初试和复试进行两轮试验；③为了精确测定不平衡量，试验转速应高些，原则上不低于传动轴最高转速 n_g 的 1/2，也可以根据初试的不平衡量确定复试的转速，不平衡量越小，复试转速应越高；④动平衡复试应在加注润滑油/脂之前进行；⑤动平衡机具有自动焊接平衡片的功能，平衡片通常焊接在传动轴的轴管上，每段最多不超过 3 片。

不平衡量限值可按 GB/T 9239. 1—2006《机械振动 恒态（刚性）转子平衡品质要求 第 1 部分：规范与平衡允差的检验》中规定的 G40 平衡品质等级，或者执行企业的设计标准。

3. 传动轴总成的临界转速试验

临界转速是指传动轴转动速度达到或接近该转速时，传动轴的抖动会急剧加大，表现为振幅或振动加速度迅速增大。显然，临界转速对应的频率就是传动轴总成系统的固有频率。

临界转速试验可以采用旋转法，也可以采用激励法。旋转法是将被试传动轴总成按标准安装状态安装于试验台的支承装置上，由驱动装置带动被试传动轴总成高速旋转，测量振动与转速之间的关系，振动的强弱由振动加速度传感器或变形传感器测出。为达到并超过临界转速，旋转法要求的转速极高，两端支承处要具有足够的刚度，而且对试验台周边的安全防护有较高要求，高速转动时试验台支承处的轴承发热也很严重。旋转试验的激振力是由传动轴总成自身的不平衡质量高速旋转时的离心力所造成的，为了降低上述不利影响，被试传动轴总成必须事先经过剩余不平衡量试验，尽量降低不平衡量。激励法是将被试传动轴总成按标准安装状态安装于试验台的支承装置上，但是没有驱动装置，不对传动轴施加旋转载荷，而是在径向由激振器施加横向力激振，逐渐提高激振器的激振频率，振动随之变化，振动的强弱由变形传感器测出。由于系统不做转动，在支承处可以不设轴承，但支承装置须保证允许被试传动轴总成有轴向位移，但该位移不能过大，一般不超过 1 ~ 2mm。由于激励法的激振力是外加的，传动轴总成自身剩余不平衡量的控制显得不太重要。

在进行试验时，将被试传动轴总成以其基准面按标准状态安装在试验台上，接着起动试验台的旋转或激振装置，逐渐升高转速或频率，直至充分超过临界转速，测出临界转速。激振法则是测出临界频率，将数值乘以 60 得到临界转速。

当采用旋转法时，缓慢加速后要做缓慢减速的测试，取两者振动峰值对应转速的平均值为临界转速试验结果，两峰值的转速差不超过 300r/min，转速变化范围在理论临界转速的 0. 5 ~ 1. 2 倍范围内。

采用激励法时，要选取合适的激振力，使传动轴产生可以测出又不致过大的挠曲振动。转速变化范围要求同旋转法。

临界转速意味着传动轴的振动急剧增大，对传动的平稳性、安静性和传动轴自身的寿命极为不利，所以希望在行驶过程中不会遇到临界转速。因此希望传动轴的临界转速 n_k 明显高于传动轴的最高转速 n_g，即 $n_k > kn_g$。系数 k 按国家标准推荐取 1. 5。

4. 传动轴总成的静扭刚性与强度试验

静扭刚性和强度试验所使用的设备和操作方法类似，如果这两个项目都要做，可以在同一试验中依次进行。将被试传动轴总成按标准安装状态安装于扭转试验台上，一端固定，另一端由加载及测量装置施加扭矩，并测量扭矩和扭转角。加载装置由扭力机和大传动比的减速器构成，能输出扭矩极大、转速极低的动力。

试验时，首先将被试传动轴总成以其基准面按标准状态安装在静扭转试验台上。接着按一定方向对被试传动轴总成施加预扭，扭矩达到额定负荷位置后退回到原始状态。预扭后进行正式试验。

先进行刚性试验。在一定方向施加扭矩直至额定负荷，然后卸载到负荷扭矩为零。试验过程中连续记录施加的扭矩和相应的扭转角。

如果有需要的话可进行强度试验。按一定方向施加扭矩并缓慢增大，同时记录扭矩及其对应的扭转角，直至被试传动轴总成某一零件损坏时为止。注意，破坏扭矩并不是强度试验的结果。

国家标准要求传动轴的静扭强度试验的后备系数$n_s>1.5$为合格，明显低于变速器的静扭强度试验的后备系数要求（>2.5 或 3.0）。这主要是因为变速器结构更复杂，零部件更多，对于单件或少量的抽样试验来说，试验过程中隐藏的不可预见缺陷更多，更大的后备系数才能保证其在实际使用中具有与传动轴大致相等的可靠程度。

传动轴总成的刚性对于十字轴式万向节传动的等速性有较大影响，刚性不足，会造成附加的不等速旋转，从而引起振动和噪声。刚性试验结果没有明确、统一的标准限值，可参照设计单位或制造企业的规定执行。

5. 传动轴总成的扭转疲劳试验

对于传动轴来说，不像内部有齿轮啮合传动的变速器或驱动桥需要施加连续的、大小和方向都不变的旋转载荷，其内部零部件受力是不变的，相当于静载。因此，传动轴扭转疲劳试验台必须能够施加脉动的、往复的扭转载荷，确保被试件受到周期性变化的应力作用。试验负荷采用非对称交变循环。最大扭矩取额定负荷时的扭矩 M_g，最小扭矩取 M_g 的 30%。加载频率没有统一规定，国内试验大部分取 10～15Hz。标准规定要求测试 3 件以上样件即可，为尽量消除样件数据随机波动的影响，建议测试 5～7 件样件。采用数理统计的方法，按韦布尔分布，计算其中值寿命 B_{50}。中值寿命达到 15 万次为合格。如果被试件的试验循环次数超过 22.5 万次，可以终止试验。

6. 传动轴滑动花键磨损试验

汽车行驶时传动轴总成两端的相对位置会发生变化，通常采取传动轴分段、花键联接的形式。而对于键联接来说，在周向传递转矩的同时存在轴向滑动，对齿面的磨损是相当严重的。如果磨损过大，会增加花键齿侧和齿顶的间隙，在传动时引起冲击噪声和扭转振动噪声，还可能导致传动轴总成临界转速的下降。因此，传动轴滑动花键磨损试验是传动轴总成台架试验的必做项目。

试验设备必须保证传动轴在传递转矩的同时发生轴向伸缩。试验前随机选取 4 个花键齿，测量其原始齿厚，并做好标记。测量时每个齿沿齿长度方向测 3 个点，取平均值作为齿厚记录值。然后将传动轴按装配技术条件规定的要求装复，加注润滑脂，直到润滑脂从花键缝隙溢出为止。将被试传动轴总成按标准安装状态安装在滑动花键磨损试验台上，空载磨合 4h，然后施加 16% 额定负荷时的扭矩 M_g 开始测试。试验时花键副的轴向位移量应不小于 10mm，往复运动的频率不低于 30 次/min。每试验 30h 后，拆检一次，观察花键表面的磨损状况，测量花键齿侧厚度，计算磨损量并记录。然后将传动轴按装配技术条件规定的要求装复，加注润滑脂，直到润滑脂从花键缝隙溢出为止。试验过程中，如果滑动花键处温度过高，可采用鼓风机强制冷却。

磨损失效的标志：被试花键有半数的齿产生擦伤或者多于 3 个齿的齿厚磨损量达到 0.50mm，即认为该试件已磨损失效，停止试验。按磨损机理不同可分为磨料磨损、黏着磨损、表面疲劳磨损和腐蚀磨损等。此处的擦伤，基本上属于黏着磨损，主要是因为对偶材料的硬度和表面处理工艺有差异，或者运转中因发热产生了不同程度的固相焊合，一个齿的齿面材料转移到配合零件的对偶齿上。擦伤可以通过目视观察到。

以不少于 3 件样件（推荐使用 5 ~7 件）做抽样试验，采用数理统计的方法，按韦布尔分布计算其中值寿命 B_{50}，达到 150 万次为合格。如果被试件的试验循环次数超过 225 万次，可以终止试验。

第三节　制动系统试验

制动系统是指使车辆逐步减速或停车，或使已经停驶的车辆保持静止状态的零部件组合，是汽车上最为重要的安全设备之一，其有效性直接关系驾驶员、乘客、行人等交通参与者的安全，对其工作性能、机件强度和耐久性必须给予高度重视。

汽车制动系统的种类繁多，能量传输方式各异。本节重点讨论常见的行车制动器、驻车制动器、制动主缸、制动踏板、气压制动卡钳试验。

一、行车制动器试验

1. 性能试验

对于行车制动器，通常采用惯性式制动器试验台来模拟制动器的制动工况，从而测试各项性能。惯性式制动器试验台利用惯性飞轮来模拟汽车运动时平动质量和旋转质量所储存的动能，从而模拟汽车的真实制动工况，以此来进行对制动器的各项性能测试。

图 7-31 所示为惯性式制动器试验台的一般结构示意图。惯性式制动器试验台的基本原理是令台架惯性飞轮组的转动惯量与汽车在道路上行驶时的惯量（包括整车的平移质量和主要旋转件的旋转惯量）相等，也就是台架惯性飞轮组的动能与汽车在道路上行驶时的动能（包括整车的平动动能和主要旋转件的转动动能）相等，从而使台架制动能耗与汽车上的制动能耗相等。

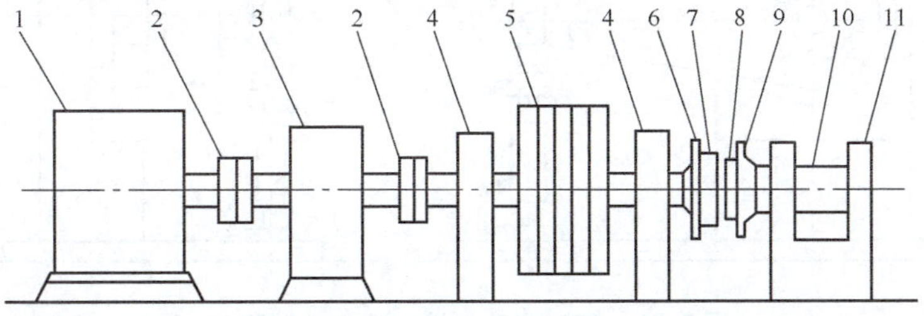

图 7-31　惯性式制动器试验台的一般结构示意图

1—可调转速电动机　2—联轴器　3—减速器　4—支撑座　5—飞轮　6—主动轴法兰
7—试件（制动鼓）　8—试件（制动蹄）　9—从动轴法兰　10—从动轴　11—从动轴座

惯性式制动器试验台模拟汽车制动过程的关键参数有两个：主轴的转速和飞轮的惯量。

试验台主轴转速 n，也就是飞轮转速，由汽车制动时的初速度 v 和车轮半径 r 计算而得，即 $n=2.65v/r$。

飞轮的惯量应与汽车的整车惯性（包括整车平移质量和主要旋转件的转动惯量）相对应。经力学推导可以得出，飞轮需要模拟的汽车等价转动惯量 I_a 为

$$I_a=[m_a+(\delta-1)m_0]r^2 \tag{7-27}$$

式中，m_a 为汽车满载总质量或试验规范指定模拟的整车总质量，单位为 kg；δ 为汽车旋转质量换算系数；m_0 为汽车整备质量，单位为 kg。

注意，此处的等价转动惯量 I_a 模拟的是整车的惯性，而制动器试验通常只对一个制动器或一根车轴的左右两个制动器进行测试，所以要考虑单根车轴承担的整车惯性。

计算单根车轴承担的整车惯性时，汽车的制动力分配系数 β 为常数，且制动时前、后轮均不抱死，计算公式如下。

单个前轮制动器对应的飞轮惯量为

$$I_f=\frac{1}{2}\beta[m_a+(\delta-1)m_0]r^2 \tag{7-28}$$

单个后轮制动器对应的飞轮惯量为

$$I_r=\frac{1}{2}(1-\beta)[m_a+(\delta-1)m_0]r^2 \tag{7-29}$$

式中，β 为制动器制动力分配系数，即前轮制动器制动力与汽车全部制动器制动力之比。

除此之外，还要将试验要求的制动减速度换算成试验台的制动力矩控制值，即

$$M_c=J_cI_a/r \tag{7-30}$$

式中，M_c 为试验台制动力矩控制值，单位为 N · m；J_c 为试验要求的制动减速度，单位为 m/s^2。

2. 结构强度试验

结构强度试验用于考察汽车在紧急制动时制动器的强度、工作可靠性和寿命。除了能使用上述的惯性式制动器试验台，还可以采用专门的制动器结构耐久性试验台，如图 7-32 所示。

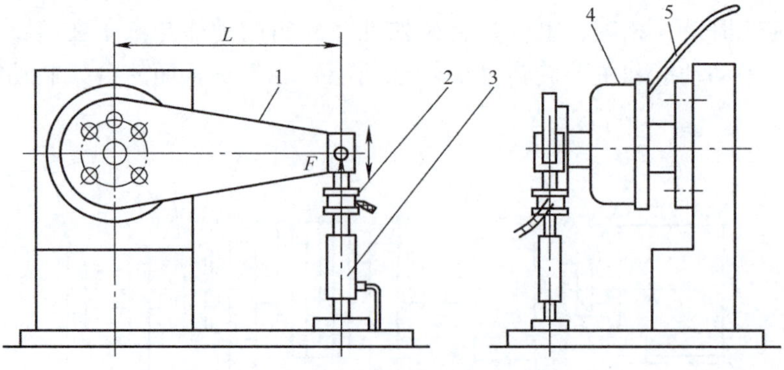

图 7-32 汽车制动器结构耐久性试验台

1—力臂 2—测力传感器 3—加载缸 4—制动器 5—制动管路

试验前，应先根据试验规范要求的制动力，以及车辆的结构参数和制动系统的设计参数来计算该制动力对应的试验当量制动力矩。试验时，按照计算出的制动力矩，控制液压机构驱动制动器产生该制动力矩，来验证制动器的结构强度和耐久性。

由于紧急制动只发生在汽车前行中，所以只要求进行前行方向的试验。

二、驻车制动器试验

驻车制动器既可以在停车时使车辆在原地保持不动，特别是能可靠地驻留于一定坡度的坡道上，又可以在较大坡度上坡路起步时方便驾驶员的起步操作，或者在行车制动器失效时作为应急制动装置来使用。常见的驻车制动器包括三种，分别是：装在变速器或传动轴上的中央制动器；装在行车制动器上，且与行车制动器共用同一套摩擦副；装在行车制动器上，摩擦副则为专用。

驻车制动器试验台的主要作用是在给定输入力（常见的就是驻车制动手柄力）的作用下，测量驻车制动器摩擦副的摩擦力矩，然后按照下式算出该汽车可以停留的坡道角度 α，即

$$\alpha = \arcsin \frac{Mi}{rm_a} \tag{7-31}$$

式中，M 为静摩擦力矩，单位为 N · m；i 为从驻车制动器到车轮之间的传动比，对于车轮制动器就是 1；m_a 为汽车满载总质量或试验规范指定模拟的整车总质量，单位为 kg；r 为车轮半径，单位为 m。

驻车制动器试验台多采用惯性式制动器试验台，即将制动器的旋转部分连同试验台的飞轮加速到某一转速，然后在驻车制动器的操纵手柄处施加规定的作用力，飞轮在制动器制动力的作用下减速，测量此过程中的转矩或减速度，然后由飞轮的惯量换算出减速力矩。由于这种测试过程中，飞轮连同驻车制动器的旋转部分处在运动工况，测得的是摩擦副之间的动摩擦力矩，而驻车时起作用的是静摩擦力矩。因此这种测试方法测得的驻车力矩和驻坡角度略偏小，属于偏于安全的方法。

除了采用惯性式制动器试验台，还可以采用专用的驻车制动器试验台，如图 7-33 所示。这种试验台与惯性式制动器试验台有类似之处，由于这种专用的驻车制动试验台结构简单、成本低，因此单独测量驻车制动能力时推荐使用这种设备。

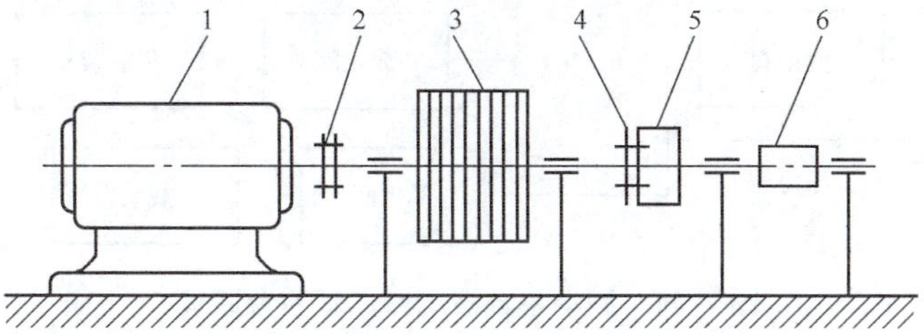

图 7-33　专用的驻车制动器试验台

1—电动机　2—柔性万向节　3—飞轮组　4—连接法兰　5—驻车制动器试件　6—测扭机构

对驻车制动器，只有在磨合试验中才需要准确规定飞轮的惯量和主轴的转速，而对于现在常见的制动器来说，驻车制动器与行车制动器是兼用同一套摩擦元件的，制动器的磨合在

行车制动器试验过程中已进行。因此，对驻车制动器通常可以直接进行驻车力和驻坡角度的测定。此时对试验台的惯量和转速不需要精确规定，只要飞轮具有一定的转动惯量，在电动机驱动下达到一定转速，按规定拉动驻车制动手柄，制动器旋转部分连同试验台飞轮一同减速，制动器摩擦副力矩由传感器直接测出，即可计算出驻坡角度。也就是说，飞轮惯性大小和主轴初始转速大小，只是影响减速度的大小和减速过程的时间长短，这些因素对于驻车制动力的测量来说没有影响。

需要注意的是，考虑到汽车既可能停止在上坡道路，又可能停止在下坡道路上，驻车制动器需要对前进和倒退两个方向进行试验。

三、制动主缸试验

制动主缸属于单向作用活塞式液压缸，其作用是将自制动踏板机构输入的机械能转换成液压能。

制动主缸液压测试试验台包括驱动装置、样件、样件支架、测量装置和负载装置等，其原理如图 7-34 所示。

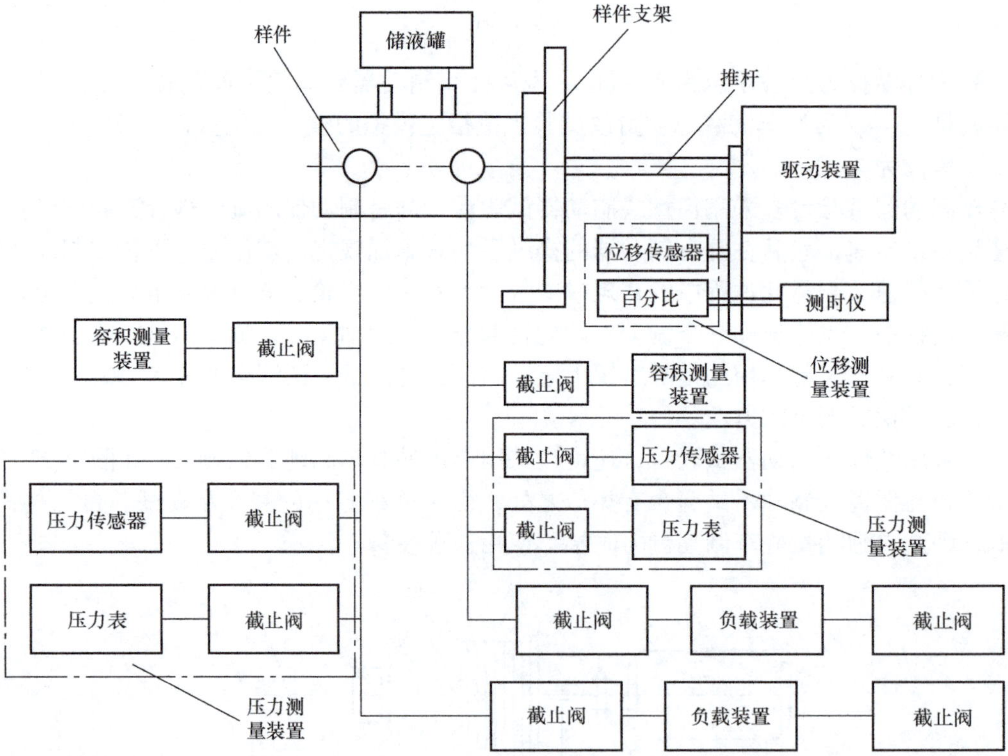

图 7-34　制动主缸液压测试试验台原理

驱动装置用来模拟实车的加载方式，其推杆头部与实车样件尺寸规格一致，推杆的安装符合汽车上的安装角度，并且能够对样件的活塞进行周期性加载，样件的活塞可以移至最大行程位置，推动的距离可调节并可在任意位置固定不动，推动时样件建压的速度可以调节。负载装置能够模拟制动器中液压制动轮缸的工作状态，可按照要求调整加载压力和样件行程的关系，负载装置中的可运动部件可根据需要锁止。测量装置用于测量压力、位移、容积、力矩、质量、长度等，测量的相对误差不大于1%，测量样件无负载回程时间的相对误差不大于5%。试验装置中的液压连接管路采用制动系统的硬管和软管，且不能产生节流效应。

下面主要对制动主缸密封性能、输出功能、压差性能及工作耐久性这几项典型试验项目进行介绍。

1. 密封性能试验

制动主缸的密封性能试验需要分别测试真空密封性、气压密封性和液压密封性。

（1）真空密封性

首先要将制动主缸内的制动液排尽，关闭排液孔，将两供液孔连通，接到真空源，对于带有储液罐的主缸，直接将真空源与储液罐的注油口相连。当样件内的真空度达到（−98±2）kPa时，关闭真空源，稳压3~5s后测量样件在5s内的压力上升值，要求上升值应不大于0.3kPa。

（2）气压密封性

将样件与驱动装置相连，排尽样件内的制动液；用驱动装置的推杆将样件的活塞推至超过样件最大初始建压行程；使样件的排液孔与气源相连，调节气源压力为（50±2）kPa，关闭气源；稳压3~5s后，测量样件各制动腔在10s内的压降；将驱动装置的推杆推回到原始位置；将样件的排液孔堵死，气源与供液孔或储液罐的注油孔（带有储液罐的主缸）相连；调节气源压力为（0.5±0.05）MPa，保持10s，观察样件及自带的储液罐有无气体外泄现象，观察储液罐有无影响功能的变形。要求样件在50kPa的气压下稳定不超过10s，各制动腔内压降值应不超过3kPa；样件及自带的储液罐在0.5MPa的气压下无空气外泄现象，储液罐无影响功能的变形。

（3）液压密封性

液压密封性试验需要将样件与驱动装置和负载装置连接成模拟实车状态的测试回路，并使测试回路充满制动液。然后用驱动装置的推杆推动样件的活塞，在样件的制动腔内建立起样件的最高工作液压，保持推杆位置不变，稳压3~5s后测量样件各制动腔在30s内的压降；用驱动装置的推杆推动样件活塞，在样件的制动腔中建立样件最高工作液压的130%，保持推杆位置不变，稳压3~5s后测量样件各制动腔在5s内的压降。

在上述的密封测试中，制动主缸允许的压降见表7-9。

表7-9　制动主缸液压密封测试允许的压降

试验压力		30s的压降/MPa	5s的压降/MPa
最高工作压力	≤10MPa时	≤0.20	—
	≤15MPa时	≤0.35	—
	≤20MPa时	≤0.45	—
	≤25MPa时	≤0.55	—
最高工作压力的130%	≤10MPa时	—	≤0.10
	≤15MPa时	—	≤0.15
	≤20MPa时	—	≤0.25
	≤25MPa时	—	≤0.35

2. 输出功能试验

将样件与驱动装置和负载装置连接成模拟实车状态的测试回路，并在测试回路中充满制动液。然后用驱动装置周期性推动样件的活塞运动，在测试回路中建立样件的最高工作液压后返回，至少重复5次。此外，分别模拟样件中一个制动腔失效，另一个制动腔应能够建立起样件的最高工作液压。

3. 压差性能试验

（1）缓加压压差

将样件与驱动装置和负载装置连接成模拟实车状态的测试回路，并在测试回路中充满制动液。然后用驱动装置的推杆以（3±1）mm/s的速度缓慢推动样件活塞，测量当样件中两制动腔内有一个压力达到4.0MPa时两制动腔的压差。两制动腔压差应不大于0.3MPa。

（2）急加压压差

将样件与驱动装置和负载装置连接成模拟实车状态的测试回路，并在测试回路中充满制动液。然后用驱动装置的推杆快速推动样件活塞，使制动腔的压力以（20±5）MPa/s的速率上升，测量当样件中两制动腔内有一个压力达到13.0MPa时两制动腔的压差。两制动腔的压差应不大于0.5MPa。

4. 工作耐久性试验

将样件与驱动装置和负载装置连接成模拟实车状态的测试回路，并在测试回路中充满制动液。若样件带有储液罐，则储液罐内的制动液应加注到最高刻度。试验压力与动作时间之间的关系如图7-35所示。根据表7-10中规定的环境温度、试验频率、循环次数、动作时间，按照常温耐久性、高温耐久性、低温耐久性的顺序依次进行试验。试验过程中观察样件各处有无泄漏、活塞动作是否灵活、制动液是否从储液罐中溢出（带有储液罐的制动主缸）、有无其他异常现象。在3.35×10^5次试验结束后，观察储液罐与样件的连接部位是否有松动现象。重复进行液压密封性能试验。

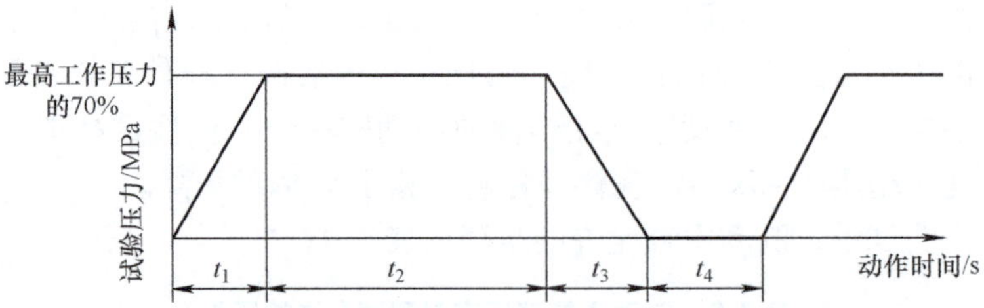

图7-35　试验压力与动作时间之间的关系

试验过程中，样件应无泄漏，活塞动作灵活，无任何其他不正常现象。在3.35×10^5次试验结束后，样件的最高工作压力应满足表7-10的要求，且储液罐与样件的连接处无动现象，无液体溢出。

四、制动踏板试验

汽车制动踏板是驾驶员用脚操纵的制动控制机构，在汽车行车过程中，制动踏板使用频繁，因此本书对制动踏板的刚度、温度适应性、抗扭性能、强度及耐久性这几项典型试验项目进行介绍。

表 7-10　工作耐久性试验的环境温度、试验频率、循环次数和动作时间

试验项目	环境温度/℃	试验频率/Hz	循环次数/万次	动作时间/s			
				升压时间 t_1	保压时间 t_2	降压时间 t_3	停顿时间 t_4
常温耐久性	室温	0.2778 ±0.0278	16.5	0.4 ±0.4	1.75 ±0.4	0.15 ±0.1	1.25 ±0.2
高温耐久性	80 ±2	0.2778 ±0.0278	12.5				
	100 ±3	0.2778 ±0.0278	12.5				
	120 ±4	0.2778 ±0.0278	12.5				
低温耐久性	−40 ±2	0.1667 ±0.0167	4.5	0.45 ±0.1	1.75 ±0.4	0.15 ±0.1	3.65 ±0.4

注：高温耐久性按产品种类选一种环境温度进行。

1. 刚度试验

按实车状态在夹具上固定制动踏板的位置，并将踏板输出端固定在踏板工作行程的中间位置。在垂直于踏板表面、过踏板几何中心点处施加踏板力，乘用车的踏板力为（500 ±10）N，其他汽车为（700 ±10）N，保持1min 后解除踏板力。重复以上步骤4 次，在第5 次试验前确定踏板纵向位移测量点，第5 次施加规定的踏板力，保持 1min 后，在预先确定的测量点测量踏板的纵向位移量。在上述规定的踏板力作用下，踏板的纵向位移应小于5.0mm。

2. 温度适应性试验

高温适应性试验方法：将样件在（70 ±2)℃的环境中放置2h 后，在此温度下使制动踏板在整个工作行程上动作5 次，踏板不得有干涉、卡滞现象和异常响声。

低温适应性试验方法：将样件在（−40 ±2)℃的环境中放置2h 后，在此温度下使制动踏板在整个工作行程上动作5 次，踏板不得有干涉、卡滞现象和异常响声。

3. 抗扭性能试验

按实车要求固定制动踏板装置，以踏板与踏板杠杆的主焊缝中心线为轴线，在踏板上施加大小为（15 ±1）N · m 的正反两方向的旋转力矩，如图 7-36 所示，踏板和焊缝应无裂纹或损坏等缺陷。

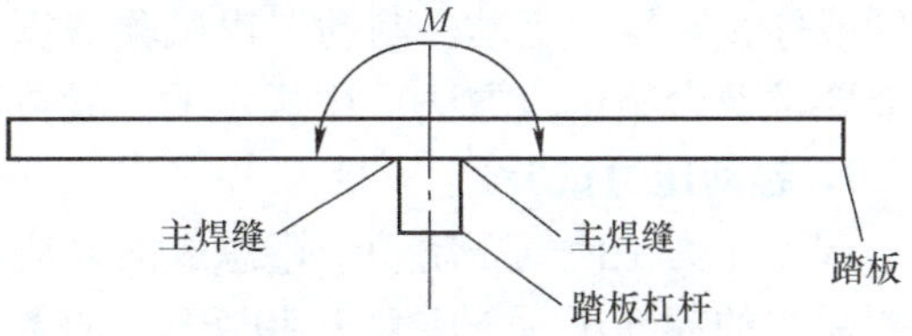

图 7-36　抗扭性能测量示意图

4. 强度试验

按实车要求固定制动踏板装置，确定踏板纵向位移测量点，在垂直于踏板表面、过踏板几何中心点处施加大小为（2000 ±50）N 的纵向力，保持30s 后解除。重复上述步骤5 次，然后在预先确定的测量点测量踏板的永久变形量。合格的标准是踏板表面的永久变形量≤5.0mm，并且无裂纹或损坏等缺陷。

5. 耐久性试验

按照实车的安装状态固定制动踏板，将其输出端与模拟负载相连接。在垂直于踏板表面、过踏板几何中心点处施加0 ~700N 的纵向力，如图 7-37 所示。加载 5.0×10^5次，频率为0.7 ~3.0Hz，加载的行程为踏板设计全行程的85% ±5%。

按照上述规定，固定制动踏板装置。在与踏板前后边缘平行的中心线上距制动踏板右边缘 1/4 踏板宽度处施加 0 ~700N 的推力，作用方向在平行于踏板前后边缘的中垂直面内，与踏板表面法向成20°，加载 5.0×10^5次，频率为0.7 ~3.0Hz，加载的行程为踏板设计全行

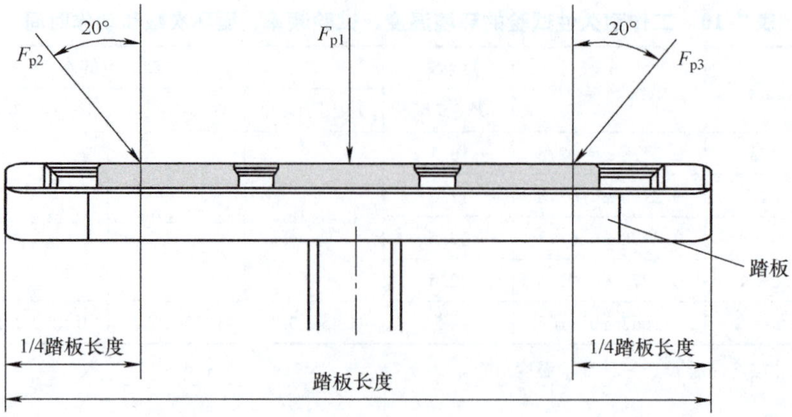

图 7-37　制动踏板耐久性加力位置示意图

程的 85% ±5%。

试验过程中，踏板装置不应发生影响功能的变形，无裂纹或其他异常情况。试验后，按照刚度试验过程施加大小为（50 ±1）N 的正反两方向的纵向力。在该力作用下，踏板的纵向位移不应大于 4.0mm。

五、气压制动卡钳试验

气压制动卡钳是一种常见的制动系统组件，主要用于大型车辆和工业机械中。它是通过气压作用来实现制动效果的装置。气压制动卡钳的工作原理基于气压的力学效应。当制动系统施加气压时，气压制动卡钳会通过气缸内的活塞将制动片或制动鼓压紧，从而产生摩擦，减缓或停止车辆的运动。制动卡钳试验依据 GB/T 31970—2015《汽车用气压制动卡钳总成性能要求及台架试验方法》中规定的试验方法进行。

1. 起动压力试验

起动压力是使气压制动卡钳总成的衬块总成开始移动时的制动气室输入气压。气压制动卡钳总成的起动压力不应大于 40kPa。试验方法如下。

气压制动卡钳总成模拟实车状态（制动气室应为实车配备的制动气室）安装在试验支架上，如图 7-38 所示。

以额定工作压力进行 5 次制动，压力保持时间不应少于 5s，两次制动的间隔时间为 2 ~ 3s。在制动气室的进气口通入压缩空气，气压从零开始缓慢升高，记录衬块总成刚开始移动时的制动气室输入气压值。

2. 钳体刚性

额定工作压力下，样件钳体沿推杆中心线方向的变形总量应满足设计要求。

将气压制动卡钳总成水平地安装在试验支架上，如图 7-38 所示。

钳体变形量测量点应选择在样件外表面平坦部位，避开样件表面的凹凸不平处，应位于钳体内推杆的中心线上，靠近样件的两端外侧。如果推杆的中心线上不能测量，可选与推杆的中心线平行的其他有代表性的位置。在符合此要求的安装点，通过安装百分表或微量位移传感器，测量样件钳体在推杆中心线方向的变形总量。

以额定工作压力进行 5 次制动，压力保持时间不应少于 5s，两次制动的间隔时间为

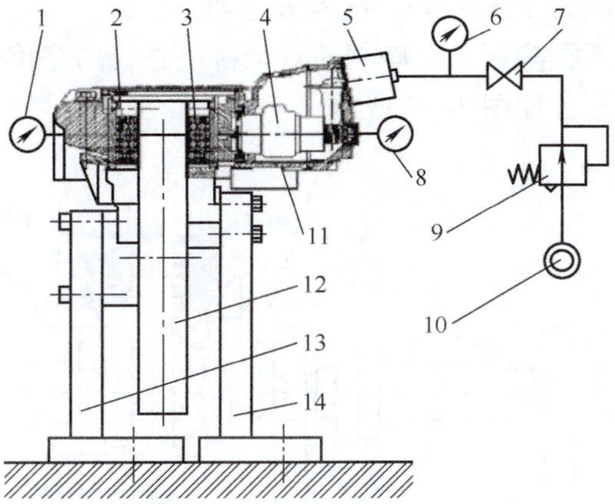

图 7-38　钳体刚性测量示意图

1、8—百分表或位移传感器　2—外衬块总成　3—内衬块总成　4—间隙自调机构　5—制动气室
6—压力表或压力传感器　7—截止阀　9—调压阀　10—气源
11—钳体　12—制动盘　13—制动盘支架　14—钳体支架

2 ~ 3s。在制动气室的进气口通入压缩空气，气压从零开始缓慢升高至额定工作压力，保持 5s，记录样件钳体在推杆中心线方向的变形总量。

需要注意的是，对于双推杆或多推杆的样件，可同时测量不同推杆中心线方向的变形总量，取其中最大值作为该样件钳体在推杆中心线方向的变形总量。

3. 钳体滑动阻力

钳体滑动阻力不应大于 90N。试验方法如下。

气压制动卡钳总成水平地安装在试验支架上，如图 7-38 所示。消除重力对测量的影响，制动盘为模拟制动盘，即厚度与制动盘相同的钢板。

以额定工作压力进行 10 次制动。每次制动时的压力保持时间不应少于 5s，两次制动的间隔时间为 2 ~ 3s。在最后一次制动解除后，移去模拟制动盘，使钳体浮动部分沿推杆中心线的两个方向移动，测量使钳体浮动部分沿推杆中心线的两个方向开始移动时的力值，取其最大值作为钳体滑动阻力。

对于固定钳体的气压制动卡钳总成，不进行该项目。

4. 制动间隙自调功能

衬块总成与制动盘间的间隙总和经 20 次的制动调整后应满足设计要求。

气压制动卡钳总成模拟实车状态（制动气室应为实车配备的制动气室）安装在试验支架上，如图 7-36 所示。

用模拟制动盘Ⅰ（与实车制动盘的刚性相当、厚度相同，不应影响与衬块总成之间的正常接触）代替制动盘。以额定工作压力进行 20 次制动，压力保持时间不应少于 5s，两次制动的间隔时间为 2 ~ 3s。在最后一次制动解除后，测量模拟制动盘与衬块总成之间的间隙总和。换用材料相同、厚度比模拟制动盘Ⅰ小 1.3 ~ 1.5mm 的模拟制动盘Ⅱ，样件其他部件之间的位置关系、尺寸均保持不变。重复上述步骤。

5. 拖滞扭矩

拖滞扭矩是指当制动器气压解除后，残留的制动盘转动阻力矩。制动盘在第 10 圈转动过程中的最大拖滞扭矩不应大于 8N·m。试验方法如下。

用不起毛的擦布蘸上丙酮溶剂，擦净制动盘和衬块总成的摩擦表面。将气压制动卡钳总成安装在拖滞扭矩试验台上，如图 7-39 所示。

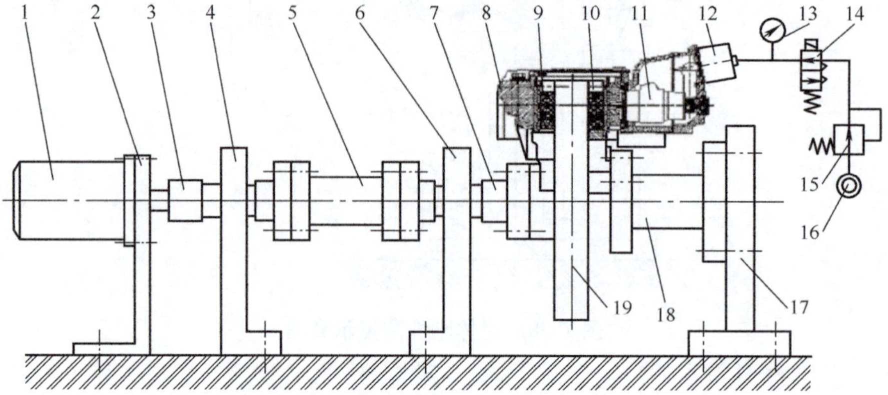

图 7-39　拖滞扭矩测量示意图

1—电机　2—电机支架　3—联轴器　4、6—中间支承　5—力矩传感器　7—制动盘联接法兰　8—钳体　9—外衬块总成　10—内衬块总成　11—间隙自调机构　12—制动气室　13—压力表或压力传感器　14—换向阀　15—调压阀　16—气源　17—支架　18—钳体联接法兰　19—制动盘

将样件的衬块总成退回，使衬块总成的摩擦表面与制动盘的间隙总和为 0.80 ~ 1.50mm。使制动盘以（45 ±2）r/min 空转 3min，将测量拖滞扭矩的力矩传感器的读数置零，制动盘停止转动。

以额定工作压力进行20 次制动，压力保持时间不应少于5s，两次制动的间隔时间为2 ~ 3s。在最后一次制动解除 2min 后，使制动盘在 10s 内达到（45 ±2） r/min 的转速并保持该转速转动，测量制动盘在第 10 圈转动过程中的最大拖滞力矩。

6. 防水性

经过浸水后的样件钳体内腔不应有水滴存在。对浮动钳式制动卡钳，浮钳的滑销处应无水渍带出。试验方法如下。

将样件放入水箱中，钳体的轴心线应在水平位置，制动气室位于钳体的上方，制动盘或模拟制动盘放置在样件的两衬块总成之间。向水箱中注水，使其高出制动气室与钳体安装面，但低于制动气室的排气孔。

以额定工作压力进行20 次制动，压力保持时间不应少于5s，两次制动的间隔时间为2 ~ 3s。在最后一次制动解除后，将样件从水箱中取出，把样件表面的水渍擦拭干净。将样件上的制动气室去掉，检查样件钳体内腔有无水滴；对浮动钳式制动卡钳，应来回推动样件的浮钳，观察浮钳的滑销处是否从支承轴承内带出水渍。

7. 扭转疲劳

按 QC/T 316—2017《汽车行车制动器疲劳强度台架试验方法》进行 1×10^5 次疲劳强度试验。试验过程中观察样件有无明显卡滞现象。试验结束后，检查样件钳体有无明显的表面裂纹和影响功能的变形，检查样件衬块总成磨耗部分是否均匀、有无明显凸凹、有无剥落现象，检查样件制动盘磨耗部分是否均匀、有无明显凸凹。复测样件的钳体滑动阻力、制动间隙自调功能。

对于三轴及以上多轴汽车，被试气压制动卡钳总成的制动力矩按以下式计算：

$$M_d = \frac{aG_a\beta\gamma}{nm} \tag{7-32}$$

式中，M_d为被试气压制动卡钳总成的制动力矩，单位为N·m；a为要模拟的制动减速度，单位为m/s^2；G_a为汽车满载总质量，单位为kg；β为被试气压制动卡钳总成所在车桥的制动力与整车制动力之比；γ为车轮动态滚动半径，单位为m；n为车桥数；m为被试气压制动卡钳总成所在车桥的制动器个数。

8. 温度耐久性

温度耐久性试验中，样件应无明显卡滞现象。试验后的各项性能指标应满足以下要求：样件钳体、外露非金属件应无明显的表面裂纹和影响功能的变形；起动压力不应大于45kPa；钳体滑动阻力不应大于100N；制动间隙自调功能应满足要求。

按表7-11顺序和要求进行试验。

表7-11　温度耐久性试验

试验项目和顺序	试验环境温度	试验压力/MPa	试验频率/Hz	保压时间/s	试验次数
常温耐久性	室温	额定工作压力×0.8	0.125±0.02	2	2.4×10^5
高温耐久性	(120±3)℃		0.125±0.02		1×10^5
低温耐久性	(−40±2)℃		0.10±0.01		5×10^4

进行常温耐久性试验时，每制动160次，将制动间隙沿衬块总成磨损方向增大0.05mm，每制动64000次，调整样件单向离合器的调整机构，回转若干圈使制动推板回到最原始状态。

进行高温耐久性和低温耐久性试验时，每制动160次，调整样件单向离合器的调整机构，使制动盘与衬块总成之间的间隙总和增加1.3～1.5mm。

9. 盐雾腐蚀性

气压制动卡钳总成经过72h的盐雾腐蚀性试验后，样件外表面任意$100cm^2$范围内不应产生直径大于2mm的腐蚀物，腐蚀总面积不应大于$5cm^2$；样件的起动压力不应大于45kPa，钳体滑动阻力不应大于100N。试验方法如下。

堵死气压制动卡钳总成的输入口，模拟实车状态（制动气室应为实车配备的制动气室）放置在盐雾试验箱中。按GB/T 10125—2021《人造气氛腐蚀试验 盐雾试验》中的中性盐雾试验方法对样件连续喷雾72h。

试验结束后取出样件，在室内自然干燥0.5～1h，然后用温度不高于40℃的清洁流水轻轻清洗，以除去样件表面残留的盐溶液，再立即用吹风机吹干，检查样件外表面的腐蚀情况。测量样件的起动压力和钳体滑动阻力。

六、再生制动系统试验

再生制动系统试验的目的是获得再生能量，为评价制动能量回收系统的设计和产品检验提供试验数据。

按QC/T 1089—2017《电动汽车再生制动系统要求及试验方法》中的规定开展相关试验。主要试验方法和步骤包括：①预热车辆；②3次制动能量回收系统再生能量试验；③再生能量计算；④重复性检验判别。

第四节　转向系统试验

转向系统是用来改变或恢复汽车行驶方向的机构，根据转向能源的不同，可分为机械转向系统和动力转向系统两大类。机械转向系统由转向操纵机构、转向器和转向传动机构组成，动力转向系统在机械转向系统的基础上加设一套转向加力装置。

转向系统试验旨在确保汽车转向系统在各种驾驶条件下能够提供足够的操控能力和响应速度，以确保驾驶员在紧急情况下能够控制车辆并避免事故。

本节以 GB/T 35360—2017《汽车转向系统术语和定义》、GB 17675—2021《汽车转向系基本要求》和 QC/T 563—2014《汽车转向盘技术要求及试验方法》为依据介绍机械式转向器、动力转向器及转向盘的试验方法。

一、机械式转向器试验

转向器总成是汽车转向系统的主要部件，其性能和工作可靠性直接影响汽车的转向性能、操纵稳定性和安全性。

理想的试验设备是转向系统试验台以整个转向系统为试验对象时，可以进行转向系统的性能试验、强度和疲劳寿命试验以及运动干涉校核等，如图 7-40 所示。但是试验台组成复杂，成本高，被试系统在台架上的安装、调整和拆卸等工作量较大。因此，对于转向系统，更多的是进行部件试验，就是将整个转向系统解体，以需要研究的总成或零部件为对象进行试验测试。

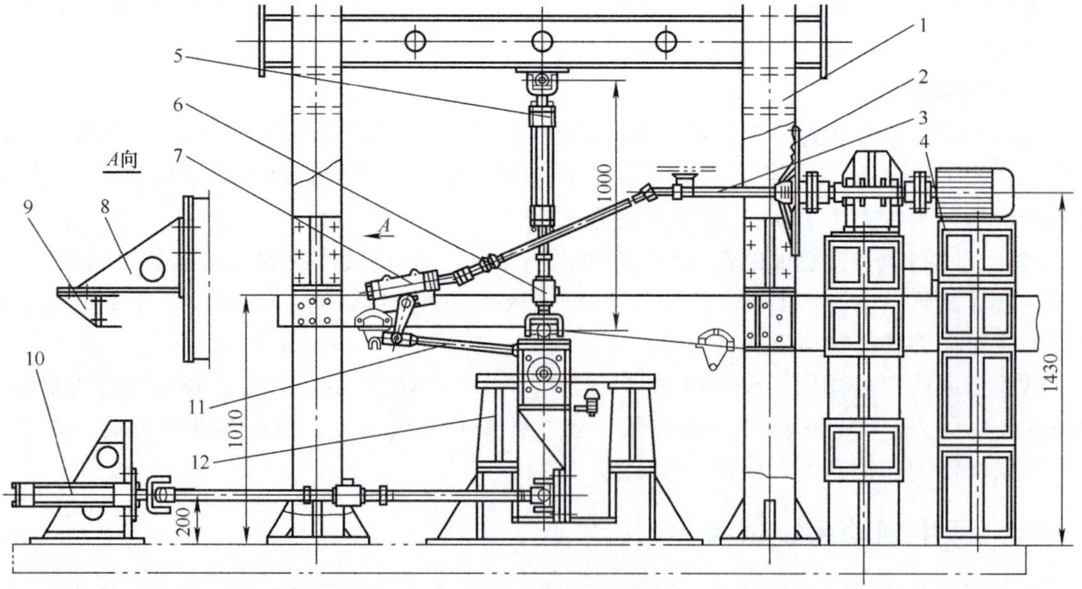

图 7-40　转向系统试验装置

1—2.2m 立柱　2—转向盘　3—转向轴　4—组合支架　5—垂直液压缸　6—力传感器
7—转向器　8—直角支架　9—小直角支架　10—纵向液压缸　11—纵拉杆　12—前桥支架

转向器的试验项目较多，按指标的类别可以分为性能试验和可靠性试验。

1. 性能试验

试样在进行性能试验前应进行磨合。将试样磨合到如下状态：转向器输入轴的转角不小于全转角的 90%；加在摇臂轴或齿条轴上的载荷为额定值的 40%；循环次数不低于 1500 次；磨合时，输入轴的转速不大于 10r/min；磨合后更换润滑油。

（1）传动比试验

对于循环球式、蜗杆滚轮式和蜗杆曲柄指销式等以角位移为输出的转向器，传动比指的是其角传动比，即转向轴输入转角 φ 与转向器摇臂轴输出转角 β 之比。角传动比试验装置如图 7-41 所示。

在摇臂轴上安装角度仪，在转向轴上安装万能分度仪。试验时，驱动转向轴转动，测量其输入转角 φ，同时测出对应的摇臂轴输出转角 β，改变转角，得到若干数据对（φ_i，β_i）。将各数据对描点、绘制成曲线。对数据进行线性回归分析，求得回归方程 $\varphi = k\beta + b$，其斜率 k 就是转向器的角传动比。

对于齿轮齿条式转向器，传动比指的是其角线传动比，就是输入轴转角与齿条位移之比。角线传动比试验装置如图 7-42 所示。由于齿条输出的是线位移，所以采取百分表而不是角度仪测量。

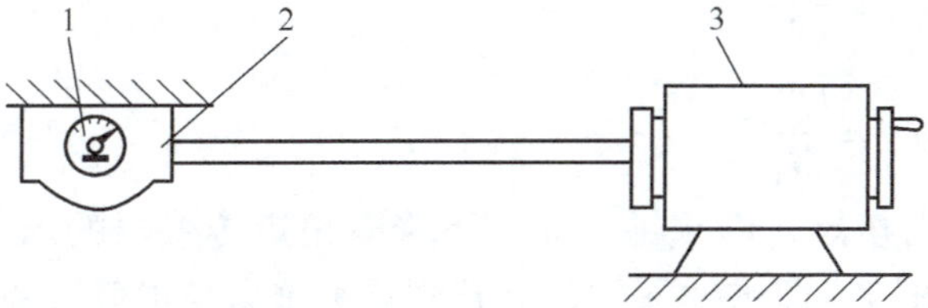

图 7-41　角传动比试验装置

1—角度仪　2—转向器　3—万能分度仪

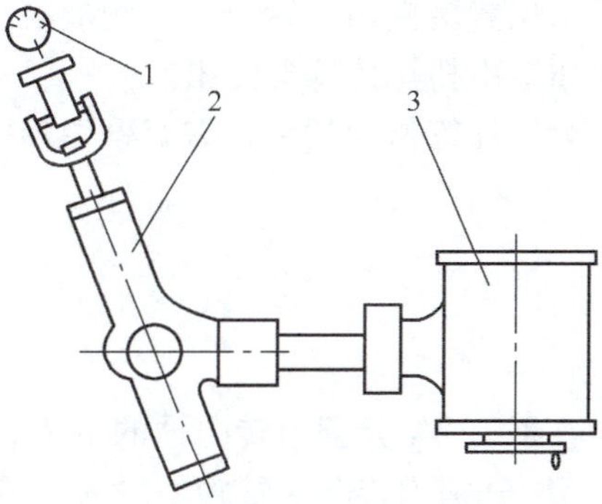

图 7-42　角线传动比试验装置

1—百分表　2—转向器　3—万能分度仪

试验方法和数据处理与角传动比试验类似。驱动转向轴转动，测量其输入转角 φ，同时测出对应的齿条位移 L，改变转角，得到若干数据对（φ_i，L_i）。将各数据对描点、绘制成曲线。对数据进行线性回归分析，求得回归方程 $\varphi = k_L L + b$，其斜率 k_L 就是转向器的角线传动比。

（2）传动效率试验

传动效率是转向器的输出功率与输入功率之比。转向器的传动效率包括正效率和逆效率。正效率指的是以转向轴为输入、摇臂轴为输出时的效率，逆效率则是由摇臂轴带动转向轴转动时的效率。与传动比试验相同，根据转向器输出的是角位移还是线位移，传动效率试验可分为角传动效率和角线传动效率两类，前者是针对循环球式、蜗杆滚轮式和蜗杆曲柄指销式等以角位移为输出的转向器，后者则适用于齿轮齿条式这种以线位移为输出的转向器。两者的试验装置和具体操作略有不同，但原理和基本方法是相同的。现以角传动效率的测定为例进行介绍。转向器角传动效率试验装置如图 7-43 所示。

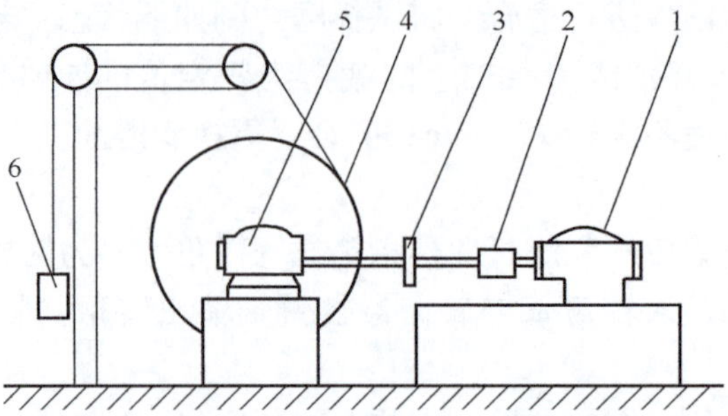

图 7-43 转向器角传动效率试验装置

1—调速电动机 2—扭矩传感器 3—转角传感器 4—加载圆盘 5—被试传感器 6—重锤

测定正效率时，令电动机提供驱动动力，此时重锤匀速上升，转向器由一侧极限位置缓慢匀速转至另一侧极限位置，输入扭矩由扭矩传感器测出，输出扭矩就是重锤的重力乘以加载圆盘的半径。

测定逆功率时，令电动机作为负载，此时重锤匀速下降，转向器在重锤重力带动下由一侧极限位置缓慢匀速转至另一侧极限位置，输入扭矩就是重锤的重力乘以加载圆盘的半径，输出扭矩由扭矩传感器测出。

为了计算传动效率，需要事先确定转向器的传动比 k。正、逆效率的计算公式分别为

$$\eta_{+} = \frac{M_2}{kW_1} \tag{7-33}$$

$$\eta_{-} = \frac{kW_2}{M_1} \tag{7-34}$$

式中，W_1、W_2 分别为转向轴的输入、输出扭矩，即重锤上升、下降时扭矩传感器的示值；M_1、M_2 分别为转向摇臂轴的输入、输出扭矩，即重锤下降、上升时重锤重力与加载圆盘半径的乘积。

（3）啮合间隙特性的测定

啮合间隙是指两个啮合的齿轮或蜗杆之间的间隙或空隙，这个间隙是由于齿轮或蜗杆的制造和安装过程中的精度限制而产生的。啮合间隙的测量结果，可以评价汽车直线行驶的稳定性和转向器的使用寿命。一般要求转向器在中间位置的啮合间隙极小，大转角时啮合间隙增大，如图 7-44 所示。

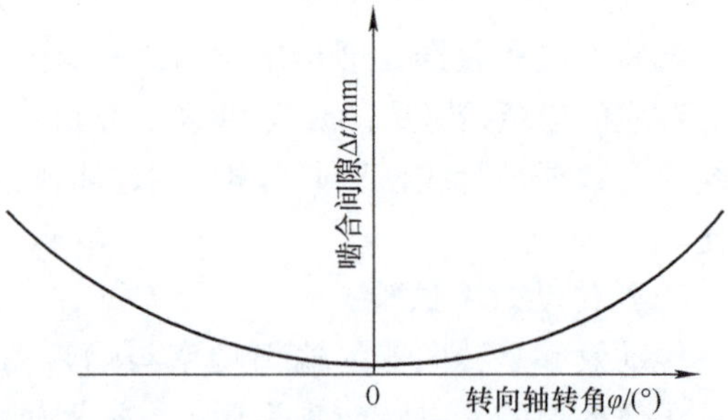

图 7-44 转向器啮合间隙特性曲线

测定啮合间隙时，输入轴每转过一定角度后使之固定，在转向摇臂轴上施加大小为 10N · m的正、反力矩，测量转向摇臂轴相应的转角旷量，或者转向摇臂上距摇臂轴轴线 200mm 处的位移旷量；对于齿轮齿条式转向器，则是在齿条上施加大小为 400N 的正向和反向力，测量齿条相应的位移旷量。

（4）刚度的测定

这里的刚度指的是在固定转向器输出端（摇臂轴或齿条）的情况下，施加在转向轴上的扭矩与扭转角之比，单位为 N · m/rad。转向器的刚度包括小扭转角的刚度和大扭转角的刚度。转向器刚度试验装置如图 7-45 所示。被试转向器安装在刚性底座上，固定转向摇臂或齿条。

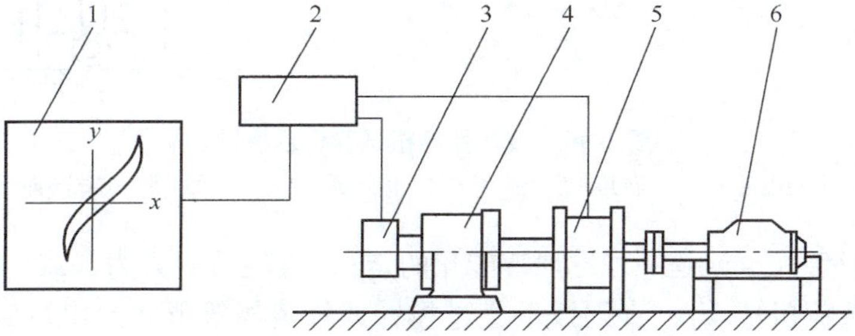

图 7-45　转向器刚度试验装置

1—函数记录仪　2—应变仪　3—角位移传感器　4—调速电动机　5—扭矩传感器　6—被试转向器

测定小扭转角的刚度时，固定转向器输出端，将转向轴先向左扭转 5°后使其回到中间位置，再向右扭转 5°后使其回到中间位置，如此循环两次。每个循环中，分别测出向左和向右扭转 0.5°和 2.5°时的扭矩值，以两个扭矩差除以转角差 2°，得到向左和向右的刚度，取均值，作为一个循环的试验结果。取两个循环的平均值，作为小扭转角扭转刚度的试验结果。

测定大扭转角的刚度时，固定转向器输出端，将转向轴先向左扭转 20°后使其回到中间位置，再向右扭转 20°后使其回到中间位置，如此循环两次。每个循环中，分别测出向左和向右扭转 10°和 15°时的扭矩值，以两个扭矩差除以转角差 5°，得到向左和向右的刚度，取均值，作为一个循环的试验结果。取两个循环的平均值，作为大扭转角扭转刚度的试验结果。

2. 可靠性试验

（1）静扭试验

与汽车其他系统和总成的静扭试验相同，转向器静扭试验的基本方法也是将转向器的输出端就是转向摇臂或齿条固定，在输入端就是转向轴施加载荷扭矩。转向器静扭试验包括破坏性静扭试验和无损静扭试验两种。

进行破坏性静扭试验时，如图 7-46 所示，将被试转向器 5 安装在试验台上，摇臂轴或齿条固定在任意位置，但不包括两极限位置。在转向轴上施加扭矩，并缓慢增大，直至破坏。测量并记录转向轴输入扭矩和对应转角的关系。对于循环球式、蜗杆滚轮式和蜗杆曲柄指销式等以角位移为输出的转向器，要求当输入扭矩对应的输出扭矩（输出扭矩 = 输入扭矩 × 角传动比 × 正传动效率）达到 6 倍额定输出扭矩时，不得出现损坏。对于齿轮齿条式这种以线位移为输出的转向器，则是要求当齿条上承受 6 倍额定输出力（输出力 = 输入扭矩 × 角线传动比 × 正传动效率）的载荷时，不得出现损坏。

进行无损静扭试验时，对被试转向器施加规定大小的载荷扭矩，然后对试件进行拆检，以考察其抗扭能力。试验装置与破坏性静扭试验类似，所不同的是加载装置不采用电动机，

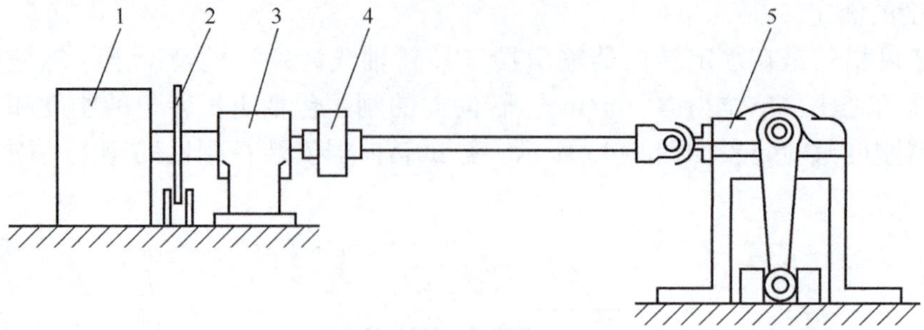

图 7-46　破坏性静扭试验台示意图

1—调速电动机　2—转角传感器　3—扭矩传感器　4—联轴器　5—被试转向器

而是用定值扭力扳手（也就是一种更加智能化的定力矩扳手），人力加载。在转向轴上用定值扭力扳手施加载荷扭矩 M_1，直到扳手通过指针或蜂鸣器等形式给出达到定值的信号时，立即停止。最后对试件进行拆检。

所需的试验载荷扭矩计算如下：

$$M_1 = \frac{0.5G_1L_1}{k}K \tag{7-35}$$

式中，M_1为施加到转向轴上的载荷扭矩，单位为 N · m；G_1为对应车型的满载前轴荷，单位为 N；L_1为转向摇臂轴的球销中心到转向摇臂轴中心的距离，单位为 m；k 为转向器的角传动比；K 为安全因数，一般取 3。

（2）落锤冲击试验

落锤冲击试验是考察当路面的冲击通过车轮、转向节和转向传动机构“逆向”传递到转向器输出端时，转向器的抗冲击强度。

试件应先进行磨合，磨合规范同性能试验。落锤冲击试验台如图 7-47 所示。落锤质量一般取 50kg，试验台底座质量不小于落锤质量的 50 倍。输入轴固定在任意位置（不包括两极限位置）。

试验时，将转向器的摇臂水平放置，使落锤升起到一定高度然后自由落下，冲击摇臂末端。测量转向摇臂受到的冲击载荷，并计算出冲击扭矩值。每次冲击后，拆检试件，观察是否有扭曲、裂纹等损坏现象，检查其转动是否灵活。如果没有任何损坏和故障，则重新将试件装配调整好，按上述方式再次安装在试验台上。将落锤高度升高 0.1m 或 0.2m 后，继续试验直到损坏为止。

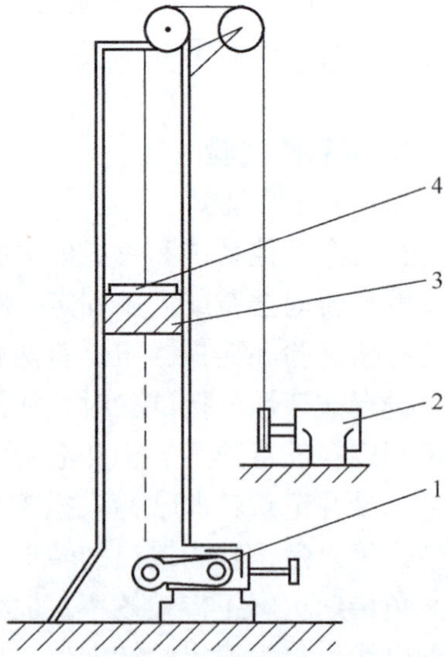

图 7-47　落锤冲击试验台

1—被试转向器　2—调速电动机
3—重锤　4—磁力吸盘

（3）疲劳寿命试验

转向器的疲劳寿命试验分为正向驱动和逆向驱动两类。正向驱动试验是由转向轴输入动力，在转向摇臂轴或齿条上施加阻力负荷；而逆向驱动试验则是由摇臂轴或齿条输入动力，在转向轴上施加阻力负荷。

进行正向驱动疲劳寿命试验时，如图 7-48 所示，电动机减速器通过齿条齿轮机构（该齿条是试验装置的一部分，不是转向器的齿条）带动转向轴，从而对被试转向器正向输入动力，阻力负荷由摇臂和负荷缸产生，要求施加于转向器摇臂轴或齿条上的阻力负荷为额定输出扭矩或额定输出力，当额定输出扭矩大于 1700N · m 时，按 1700N · m 加载。驱动输入轴的速度，不得大于 30 次循环/min；润滑油温度不得超过 60℃。

要求经过 15 万次循环后，将被试转向器拆检，各零件不得出现点蚀、剥落等损坏现象。

进行逆向驱动疲劳寿命试验时，如图 7-49 所示，直流电动机通过减速器带动偏心轮转动，该偏心轮相当于一个曲柄，其转动引起被试转向器的摇臂轴摆动，要求摇臂上的输入扭矩相当于转向器额定输出扭矩的 1.5 倍，当额定输出扭矩大于 1700N · m 时，按 1700N · m 计算。惯性阻力负荷由被试转向器的转向轴上连接的惯性加载盘产生。驱动摇臂轴的速度，不得大于 30 次循环/min；润滑油温度不得超过 60℃。

要求经过 30 万次循环后，将被试转向器拆检，各零件不得出现点蚀、剥落等损坏现象。

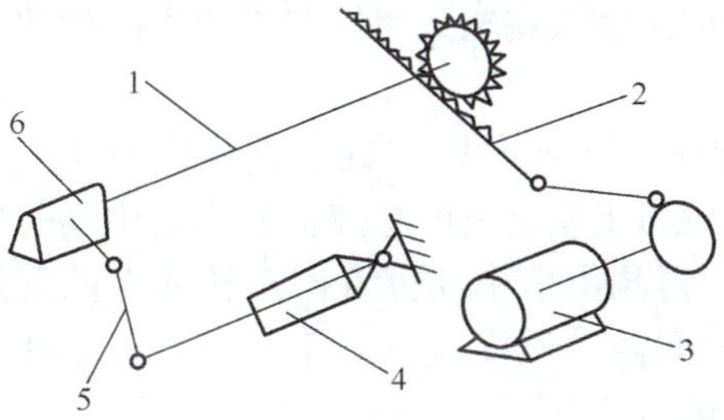

图 7-48　正向驱动疲劳寿命试验示意图

1—转向轴　2—齿条齿轮机构　3—电动机减速器
4—负荷缸　5—摇臂　6—被试转向器

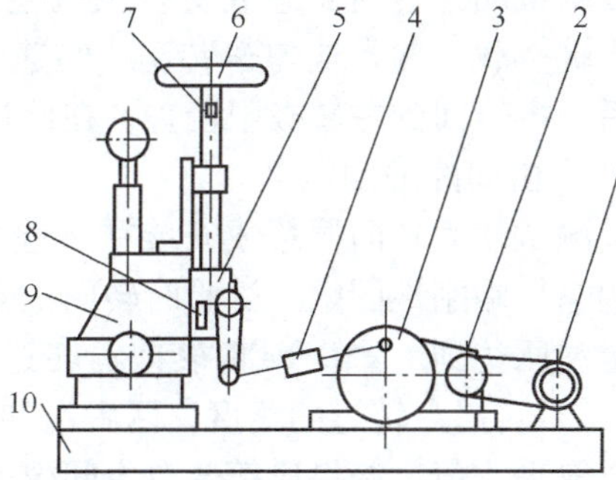

图 7-49　逆向驱动疲劳寿命试验台

1—直流电动机　2—减速器　3—偏心轮
4—拉压传感器　5—被试转向器　6—惯性加载盘
7—扭矩计　8—测量计　9—固定支架　10—底盘

二、动力转向器试验

动力转向器总成是在机械转向系统的基础上加设一套转向加力装置而形成的，转向加力装置的主要部件有转向油罐、转向油泵、转向控制阀和转向助力缸等。目前，较常见的组合形式是将机械式转向器、转向助力缸和转向控制阀集成在一起，称为整体式动力转向总成。对于动力转向器总成，有很多特定的试验项目，下面分为性能试验和可靠性试验两大类进行介绍。这些试验需要在动力转向系统试验台（图 7-50）上进行，动力转向系统试验台可以根据被测试动力转向系统的具体布置灵活配置。

1. 性能试验

（1）转向器总圈数的测定

将被测试动力转向器总成安装在试验台上，输出端（摇臂或齿条）不施加任何载荷，测定转向盘（或转向轴）从一个极限位置转到另一个极限位置所转过的总圈数。

需要注意的是，这个试验测定的是转向器的转动总圈数，和装车后转向盘的转动总圈数可能不一致。因为汽车的转向盘极限位置，也就是对应转向轮的极限位置，是由车轮和前桥设计保证的，不完全取决于转向器的设计。

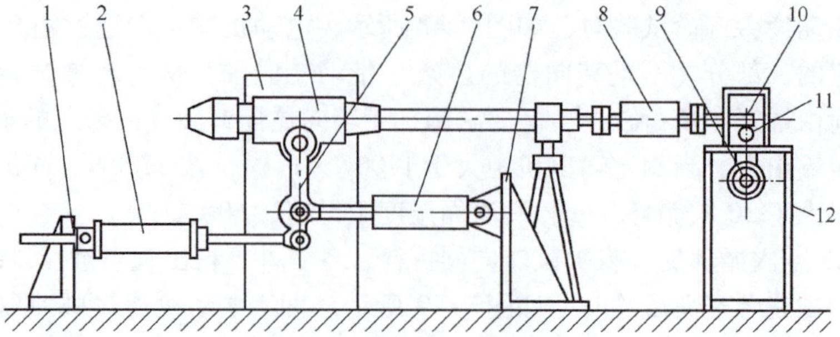

图 7-50　动力转向系统试验台

1—加载缸支架　2—加载缸　3—转向器支架　4—被试转向器　5—转向摇臂　6—转向动力缸　7—动力缸支架　8—扭矩传感器　9—驱动液压缸　10—齿条　11—齿轮　12—驱动装置支架

（2）空载转动力矩测定

将被测试动力转向器总成安装在试验台上，总成进出油口通大气，将油腔里的油液排尽，输出端空载，输入端匀速转动，转速为 5 ~ 15r/min，从左转极限位置开始转到右转极限位置后，再转回到左转极限位置，在此过程中，记录输入端输入力矩与转角之间的关系。

（3）自由间隙的测定

将被测试动力转向器总成安装在试验台上，转向盘（转向轴）处于直线行驶位置，将转向器的输出端刚性固定。试验时转向油泵的转速相当于发动机的怠速。测出由中间位置向左转动至油压达到 1×10^5Pa 时转向盘转过的角度，再测出由中间位置向右转动至油压达到 1×10^5Pa 时转向盘转过的角度，两者之和就是自由间隙。试样应不少于 3 件，每个样品测试 3 次，取平均值，结果应符合自由间隙的设计要求。

（4）动力转向功能试验

将被测试动力转向器总成安装在试验台上，试验时转向油泵的转速相当于发动机的怠速。令摇臂轴处于直线行驶位置，在摇臂轴上施加相当于额定输出力矩的 1/3 的阻力矩。由试验员操纵转向盘，凭手感经验检查在全行程内转动转向盘时的平滑性和连续性，同时检查转向控制阀的回位情况。转向控制阀应能自动回位，不得有明显卡滞和拐点，否则判为不合格，并中断试验。

（5）回正能力试验

将被测试动力转向器总成安装在试验台上，试验时转向油泵的转速相当于发动机的怠速。在输出端如摇臂轴上施加相当于额定输出力矩的 8% 的负载阻力矩。分别测量松手后转向盘从两个极限位置自行回到中间位置所需的时间，该时间不应超过 10s。

（6）转向操舵力特性试验

转向操舵力特性指的是液压加力装置的工作压力与转向轴输入力矩的关系，反映了系统对驾驶员操舵意图的“助力”程度。

将被测试系统的输出端（如转向摇臂）固定在汽车直线行驶的位置，向左、右两个方向转动转向盘，直到油压升高到最大值为止。分别记录向左、右转动时转向轴的输入力矩 M 与工作压力 p 之间的关系，如图 7-51 所示。

2. 可靠性试验

（1）疲劳试验

将动力转向器总成安装在试验台架上，输入端在中间位置处保持 0.5°的间隙，用挡块限位。试验油压为最大工作压力 +2MPa，用最大的输出转矩或最大输出力在输出端加载，频率为 0.6 ~ 1.2Hz，完成 100 万次交变载荷。试验后继续按照动力转向功能试验方法进行试验。

（2）逆向疲劳试验

逆向疲劳试验是考核在汽车行驶时，来自于道路的冲击对动力转向总成造成的破坏。以齿轮齿条式转向器为例，其试验方法如下：将动力转向器总成安装在试验台架上，在输入端安装惯性盘，其转动惯量相当于转向器相匹配的转向盘的转动惯量，在有动力条件下进行试验，在齿条输出端施加交变载荷，按表 7-12 中的试验条件依次进行试验，这是根据典型路面采集整理出的疲劳试验加载条件，其中 F_z 为齿轮齿条动力转向器最大输出力。试验后检查样品是否损坏。

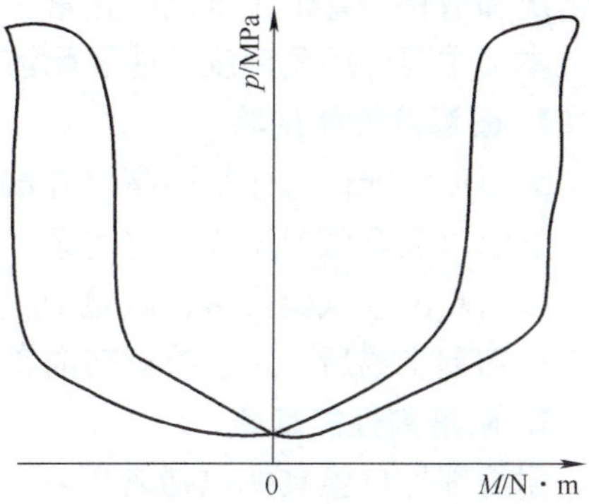

图 7-51　转向操舵力特性曲线

表 7-12　疲劳试验加载条件

试验步骤	交变载荷	加振频率	加振次数/次
1	$\pm 0.05F_z$	15 ~ 20Hz	3×10^6
2	$\pm F_z$	0.833 ~ 1.17Hz	3×10^4

（3）磨损试验

将动力转向器总成安装在试验台架上，试验油压为最大工作压力，并使转向摇臂或齿条在试验过程中达到满载，输入端以 20 ~ 30r/min 的转速运行，输入端转角不小于总转角的 90%，完成 25000 个循环。试验后继续进行自由间隙测定动力转向功能试验、转向操舵力特性试验和内泄漏试验。

（4）强制转向试验

将动力转向器总成安装在试验台架上，试验时油泵不工作，转动输入端，调整输出端载荷，使输入端上的转矩分别为 125N · m（输出力矩≤2500N · m 的总成）或 175N · m（输出力矩 >2500N · m 的总成），完成 10 个循环，试验后继续进行动力转向功能试验。

（5）逆向超载试验

将动力转向器总成安装在试验台架上，在有动力的情况下，把输入端刚性固定在直线行驶位置上，在转向摇臂与直拉杆连接处，与转向摇臂中心线成 90°方向逐渐施加载荷，或者在齿条输出端施加载荷，直到载荷相当于总成最大输出力的 3 倍时停止，试验分别在两个方向完成。试验后继续进行动力转向功能试验。

（6）超压试验

将动力转向器总成固定在试验台架上，在转向摇臂最大摆角处或齿条最大位移处安装挡块，转动输入端，使总成进油口压力分别为最大工作压力的 2.5 倍（输出力矩 >2500N · m 的总成）和 2.0 倍（输出力矩≤2500N · m 的总成），试验分别在两个方向完成。

三、转向盘试验

转向盘是驾驶员与汽车之间主要的操控接口之一。通过转向盘试验，以确保转向盘在正常情况和潜在紧急情况下能够正常工作，从而提高驾驶的安全性。转向盘试验项目较多且琐碎，本书主要介绍耐温度性能、耐溶剂性能、耐色牢度性能及可靠性试验等。

1. 耐温度性能试验

耐温度性能试验包括耐高温性试验、耐低温性试验和耐冷热交变性试验，其目的是在高温、低温以及高低温反复变化的条件下，检查转向盘的外观变化。

以耐高温性试验为例，试验中，取转向盘样件，在（90±2）℃的恒温箱中放置4h后取出，冷却到室温后，目视检查转向盘外表面是否有变色、变形、黏手、起泡、塌陷等现象。

2. 耐溶剂性能试验

耐溶剂性试验具体包括若干项，分别将被测试转向盘全部或部分浸入机油、风窗清洗剂、溶剂汽油和人工汗液中，达到规定的时间后，转向盘不得出现裂纹、变色、黏手、软化或溶胀现象。具体按表7-13规定的溶剂种类、试验方法及试验温度进行试验，然后取出样件，目视检查外观变化情况。

表7-13　耐溶剂性能试验条件

溶剂种类	试验方法	试验温度
黏度等级为10W-30汽油机油（符合GB 11121—2006《汽油机油》）	试样部分或全部浸渍1h	室温
风窗清洗剂（乙醇体积分数为35%）	试样部分或全部浸渍24h	（50±2）℃
120号溶剂汽油	表面擦洗	室温
人工汗液（8g磷酸氢二钠、8g氯化钠及5g醋酸）溶于1L的蒸馏水中，该混合液（pH=4.5）便为人工汗液	试样部分或全部浸渍4h	室温

3. 耐色牢度性能试验

耐色牢度性能试验主要是考察转向盘表皮在光照和摩擦力作用下的色牢度。耐光色牢度试验需使用氙灯加速老化试验箱，耐摩擦色牢度试验需使用摩擦色牢度仪。具体操作和评价如下。

进行耐光色牢度试验时，在转向盘轮缘上截取长度为100mm的试样，在喇叭按钮盖上截取100mm×60mm的试样，装入氙灯加速老化试验箱中，试样外表面朝向灯管，黑板温度为（83±3）℃，相对湿度45%±5%，按GB/T 16422.2—2022《塑料　实验室光源暴露试验方法　第2部分：氙弧灯》照射400h后，取出试样，按GB/T 250—2008《纺织品　色牢度试验　评定变色用灰色样卡》规定的变色用灰色样卡对比评出级数。

进行耐摩擦色牢度试验时，按GB/T 3920—2024《纺织品　色牢度试验　耐摩擦色牢度》规定的方法进行试验。在轮缘上取150mm长的一段转向盘表皮，装到摩擦色牢度仪上，经过100次的摩擦后，按GB/T 251—2008《纺织品　色牢度试验　评定沾色用灰色样卡》的规定用沾色用灰色样卡对比评出级数。

4. 可靠性试验

转向盘的可靠性试验包括弯曲性能试验和弯曲疲劳性能试验，如图7-52所示，以及扭转性能试验和扭转疲劳性能试验，如图7-53所示。

进行弯曲性能试验时，将转向盘安装于图7-52所示的试验台上，在轮缘最薄弱处加载

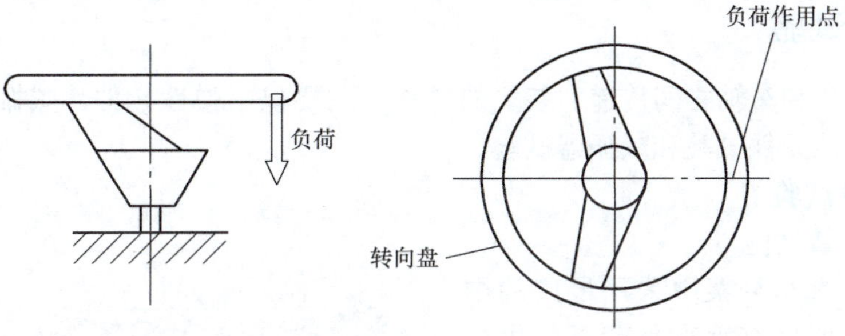

图 7-52　弯曲性能和弯曲疲劳性能试验

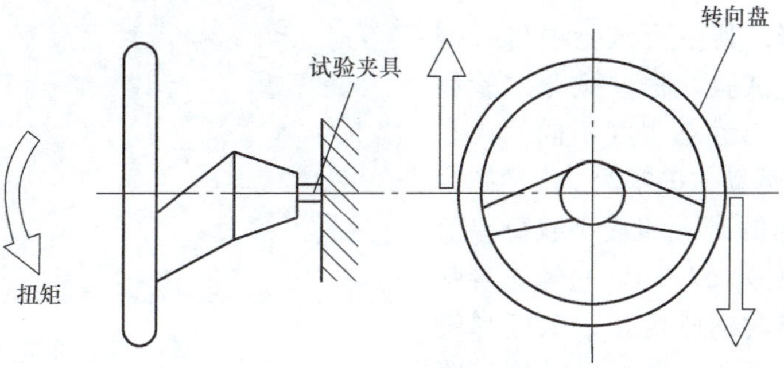

图 7-53　扭转性能和扭转疲劳性能试验

700N，维持5min，测量转向盘的弯曲变形量（精确到0.1mm），该变形量不得大于80mm。然后立即卸去载荷，静止恢复3min，测量同一点的转向盘弯曲变形量（精确到0.1mm），该变形量即弯曲永久变形量，其值不得大于25mm。

进行弯曲疲劳性能试验时，将转向盘安装于图7-52所示的试验台上，在负荷作用点施加上下方向的正弦疲劳负荷，频率为1～1.2Hz，负荷范围为－225～225N，试验循环8万次。要求无破裂损坏或焊缝脱开现象。

进行扭转性能试验时，将转向盘安装于图7-53所示的试验台上，固定转向轴，在轮缘上施加220N·m的扭矩，维持5min，然后卸去载荷。静止恢复3min，测量转向盘的扭转角，即塑性变形角。塑性变形角不应大于3°，且转向盘不得出现裂纹。

进行扭转疲劳性能试验时，将转向盘安装于图7-53所示的试验台上，在转向盘上施加正弦疲劳扭矩，频率为1～1.2Hz，试验扭矩范围为－40～40N·m，试验循环8万次。要求无破裂、损坏或焊缝脱开现象。

第五节　行驶系统试验

行驶系统一般由车架、悬架、车桥和车轮等组成，主要功能是承受汽车的总质量，将动力系统传来的驱动转矩转化成地面驱动力，传递并承受路面作用于车轮上的各向反力及其所形成的力矩，缓冲减振、提高行驶平顺性，与转向系统配合工作控制汽车的行驶方向，确保操纵稳定性。本节对汽车行驶系统典型部件的代表性试验项目进行介绍。

一、悬架试验

悬架是指车架和车轴之间传递力装置的总称，主要包括弹性元件、减振器和导向机构。本节主要介绍弹性元件试验和减振器试验。

1. 弹性元件试验

（1）钢板弹簧试验

钢板弹簧是汽车悬架中采用最广的结构形式，其试验项目有垂直负荷下的永久变形试验、弹簧特性试验和垂直负荷下的疲劳试验如图 7-54 所示。

图 7-54　钢板弹簧试验台

对于钢板弹簧，其主要试验项目有钢板弹簧的动态刚度试验、程序疲劳试验和道路模拟试验等。与静态刚度不同，动态刚度是做等幅正弦运动，振幅为 a，频率为 f，一个循环周期内的最大和最小载荷差值为 ΔP，其动态刚度为 $\Delta P/2a$。它标志着弹簧在该工况下工作时的刚度值。钢板弹簧可以进行程序疲劳试验，也可以采用道路模拟试验方法，模拟钢板弹簧的真实受力状况，使之在三向受力状况下进行试验，真实地在台架上重现钢板弹簧在汽车上起的弹性元件装置（垂直力）和导向装置（纵向力和横向力）的作用，从而较真实地得出汽车使用工况下的结果，具有更高的参考价值。但道路模拟试验需要设备辅助，投入大。

钢板弹簧试验时，需要注意：在试验台上的安装应与车上条件基本一致；应采取严密防护措施，确保人与设备的安全；进行耐久性试验时试件发热，应有足够的降温措施。

（2）螺旋弹簧试验

螺旋弹簧是汽车悬架中弹性元件采用较多的一种结构，单独的螺旋弹簧只承受垂直负荷，没有导向作用，只有联合带铰链的导向机构使用时，其导向机构承受一定的纵向力或横向力。试验项目包括弹簧垂直方向的永久变形试验、垂直方向的疲劳试验和带铰链导向机构的疲劳试验，具体试验方法可参照标准 JB/T 10416—2004《悬架用螺旋弹簧　技术条件》。

（3）空气弹簧橡胶气囊

为了进一步提高汽车的行驶性能，近年来，特别是在客车和城市无轨电车上，空气弹簧得到了较多的应用，它与钢板弹簧和螺旋弹簧相比不会产生永久变形，可以获得较理想的非线性弹性特性，可以随载荷自动调节空气压力，保持车身在一定高度，且寿命较长。

空气弹簧的试验项目有胶料物理性能试验、伸缩试验、气密试验、弹簧特性试验、破坏试验、剥离试验和台架寿命试验，具体试验方法可参照 GB/T 13061—2017《商用车空气悬架用空气弹簧技术规范》。

2. 减振器试验

钢板弹簧靠弹簧片间的摩擦阻尼只能吸收部分振动能量，起一定减振作用，汽车悬架的减振装置绝大多数都采用筒式减振器。筒式减振器具有体积小、质量小、散热快、振动能够迅速衰减等特点。减振器性能试验台如图 7-55 所示。

汽车行业筒式减振器试验标准有 QC/T 491—2018《汽车减振器性能要求及台架试验方法》等。

随着计算机功能的不断开发和应用，由计算机和电液伺服机构联合开发的试验装置可以完成减振器的性能试验和耐久性试验，并且可以在单动的装置上完成双动试验台的减振器耐久性试验。用这种装置做的 EQ7100 前减振器示功图如图 7-56a 所示。它不仅是以往定性观察的参考，而且是定量的结果。它可以明确指出复原阻力值、复原阻力误差、压缩阻力和压缩阻力误差。图 7-56b 所示为减振器耐久性试验频率图，由高频和低频曲线叠加而成。

图 7-55　减振器性能试验台

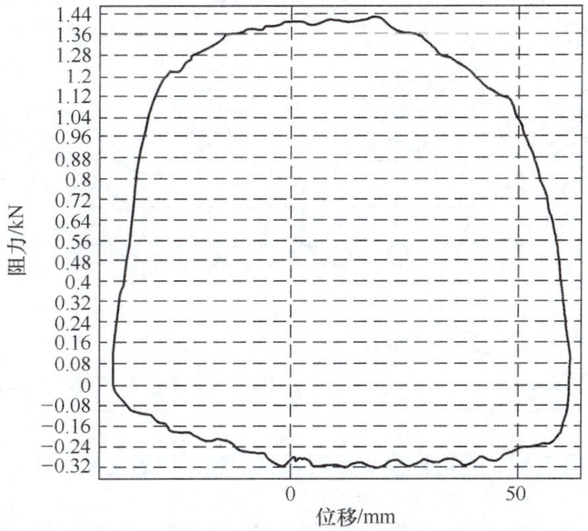

a) 减振器示功图

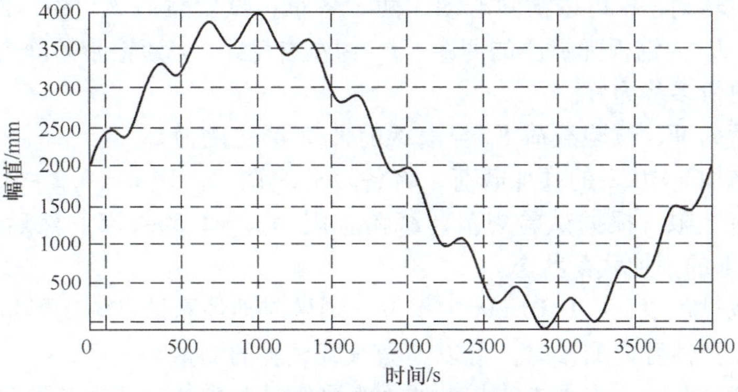

b) 减振器耐久性试验频率图

图 7-56　减振器性能曲线

二、车轴试验

车轴试验是指两端安装车轮，通过悬架和车架或承载式车身相连，其功用是传递车架或承载式车身与车轮之间各方向的作用力及其力矩。本节主要介绍前轴的刚度和疲劳寿命试验。

1. 前轴刚度试验

刚度试验的目的是检查前轴系统的整体刚度，被试件是在前轴本体上安装了转向节、主销、转向节臂、转向横拉杆和轮毂等扩展部件的前轴系统。

根据施加载荷方向的不同，前轴的刚度试验分为垂向、纵向和横向刚度试验。这里重点介绍垂向刚度试验。垂向刚度试验时被试前轴系统的支承方式如图 7-57 所示。

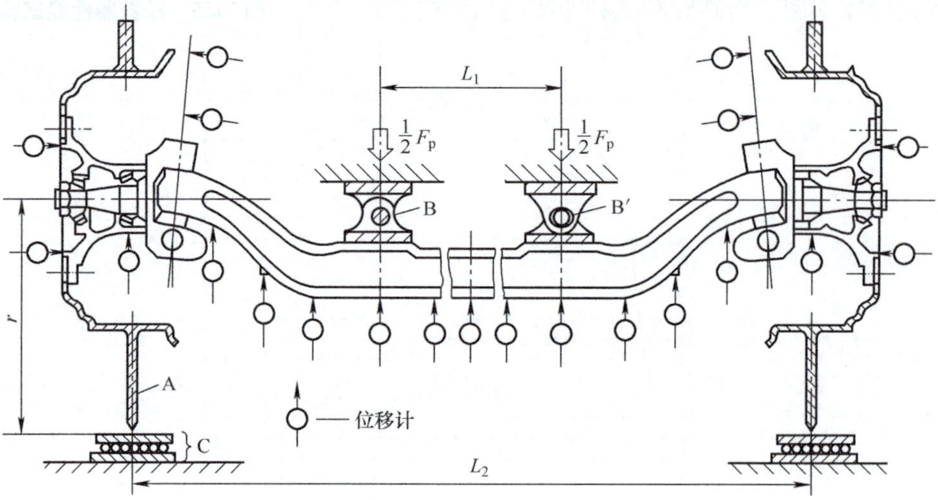

图 7-57　垂向刚度试验时被试前轴系统的支承方式

图 7-57 中，A 为相当于轮胎的卡具。B 和 B′为相当于钢板弹簧的卡具，其中 B 为固定铰链，只允许相对转动，B′可以横向滑动，两者各承担试验载荷 F_p 的一半。C 为允许横向滚动的支承机构。L_1 为钢板弹簧座的间距，L_2 为左右轮距。r 为轮胎的静力半径。位移计一般采用百分表，数量多些为好。

令满载前轴荷为 W，试验载荷 F_p 与满载前轴荷 W 之比为 n。

试验时，先施加 $n=0.1$ 的预加载荷，将各百分表调零。以 $n=0.2\sim0.5$ 的间隔施加试验载荷，直到载荷上限。根据试验规范，载荷上限为 $n=2.5\sim5.5$。然后以同样的间隔减载，恢复到 $n=0.1$ 的预加载荷状态。

在此加、减载过程中，以 0.01mm 为单位，测量前轴各测量点的变形量，同时测量车轮外倾角的变化。在弹性区内测量时，可以不做减载试验的测量。

进行纵向刚度试验时，支承方式与上述垂直刚度试验类似。关键是要确保前轴在相当于钢板弹簧的夹具处只受到纵向载荷的作用，前轴在水平面内发生弯曲。

横向刚度试验则是考察地面给车轮的侧向力，例如转向时，前轴的弯曲刚度。试验时只对一侧车轮接地点施加横向力，方向向内或向外。

前轴刚度试验结果应满足制造企业标准或试验大纲要求的限值。

2. 前轴的疲劳寿命试验

在路面输入下产生的疲劳现象可以采用等幅加载法和载荷谱加载法两种方法来模拟。等幅加载法是指事先选定疲劳载荷的最大值和最小值，以及加载频率，以正弦激励的形式施加脉动疲劳载荷，该加载法简便易行、试验载荷控制精度高，在同等条件下的试验数据可比性强。然而，前轴在实际工作时承受的是路面随机载荷，由于等幅载荷与实际工况有差别，不能用来准确估计被试件的真实使用寿命，因此考察车轴的疲劳寿命时，理应按路面载荷谱进行程序加载。载荷谱加载法就是令汽车以不同的速度在不同的路面上行驶，将采样路面的真实激励记录下来，进行频域分析与处理，按不同频段编制载荷谱。其优点是加载工况与实际使用工况吻合度高，但是载荷谱的编制要根据不同车型和不同路面条件进行大量的分析、采集和模型化处理，试验时载荷谱的施加也对试验设备提出了很高的要求。因此，在很多情况下仍然采用等幅加载法进行车轴的疲劳试验。

在进行前轴的疲劳寿命试验时，抽取5件样品。样件在相当于车轮平面处支承、在相当于钢板弹簧座处加载，加载点和支承点也可以对调，如图7-58所示。也可以采用两个独立的千斤顶分别驱动两个加载头的方式，即没有加载梁2。

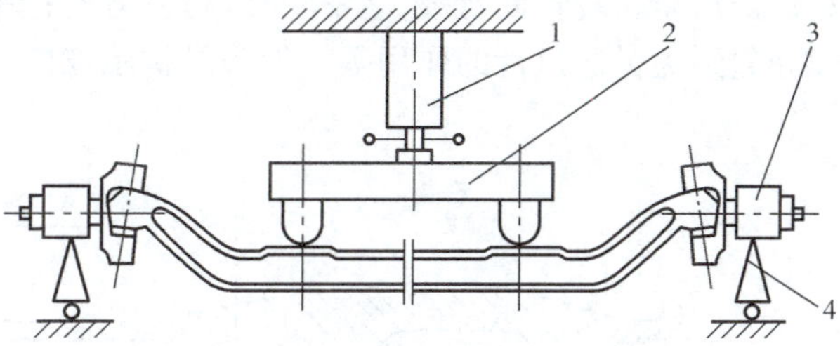

图7-58　车轴疲劳寿命试验装夹和试验台

1—液压千斤顶　2—加载梁　3—转向节轴套　4—支承

施加在被试前轴上的等幅脉动载荷的下限是0.5倍满载前轴荷，上限是3.5倍满载前轴荷。试验机调节的载荷上、下限的指示值，实质上只是对应液压系统的工作油压，也就是静载时加载头施加于试件的作用力。而在此试验中，液压千斤顶的运动件、加载梁以及转向节轴套等零件也随脉动载荷一起做上下往复运动，而且这些零件的质量较大，因此必须考虑其惯性力对被试件真实载荷的影响。

这种惯性力对真实载荷的影响称为试验机的脉动值。例如，当试验机的指示载荷增大至F_p时，前轴向下变形，所有运动件也都向下运动，当达到静载F_p所能达到的最大挠度位置时，前轴“意图”反弹、恢复，但运动件的惯性会“强制”前轴继续变形，直至所有运动件的速度降为零，所以前轴的最大变形，也就是对应最大载荷比静载F_p产生的要大；同理，当试验机的指示载荷减小至F_Q时，前轴向上恢复变形，所有运动件也都向上运动，当达到静载F_Q所能允许的最小挠度位置时，前轴“应该”达到平衡，但运动件的惯性会“强制”前轴继续向上挠曲变形，直至所有运动件的速度降为零，所以最小变形，也就是对应最小载荷比静载F_Q产生的要小。可见由于试验机脉动值δ的存在，实际施加在被试前轴上的力是以指示载荷为中心、以该脉动值为幅度产生波动的，即指示载荷$\pm\delta$。

因此，在进行试验加载之前，必须对试验机的脉动值进行估算，在加载时进行校正。脉动值的估算可以采用计算法和实测法。计算法是参考液压疲劳试验机的说明书进行计算，简单易行，但准确度不高。实测法是在前轴加载点（钢板弹簧座处）放置压力传感器，或者在前轴上贴应变片，在试验频率下测出台架运动件的惯性力对试件真实载荷的实际影响，这种方法的精度和可信度都很高。

在对试验机的脉动值进行估计后，液压试验机施加的指示载荷应该是：下限值为0.5倍满载前轴荷与试验机脉动值之和，上限值为3.5倍满载前轴荷与试验机脉动值之差。

在试件支承和装夹牢固后，调节好试验机指示载荷后，开机进行试验。工作频率不超过500次/min。直至被试前轴发生断裂，记录断裂时的循环次数、损坏部位和断口情况。进行化学成分和金相组织分析，测定表面脱碳层的深度。

按国家标准的规定，按韦布尔分布对试件的寿命进行统计计算，同时满足可靠寿命$B_5=30$万次（或$B_{10}=38$万次）和$B_{50}=70$万次为合格。此处的B_5、B_{10}和B_{50}为样品累积失效概率分别达到5%、10%和50%时所对应的工作循环数。

三、车轮试验

车轮是汽车行驶系统中的重要部件，车轮由轮毂、轮辋和轮辐组成。其功用是：支承整车；缓和由路面传来的冲击载荷；通过轮胎与地面之间存在的附着作用来产生驱动力和制动力；保证汽车实现转向行驶，保持直线行驶方向；平衡汽车转弯行驶时产生的离心力；承担越障和起到提供通过性的作用等。轮毂结构示意图如图7-59所示。

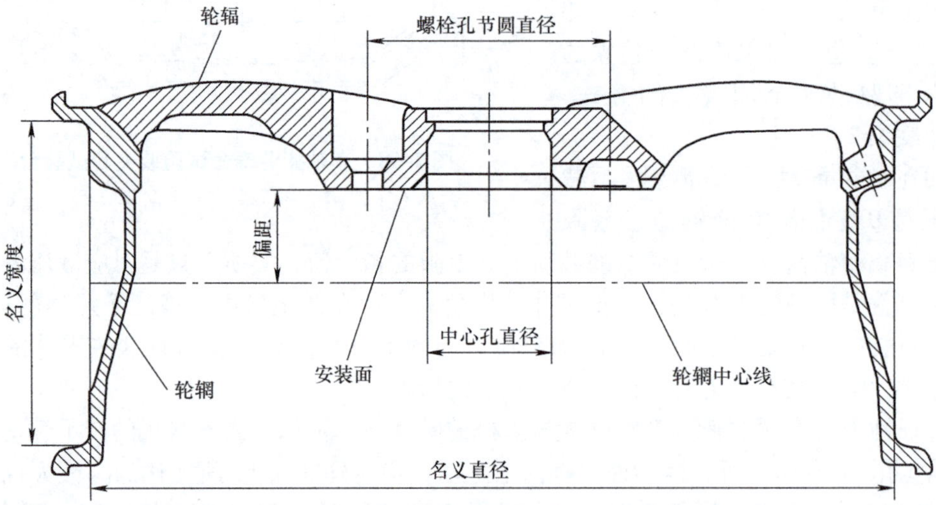

图7-59　轮毂结构示意图

我国汽车车轮的性能试验主要依据GB/T 5909—2021《商用车　车轮　弯曲和径向疲劳性能要求和试验方法》，对轻合金车轮依据GB/T 15704—2012《道路车辆　轻合金车轮　冲击试验方法》开展。

本节重点介绍车轮刚度试验、动态弯曲疲劳试验和动态径向疲劳试验项目。

1. 车轮刚度试验

（1）试验目的

车轮刚度试验通常是指对车轮的结构和材料进行刚度测试。车轮刚度试验的主要目的是评估车轮在承受负载和各种路面条件下的变形能力，以及在车辆运行中的稳定性和安全性。通过这项试验可以确保车轮符合设计要求，具有较好的刚度和强度，并且在实际使用中具有良好的性能和耐久性。表7-14为不同牌号铝合金的轮辋力学性能要求。

表 7-14　不同牌号铝合金的轮辋力学性能要求

轮毂类型	牌号	状态	室温拉伸试验结果			布氏硬度 HBW 5/250
			抗拉强度 R_m/MPa	规定非比例延伸强度 $R_{p0.2}$/MPa	断后伸长率 A(%)	
			不小于			
乘用车轮毂	6061	T6	290	260	7	90
	6082		295	265	7	90
商用车轮毂	6061		330	290	9	100

（2）试验原理

材料特性：车轮所使用的材料的特性对刚度测试结果影响显著，例如金属、橡胶等。

应力分布：在施加载荷后，车轮内部的应力分布情况将影响其变形。

结构设计：车轮的结构设计对其刚度和强度有重要影响，包括轮辋、辐条等的设计。

通过以上方法和原理，车轮刚度试验可以评估车轮在实际运行中的性能，包括刚度、强度和变形情况，以确保其符合设计要求并具有良好的可靠性。

（3）试验方法

在这个试验中，主要分为 3 大部分，分别为施加载荷、测量变形、分析数据。

通常首先会施加不同程度的力或压力到车轮上，然后测量车轮的变形情况。这可以通过观察车轮的侧向位移、垂直变形等方式来进行。通过这些测试数据，工程师可以评估车轮的刚度和强度，以确保其能够满足设计要求，并且在实际使用中具有良好的性能和耐久性。

2. 动态弯曲疲劳试验

对于动态弯曲疲劳试验、动态径向疲劳试验，根据国标要求应按 GB 36581—2018《汽车车轮安全性能要求及试验方法》进行。

车轮动态弯曲疲劳试验也称为动态横向疲劳试验，该试验是使车轮承受一个旋转的弯矩，模拟车轮在行驶中承受负荷。

（1）试验安全性能要求

商用客车进行动态弯曲疲劳试验，其强化系数和最低循环次数要求见表 7-15。

表 7-15　动态弯曲疲劳试验强化系数和最低循环次数要求

材料	轮辋直径代号	内偏距或外偏距/mm	性能要求	
			强化系数 S	最低循环次数
钢	13、14、15、16 和更大	小于 101.6	1.6	60000
	所有	101.6 或更大	1.10	300000
轻合金	16	127 或更大	1.35	300000
			1.63	120000
	17.5 和更大①	所有	1.35	300000

注：轻合金直径代号为 16 的车轮选用其中的一种系数。

① 不包括轮辋直径 17.5 和 17.5 以上，宽度 266.7mm（10.5in，1in = 0.0254m）和更宽的轮辋（宽轮辋车轮）。

（2）试验设备

试验台应有一个被驱动的旋转装置，车轮在一固定的弯矩作用下旋转，或使车轮静止不动，而承受一个旋转的弯矩作用，如图 7-60 所示。加载力臂应有足够的刚度，其长度应在 0.76～1.4m 之间。测量系统可连续测量力臂轴位移值；加载系统的精度应控制在 ±5% 范围内。车轮弯曲疲劳性能试验台如图 7-61 所示。

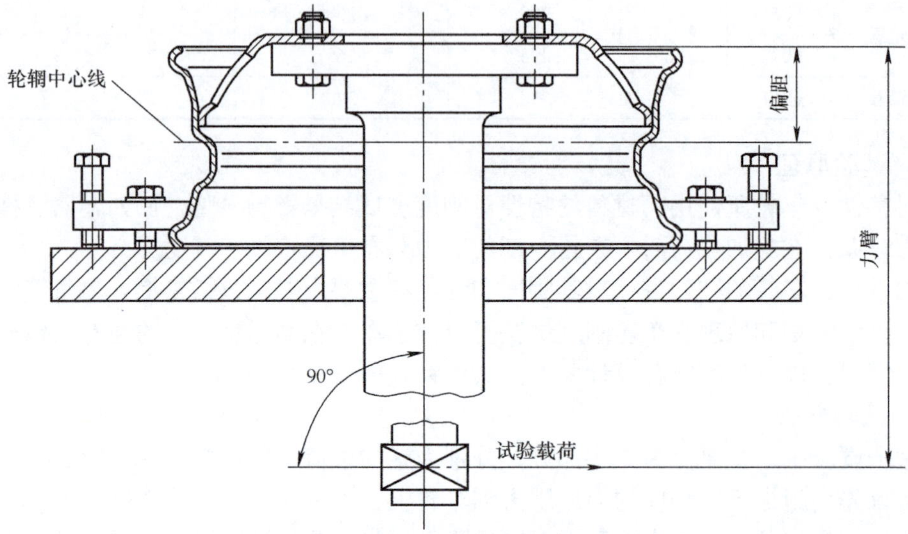

a) 90°加载法(底部夹紧方式)

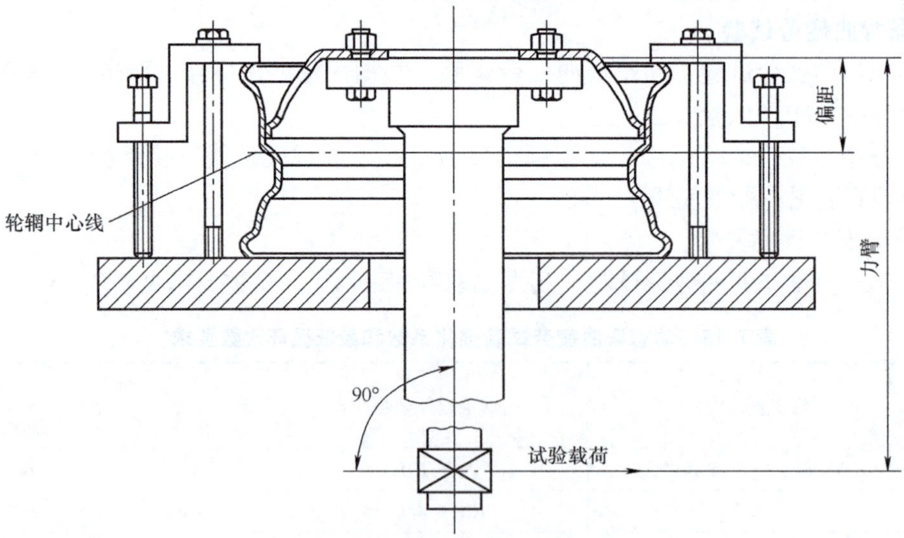

b) 90°加载法(顶部夹紧方式)

图 7-60　车轮弯曲疲劳试验台示意图

（3）试验步骤

由下列公式确定弯矩 M，该试验弯矩 M 为强化了实车中所承受的弯矩：

$$M=(\mu R+d)F_{V}S \tag{7-36}$$

式中，μ 为轮胎与路面间的设定摩擦系数，取 0.7；R 为该车轮配用的最大轮胎的静态负载半径，单位为 m；d 为车轮的内偏距或外偏距（内偏距为正，外偏距为负），单位为 m，如果车轮内偏距、外偏距均可使用，那么应选用内偏距；F_V 为车轮或汽车制造厂规定的车轮的额定负载值或最大垂直静负荷，单位为 N；S 为强化系数。

图 7-61　车轮弯曲疲劳性能试验台

车轮动态弯曲疲劳试验步骤如下：

1）试验时，将全新车轮（或车轮轮辋）牢固地夹紧在试验夹具上。

2）试验装置连接件用无润滑的双头螺栓和螺母（或螺栓），以星形拧紧方式连接到车轮的安装平面上，安装情况应与其装于车辆上的实际使用工况相当，把车轮螺母（或螺栓）拧紧至车轮制造商所规定的扭矩值。试验装置连接件安装面和车轮安装面均应光洁、平整。

3）空载时，车轮加载点的跳动量不应超过 0.30mm。

4）车轮螺栓和螺母在试验过程中可再次紧固。

5）达到表 7-14 规定的循环次数要求或车轮失效后终止试验。

（4）失效判断

按照以上试验步骤，车轮在试验过程中或完成表 7-14 规定最低循环次数后，出现下列情形之一的，应判定该试验车轮失效：

1）车轮不能继续承受载荷。

2）原始裂纹产生扩展或出现新的可见裂纹，即应力导致侵入车轮断面的可见裂纹（用着色渗透法或其他可接受方法，如荧光法无损检测）。

3）在达到规定要求的循环次数之前，对于商用车辐板式车轮和可拆卸式轮毂的车轮，加载点的偏移增量超过初始加载偏移量 15%。

3. 动态径向疲劳试验

车轮动态径向疲劳试验是使车轮承受一个径向压力而进行旋转疲劳试验，模拟车轮在行驶中承受车辆垂直负荷。

（1）试验安全性能要求

进行动态径向疲劳试验的强化系数和最低循环次数要求见表 7-16。

表 7-16　动态径向疲劳试验强化系数和最低循环次数要求

材料	轮辋直径代号	内偏距或外偏距/mm	性能要求	
			强化系数 K	最低循环次数
钢	13、14、15、16、17（5°深槽轮辋）	所有	2.2	500000
	15、16、17、18、20、22、24（5°平底轮辋）	所有	2.0	500000
	17.5HC、19.5、22.5、24.5（15°深槽轮辋）	所有	1.6	1000000
轻合金	16	127 或更大	2.0	1000000
	17.5 和更大	所有	2.0	1000000

(2) 试验设备

试验台应装有在车轮旋转时能施加一恒定径向负载的装置，如图 7-62 所示。一般应装有一个被驱动的可旋转的转鼓，转鼓具有比轮胎断面宽的光滑表面，推荐的最小转鼓外径为 1700mm，同时可施加规定负荷。试验车轮所用的轮胎要能达到车轮的额定负荷或车轮制造厂规定的最大负荷能力。

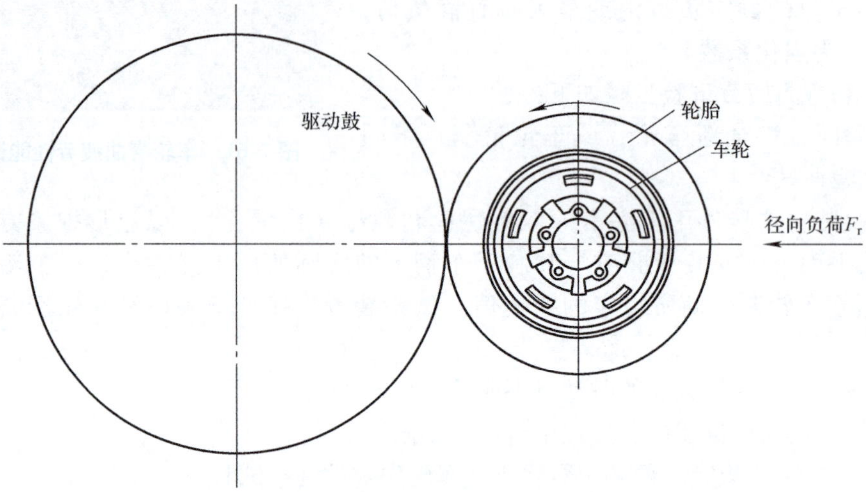

图 7-62 径向疲劳试验台示意图

试验装置应使加载方向垂直于转鼓外表面，并且加载方向与试验车轮和转鼓的中心线在径向方向一致。转鼓和试验车轮的轴线应平行。加载系统的精度应控制在 ±5% 范围内。

(3) 试验步骤

该试验的径向疲劳负荷F_r为强化后实车中车轮承受的垂直负荷。

由下列公式确定径向载荷F_r：

$$F_r = F_V K \tag{7-37}$$

式中，F_V为由车轮制造商规定的车轮额定负载值，单位为 N；K 为强化系数，见表 7-16。

按 GB/T 2977—2024《载重汽车轮胎规格、尺寸、气压与负荷》选用试验轮胎，根据选用轮胎的使用气压来确定试验时轮胎气压。试验轮胎的充气压力应符合表 7-17 的数值。

表 7-17 试验轮胎的充气压力

在使用载荷下的充气压力/kPa	轮胎试验压力/kPa
小于或等于 310	450
320 至 450	550
460 至 580	690
590 至 720	900
730 至 830	1000

注：轮胎试验压力应不小于使用载荷下的充气压力的 1.2 倍。

将车轮轮胎总成安装到试验装置上，用无润滑的双头螺栓和螺母（或螺栓）以星形拧紧方式连接，把车轮螺母（或螺栓）拧紧至车轮制造商所规定的扭矩值。试验装置连接件安装面和车轮安装面均应光洁、平整，安装情况应与装于车辆上的实际使用工况相当。

车轮螺栓和螺母在试验过程中可再次紧固；在试验期间，胎压升高是正常的，无须调整气压；达到规定的循环次数要求或车轮失效后终止试验。

试验固定装置及其他部件的损坏可能导致车轮的损坏和试验无效，但不能据此判定试验车轮失效，需要更换全部紧固件之后，继续进行试验。

（4）失效判断

完成以上试验，车轮在试验过程中或完成表 7-15 规定最低循环次数后，出现下列情形之一的，应判定该试验车轮失效：①车轮不能继续承受载荷；②原始裂纹产生扩展或出现新的可见裂纹，即应力导致侵入车轮断面的可见裂纹，裂纹可以采用着色渗透法或荧光法无损检测等其他可接受方法进行检测；③在达到规定要求的循环次数之前，对于辐板式车轮和可拆卸式轮毂的车轮，自动传感装置加载点的偏移增量超过初始加载偏移量 15%。

四、轮胎试验

轮胎是一种由耐磨橡胶材料制成安装在车辆车轮上的橡胶制品。它具有支承车身、缓解路面冲击、传递动力等功能。其性能直接影响汽车行驶的安全性、操纵稳定性、舒适性和节能经济性。典型的轮胎性能试验包括轮胎刚性试验和轮胎噪声试验等。

1. 轮胎刚性试验

GB/T 23663—2020《汽车轮胎纵向和横向刚性试验方法》规定了测量负荷下静态汽车轮胎的纵向刚性和横向刚性的试验条件和试验方法。

（1）试验条件

测试的轮胎在硫化后装配前应停放 24h 以上。试验轮辋宜为 GB/T 2977—2024 或 GB/T 2978—2024《轿车轮胎规格、尺寸、气压与负荷》规定的测量轮辋，安装前应保证其胎圈座与轮胎配合面部位洁净、干燥，不准许为方便装配而涂抹润滑剂等润滑材料。试验负荷宜为轮胎的最大负荷（当规定有单、双胎两种使用条件时，则用单胎负荷）。轿车轮胎充入规定的气压：标准型为 250kPa，增强型为 290kPa。载重汽车轮胎充入最大负荷对应的气压。如有约定，也可另行规定。将充气后的轮胎于（25 ± 5）℃室温下停放 24h 以上。如气压变化，重新调整至试验气压，停放 15min 后即可进行测试。如有必要在另一点进行试验，检查并将轮胎调整至试验气压后即可进行下一点试验。测试环境温度应为（25 ± 5）℃。

（2）纵向刚性试验

将试验轮胎轮辋组合体安装在相应试验装置上并锁定。以 50mm/min 的速度对轮胎施加垂直力，加载至轮胎最大负荷的 80%，保持 5s 后卸载。重复 3 次进行预试，预试完毕后调整轮胎气压至规定值。以 50mm/min 的速度对轮胎施加垂直力，加载至轮胎最大负荷的 80%，保持 1min。如图 7-63 所示，沿着 X'轴方向移动接触平台，接触平台的移动速度应为 30 ~ 50mm/min。直至接触平台与轮胎之间产生相对滑动或达到接触平台的最大行程为止。以纵向位移为横坐标，以纵向力为纵坐标，绘制纵向力-纵向位移曲线。提取纵向力-纵向位移曲线中垂直力的 30% ~ 60% 间的纵向力和纵向位移数据段，运用最小二乘法进行一元线性方程拟合，将直线斜率作为轮胎的纵向刚度。计算方法为纵向刚度 =（纵向力 2 − 纵向力 1）/（纵向位移 2 − 纵向位移 1）。其中，纵向刚度的单位为 N/mm；纵向力 2 和纵向力 1 的单位为 N；纵向位移 2 和纵向位移 1 的单位为 mm。且有：纵向力 1 = 基准纵向力 − 250N，纵向位移 1 是纵向力 1 所对应的位移量；纵向力 2 = 基准纵向力 + 250N，纵向位移 2 是纵向力 2 所对应的位移量；基准纵向力 = 试验中施加径向负载 × 30% × g，基准纵向力的单位为 N，$g = 9.8\text{m/s}^2$。重复上述过程，分别加载至轮胎的额定负荷和额定负荷的 120%。

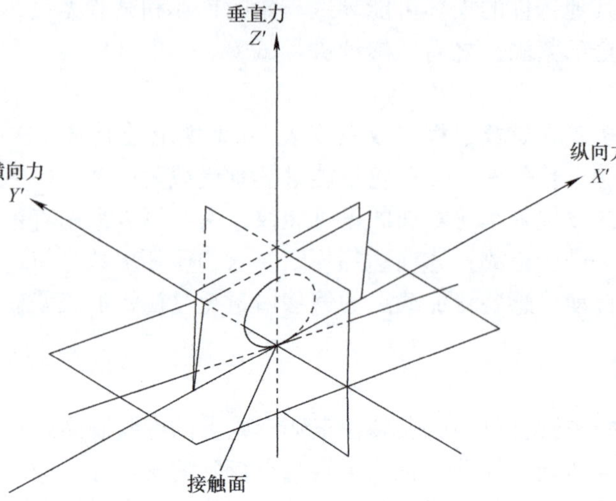

图 7-63　轮胎坐标系

（3）横向刚性试验

将试验轮胎轮辋组合体安装在相应试验装置上并锁定。以 50mm/min 的速度对轮胎施加垂直力，加载至轮胎最大负荷的 80%，保持 5s 后卸载。重复 3 次进行预试，预试完毕后调整轮胎气压至规定值。以 50mm/min 的速度对轮胎施加垂直力，加载至轮胎最大负荷的 80%，保持 1min。沿着 Y'轴方向移动接触平台，接触平台的移动速度应为 30 ~ 50mm/min。直至接触平台与轮胎之间产生相对滑动或达到接触平台的最大行程为止。以横向位移为横坐标，以横向力为纵坐标，绘制横向力-横向位移曲线。提取横向力-横向位移曲线中垂直力的 30% ~ 60% 间的横向力和横向位移数据段，运用最小二乘法进行一元线性方程拟合，将直线斜率作为轮胎的横向刚度。计算方法为：横向刚度 =（横向力 2 − 横向力 1）/（横向位移 2 − 横向位移 1），其中，横向刚度的单位为 N/mm；横向力 2 和横向力 1 的单位为 N；横向位移 2 和横向位移 1 的单位为 mm。且有：横向力 1 = 基准横向力 − 250N，横向位移 1 是横向力 1 所对应的位移量；横向力 2 = 基准横向力 + 250N，横向位移 2 是横向力 2 所对应的位移量；基准横向力 = 试验中施加径向负载 × 30% × g，基准横向力的单位为 N，$g = 9.8\text{m/s}^2$。重复上述过程，分别加载至轮胎的额定负荷和额定负荷的 120%。

2. 轮胎噪声试验

（1）轮胎噪声分析

轮胎噪声主要包括空气扰动噪声、轮胎结构振动噪声及路面噪声。轮胎快速滚动时在其周围空气形成扰动，辐射出噪声。由于轮胎胎面有各种不同的花纹，当轮胎胎面与地面接触时，胎面受压缩、拉伸，形成吸气和泵气效应。这种泵吸效应在轮胎滚动过程中周期性发生，在空气中形成疏密波，辐射噪声。由于车轮转速高，空气泵吸时的流速很高，这种噪声相当大，一般认为它是形成轮胎噪声的重要因素，其基频与汽车行驶速度、轮胎圆周上的沟槽数量成正比，与轮胎的有效半径成反比。另外，轮胎结构的弹性振动也辐射噪声，其中的径向振动是最重要的因素，周向振动主要影响高频噪声。汽车在平滑路面上起步、紧急制动或急转弯时，轮胎与地面接触摩擦引起的局部振动也会辐射噪声。

轮胎噪声受轮胎种类、轮胎花纹形式、结构和轮胎材料、轮胎滚动速度、载荷、充气阻力、路面状况等因素的影响，其中最重要的是轮胎花纹形式与路面状况。各种花纹形式的轮胎与不同路面相互作用可引起轮胎噪声级和噪声频谱产生很大变化。

（2）轮胎噪声测量方法

GB/T 32789—2016《轮胎噪声测试方法　转鼓法》规定了在实验室内通过转鼓试验台进行载重汽车子午线轮胎噪声试验的试验条件和试验方法。

3. 试验条件

轮胎噪声室内试验如图 7-64 所示，室内环境温度应为（20±5）℃。在噪声测试点位置进行环境温度的测量。在试验开始时，使用接触式传感器测量转鼓外周表面的温度，应接近环境温度，偏差为±1℃。室内环境相对湿度应小于 75%。将轮胎表面修剪干净后，充气后至少停放 1h 进行噪声试验。同一条轮胎两次试验间隔时间至少为 4h。测试时轮胎负荷应是其负荷指数对应负荷的 75%。在室内环境温度下每条轮胎的试验胎压的计算公式为

$$P_t = P_r\left(\frac{Q_t}{Q_r}\right)^{1.25} \tag{7-38}$$

式中，P_t 为试验胎压，单位为 kPa；P_r 为参考胎压，对于 C1 标准型轮胎相当于 250kPa，对于 C1 增强型轮胎相当于 290kPa，对于 C2 和 C3 型轮胎，是其轮胎胎侧标记的单胎最大负荷对应的气压；Q_r 为轮胎参考负荷，轮胎负荷指数对应的最大负荷；Q_t 为轮胎试验负荷。

侧边传声器 M1 和前端传声器 M2 的位置如图 7-65 所示，可根据实际需要增加传声器。

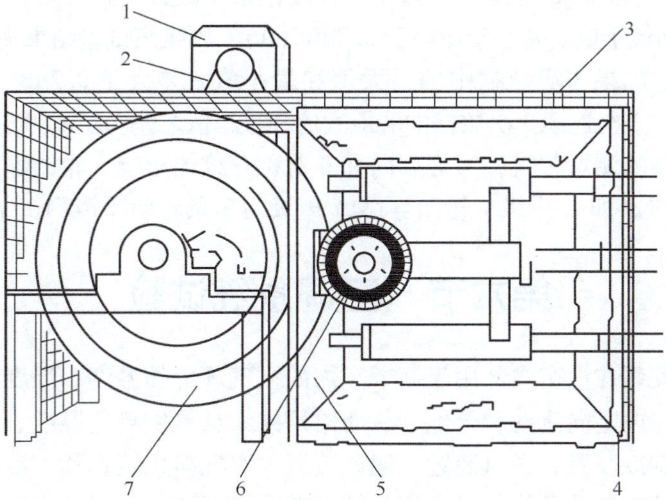

图 7-64　轮胎噪声室内试验

1—驱动电动机　2—传动带　3—安全框架　4—吸声层　5—光滑墙面　6—被试轮胎　7—模拟地面（轮毂）

4. 试验方法

试验前后应用符合 GB/T 15173—2010《电声学　声校准器》规定的声校准器对传声器进行校准，传声器不使用风罩。

噪声试验前应先进行传声器校准，然后进行设备噪声试验。设备噪声应符合相关规定。

轮胎试验前应按 GB/T 521—2023《轮胎外缘尺寸测量方法》规定测量轮胎花纹深度。

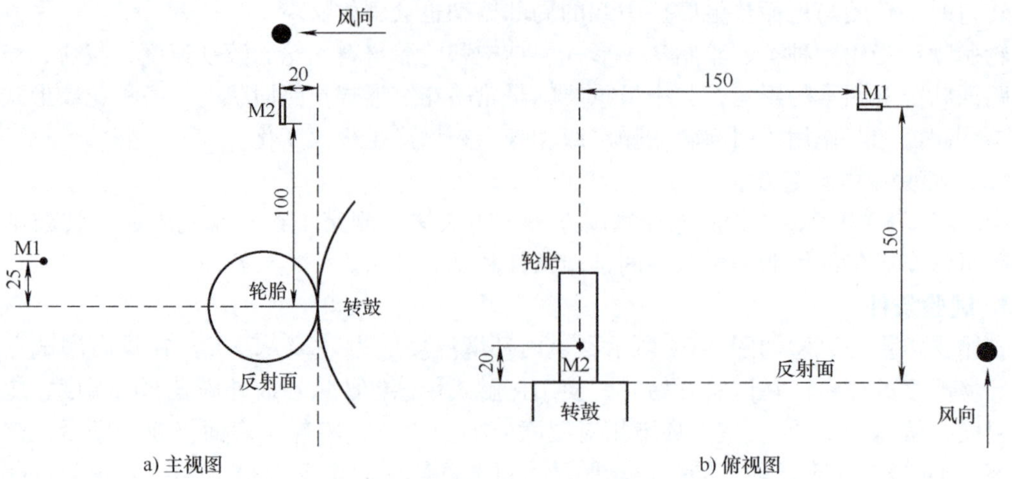

图 7-65　实验室内传声器的位置

M1—侧边传声器　M2—前端传声器

轮胎试验前复核轮胎气压，如果实际轮胎气压低于规定的试验胎压或者高于规定的试验胎压的 110%，则不能进行噪声试验。按照规定的负荷和规定的试验胎压对轮胎以 100km/h 的速度行驶 10min 进行预热。

预热结束后应立即开始噪声试验，按照规定的试验条件进行试验，记录各传声器所接收的声压级和频谱数据。每隔 1min 记录 1 次数据，连续记录 3 次数据。对侧边传声器 M1，如果 3 次数据中的最大值和最小值之差小于或等于 0.2dB（A），则噪声试验结果为这 3 次数据的平均值，噪声试验结束。如果 3 次数据中的最大值和最小值之差大于 0.2dB（A），则继续每隔 1min 记录 1 次数据，直至连续 3 次数据中的最大值和最小值之差小于或等于 0.2dB（A）。

增加后置传声器的测量替代，考虑有向和非对称花纹的影响。轮胎噪声的评价量为轮胎噪声的 A 计权声压级，即 A 声级。轮胎噪声 A 声级为 3 条轮胎噪声测试结果的算术平均值。

第六节　空调系统试验

空调系统是指安装在汽车内部用于调节车内的空气环境如温度、湿度和洁净度，并使其以一定的速度在车室内定向流动和分配，从而给驾乘人员提供舒适温度、环境及新鲜空气的装置。空调系统由制冷装置、暖风装置、通风装置、空气净化装置和加湿装置中的一个或多个部件以及必要的控制部件等构成。空调系统主要有温度调节、温度控制、气流组织、空气净化、节能环保、稳定性与可靠性、操作便捷性等性能。

本节以客车空调系统为例，为保证其性能的基本要求，JT/T 216—2020《客车空调系统技术条件》对客车空调系统的技术要求进行了规定。空调性能试验项目主要包括制冷性能试验、采暖性能试验、除霜和除雾性能试验等。

一、制冷性能试验

空调制冷系统的作用是在车外环境温度较高时降低车内温度，使乘客感到凉爽、舒适。

空调制冷性能试验是为了验证客车空调制冷系统在热环境下制冷性能是否满足热舒适性开发要求。QC/T 658—2009《汽车空调制冷系统性能道路试验方法》对其试验方法进行了规定。

1. 试验内容

1）制冷剂循环测试：检测和记录制冷系统中制冷剂在压缩机、冷凝器、蒸发器和节流装置之间的压力、温度和流量，以评估制冷剂在系统内的循环工作状态。

2）制冷效率评估：通过在不同负荷条件下测量客车制冷系统的制冷能力，从而评估其在各种工况下的制冷效果和性能表现。

3）能效比测定：测量并计算客车制冷系统的能效比，即所提供的制冷效果与所消耗的能量之比，以评估系统的能效性能。

4）温度控制检测：在不同环境条件下，如不同温度和湿度下，测试制冷系统的温度控制性能，确保系统能够稳定、精确地控制车厢内的温度。

这些试验内容有助于客车制冷系统性能的评估，帮助确保系统能够在不同条件下提供可靠的制冷效果，满足乘客舒适度和能效要求。

2. 试验方法

（1）试验前检查及准备工作

试验前对车辆进行检查，不仅要使其符合汽车制造商的规定，而且要求处于良好技术状态，且空调系统的配备应与客车所应达到的级别相适应，电动客车试验前动力蓄电池和辅助蓄电池都应处于完全充满电的状态。

试验条件如下：①环境条件：晴天少云，有日光直射，太阳辐射强度不低于800W/m^2；气温不低于35℃；气压95～102kPa；相对湿度为40% RH～75% RH；风速不大于5m/s。②试验道路应平坦、干燥、硬实，树荫少的公路，路面纵坡应不大于1%，长度应不小于40km。

（2）试验所需的仪器及传感器、测试设备的安装

试验所需仪器包括：①温湿度计，温度测量范围为－50～＋50℃，分辨率为0.5℃，相对湿度测量范围为0～99.9% RH，分辨率为0.2% RH；②多点温度计，测量范围为－50～＋50℃，分辨率为0.5℃；③辐射强度计，测量误差±5W/m^2；④压力表，分辨率为2Pa；⑤发动机转速表，分辨率为10r/min；⑥电子式检漏仪，测量误差±0.5g/年；⑦综合气象仪、风速仪（带集风罩）、声级计、秒表、微风测速仪等。

要求所有仪器均应符合计量检定要求，并在有效检定期内。准备好所需仪器后按要求布置相应的温度传感器、压力传感器等，对于传感器位置布置，一般情况下，车内具体位置应该设置在头部和脚部等位置上，然后根据需要，测量冷凝器进、出口温度，膨胀阀进、出口温度，蒸发器前、后的温度，压缩机进、出口温度和压力，出风口温度以及环境参数等。

（3）试验前预热

试验预热升温阶段，汽车停在试验地点，关闭门窗，在标准要求的试验条件下暴晒90min，采样频率不低于0.5Hz。

（4）试验实施

预热结束后，试验人员进入车内，将车辆上电，起步行车，按照规定的工况进行试验，完整的空调制冷试验工况分成四个阶段，每个工况行驶试验过程不能换档，每个试验工况结束时尽快加速到下一个规定的车速，行驶试验结束时将车辆迅速开到安全地带进行怠速

试验。

（5）试验项目

1）出风口温度和风速、风量测量。测量点位置位于各出风口表面中心处，测量时，客车停驶，关闭所有门窗，制冷装置的压缩机在额定转速下，鼓风机开最高档，所有冷风出风口处于最大出风位置，通风换气装置开最高档。开机 10min 后，在 5～10min 内用多点温度计和带集风罩的风速仪测量并记录各出风口温度和风速，计算各出风口的最大温度差和风速差，并按式（7-39）计算制冷装置的最大送风量。

$$V_0 = 3600 \times S \times \overline{V} \times n \tag{7-39}$$

式中，V_0 为制冷装置最大送风量，单位为 m^3/h；S 为出风口截面面积，单位为 m^2；$\overline{V}$ 为出风口的平均风速，单位为 m/s；n 为出风口数量。

试验时测量及试验后所计算的数据应记录于试验记录表。

2）降温能力试验。将客车停放在阴凉处，门窗全开，人员下车，使车内外温度平衡，测点位置应符合要求规定，用综合气象仪及太阳辐射强度计测量记录试验前后环境温度、湿度、气压、风向、风速和太阳辐射强度，取算术平均值作为外界环境平均气候参数。

试验人员进入车内，关闭门窗，车辆起步行驶。当车速稳定在（50±2）km/h 时，记录各测点的初始温度。打开制冷装置，压缩机转速稳定在额定转速，鼓风机开最高档，所有冷风出风口处于最大出风位置，通风换气装置开最高档。开始计时，测量 B、C、D[⊖]类测点温度，30min 内每隔 5min 测量 1 次，数据应记录于试验记录表。试验在起止点之间往返各进行一次。

计算同一时刻 B、C 类测点各点温度的平均值，将 B、C 两类测点平均值平均，作为同一时刻车内的总平均温度。将数据记录于试验记录表，绘出车内总平均温度随时间变化的降温曲线。由同一时刻 C 类测点上、下各测温点温度的平均值，计算出乘员头部和足部的温差。分别计算 D 类各测点同一时刻的平均温度，比较 D 类各测点的温度值，得到每个乘客区前、中、后最大温差，并记录于试验记录表。

3）车内相对湿度试验。车内相对湿度的测定与降温能力试验同时进行。利用温湿度计测量 D 类各测点的相对湿度，数据记录于试验记录表。测量时间、次数应按要求进行。计算同一时刻各点相对湿度的算术平均值，得到平均相对湿度。采用同样的方法，由各点同一时刻的平均相对湿度，计算得到车内总平均相对湿度，数据记录于试验记录表。

4）车内风速试验。测点位置为 C 类（包括上部和下部测点）和 D 类，与降温能力试验同时进行。测量时通风换气装置和制冷装置开最高档，在 10～12min 之间用微风测速仪测量一次各测点的空气流动速度，并求出 C 类测点上、下部平均风速和 D 类测点的平均风速，以及两类测点的最大风速差，数据记录于试验记录表。

二、采暖性能试验

采暖系统是客车冬季运行时提供车内取暖的设备总称，可将新鲜空气或液体介质送入热

⊖ B 类测点为回风口测温点，距离制冷装置回风口平面（100±10）mm 处，中心线前后等距两点。C 类测点为座椅处测温点，每处分为上、下两个，上部测点设在距坐垫表面 R 点上方 635mm，水平方向距靠背 255mm 处；下部测点位于座椅前沿，距地板高度 50mm 处。D 类测点为温差测温点，位于客车纵向中心平面内，距离地板高 1000mm。——编者注

交换器，吸收其中某种热源的热量，从而提高空气或液体介质的温度，并将热空气或被加热的液体送入车内，直接或通过热交换器供乘客取暖、车窗玻璃除霜及车内空气调节，达到舒适性和安全性的要求。

采暖性能试验目的是评估汽车空调系统在寒冷条件下提供舒适的采暖效果。在这项试验中，通常会对空调系统的加热器、风扇和温度控制进行测试，以确保在低温环境下乘客能够获得良好的加热效果。

1. 试验内容

1）测量空调系统在不同温度条件下的加热器输出温度和加热能力，以评估其在寒冷环境下的加热效果。

2）通过模拟实际使用情况下的温度变化，测试空调系统的温度控制性能，以确保在不同外界温度下能够保持恒定的舒适室内温度。

3）评估空调系统的风速和风向控制，以确保在采暖模式下能够有效地将热空气分布到车辆内部各个区域，实现均匀的加热效果。

通过这些试验，可以全面评估汽车空调系统在寒冷条件下的采暖性能，确保乘客在冷天也能享受到舒适的驾乘体验。

2. 试验方法

1）试验前检查及准备工作：试验前对车辆进行检查，不仅要使其符合汽车制造商的规定，而且要求处于良好技术状态，且空调系统的配备应与客车所应达到的级别相适应，电动客车试验前动力蓄电池和辅助蓄电池都应处于完全充满电的状态。

试验条件如下：起动发动机和暖风装置的加热器（如果有）至冷却液温度保持在80℃以上，或动力蓄电池温度保持在正常范围。采暖系统试验时车内驾驶员和测试人员的总人数不大于3人。试验环境温度为（-18 ± 3）℃，风速不大于3m/s。试验道路应为平坦、硬实、无积雪、车流少的公路。

2）传感器及测试设备的安装：将所需仪器如温度传感器、压力传感器等按要求布置好。对于传感器布置位置，一般情况下，车内温度的测量点应该设置在头部和脚部等位置，然后根据需要，测量暖风出风口温度及环境参数等。

3）将符合条件的试验车辆浸置在环境舱内，并按要求固定在转鼓试验台上，将环境模拟实验室的环境温度按照试验条件进行设置。

4）试验车辆应在环境舱浸置至少10h，期间可保持车门、车窗、通风孔开启。如果确认动力蓄电池、电机等系统部件温度已稳定（1h内温度波动小于1℃），则浸车阶段可提前结束。

5）浸车结束后，试验人员进入车内，关闭车门、车窗及通风孔，并将车辆上电。按照汽车制造厂规定的暖机状态进行暖机后进行采暖试验。试验开启后应起动全部采暖装置并调整至外循环、最大制热、最大风量、吹脚模式。起步行车，按照规定的试验工况进行。

6）试验项目：JT/T 216—2020《客车空调系统技术条件》中规定的采暖系统性能试验项目主要有采暖能力道路试验和采暖能力低温实验室试验。

对于采暖能力道路试验，试验内容如下：

① 准备工作。测点位置应符合要求的规定。试验前，人员下车，打开客车所有门窗，使车内外温度平衡。

② 试验过程。试验前，记录各测点的初始温度。然后关闭客车门窗，起动暖风装置，将暖风调节到最大效果位置，除霜装置正常工作，通风换气装置开最高档，汽车起步，开始计时。试验中，车辆采用直接档（无直接档，用速比接近于1的档位），以（50±2）km/h的速度稳定行驶。每隔5min测量一次C、D类测点的温度，有回风口的散热装置增加B类测点。试验总时间为35min，试验在起止点之间往返各进行一次。测试结果记录于试验记录表。

③ 数据处理。按照所规定的要求进行。

对于采暖能力低温实验室试验，试验内容如下：

① 低温实验室应满足的条件。对于实验室规格方面，可用空间尺寸不小于15m（长）×5m（宽）×4.2m（高）；对于实验室降温速率方面，空载360min时间内舱内温度可从+25℃降至-45℃；对于行驶风模拟方面，0~120km/h可调（风机出口30cm处风速），-18℃以上进行行驶风试验。最大风量不小于72000m^3/h，出风口规格为尺寸不小于1.0m×0.6m的长方形。准备工作按所规定的要求进行。

② 试验过程。试验前，记录各测点的初始温度。然后关闭客车门窗，起动暖风装置，将暖风调节到最大效果位置，保持除霜装置正常工作，通风换气装置开最高档，开始计时试验。打开汽车行驶风模拟装置，模拟客车以（50±2）km/h的速度稳定行驶。试验开始后，每隔5min测量一次C、D测点的温度，有回风口的散热装置增加B类测点，试验总时间为35min。暖风装置为余热水暖式时，应同时测量发动机出水口温度。测试结果按单程计并记录于试验记录表。数据处理按所规定的要求进行。

三、除霜和除雾性能试验

冷空气遇热在车窗玻璃外侧凝结水蒸气形成霜，高湿空气遇冷在车窗玻璃内凝结水蒸气形成雾气，影响驾驶员视野进而影响行车安全。除霜和除雾性能试验是验证汽车除霜和除雾系统融化风窗玻璃的霜和雾，达到恢复驾驶视野的效果的能力而开展的试验。GB/T 11555—2009《汽车风窗玻璃除霜和除雾系统的性能和试验方法》及JT/T 216—2020《客车空调系统技术条件》对客车空调除霜性能的试验方法进行了规定。

这项试验旨在验证空调系统在低温和高湿度条件下的性能，评估空调系统的除霜和除雾效果，以满足相关的安全标准和法规要求，确保车辆在恶劣天气情况下能够提供良好的视野和舒适的驾驶环境。

1. 试验内容

基于空调系统通过制冷剂循环来降低空气中的湿度并减少表面结霜或凝结，提高玻璃表面的清晰度，从而提供良好的可见性和舒适的驾驶环境。

按试验内容分为除霜试验和除雾试验，除霜试验是通过设置空调系统在低温运行，制冷剂会吸收玻璃表面的热量，从而使其温度升高至冰点以上，导致结霜的融化。这样可以恢复玻璃表面的清晰度。除雾试验是通过设置空调系统在高湿度条件下运行，制冷剂会降低室内空气的湿度，减少玻璃表面的凝结，从而提高玻璃的透明度。

2. 试验方法

（1）试验准备

试验所需仪器包括：多点温度计，测量范围为-50~+50℃，分辨率为0.5℃；可暂停式秒表；喷枪，喷嘴直径为1.7mm，工作压力为（350±20）kPa，液流速率为395mL/min，距喷嘴200mm处形成的喷射锥直径为（300±50）mm；综合气象仪、风速仪、发动机转速表、照相机、描绘除霜图形的特种笔等。

（2）除霜试验方法

除霜试验是在（−18±3）℃的环境下使车辆长时间停放，用喷枪将0.044g/cm^{2}乘以风窗玻璃面积值的水量均匀喷射到玻璃外表面上，生成均匀的冰层。起动车辆和开启除霜装置，记录下玻璃表面的解冻情况。评价指标为除霜装置开启后，在规定的时间内可实现各区域的除霜面积。

（3）除雾试验方法

除雾试验是在（−3±1）℃的环境下使车辆长时间停放，开启蒸汽发生器直至其内水沸腾后，放入车内规定位置，使得前风窗玻璃产生雾气。蒸汽发生器输出的蒸汽量为每人（70±5）g/h。起动车辆并开启除雾装置，记录下玻璃表面的雾消散情况。评价指标为除雾装置开启后，在规定的时间内可实现各区域的除雾面积。

复习思考题

1. 简述驱动电机系统的试验方法。
2. 简述动力蓄电池系统的试验方法。
3. 简述传动系统的试验方法。
4. 简述汽车变速器传动效率的测定方法。
5. 简述汽车制动性能的评价指标。
6. 简述机械式转向器性能的试验方法。
7. 简述转向盘的试验方法。
8. 简述悬架的试验方法。
9. 简述汽车轮胎刚度的试验方法。
10. 简述汽车空调系统制冷性能试验方法。

第八章 汽车试验场与整车实验室

汽车试验如操纵稳定性、可靠性等需要在特殊的试验场地进行，汽车试验场是进行汽车整车道路试验的场所，是重现汽车使用中遇到的各种各样的道路条件和使用条件的试验场地。汽车在试验场试验比在实验室或一般行驶条件下的试验更严格、更科学、更迅速。国内外建立了许多试验场，国外如通用汽车公司的 Milford 汽车试验场、德国大众汽车公司的 Ehra-Lessien 汽车测试中心等，我国的汽车试验场主要有中汽中心盐城试验场、襄阳安达汽车试验场、安徽定远汽车试验场、海南汽车试验场、交通部公路交通试验场、一汽农安汽车试验场、重庆西部汽车试验场等。

本章对汽车试验场与整车实验室的典型试验设施与设备进行介绍。

第一节 汽车试验场简介

为使汽车试验结果能反映实际的使用状况，通常需要将汽车置于实际的道路上进行试验，但是，不同国家、地区的道路和交通条件等存在很大的差别，同时因受气候和交通环境等外界条件的限制，许多试验项目在道路上难以完成甚至无法开展。另外，为了应对日益激烈的市场竞争，各汽车制造企业需要大幅提高汽车试验效率、缩短试验周期等。为此，汽车企业需要找到一种不受交通、气候等外界条件的影响，能代表全球各地区不同路面的状况，且能大幅缩短试验周期的场所，于是各汽车制造商便开始建造汽车试验场。

汽车试验场是开展汽车整车试验的专用场所，主要设施包括集中建造的各种各样的试验道路（如高速跑道、综合性能路等）和必要的附属设施与设备。

一、汽车试验场的功能

汽车试验场的核心功能可分为以下三类，涵盖研发验证、质量管控及法规适配等关键领域。

（1）产品质量鉴定

主要评估汽车产品的性能、安全性和可靠性等方面的表现。质量鉴定试验的内容通常包括性能测试、安全性测试、可靠性测试及排放测试。

（2）新产品开发支持

开发试验是汽车新产品的开发阶段，需要进行一系列的试验以确保产品的性能和质量，主要包括道路负载试验、动力性能试验、耐久性试验和排放试验等；鉴定试验是在汽车新产品开发完成后，需要进行鉴定试验以确认其是否符合设计要求和相关标准，主要包括环境适应性试验、电磁兼容性试验、碰撞试验和安全性能试验等；认证试验是在汽车新产品上市前，需要进行认证试验以获得相关认证，主要包括安全性能试验、环保性能试验、能效试验和可靠性试验等。此外还需要进行工况数据采集，为实验室零部件试验或整车模拟试验以及计算机模拟提供路谱采样条件。

（3）法规与标准研究

汽车产业在全球经济中占有重要地位，随着科技的进步，这一领域的标准与法规也日益严格。为了确保车辆的性能、安全性以及环保要求，研究和验证试验成为必要环节。特别是在专业的试验场中，这些研究和验证试验得以系统化、规范化地实施。

二、汽车试验场的分类

按试验场功能，汽车试验场可分为综合性试验场和专用试验场，其中综合性试验场的测试项目较为齐全，专用试验场的测试项目相对单一。图 8-1 所示为我国某汽车综合性试验场。

图 8-1　我国某汽车综合性试验场

按场地规模，汽车试验场可分为大型、中型和小型试验场。大型试验场面积都在 $10km^2$ 以上，试验道路总长超过 100km，道路种类相对比较齐全。大型试验场多属于综合性试验场，如图 8-2 所示。在各种试验场中，中小规模的占大多数，其中综合性试验场由于受面积所限，布置相对比较紧凑，但试验道路和设施的种类比较齐全。在中小型规模的汽车试验场中，很大一部分是汽车零部件公司为满足产品开发和法规要求而修建的专用试验场。具有代

图 8-2　大型试验场

表性的中型试验场和小型试验场分别如图 8-3 和图 8-4 所示。按所处地域，汽车试验场可分为热带、寒带、温带和高原试验场。

图 8-3 中型试验场

图 8-4 小型试验场

三、典型试验道路及主要设施

典型试验道路主要用于测试车辆的性能、可靠性和安全性等，通常包括高速环形跑道、综合性能试验道路及回转特性试验广场等。设施包括安全设施、环境设施等。这些道路和设施可以评估车辆在各种情况下的表现，并对车辆进行改进和优化。

1. 高速环形跑道

高速环形跑道可供汽车长时间持续高速行驶，用于考验汽车的高速性能和零部件的可靠性，是构成试验场的核心道路之一。高速环形跑道一般由进行直线加速的平坦直线部分和维持高速转弯的带倾斜的曲线部分，以及连接这两部分的过渡曲线部分组成。为确保驾驶员在不过度疲劳和紧张的条件下安全地进行连续高速行驶，需保证直线部分具有一定的平坦度和宽度，以及与曲线部分光滑连接，特别是在曲线部分，如图 8-5 所示，应根据曲线上的设定目标车速 v 产生的离心力 F_c 来确定倾斜角度 θ，使汽车能够像直线行驶一样操控。有的环形跑道还在不同位置设置了大型鼓风机，以便产生侧向风，用于评价侧向风对车辆及驾驶员造成的影响。

常见的环形跑道形状有椭圆形、电话听筒形、三角形和圆形等，长度从每圈几百米到数千米不等。东风襄樊汽车试验场环形跑道形状为椭圆形，设计车速为 160km/h，长 5.3km；海南汽车试验场形状为电话听筒形，高速环道设计车速为 120km/h，长 4.2km 等。

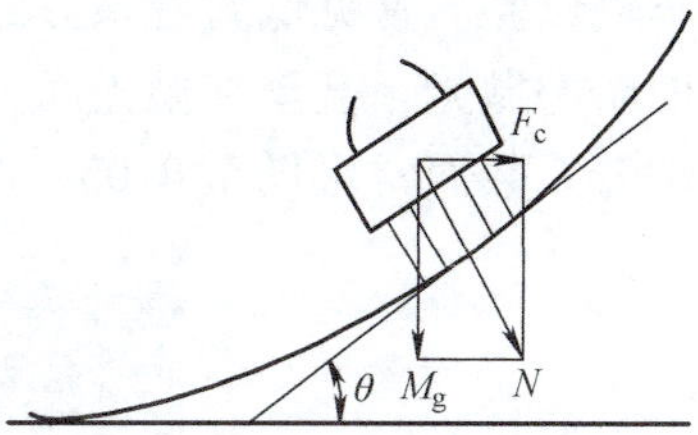

图 8-5　高速环形跑道原理示意图

2. 综合性能试验道路

综合性能试验道路，又称水平直线性能路，主要进行汽车动力性、经济性、制动性能等试验。试验道路一般设计为电话听筒形，其中作为试验段的直线部分要求路面平坦均匀，横坡在保证排水的前提下坡度尽量小，纵坡坡度不得大于 0.2%，长度在 1000m 以上，宽度大于 8m。有些中小型试车场将直线段中间加宽到数十米，进行操纵稳定性等试验，两端是回转弯道，主要起掉头和加速作用。在直线段不是足够长时，回转弯道设一定的坡度以提高试验车速。

3. 回转特性试验广场

回转特性试验广场一般是直径 100m 左右的圆形广场，路面平坦均匀，内倾坡或外倾坡小于 0.5%，能长期保持比较稳定的附着系数，主要用于测量和评价汽车的转向特性。有的还设有淋水或溢水设施，用来测试汽车在湿滑路面上的回转特性。河南凯瑞车辆检测认证中心有限公司的回转特性试验广场如图 8-6 所示。

图 8-6　河南凯瑞车辆检测认证中心有限公司的回转特性试验广场

4. 低附着系数试验道路

低附着系数试验道路，又称 ABS 性能试验路，用于模拟冰冻、降雪、下雨等易打滑路面，是进行防抱死制动、防侧滑、牵引力控制、四轮制动驱动控制以及操纵稳定性试验等的专用路面。车轮与路面间的低附着系数通常采用在柏油路面或经特殊材料加工处理后的路面上洒水实现。为使路面形成均匀水膜，路面铺装时横向坡度一般控制在 0.5% 左右，且在道路两侧安装喷水设施，以便调整喷水量。

根据路面附着系数不同，典型低附着系数道路分为三种：单一附着系数路面、左右对开路面（车辆左、右两侧车轮与路面间附着系数不同）和前后对接路面（车辆前、后轴车轮与路面间附着系数不同）。根据车辆试验目的不同，试验道路可以包括直线段、曲线段和具有一定宽度的广场状路段，有的试验场也将这三种试验跑道组合到一起，可以进行比较综合的车辆试验。常见低附着系数路面为玄武岩瓦块（图 8-7）或瓷砖铺装，也有用混凝土进行表面研磨抛光，甚至在抛光面上再涂上某种树脂来降低附着系数，再洒上均匀水膜后，其路面附着系数通常可低至 0.05 ~0.45 。

图 8-7　低附着系数试验道路（玄武岩）

5. 操纵性和平顺性试验道路

试验路由不同半径的弯曲路（包括回头弯和 S 弯）以及存在各种缺陷的路段组成，弯道一般不设超高。缺陷路上布置有凸出或凹下去的阴井盖（图 8-8）、横沟、铁路岔口、局部修补的补丁和反向超高等。其主要用于检验汽车的操纵性、稳定性、平顺性及噪声等，同时也可作为一种典型的坏路进行汽车可靠性行驶试验。

图 8-8　阴井盖群试验道路

6. 标准坡道

标准坡道通常由一组不同坡度的坡道组成，用于考察汽车爬坡性能、驻车制动器驻坡性能以及坡道起步和离合器研究开发等试验。标准坡道（图 8-9）是常用坡度从 10% ~60% 并列布置或阴阳坡两面布置的数条坡道，坡长不小于 20m，宽度为 4 ~8m，为沥青或浆砌片或混凝土铺装。坡度大于 20% 的坡道为保证试验安全，在坡顶还可设置绞盘牵引机构及回转平台。随着制动驱动控制技术的发展，为了评价新技术的性能，国外也会通过在坡道上贴瓷砖以降低附着系数。

7. 石块路

石块路（图 8-10）是汽车行业一致认同的汽车可靠性行驶试验路，长从几百米到几千米，宽为3.5~4.0m，几乎每个试车场都有，因为这种路最早取自比利时某些年久失修的石块路，所以又称比利时路，是考核汽车轮胎、悬架系统、车身、车架以及结构部件的强度、振动和可靠性的理想试验道路。

图8-9 标准坡道

图8-10 石块路

8. 干湿操控路

干湿操控路是一种专门用于测试车辆性能的特殊路面，由干操控路和湿操控路两部分组成。干操控路的路面通常由耐磨材料或特殊的摩擦系数材料构成，以提供良好的抓地力。它平坦干燥，通过模拟干燥路面的条件来测试车辆在不同速度和转向角度下的操控性能。干操控路对于测试车辆的制动性能、加速性能、稳定性和振动特性等方面非常重要。

湿操控路的路面上涂有一层水膜，以模拟下雨或打湿的路面条件。湿操控路（图8-11）可以测试车辆在湿滑路面上的操控性能，如制动距离、抓地力和稳定性等。对于提高车辆的安全性和稳定性而言，湿操控路也是必不可少的。

图8-11 湿操控路

通过在试验路的干湿操控路上进行一系列测试，可以评估和改进车辆的性能和操控特性。这些测试对于优化车辆的悬架系统、轮胎设计和车辆动力学控制系统等方面具有重要意义。同时，试验路的干湿操控路也能够帮助驾驶员了解车辆在不同路面条件下的驾驶感觉和车辆动力响应。

9. 制动路

制动路是专门用于测试车辆制动性能的路段。它通常是一段长度适中、平坦且直线的路面，设计用于评估车辆的制动距离、制动响应时间和制动系统的效能。

通过在制动路上进行测试，可以评估和改进车辆的制动盘、制动液和制动片等关键部件。这些测试还可用于验证制动系统的设计和计算，以确保车辆在紧急情况下能够快速而可靠地停下。同时，制动路也可以帮助驾驶员了解车辆在不同速度和路面条件下的制动性能和操控特性。

10. 扭曲路

扭曲路（图 8-12）由左右两排互相交错分布的凸块组成，凸块形状以梯形最简单，也有正弦波或环锥形，作用都是一致的，就是使汽车产生强烈的扭曲，以检验车辆的车架、车身结构强度和各系统的连接强度、干涉等。凸块高度一般为 80～200mm，按凸块高度不同，分别修筑成甲、乙、丙等扭曲路。

图 8-12　扭曲路

11. 溅水池

溅水池一般与石块路并行，水深 0.15m 左右且可调，池两侧设挡水墙。汽车连续在石块路上行驶时，悬架系统，特别是减振器发热严重，造成非正常损坏。所以试验场一般规定汽车在石块路上每转两圈必须通过一次溅水池，起到冷却悬架系统作用。

12. 灰尘洞

灰尘洞试验设施由灰尘洞和回车道两部分组成，灰尘洞长 40m，内宽 5.5m，通行高度 4.5m，行车道宽 4.5m，纵横坡坡度均为 0，水泥路面。灰尘洞的试验内容主要有：①车身行李舱密封性试验；②空气滤清器滤清效果试验；③汽车发动机及底盘各运动部位的密封性试验。

13. 安全和环境设施

每一项试验道路和设施的设计，都应同时考虑汽车试验安全的需要。高速环道两侧，除供临时停车的硬路肩外，要设不少于 10m 宽的安全地带并种植草皮；弯道外侧、桥涵处、填方处以及在安全带内设置的标志杆、灯柱、测速装置等都应安装安全护栏；高环入口应该是唯一的，并且能实施有效控制。其他试验道路和设施，也希望设置宽为 3.5m 以上的辅助道路和一定宽度的紧急停车带。辅助道路是故障车辆或交通事故的救援通道，同时作为监测路以保证测试车和摄影车对试验车的跟踪，所有的试验道路都必须有醒目的标线和指示标牌，而且夜间在灯光的照射下也是清晰的。

第二节　典型整车实验室简介

整车实验室主要用于对汽车整车及其组成部分进行各种性能测试和验证。本节简要介绍汽车转鼓实验室、道路模拟实验室、环境模拟实验室、碰撞安全实验室、电磁兼容实验室及整车声学实验室等典型整车实验室的功能和设备设施。

一、汽车转鼓实验室

汽车转鼓实验室是一个集成了转鼓试验台、性能测试系统等多种测试设备和系统的专业试验环境。通过转鼓试验台和相关性能测试系统，可以对汽车的动力性、经济性、制动性能、多工况排放等性能进行测试，为研究汽车整车和零部件性能提供坚实的试验基础。如可用于测试和评估汽车的制动系统设计和性能是否满足安全标准，试验时将汽车安装到转鼓测试台上，然后进行各种制动性能测试，例如制动距离、制动力分配、制动稳定性等。

汽车转鼓试验台，又称底盘测功机，是检测汽车底盘输出功率及其相关参数的一种基本试验设备。转鼓试验台以转鼓的表面模拟路面，通过加载装置给转鼓轴施加负荷以模拟汽车在实际行驶时的阻力，以可调风速的供风系统提供汽车迎面行驶风，从而在室内实现汽车道路行驶工况的模拟。转鼓试验台主要由多对转鼓组成，每对转鼓与一个矢量调节的三相交流电机相连。通过变频器控制电机驱动或电机制动。电机通过直流中间电路进行能源交流，多余能源反馈回试验台。不同的行驶状况可通过与转鼓组间的连接电机来实现，操作者与试验台控制之间的通信通过不同的显示器及操作元件来实现。汽车转鼓试验台如图 8-13 所示。

图 8-13　汽车转鼓试验台

1. 转鼓试验台的分类

（1）单转鼓试验台

图 8-14 所示为单转鼓试验台，其转鼓直径越大，车轮在转鼓上转动就越像在平路上滚动。但增大转鼓直径，试验台的制造和安装费用将显著增加，所以一般转鼓直径均在 1500mm 以上、2000 ~ 2500mm 以下。单转鼓试验台对试验汽车的安放定位要求较严，车轮与转鼓的对中比较困难，但其试验精度比较高。

（2）双转鼓试验台

图 8-15 所示为双转鼓试验台，其转鼓直径比单转鼓试验台的要小，一般在 185 ~ 400mm 的范围内。转鼓曲率半径小，轮胎和转鼓的接触情况与在道路上的受压情况不一样，导致试验精度较低。但这样的试验台对试验车的安放要求不高，使用方便，而且成本低，适合于维修保养企业及汽车检测站在进行汽车技术状况检查和故障诊断时使用。

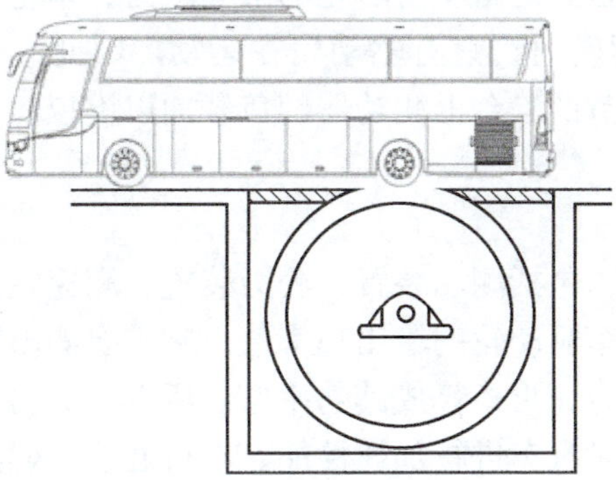

图 8-14　单转鼓试验台

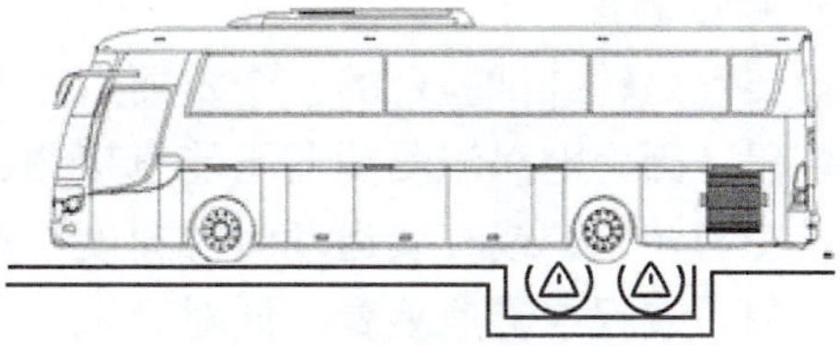

图 8-15　双转鼓试验台

2. 转鼓试验台的功能

转鼓试验台在当今的汽车开发与质量检验中，很多道路试验项目已逐渐被实验室内转鼓试验台所替代。用转鼓模拟路面，汽车驱动轮放在鼓面上，再配以可调风速的供风系统提供汽车迎面行驶风，就可模拟道路试验。同时，国际上已采用多功能模块、可任意组合的底盘测功系统。根据需要，可进行逐级、逐块地组装、改装试验系统。模块化的设计使一般的转鼓试验台很容易地扩展到四鼓、四驱动单元中央控制水平，以适应四轮驱动车辆的更为复杂的试验。

通过转鼓试验台可以进行汽车动力性试验、经济性试验、制动性能试验、振动噪声试验、空调性能试验、排放性能试验、电磁兼容性试验，以及 ABS 性能检验和自动变速器性能试验。

3. 转鼓试验台的组成

转鼓试验台一般由加载装置、测量装置、转鼓组件、举升装置、纵向约束装置以及测控管理系统（控制与指示装置）等组成。图 8-16 所示为转鼓试验台机械部分组成示意图。

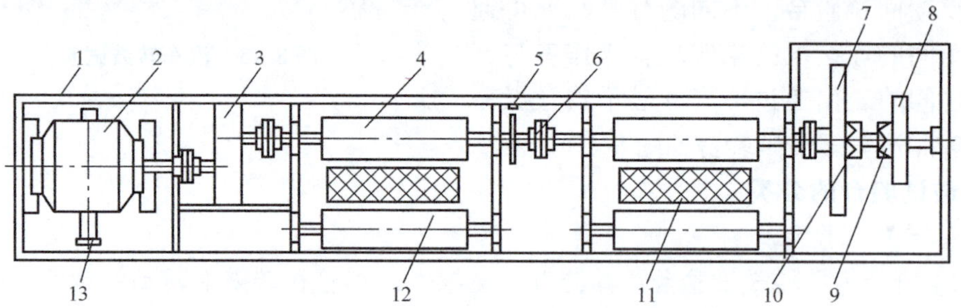

图 8-16　转鼓试验台机械部分组成示意图

1—框架　2—电涡流测功器　3—变速器　4—主动滚筒　5—速度传感器　6—联轴器
7、8—飞轮　9、10—电磁离合器　11—举升器　12—从动滚筒　13—压力传感器

（1）加载装置

相当于连续移动的路面，供汽车的驱动轮在其上模拟道路行驶。汽车在转鼓试验台上进行性能测试或技术状况检验时，要求试验台能模拟汽车在公路上行驶时所受的各种阻力。汽车行驶时的内部阻力是由于汽车传动系统的摩擦所引起的，在道路和试验台上是一样的，但外部阻力却不同。汽车在道路上行驶时，其外部阻力是由于前后轮的滚动阻力、车轮轴承的摩擦和空气的作用引起的。但汽车在试验台上运转时，只有驱动轮在运动。因此，空气阻力、爬坡阻力和从动轮的轴承摩擦等只能通过调节试验台上测功器的负载加以模拟，以使汽车的受力情况与在道路上行驶时一样。

（2）测量装置

测量装置是转鼓试验台的一个重要组成部分，包括测功装置、测力装置、测速装置和功率指示装置。因为电涡流测功器不能直接测出汽车驱动轮的输出功率值，它需要测出旋转运动时的转速与转矩，或直线运动时的速度与牵引力，再换算成其功率值。所以，测功试验台必须备有测力装置与测速装置。同时，试验台在对汽车进行加速性能、滑行性能、燃油消耗量等检测时，都要准确地表示其车速，也需要测速装置。

1）测功装置。测功装置也称为功率吸收器，就是测功器。此处的测功器是整套底盘测功机的一部分。其目的是为试验台提供一个阻力，将汽车驱动轮输出的、经由滚筒和测功机台架的机械传动装置传来的功率耗散掉。根据工作原理不同，常见的测功装置又可以分为水力测功器、电力测功器和电涡流测功器。

水力测功器用水作为制动介质，水在测功器的转子和定子间起联结作用，利用转子对水的冲击、切割和摩擦产生的阻力来消耗功率，通过调节进出水量，可得到不同的制动功率。在水流量一定时，测功器的制动扭矩随转子转速的增加而提高，这种测功器在大功率测量时性能稳定，原理简单，造价较低但精度不高。

电力测功器，又称平衡电机，作为负载用时，通过发电来吸收功率，其功用相当于直流发电机，但平衡电机还可作为驱动机械用，此时它输出功率，其功用相当于直流电动机。电力测功器可很好地模拟汽车的行驶阻力和惯性力。因此，它大大地拓宽了滚筒试验台的用途，工作平稳、结构紧凑、功能强大、测试精度高，但结构复杂、制造成本也高，所以通常只在供科研试验用的试验台上采用。

电涡流测功器分为水冷式和风冷式两种，图 8-17 所示为水冷式电涡流测功器结构原理，它主要由定子和转子两部分组成。在定子四周装有励磁线圈，转子用高磁导率钢制成，圆盘转子与试验台主动滚筒相连，并在磁场线圈之间转动。当励磁线圈通过直流电时，两极间产生磁场，转子通过励磁线圈磁场转动，转子盘上便产生涡电流。由于涡电流和外磁场的相互作用，对转子盘产生一个制动阻力矩。调节通过励磁线圈电流的大小，即可改变制动阻力矩即吸收功率的范围。

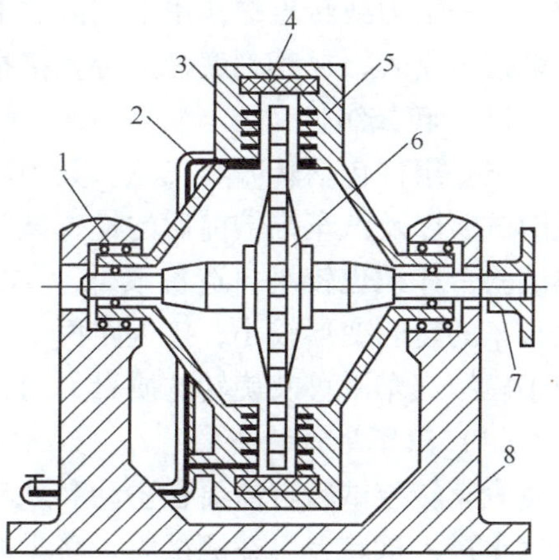

图 8-17　水冷式电涡流测功器结构原理

1—轴承　2—冷却液管　3—冷却室水沟
4—励磁线圈　5—定子　6—转子
7—联轴器　8—底座

作为国内生产和使用较多的一种测功器，电涡流测功器只能作为负载，提供阻力，但其测试精度高、结构较简单、易于调控、测量的转速和功率范围都较大。电涡流测功器不能将能量回收，最终以热能的形式耗散掉，所以一般需采用较高效的水冷式冷却方式，实验室要有配套的基础设施。

2）测力装置。测的是转鼓轴上的转矩，经变换后即得到作用在驱动轮上的切向力。在测功器的定子对其转子施加制动作用的同时，定子本身便受到大小相等方向相反的反作用力矩。由于定子是可摆动的，故该力矩是由定子经一定长度的杆臂，传给测力装置，然后由仪表指示出其数值。测力装置有以下几种形式。

液压测力装置：它由一个充满液体的测压传感器、标准压力表和连接油管组成。测功器定子杆臂的端部压在传感器上，压力传感器通过液体把压力传到压力表。仪表指示精度一般为 2%。

机械测力装置：这种装置是倾斜平衡器式。作用在测功器定子上的反作用转矩，通过传动机构使倾斜平衡器的摆锤偏转，其偏转角与转矩的大小成正比。摆锤偏转的角度以力的单位表示在刻度盘上。这种装置可靠且精确，其精度在 0.5% 以内，但成本较高。

电测力装置：一般的电测力装置由具有螺旋弹簧的测压盘、测试电位计、指示仪表及电源等组成。测功器定子杆臂的端部压在测压盘上。测压盘内弹簧压缩变形的程度，由测功器扭矩的大小而定。弹簧的变形通过电位计转换为电量，在指示仪器上以力的单位示出。测试弹簧误差约 2%，指示仪器精度为 1.5% ~2%，总的测量误差在 3% 左右。

电转矩仪：它由转矩传感器和转矩指示器组成。转矩传感器串接在转鼓轴和测功器轴之间，其两端通过连接凸缘由转鼓和测功器支撑。通常用铁丝等将传感器的定子轻轻地固定住，以防其摆动。有的传感器，在其定子上有结实的支架，可以紧固在底架上。转矩的数值由转矩指示器示出。

3）测速装置。现多为电测式，由测速发电机和毫伏电压表组成。利用直流发电机的电压与转速成正比关系的测速装置，其精度约为2%，且易受温度影响，而利用交流发电机的电压测速装置，其精度较高，约为1%，已被广泛采用。

4）功率指示装置。液压测力装置和机械测力装置分度盘上的指示值多是以 N 为单位的力，即汽车驱动轮上的牵引力，这时汽车驱动轮的功率是根据牵引力与其相应的车速算出的。在一定力或转矩的作用下，测试电位计的电量与相应车速的测速发电机的电量同时输入功率指示仪表，在其刻度盘上可直接指示出功率值。

（3）转鼓组件

主要组件包括转鼓和飞轮。其中转鼓可分为双鼓和单鼓。双鼓主要用于轿车和小型汽车性能试验以及汽车维护前后的检查试验。转鼓直径一般为220~500mm。由于鼓径较小，因此试验台体积也较小，造价较低。单鼓鼓径一般为1500~2500mm。单鼓相对于双鼓来说，试验车的轮胎变形较小，接近路面，不仅适用于性能试验，还可用于耐久性试验。飞轮主要用于模拟汽车平移及旋转的质量，通常采用机械飞轮，有些设备采用电模拟代替机械飞轮。

（4）汽车举升装置

汽车转鼓试验台需要在主动和从动滚筒之间安装举升器。在测试前，将举升器升起，以使汽车进入试验台。在测试时，将举升器降下，以使车轮接触滚筒并驱动滚筒转动。测试完毕后，升起举升器，以使汽车顺利驶出试验台。汽车举升器有气压式、液压式和电动式三种，气压举升器目前应用较多。

（5）纵向约束装置

为保证汽车在转鼓上运行时其车轮能稳定地置于准确的位置，必须防止汽车在转鼓上的纵向移动，否则，将出现与实际行驶状态完全不同的运动特性。因此，必须使用纵向约束装置。

（6）测控管理系统（控制与指示装置）

汽车转鼓试验台计算机测控管理系统是以工业控制计算机为核心的多功能测试系统。整个测控系统包括计算机、多功能控制卡、可控硅及其控制电路等。转鼓试验台采用智能测控仪表，能对模拟信号和脉冲信号进行采集处理，并能输出模拟量和开关量控制信号。它的有效性可以通过嵌入计算机的应用程序来调配，也可通过应用程序的补偿措施得以改善和提高。

二、道路模拟实验室

道路模拟实验室是一种能够模拟不同路面条件的专业实验室，主要通过模拟各种路面情况下的车辆行驶，对整车、车身、车架及车载设备进行耐久性试验和动态响应测试。道路模拟试验是20世纪60年代开始发展起来的一种室内试验技术，通过将整车或车辆的部分总成、构件置于专用试验机上，而后通过激振机构进行加振，所施加的振动应能尽量正确地再现在实际车辆上产生的现象。因为这种试验设备能够再现汽车实际行驶中所遇到的各种复杂道路工况，所以叫作道路模拟试验机。在道路模拟试验机上进行试验的优点是试验条件恒定，可实施复杂的振动测试，可精确地测定和观察汽车各部分的振动状态。

道路模拟试验的工作原理是通过由计算机、信号测量装置和液压伺服系统组成的道路模拟系统，再现汽车实际行驶工况的力和运动，如图 8-18 所示。随着现代随机理论、控制技术以及计算机的迅猛发展，在室内对整车进行道路模拟试验的方法及设备日趋完善。除模拟汽车行驶时路面不平度输入外，还可集成模拟汽车转向、制动、环境影响等功能。设备的电控部分从模拟量控制转换为数字量控制，试验数据通过网络传输，一切由计算机操作运行。

根据对被试车辆的输入结构形式，道路模拟机可分为轮耦合和轴耦合两大类。随着技术的发展和试验要求越来越高，为了更全面地考核车辆性能，相继发展了各种具有特殊功能的道路模拟机，如具有平面钢带的垂直激振模拟机、可施加转向负荷的道路模拟机、带环境箱的道路模拟系统及能研究悬架特性的道路模拟系统等。

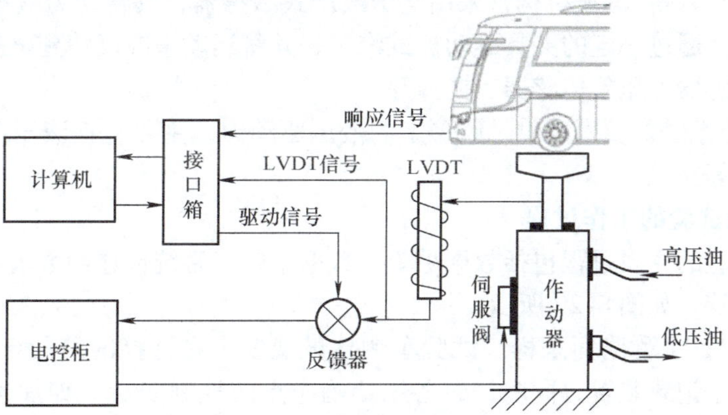

图 8-18　道路模拟系统的组成

道路模拟试验机是道路模拟实验室的一项重点设备，下面对其进行简要介绍。

1. 道路模拟试验的试验内容

道路模拟试验机可以比较准确地再现预定路面、预定行驶条件下汽车运动情况，再现振动环境。它可以用来进行多种试验。就其功能来说，主要有两个方面：

1）汽车振动性能研究。主要是研究汽车本身的振动特性，如汽车平顺性评价、悬架特性研究评价、NVH 研究、模态试验等。此类功能的道路模拟机要求激振的幅值不大，但频率范围要足够宽，通常为 0 ~ 200Hz。

2）汽车结构耐久性试验。需要给予汽车以苛刻的路面负荷，来达到耐久性试验的目的。这类模拟机一般采用：以汽车在实际路面行驶时的期望响应点的响应信号为目标，通过迭代再现汽车在实际路面上行驶的响应。该类模拟机激振振幅必须足够大（达到 250mm），而激振频率范围小（0 ~ 50Hz）。

整车道路模拟试验台架如图 8-19 所示。

图 8-19　整车道路模拟试验台架

2. 道路模拟试验机的基本组成

道路模拟试验机的组成按其功能可分为五大部分。

1）信号产生系统。主要包括计算机及其外围设备、磁带记录仪、函数发生器等。计算机可以按照预定程序不断发出指令信号，并不断对试件振动情况进行检测，能对随机数据进行分析处理，在建立驱动信号时有迭代逼近功能。

2）电控系统。对指令信号加以处理变成电驱动信号，并通过闭环严格地控制执行机构，准确地完成各种指令动作。当前电控系统已全部实现数字量控制，并与计算机结合到一起共同实现复杂的控制功能。

3）伺服控制系统。将不断变化的电信号对应地转换成动力液压油的流量及压力输出，主要部件是伺服阀。

4）机械执行系统。激振机构常采用电子液压式激振器，其将动力液压油的流量及压力转换成机械运动，通过一定的夹具驱动被试汽车，并将运动情况反馈到电控系统。主要包括作动器、位移传感器、压差传感器、夹具等。

5）动力供给系统。负责提供足够稳定的液压驱动力，主要包括液压泵站、储能器、分油器、液压管道等。

3. 道路模拟试验的工作过程

道路模拟试验的主要过程包括数据采集、数据编辑、系统传递函数求解、导出初始驱动信号和信号迭代等，如图 8-20 所示。

1）数据采集，也称路面采样。试验车辆按试验要求在选择的路段行驶，通过传感器、前置放大器和信号记录装置，同时记录各期望响应点的控制变量（如加速度、应变等）的时间历程。

2）数据编辑。将道路上记录的信号输入到计算机，按试验要求所确定的准则对原始信号进行取舍、编辑，从而获得汽车在模拟机上再现路面振动的期望响应信号。

3）系统传递函数求解。将试验车辆置于道路模拟机上，求出由汽车、传感器、前置放大器、试验台架、电控系统、计算机等组成的系统的传递函数。

4）导出初始驱动信号。由期望响应信号和系统的传递函数计算初始驱动信号。

5）信号迭代。具体迭代过程如图 8-20 所示。

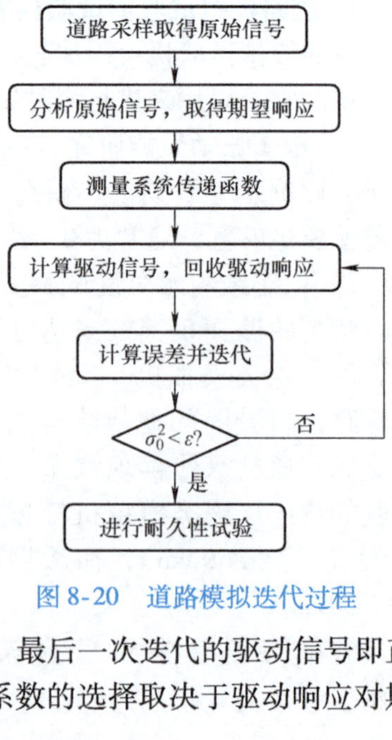

图 8-20　道路模拟迭代过程

用初始驱动信号激振，同时回收期望响应点的驱动响应信号。将此信号与期望响应信号比较，取得驱动响应的误差函数，该函数与传递函数计算可以得到驱动的误差函数。将此函数乘以小于 1 的加权系数叠加到初始驱动信号上，获得第一次迭代的驱动信号，用该信号激振汽车，同样可以得到第二次驱动的误差函数，将这次驱动的误差函数又乘以小于 1 的加权系数叠加到第一次迭代的驱动信号上，得到第二次驱动信号。如此重复，直到回收的响应信号与期望响应信号相比在规定的误差范围内时终止迭代过程。最后一次迭代的驱动信号即正式的试验驱动信号，一般 5～10 次即可完成迭代过程。加权系数的选择取决于驱动响应对期望响应的逼近情况，选取时有一定的经验性，正常收敛的迭代过程一般选取系数为 0.3～0.6。

三、环境模拟实验室

环境模拟实验室是用于模拟各种自然环境条件的实验室，以便测试和研究各种产品在不同环境下的表现。整车环境模拟实验室主要用于模拟整车的工作环境，包括高温实验室、低温实验室及高低温实验室。

1. 高温实验室

为了让汽车适应高温、高热环境，了解其性能及部件老化情况，各汽车厂家根据各自汽车产品的需要纷纷兴建高温实验室。

（1）技术指标

对于实验室的温度方面，上限温度有许多，如 +60℃、+50℃、+40℃，最多采用 +50℃；湿度有 30%～80%、30%～100%、0～95%、5%～95%几种，其中以 5%～95%范围最合适；风速尽可能覆盖整个车速范围。

（2）试验项目

1）冷却性能试验。在炎热的地带和夏季气温很高的条件下，以是否能保证汽车主要部件保持适度的温度来评价其散热性能。检测内容包括发动机冷却液温度、发动机机油及变速器油等油温、发动机进气温度以及燃油油温和气阻。

2）动力性能试验。在高温条件下，燃油及进气温度上升，发动机功率降低的状态下，评价汽车动力性能；或评价在高温条件下，汽车熄火停车后的再起动性能。

3）热害性能试验。在高温条件下高速行驶、爬坡行驶、城市市区行驶，以及行驶之后的停车怠速等各种行驶工况下，评价汽车结构部件的耐热性以及发动机舱内和车身各部位的橡胶件、塑料件的耐热性等。

4）空调性能试验。在高温、潮湿、强烈日照的条件下，评价车内环境的舒适性，检测内容包括驾驶室内的温度、湿度、凉风、风速、换气及车窗视野等。

（3）结构组成

1）日照装置。在实验室顶壁与侧壁均匀安置红外线灯，灯光照射强度及光照区域均可按试验要求进行调节；用以模拟在炎热的阳光下，测试汽车各部位的温升及受热状态。

2）供风系统。模拟汽车实际形式的迎面行驶风，由大型鼓风机产生，再配以风道及风速控制，组成供风系统。与空气动力风洞不同的是，风道出口截面积很小。同时，风速调节范围要尽可能地覆盖汽车的车速。

3）加热装置。采用电加热与蒸汽加热两种形式，一般大型实验室采用蒸汽加热。

4）路面辐射装置。为了再现路面热辐射状态，一般使用加热箱，并将它铺装在试验地面上，设定的温度范围为 40～80℃。

2. 低温实验室

低温实验室模拟低温环境状态，与实地寒区试验比较，具有节约人力、物力、财力，不受外界气候环境的影响，不受季节限制等优点。同时，具有环境控制精度高、稳定性好、重复性好的特点。

（1）技术指标

对于实验室的温度需要根据检测标准选择，多为 -50 ~ 40℃；湿度多为 5% ~95% 之间；而风速要与高温实验室相同。

（2）试验项目

1）汽车发动机的低温起动性能试验。汽车发动机的低温起动性能试验通常在寒冷气候条件下进行，是为了评估发动机在低温环境下起动的能力，以确保发动机可以可靠地起动和运行。试验可能涉及测量发动机在低温下的起动时间、燃料喷射系统的工作情况、发动机机油润滑性能以及蓄电池和起动系统的表现等方面。通过这些测试可以评估发动机设计的适应性，确保车辆在各种气候条件下都能可靠起动。

2）发动机低温行驶性能匹配。发动机低温行驶性能匹配通常涉及发动机的起动、燃油供应和排放控制等方面。在低温环境下，发动机可能会遇到起动困难、燃烧不完全以及排放控制问题。为了解决这些问题，通常会采取一些措施来改善发动机在低温环境下的性能，可以采用预热装置或者加热器来提升发动机在低温环境下的起动性能；调整燃油喷射系统以确保在低温环境下燃油供应充分，并且燃烧效率高；采用预热催化转化器等技术，来确保发动机在低温环境下的排放达标。

3）汽车行驶安全性检验。汽车行驶安全性检验是指对汽车在行驶过程中的安全性能进行检测和评估。这通常包括对制动系统、转向系统、轮胎、悬架系统、灯光、底盘结构、安全气囊等关键部件进行检查，以确保汽车在道路上行驶时具备必要的安全性能。

4）汽车寒区适应性试验。汽车寒区适应性试验是指在极寒条件下对汽车的性能进行测试和评估。这些试验通常包括在低温环境中测试发动机起动、车辆加热系统、轮胎抓地力、蓄电池性能、润滑油黏度以及车辆内部功能等方面的表现。通过这些试验，可以评估汽车在极寒条件下的可靠性，并确保其可以在寒冷地区正常运行和使用。

5）刮水器等总成的低温性能试验。低温性能试验是对刮水器等总成在低温环境下的工作性能进行评估的过程，这些试验通常涉及将刮水器等总成安装在低温箱或者暴露在低温环境中，进行低温起动性能、低温工作稳定性及耐寒性能等测试，有助于确保刮水器等总成在恶劣低温条件下依然可以可靠地工作。

6）非金属零件的低温适应性试验。非金属零件的低温适应性试验通常用于评估材料在低温环境下的性能和稳定性，主要进行冷弯试验、冲击试验、拉伸试验及环境暴露试验，这些试验有助于确定非金属零件在低温环境下的可靠性和适应性，从而确保其在实际使用中能够安全可靠地运行。

7）汽车燃油、润滑油、液压油等的低温性能验证试验。关于汽车燃油、润滑油和液压油的低温性能验证试验，主要进行低温流动性测试、低温起动性测试、低温起动注入测试及低温黏度测试，这些试验可以帮助评估汽车燃油、润滑油和液压油在低温环境下的性能表现，确保其在严寒条件下的可靠性和安全性。

8）其他必要的低温性能、低温适应性试验。

（3）结构组成

1）低温试验间。低温试验间内设防潮照明装置、冷风机和蒸发器及温度、压力、转速、CO 报警器等各类传感器，并配有测试传感器、电源等需要的各类插座、排烟接口、拍摄支架等，该试验间要求密封、保温、防腐，有足够的面积和高度，以及足够的地面承载能力。

2）制冷机房和制冷系统。制冷机房和制冷系统用于提供冷源，包括制冷压缩机、冷却器、中冷器、蒸发器、管线、阀门、电源和配电柜、测量参数显示装置和有关报警装置。

3）换气系统。换气系统用于排除室内有害废气，更换和补充低温试验间的新鲜低温冷空气，排除人员及试验样品散发的热量，维持试验规定的低温状态。

4）冷却水系统。冷却水系统是制冷系统必需的辅助设施，用以冷却制冷机组，一般包括冷却塔、水泵、水池和软化水装置等。

5）测控及观察间。测控及观察间是放置试验测量仪器、试验数据的采集与处理系统，它是整个低温实验室的联络指挥中心。

6）试验数据采集与处理系统，试验数据采集与处理系统包括温度、电流、电压、时间及转速等各类试验参数的采集与处理的仪器设备，一般使用计算机进行。

7）通用系统及配电动力系统。

3. 高低温实验室

高低温实验室也可称为环境实验室，是狭义上的环境实验室。它综合高温实验室与低温实验室的技术要求而设立，其结构也是将二者合一。同时，可将转鼓试验台放于其中。

（1）技术指标

1）温度范围。通常高低温实验室可达到 -70 ~ 150℃，有些更高级的设备可以达到更低或更高的温度。

2）温度均匀度。通常要求在实验室内达到 ±2℃或更低的温度均匀度。

3）升温/降温速率。实验室应具备可调节的升温和降温速率，常见的速率范围是 1 ~ 15℃/min。

4）恒温控制精度。要求实验室能够稳定地控制温度，并保持在预定的温度范围内，通常精度要求为 ±0.5℃或更高。

（2）试验项目

1）常温试验。用于测试产品在正常温度环境下的性能和可靠性。

2）低温试验。用于测试产品在低温环境下的耐寒性、抗冻性等。

3）高温试验。用于测试产品在高温环境下的耐热性、耐高温蠕变性等。

4）温度循环试验。在高温和低温之间进行循环变温测试，模拟产品在极端温度快速变化时的性能。

5）恒温湿度试验。结合恒温和恒湿条件，用于测试产品在高温高湿环境下的性能。

（3）结构组成

1）实验室箱体。内部是封闭的试验空间，具备隔热与密封性能，通常由耐高温材料制成。

2）温度控制系统。包括温度传感器、加热装置、冷却装置和温度控制器等，用于控制实验室内温度的升降。

3）循环风路系统。确保试验空间内的温度分布均匀，通常包括鼓风机和风道等。

4）数据采集与控制系统。用于监测和记录试验过程中的温度数据，并能够根据预设的条件自动控制实验室工作。

5）安全保护系统。包括过温保护装置、断电保护装置和故障报警系统等，用于确保试验过程中的安全性。典型高低温模拟实验室结构示意图如图 8-21 所示。

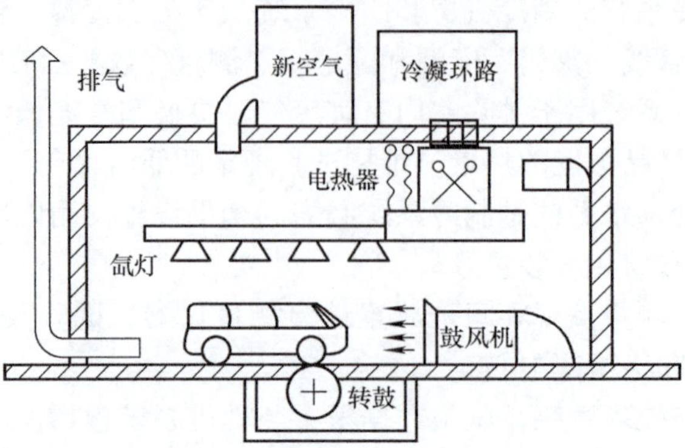

图 8-21　高低温模拟实验室结构示意图

四、碰撞安全实验室

汽车碰撞安全试验主要是以再现交通事故的方式，分析汽车在碰撞的过程中车内乘客与车辆的相对运动状态、乘客及车辆的伤害状态，通过分析结果可以改进车辆结构安全性设计和增设汽车乘客的保护装置。通过对试验车辆上安放假人的伤害值评价，可以得到对汽车整体安全性能的综合评价；通过进行汽车碰撞安全试验还可以对汽车安全带、安全气囊及座椅等进行安全性能评价，对汽车车身上的安全带连接部及座椅连接部等方面进行安全性能评价。

碰撞安全实验室是用于评估汽车和其他交通工具在碰撞情况下的安全性能的设施，如图 8-22 所示。这些实验室通常配备了碰撞试验假人、壁障、牵引系统、照明系统及测量系统，可以模拟不同类型和速度的碰撞。通过对车辆进行这些测试，可以评估车辆结构和安全系统的效果，以确保其在碰撞事件中提供最佳的保护性能。

图 8-22　碰撞安全实验室

1. 碰撞安全实验室的功能

1）模拟真实碰撞情况。提供一系列设备和工具，以模拟车辆在事故中的各种碰撞情况，从而评估车辆和部件的安全性能。

2）数据采集与分析。使用高精度传感器和数据采集系统，记录并分析碰撞过程中的各项指标，如加速度、位移等。

3）评估安全性能。通过对碰撞试验结果的数据分析，评估车辆或部件在碰撞情况下的安全性能，并提出改进建议。

2. 碰撞安全实验室的组成

（1）碰撞试验假人

碰撞试验假人又称为拟人试验装置，是用于评价碰撞安全性的标准人体模型。

（2）壁障

在碰撞试验中，壁障是一个用来模拟汽车与障碍物碰撞的固定或可变形物体。

1）固定壁障。正面碰撞试验区域设置有固定壁障，根据 SAE J850—2000，固定壁障表面至少宽 3m、高 1.5m，壁障表面垂直于壁障前的路面，且覆盖一层 19mm 厚的胶合板，壁障尺寸和结构应足以限制其表面变形量小于车辆永久变形量的 1%。

2）移动壁障。侧面碰撞和追尾碰撞是采用移动壁障对停放在碰撞区域中的试验车辆实施碰撞，移动壁障（图 8-23）由碰撞块和移动车组成。移动壁障的质量、碰撞表面结构按照不同的试验要求是不同的。在 FMVSS 208 标准中，定义了用于追尾、侧面碰撞的移动壁障，即质量为 1814.4kg（4000lb）、碰撞面为刚性平面的移动壁，该移动壁障也用于 FMVSS 301 中侧面、追尾碰撞后的燃油泄漏试验。此外，FMVSS 301 中还定义了一种刚性仿形壁障。

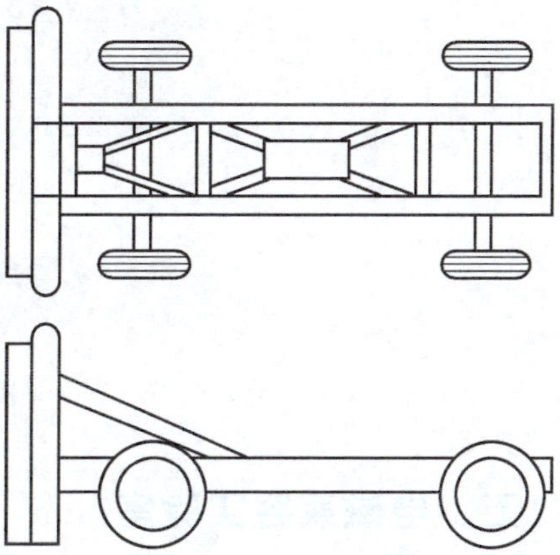

图 8-23　移动壁障

（3）牵引系统

牵引系统是将试验车辆或移动壁障由静止加速到所设定的碰撞初速度的装置。用于实车碰撞试验的牵引系统应保证准确的速度控制，以满足试验法规中规定的碰撞速度要求；对放置有假人的试验车辆，在牵引过程中，为防止加速过程中假人姿态发生变化，加速度不能过大；具有导向和脱钩装置，导向装置确保试验车沿预定的轨道运动。

（4）照明系统

实车碰撞试验过程中，为了分析汽车的变形形态、了解假人的运动形态，必须同时采用多台高速摄影机或摄像机拍摄试验过程。在碰撞区应该设置专用的照明设施，为了在正面碰撞区域和侧面碰撞区域能共用主照明系统，两块主照明板设置在可移动的悬挂小车上，通过主照明板左右两侧悬挂高度的改变可调节主照明板的高度和倾斜角度。

（5）测量系统

在汽车的碰撞试验中，测量技术是一项非常关键的技术，测量系统由电测量系统和光学测量系统构成。电测量系统用于精确地测量碰撞过程中汽车各部位的加速度响应、对固定壁的碰撞力及乘客伤害评价用的各种响应信号。光学测量系统用于获取直观的二维影像，分析碰撞过程中车体的变形及其乘客的运动形态，适用于从总体上了解碰撞全过程。

典型的大客车侧面碰撞试验和正面碰撞试验现场分别如图 8-24 和图 8-25 所示。

图 8-24　侧面碰撞试验

图 8-25　正面碰撞试验

五、电磁兼容实验室

电磁兼容实验室是指为了进行电磁兼容试验而建立的一类特殊环境的实验室。电磁兼容性工作可分为两个方面：一方面是无线电管理措施，如采用频率分配和时间分割的手段使系统之间不构成干扰；另一方面是各种技术措施，即采用屏蔽、滤波及合理的布线、接地等措施抑制干扰。电磁兼容实验室是为了进行电磁兼容试验而建立的一类特殊的实验室，如图 8-26 所示。

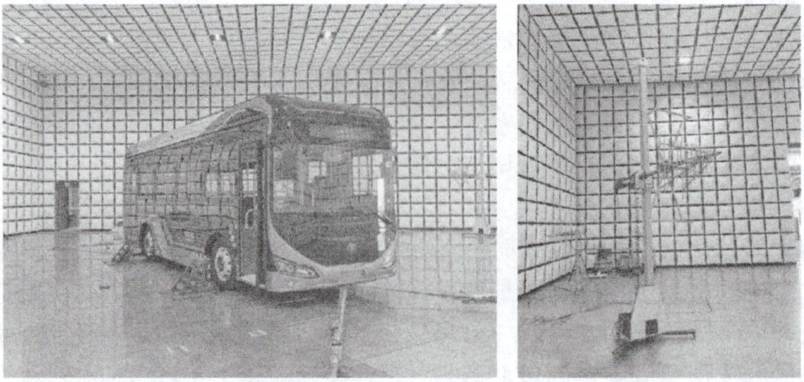

图 8-26　电磁兼容实验室

1. 电磁兼容实验室的分类

为了规范电子或其他产品的电磁兼容性，需要根据相关标准进行相关的电磁兼容试验。完整系统的电磁兼容实验室一般包括电波暗室和屏蔽室两类。

（1）电波暗室

电波暗室是进行辐射发射试验和辐射抗扰度试验的场所。根据测试距离，分为3m法暗室、10m法暗室。3m跟10m的含义是指待测试品距天线的距离。

10m法暗室一般为10m法半电波暗室，是指除地面以外的其他五面都是铺设了吸波材料的密闭空间，地面为金属地面，能够模拟无反射的空阔场地。10m法半电波暗室可进行辐射发射试验和辐射抗扰度试验，以及屏蔽效能试验等电磁兼容试验。结合辐射骚扰、辐射抗扰度测试系统，达到如下要求：

1）10m法电波暗室满足CISPR16-1-4、ANSI 63.4、CISPR11、CISPR22、CISPR25、IEC61000-4-3、GJB 152A—1997《军用设备和分系统电磁发射和敏感度测量》和GB 12190—2021《电磁屏蔽室屏蔽效能的测量方法》等标准对辐射骚扰和抗扰度测试场地的要求。

2）辐射骚扰测试系统满足CISPR16-1-1/-2/-3/-4、CISPR16-2-1/-2/-3/-4、CISPR11、CISPR22等标准的辐射骚扰自动化测试对电磁兼容性测试系统的全部要求。

3）辐射骚扰测试系统满足CISPR16-1-1/-2/-3/-4、CISPR16-2-1/-2/-3/-4、IEC61000-4-3等标准的辐射抗扰度自动化测试对电磁兼容性测试系统的全部要求。

4）能够进行CISPR11、CISPR22以及相应国标规定的各类电子设备、通信设备、汽车电子设备、工业、科学和医疗设备等的辐射骚扰测试。

5）能够进行IEC61000-4-3、GB 17619—1998《机动车电子电器组件的电磁辐射抗扰性限值和测量方法》、DL/T 1087—2008《±800kV特高压直流换电站二次设备抗扰度要求》、DL/Z 713—2000《500kV变电所保护和控制设备抗扰度要求》等标准规定的各类电子设备、通信设备、汽车电子设备、变电站和换流站二次设备等的辐射抗扰度测试。

6）10m法电波暗室和辐射骚扰、辐射抗扰度测试系统性能具有一定的前瞻性，适应电磁兼容测试技术及标准的发展方向。

7）10m法电波暗室主要有五大技术指标，分别为屏蔽效能、归一化场地衰减、场地电压驻波比、场均匀性和环境噪声。

3m法电波暗室一般为可进行半/全转换的电波暗室。3m法电波暗室可进行半/全电波暗室的转换，满足测试需求。半电波暗室是指地面为金属地面，其他五个面为吸波材料的电波暗室；全电波暗室是指六个面铺设吸波材料的电波暗室，可进行辐射抗扰度试验。

（2）屏蔽室

屏蔽室是指采用拼接结构或者焊接结构的六面体金属房间，以中国电力科学研究院电磁兼容实验室的屏蔽室为例，屏蔽效能（SE）在10～150kHz频段内达到90dB，150kHz～18GHz频段内达到110dB，能够满足标准要求。屏蔽室内可进行GB 17626系列和GB 17625系列的24项电磁兼容试验。

2. 电磁兼容实验室的功能

1）测量与监控。通过仪器设备对电磁辐射和抗扰度进行测量和监控。

2）仿真与模拟。模拟各种电磁环境条件，如射频场、脉冲电磁场等，以进行试验。

3）分析与评估。对试验结果进行分析与评估，判断设备的电磁兼容性能是否符合相关标准要求。

3. 电磁兼容实验室的组成

1）实验室空间。包括屏蔽室、吸波材料等，用于消除外部干扰并控制内部电磁环境。

2）测试设备。包括频谱分析仪、信号发生器、暂态发生器等，用于进行电磁兼容试验。

3）辅助设施。如电源系统、接地系统、温湿度控制系统等，确保试验环境的稳定可控性。

六、整车声学实验室

汽车是世界上公认的噪声源之一，各国环境保护法规中都对汽车噪声级别加以限制。为便于开展汽车噪声的检测和相关研究工作，需要一个不受外界干扰的声学环境，即消声室和混响室。

消声室是指在闭合空间内建立的自由声场室，在此空间内，传播声波的介质均匀地向各个方向延伸，使声源辐射的声能“自由”地传播，既无障碍物的反射，也无环境噪声的干扰，如图 8-27 所示。

图 8-27　消声室

混响室是指具有扩散声场的试验房间，吸声很小，混响时间很长，室内声波经过多次反射形成声能的均匀分布。其作用是创造一个供测试用的扩展声场。

1. 消声室的分类

根据空间吸声面数量多少，消声室可分为全消声室和半消声室，如图 8-28 所示。半消声室内五面装有吸声体，地面为水磨石地面，作为声发射面，可模拟汽车行驶时的声音反射特点。整个消声室如同一个长方体“空盒”放在房间里，并通过弹簧坐落在与房间墙壁隔离的独立基础上。全消声室为六面挂装吸声体的净空间，一般用于发动机的声学测量。

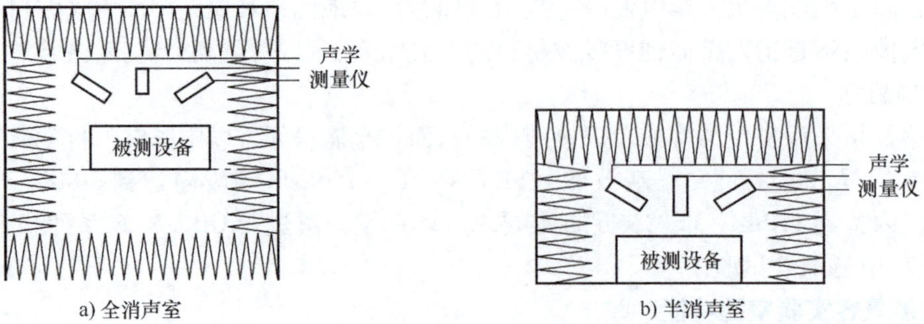

图 8-28　消声室结构示意图

2. 消声室的功能

1）自由场空间。自由场是指声波在无限大空间里传播时，不存在任何反射体和反射面。消声室的主要功能是为声学测试提供一个自由场空间或半自由场空间。自由场半径是衡量自由场大小的指标，一个设计良好的消声室，自由场半径应延伸至从中心点到离尖劈1.0m的距离。

2）背景噪声。消声室另一个功能是提供低背景噪声的环境以适应测试环境的要求，在测试频率范围内，背景噪声的声压级至少要比被测声源的声压级低6dB，最好低12dB。

3）截止频率。在消声室设计中，通常把尖劈吸声系数为0.99的最低频率称为截止频率。墙面的吸声系统能保证99%的吸声系数时，可保证消声室在截止频率以上是满足自由场条件的。在截止频率以下的测量，可根据ISO 3746—2010《声学　声压法测定噪声源声功率级和声能级　反射面上方采用包络测量表面的简易法》和ISO 3747—2010《声学　声压法测定噪声源声功率级和声能级　在混响环境现场使用的工程法/简易法》的标准进行修正测量。

在消声室内，可开展的试验项目主要有：发动机声功率级测量、声场分布、1m声压级测量等，排气系统噪声研究，排气噪声测量，冷却系统噪声研究，传动系统噪声研究，起动机、发动机等电气噪声研究，气、电喇叭声频谱分析，可靠性试验，声学仪器的计量等。

3. 消声室的组成

消声室是一种用于隔离和减少噪声传播的封闭空间。其结构组成通常会根据具体应用和需要进行设计。以下是消声室的一些常见结构组成。

（1）壁体结构

1）外壳。消声室的外壳是整个结构的基础，在外壳上进行噪声隔离和吸声处理。

2）隔声墙体。墙体通常采用双层板材结构，并在两层之间填充吸声材料，如玻璃纤维、聚脲等，用于隔离和减少噪声传播。

3）隔声门。消声室的进出口通常采用特殊设计的隔声门，以确保整个消声室的密封和隔声性能。

（2）吸声材料

1）吸声墙板。内侧的墙面通常采用吸声墙板覆盖，吸收入射声波并减少噪声反射。

2）吸声吊顶。在消声室顶部安装吸声吊顶，也可以增加吸声效果。

3）吸声地板。消声室的地面通常采用吸声材料，减少地面反射噪声。

（3）空气处理系统

1）通风系统。消声室内通常需要外部空气的循环通风，同时要注意保持隔声性能。

2）隔声风扇。使用隔声风扇来提供通风，并减少风扇本身噪声的传播。

（4）细节设计

1）超声波密封。在消声室的周边细节部分，如门、窗等，采用超声波密封，以减少声音的泄漏。

2）消声通孔。在消声室的壁体上设置消声通孔，通过吸声材料的填充和特殊结构的设计，达到减少声音穿透的效果。

复习思考题

1. 简述汽车试验场的主要功用。
2. 简述汽车试验场的主要道路构成和特点。
3. 简述转鼓实验室的主要功能以及转鼓试验台的工作原理。
4. 简述道路模拟试验的主要原理。
5. 简述碰撞安全实验室的主要设备设施。

第九章 汽车虚拟试验技术

道路试验、场地试验和台架试验等传统试验方法需要消耗大量的人力、物力和财力，存在效率低、周期长和成本高等问题。随着新一代信息技术、大数据、云计算、数字孪生等先进技术的快速发展和硬件平台性能的不断提高，推动虚拟试验技术在汽车试验中应用，为新能源汽车产品的研发、设计、制造及测试评价提供了全新的解决方案。

本章对汽车虚拟试验概况、虚拟试验场、虚拟仪器系统、常用虚拟试验软件进行介绍。

第一节　汽车虚拟试验概况

一、汽车虚拟试验的定义

汽车虚拟试验是利用计算机、仿真软件及相关仪器，借助计算机交互技术和汽车试验理论及分析技术，用虚拟试验环境模拟真实场景，部分替代或全部替代真实试验中的汽车、试验设备、试验场，取得接近或等价于真实试验效果的试验。广义上讲，任何基于虚拟环境，不使用或部分使用实际硬件来构造试验环境，完成实际物理试验的方法和技术都可以称为虚拟试验。虚拟试验环境是基于软件工程研制的仿真试验系统，它允许设计者将虚拟样机部署在其中进行试验，使设计者在设计阶段就能对汽车的使用性能进行测试和评价，或者在计算机系统中采用软件代替部分硬件或全部硬件来建立各种虚拟的试验环境，使试验工程师可以如同在真实的环境中一样完成各种预定的试验项目。

二、虚拟试验的特点

传统产品研发生产工作中，模型创建与物理试验是分开进行的，即在零件样机制造完毕后创建物理试验，再根据试验中出现的问题修改零件样机。汽车设计生产中，对于每一个零件要求十分严苛，需要汽车企业在原件设计时投入大量的时间及资金。但是，在企业零件生产中运用虚拟原型试验仿真技术，能够通过先进科技模拟零件原型，进而根据虚拟出来的汽车原型进行安装调整。如果车辆性能没有达到预想效果，可以及时调整车辆设计方案，大大降低了汽车企业在设计修改方面的经济及时间成本。虚拟原型能够代替原有零件，提高了在汽车装备中的稳定性，降低了对原材料的需求。

与汽车传统试验方法相比，虚拟试验方法具有以下优点：

1）安全性高：虚拟试验不需要使用真实的物质、设备和环境，不存在试验操作失误所带来的危险和风险，可以更加安全地进行试验，减少对人及环境的危害。

2）重复性好：虚拟试验可重复性好，试验场地、时间和次数不受限制，试验过程安全可靠，试验可控性好，试验过程进行回放和再现，信息量大而丰富。

3）经济性好：虚拟试验可以大幅度减少样机制造和试验的次数，不需要消耗大量的试验物质和设备，资源占用少，能够缩短新产品的试验周期，同时降低试验费用，成本较低。虚拟试验不仅可用于实物试验的前期初步准备，也可部分替代在现实中难以开展的试验，或者需要投入大量物力、财力和人力的试验。

4）灵活性强：虚拟试验可以根据设计需要和试验目的进行定制，不受时间、空间、设备等因素的限制，具有更强的灵活性和可定制性，可以实现设计者、产品用户在设计阶段信息的互相反馈，使设计者全方位吸收、采纳对产品的建议，其提供的人机交互界面和沉浸感，有利于激发工程师的创造性。

虚拟仿真试验的缺点如下：

1）无法完全代替试验：虚拟仿真试验虽然可以模拟真实的试验环境和操作过程，但仍然不能完全代替试验的真实性和感性认识。

2）对工程师技能要求较高：虚拟试验需要工程师掌握一定的计算机操作和虚拟仿真技术，对技能要求较高。

3）数据和结果有局限性：虚拟试验的结果和数据往往只能局限于模拟程序中的数据和结果，与真实试验存在一定的差异。

由于虚拟原型试验仿真技术在实际运用中所具有的优势，因此世界各国汽车生产企业都十分关注自身虚拟环境的发展水平，并且将虚拟原型试验运用在车辆原件设计中。

三、虚拟试验的分类

按试验方法可将虚拟试验分为虚拟仿真（Software in the Loop，SiL）测试、硬件在环（Hardware in the Loop，HiL）测试、整车在环（Vehicle in the Loop，ViL）测试、数字孪生测试等。其中，SiL 测试采用纯仿真手段，一般用于早期的产品开发；HiL 测试中只有被测零部件是真实的硬件，采用的车辆为虚拟的动力学模型；ViL 测试中用实车代替车辆动力学模型，在实验室环境下进行相关测试；数字孪生测试能够将物理模型和传感器虚拟数据在孪生空间中实现双向映射，建立仿真空间与现实空间的沟通桥梁。相比仿真测试，数字孪生测试采用真实的路面、真实的控制器和车辆执行机构，测试环境更符合实际情况，测试结果更真实可信；相比单个零部件的硬件在环测试，数字孪生测试可以评估车辆的整体性能与执行效果；相比实车场地或道路测试，数字孪生测试可以快速便捷地重现危险事故场景与关键测试场景，测试效率和安全性更高，测试成本也相对较低。

四、基本实施步骤

实施汽车虚拟试验一般需要以下基本步骤：

1）建立虚拟试验场。需要进行三维数字路面建模、轮胎测试和模型辨识、整车多体动力学建模和优化、六分力试验对标及耐久虚拟仿真。

2）开发虚拟原型样机。虚拟原型样机是汽车虚拟试验的关键组成部分之一，它是基于计算机仿真技术建立的、具有真实汽车性能和特征的虚拟模型。虚拟原型样机可以用于进行各种虚拟试验和仿真，通过在虚拟环境中模拟不同的道路状况和驾驶行为，可以评估车辆的动力性和经济性、制动性、操纵稳定性及平顺性等，同时也可以对不同的车辆配置和参数进行优化和比较。

3）在虚拟试验场中开展虚拟样机分析。虚拟试验场是进行模拟汽车行驶和性能分析的虚拟环境，在虚拟试验场中，可以开展虚拟样机分析，可以对虚拟样机的运动学、动力学、操控性能、安全性能等进行各种测试和评估，可以获得准确而全面的数据和结果。

4）试验结果的存储与回放分析。在汽车虚拟试验中，试验结果的存储与回放分析是非常重要的环节。它可以记录和保存虚拟试验期间生成的数据，并提供方便的工具和方法来分析和评估试验结果。

第二节　虚拟试验场

一、虚拟试验场简介

随着 CAE 技术的飞速发展，非线性软件功能大大提高，计算机硬件也在其发展中提供了足够的支持，各大国际汽车企业开始广泛利用虚拟试验的方法来考察汽车的性能。美国工程技术合作公司（ETA）联合 ANSYS 公司和 LSTC 公司推出虚拟试验场（Virtual Proving Ground，VPG），如图 9-1 所示。

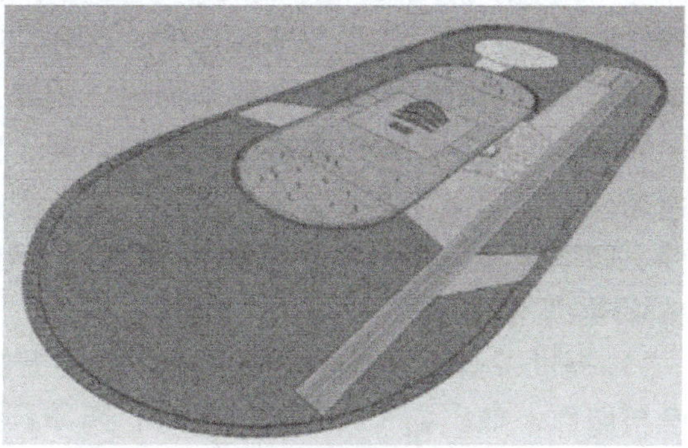

图 9-1　虚拟试验场

VPG 集成了数字路面模型、轮胎模型、汽车多体动力学模型，形成一个虚拟仿真平台，主要应用于分析车辆动力学、疲劳耐久、NVH 及整车行驶性能等问题，应用 VPG 技术可以在样车试制前即可得到产品试验结果，能够减少整车试验次数、缩短研发周期、提高工程质量、降低研发成本、减少投资风险。

虚拟试验场主要包括以下方面：

1）虚拟路面，通过高精度三维扫描仪对试验场各路况进行扫描，将实际特征路面转化为数字化路面。

2）虚拟轮胎，对实际轮胎进行多项测试，得到各向刚度、半径、纹路等全面参数，形成柔性环轮胎模型（Flexible Ring Tire Model，Ftire）。虚拟路面和 Ftire 模型解决了设计初期没有试验车辆无法获得有效路面载荷的问题，降低了前期设计中的故障发生率。

3）虚拟样车，通过建立整车多体动力学模型得到不同轮胎轴头的 6 个方向（平动与转动的 x、y、z 方向）载荷，并分解至车身各硬点以及底盘与车身连接点，为后续车身、底盘疲劳强度仿真分析提供支持。通过虚拟技术得到车身和各部件载荷，为整车结构耐久性能预测提供方向性指导。

VPG 技术的主要功能如下。

1）VPG 技术是汽车 CAE 技术领域中一个很有代表性的进展。CAE 分析对象不再是分开的各个零部件，而是包括车身有限元模型、悬架系统（弹簧、减振器、动力控制臂）、转向梯形、车轮轮胎等整车非线性系统模型。这样，车身和悬架系统、转向系统间的复杂且难以明确确定的作用力关系已包含在分析模型之内，如图 9-2 所示。

图 9-2　CAE 模拟图

2）分析模型数据库化。除车身模型是车型分析时必须建立的模型，悬架结构、转向机构和轮胎是完全可以实现数据库化的。这些结构对汽车来说，结构形式基本可以归纳成几种基本类型和数量有限的几个参数来描述。用户只需选择结构类型，给出参数即可产生计算模型。同时软件数据库可以增加用户模型数据，随着用户应用面的增多，数据库会更加丰富。当前悬架数据库保存有麦弗逊式悬架、液压减振器、长短臂、渐变叶片弹簧、后拖曳臂、五连杆、四连杆和扭杆等多种结构数据库。另外，VPG 还提供对 ADAMS 接口，导入兼容的 ADAMS 悬架模型。

3）提供了全面的路面载荷。VPG 软件提供了标准典型的路面模型，是通常整车试验标准考核路面，如比利时路、大扭曲路、鹅卵石路、槽形路、波纹路以及搓板路等。

4）VPG 计算技术分析内容是多样化的。一个分析模型可以进行疲劳寿命计算、振动噪声分析计算、车辆碰撞历程仿真、碰撞时乘员安全保护等多种结构非线性分析。还可以进行整车非线性运动学和动力学计算，用来进行整车舒适性、高速行驶性能和操纵稳定性研究。其中疲劳分析可以根据计算结果整理出疲劳曲线进行寿命预测。振动噪声计算结果可以通过傅里叶变换后进行 NVH 评价。碰撞仿真结果用于结构碰撞性能研究和依据 FMVSS 法规对乘员的安全进行评价。碰撞仿真模拟如图 9-3 所示。运动学和动力学计算可输出内外轮角、转动半径、内倾刚度、回转半径、前束角、内倾角、外倾角、后倾角和纵向摆动等参数进行整车性能评价。

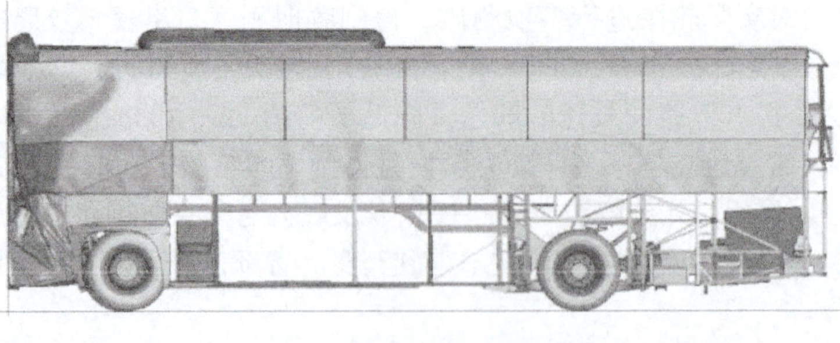

图 9-3　碰撞仿真模拟

5）求解器基于高度非线性软件 LS-DYNA 进行整车系统非线性分析。从这个角度看，VPG 技术是一个高度非线性分析软件的一个汽车专用接口软件，并提供专业数据库，以供其分析计算。

6）计算结果后处理完全基于现代计算机图式化平台上，可以产生实时动画、疲劳预测、应力应变图、数据信号变换并绘制数据曲线图形等。

二、虚拟试验场的构成

虚拟试验场是基于计算机仿真技术的汽车试验平台，其主要实现三维数字路面建模、轮胎测试和模型辨识、整车多体动力学建模和优化、六分力试验对标及耐久虚拟仿真等。

1. 三维数字路面建模

三维数字路面建模是虚拟试验场的基础技术，它能够在计算机中构建高精度的路面模型。这个模型可以包括路面的几何形状、摩擦系数、噪声和振动等特征。在模拟试验中，汽车模型通过在数字路面上运动，模拟真实道路上的运动状态。三维数字路面建模需要基于车辆运动学和动力学模型，考虑路面的各种特征，如平整度、横向坡度、纵向坡度等，实现高度真实的模拟效果。

2. 轮胎测试和模型辨识

Ftire 是一种广泛使用的轮胎，它能够通过轮胎试验数据，建立轮胎的数学模型。虚拟试验场中，可以通过 Ftire 模型对轮胎进行测试和模型辨识。轮胎测试可以模拟不同路面、不同车速下的轮胎性能，并提供轮胎力矩、侧向力和垂向力等数据，用于后续的整车动力学模拟。轮胎模型辨识则是基于轮胎测试数据，对轮胎的数学模型进行参数拟合，以提高轮胎模型的精度和适用性。

3. 整车多体动力学建模和优化

整车多体动力学建模和优化是虚拟试验场的核心技术之一，它能够建立整车的数学模型，并进行多方面的仿真试验。整车动力学模型包括车身、车轮、发动机、变速器、悬架系统等，通过对这些系统和部件的运动学和动力学分析，可以得到整车的运动状态和各种力、力矩、速度等参数。在整车动力学模型中，还可以对汽车的控制系统进行仿真，如制动系统、转向系统、传动系统、动力总成悬置系统等，以检验这些系统的性能和优化方案。

4. 六分力试验对标

六分力试验是汽车试验中最重要的试验之一，它可以测试整车在六个方向上的力和力矩，包括纵向、横向、垂向和三个旋转方向。在虚拟试验场中，通过对整车多体动力学模型的仿真试验，可以得到整车在六个方向上的力和力矩，与实际六分力试验数据进行对比来验证整车动力学模型的准确性和可靠性，并为后续的优化提供依据。

5. 耐久虚拟仿真

耐久虚拟仿真是虚拟试验场中的另一重要技术，它模拟汽车在不同路面、不同行驶条件下的耐久性能，包括振动、噪声、损坏等。在虚拟试验场中，可以通过对整车多体动力学模型的仿真试验，得到整车在不同路面、不同行驶条件下的振动和噪声数据，进行相关分析和优化。

三、虚拟试验场的应用

虚拟试验场在汽车开发中具有广泛的应用，包括以下几个方面。

1. 整车动力学模拟

整车动力学模拟是虚拟试验场的主要应用之一。通过对整车动力学模型的仿真试验，可以得到汽车在不同路面和行驶条件下的动力学性能，包括加速度、速度、力矩、力等参数。这些数据可以用于优化车辆的悬架系统、转向系统、制动系统等，提高整车的操控性和稳定性。另外，整车多体动力学模拟还可用于评估汽车的燃油经济性和排放性能，为汽车的环保性能提供依据。

现阶段对于车辆动力学与操纵稳定性的虚拟试验分析主要应用的软件为 ADMAS，该款软件能够实时性反映出试验成果。在模拟试验中，分析对象不再是分开的各个零部件，而是包括车身有限元模型、悬架系（弹簧、减振器、动力控制臂）、转向梯形、车轮轮胎等整车非线性系统模型。这样，车身和悬架系统与转向系统之间难以明确的作用力关系也包含在分析模型之中。

2. 轮胎性能虚拟试验

轮胎是汽车的重要部件之一，其性能对整车的操控性、稳定性、动力性、制动性、经济性和舒适性等有重要影响。轮胎的实际生产流程及环境都较为烦琐，而车辆工程对于轮胎模型研究工作还不是十分系统，最大的难题就是对轮胎的建模及参数测量工作。虚拟试验场中，可以通过 Ftire 轮胎模型对轮胎进行测试和模型辨识，得到轮胎的力矩、侧向力、垂向力等参数。这些参数可以用于优化轮胎的设计和材料选择，提高轮胎的性能和耐久性。

虚拟试验技术能够模拟出车辆轮胎在不同驾驶环境下的轮胎及车辆性能，更适合应用于分析轮胎在运行中与地面之间的相互作用。轮胎模型可以通过三维有限元模型方式直观表现出来。在实际行驶中，虚拟环境中的轮胎状态与真实行驶中与地面作用水平基本一致，能够得出轮胎在车辆不同速度、环境、载荷下的仿真结构。早在 1999 年，德国科研人员就通过轮胎有限元虚拟模型和数字地面，对货车轮胎与地面之间的作用情况开展了仿真虚拟性试验，并将试验成果以数学曲线及图像的形式表达出来。我国科研人员所开展的虚拟试验研究轮胎模型中，通过创建数学参数的形式探索轮胎在不同路况下的动力系统，同时将不平衡状态下路况可能出现的内力考虑在内，虚拟出轮胎在实际路况中应用的动力学，为我国虚拟试验技术在车辆工程研究中提供了较为系统性的轮胎模型。

3. 耐久性能虚拟试验

耐久性能是汽车开发中的重要指标之一，它可以反映汽车在长时间使用过程中的可靠性和安全性。从理论上讲，虚拟试验技术能够对任何事物开展原型试验，特别适合于对时间及经济成本消耗等方面的事物试验。虚拟试验场中，可以通过耐久虚拟仿真对汽车的耐久性能进行分析，包括振动、噪声、损坏等。这些数据可以用于优化汽车的结构设计和材料选择，提高汽车的耐久性和安全性。

虚拟试验疲劳性及可靠性试验中，需要产生三类试验数据，分别是道路数据、车辆应力数据、预期中的疲劳数值。例如，对于客车在不同路况下行驶的试验中，通过将车辆加速、减速和紧急制动来开展疲劳性虚拟，车辆整体疲劳性能及元件疲劳性能都能够在试验中通过数值或者图像的形式客观性反映出来，分析十分方便。

在对车辆可靠性及耐久性研究上，日本及美国等汽车厂家尤为关注，已经在相关虚拟试验上投入了大量人力及财力。在众多汽车厂家对汽车可靠性及耐久性研究中，日本五十铃汽车基本能够将虚拟试验细化到关键零件中，现阶段主要集中在对于车体强度虚拟试验方面。

4. 新技术虚拟试验验证

汽车开发中，新技术的验证和应用是非常重要的，但是传统的试验方法需要耗费大量的时间和成本。虚拟试验场可以提供高度精确的试验环境，加快新技术的验证和应用速度。例如，在虚拟试验场中，可以模拟自动驾驶系统、电动化技术等新技术的应用，评估其性能和可靠性，为后续的优化和改进提供依据。

第三节　虚拟仪器系统

一、虚拟仪器系统简介

虚拟仪器系统是一种以计算机和测试模块的硬件为基础、以计算机软件为核心、仪器操作面板虚拟在计算机显示屏幕上的全新仪器系统。虚拟仪器系统由通用仪器硬件平台（简称硬件平台）和软件系统两大部分组成，如图 9-4 所示。

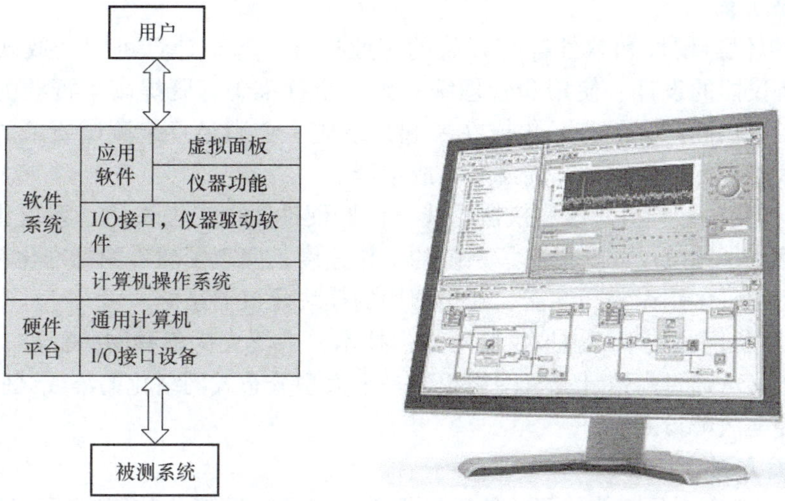

a) 虚拟仪器系统的结构框图　　b) 虚拟仪器系统的实物结构

图 9-4　虚拟仪器系统的构成

虚拟仪器系统的硬件平台由通用计算机和 I/O 接口设备两部分构成：虚拟仪器中的计算机可以是各种类型的计算机，如便携式计算机、台式计算机及嵌入式计算机等，管理着虚拟仪器的软件资源，是虚拟仪器的硬件基础。因此，计算机技术在显示、存储能力、处理性能等各方面进步的同时，推动了虚拟仪器的快速发展；虚拟仪器系统中的硬件设备按其功能的不同分为 PC-DAQ、Serial、PXI、VXI 及 GPIB 等总线标准体系结构，主要完成被测试输入信号的采集、放大、A/D 转换等工作。

虚拟仪器系统的软件系统包括实现仪器功能的测试程序（仪器功能软件）和实现虚拟面板的界面程序（虚拟面板软件）。仪器功能软件利用计算机强大的计算能力和丰富的函数库对试验数据进行分析处理、存储和管理等，以实现特定功能。虚拟面板软件是用户与仪器之间信息交互的窗口，利用计算机强大的编程环境，使用可视化技术，按照用户需求定制虚拟面板，实现设备与用户之间信息交流。

二、虚拟仪器系统的特点

1. 仪器功能方面

1）虚拟仪器是一种创新型的非物理意义上的计算机仪器，而非一种传统意义上的具体仪器，其功能可由用户软件定义，具有柔性的结构和灵活的组态，能给予用户一个充分发挥能力和想象力的空间。

2）一台计算机被设计成多台不同功能的测量仪器，能集多种功能于一体，构成多功能和多用途的综合仪器，极大地丰富和增强了传统仪器的功能。

3）计算机有极其丰富的软件资源、极高的运算速度和大的存储空间，对试验数据有强大的分析和处理能力，不仅可以进行快捷、实时处理，也可以将数据存储起来，以供需要时调出分析之用。这种能力所引申出的仪器功能，在传统仪器中是不可能具有的。

2. 系统集成方面

1）由于虚拟仪器硬件和软件都有开放的工业标准，基于计算机的开放式标准体系结构，用户可以将仪器的设计、使用和管理统一到一个标准上，既提高了资源的可重复利用率，又可按需要将不同厂家的产品集成在一起，组成一个满足复杂测试要求的虚拟仪器系统，其开发技术难度低、效率高、周期短、成本低。

2）基于标准化的计算机总线和仪器总线，仪器硬件实现了模块化、系列化，大大方便了系统集成，缩小了系统尺寸，提高了系统的工作速度；实现了软件的标准化和互换性，可方便地组建小型化、多用途、高性能、即插即用的模块化仪器系统。

3）基于计算机网络技术的虚拟仪器网络化技术，广泛支持各种网络标准，既可实现方便灵活的互联，又可通过高速计算机网络组建一个大型分布式网络化的集成试验系统，实现远程试验、监控与故障诊断。

3. 用户界面方面

1）友好的人机交互界面使仪器的使用操作十分简便，图形化的用户界面既美观又可以方便地由用户自己定义，使之更具个性化。

2）功能复杂的仪器面板，可以划分成几个分面板，每个分面板都可以实现功能操作的单纯化和面板布置的简洁化，从而提高操作的正确性与便捷性。

3）软面板上虚拟的显示器件和操作元件的种类与形式，不受标准件和加工工艺的限制，通过编程既可随时从库中取用，又可根据用户认知和操作要求进行面板设计，具有极大的灵活性和创新性。

三、虚拟仪器系统的典型应用

汽车是一种使用环境恶劣、多变的高机动性产品，多 ECU 的同步与协调工作显得十分重要。为此，在汽车电控系统的开发过程中，需对汽车电控单元进行仿真与严格测试，虚拟仪器系统是一种理想的工具。下面就以汽车电控系统为例，介绍虚拟仪器系统在汽车中的应用。

1. 系统模型定义

依据所要开发汽车 ECU 的技术与性能要求，完成设计规范（如控制算法、控制对象参数），确立仿真模型的结构。仿真模型有线性、非线性、离散和连续等多种不同的形式。线性系统建模比较简单，由于汽车上的电控系统往往具有非线性特性，因此，用线性模型代替非线性系统时精度相对较差；对于离散或连续，则取决于系统的控制方式。

2. 控制器快速建模

因为软件仿真不能完全体现实际的动态环境，所以需要开发一个控制器硬件原型用以在真实环境下验证算法，即将控制器模型下载到一个实时硬件平台，通过 I/O 连接至真实环境中的传感器、执行器并进行测试，该过程即控制器快速建模，也常称为软件在环。选用实时硬件平台是为了实现仿真的时效性、确定性和稳定性。

3. 建立目标系统

建立目标系统实际上是系统建模和产品原型设计，控制器模型在通过快速原型环节验证之后，将该模型自动或手工生产 C 代码或其他支持类型的代码，并下载到 ECU 的微控制器。

4. 硬件在环测试

硬件在环（Hardware in the Loop，HiL）是指将已下载目标代码的 ECU 通过 I/O 接至先前建立的环境模型（硬件在环仿真器），并测试该 ECU 在各种工况下的功能和稳定性。硬件在环是一个闭环的测试系统，可重复地进行动态仿真；可在实验室里仿真夏季和冬季的道路试验，不需要真实的测试环境组件，节约测试成本；可进行临界条件测试和模拟工况，如发动机冷却液温度和机油温度、ABS 试验时车速和道路附着系数，没有实际风险；可通过软件（模型）、硬件（故障输入模块）模拟开路、与地短接、ECU 引脚间短接等错误，以及模拟传感器、执行器出错情况。在仿真测试环境中验证开发的产品，所使用的工具是实时系统（包括 I/O）和仿真软件。

ECU 开发完成后，必须全面测试功能，尤其是故障情况和极限条件下的测试。如果用实际的控制对象进行测试，很多情况是无法实现的，或要付出高昂的代价，但利用高度灵活的 HIL 系统，就可以对开发的 ECU 进行各种条件下的测试，特别是故障和极限条件下的测试。

5. 系统测试

在完成关键的硬件在环之后，将修正后的控制器连接至真实 I/O 环境，并进行台架试验、道路试验，直至最后生产出厂。

第四节　汽车虚拟试验应用

一、基本性能虚拟试验应用

1. 动力性和经济性虚拟试验

汽车的动力性和燃油经济性对汽车的运输效率和运输成本具有直接的影响。传统试验方法受外界因素影响较大。采用虚拟试验技术，具有使用方便、快捷、重复性强等优点，能消除实车试验中驾驶员、气候条件和道路环境等外界因素对试验的影响。

（1）试验目的

动力性和经济性虚拟试验是为了评估和改进汽车动力系统的性能以及燃油经济性或能源效率。通过模拟真实道路或运动条件，在计算机模型中对车辆或设备进行虚拟测试，以评估加速性、最高速度、燃油效率等动力性指标以及燃油消耗量、能源利用率等经济性指标，并通过优化设计和调整参数，以获得更好的动力性能和提高燃油经济性。

（2）试验原理

试验的原理是基于计算机模拟和仿真技术。通过构建精确的数学模型，模拟真实的工况和运动条件，包括机械结构、动力系统、空气动力学等方面的参数和特性。然后，在计算机环境中对这些模型进行虚拟仿真测试，以获取性能和经济性的评估结果。这样可以节省实际试验所需的时间、成本和资源，并提供更多的设计优化和参数调整可能性。同时，虚拟试验还可以进行大量重复测试，以获取更可靠的数据和分析结果。

（3）试验方法

基于 Cruise 软件的动力性与经济性虚拟试验方法如下。

1）整车仿真模型的建立。

① 结构模型的建立。将整车模块、驾驶室模块、发动机模块、离合器模块、变速器模块、传动轴模块、主减速器模块、差速器模块、车轮模块及制动器模块等从 Cruise 模型库中拖到建模窗口，并建立各模块间的连接关系，就可建立整车仿真所需模型。

② 各模块参数的输入。为了提高整车仿真模型的精度，需要在输入模板中输入各模块参数。需要输入的各模块参数主要是整车的迎风面积、空载质量和阻力系数；发动机的外特性曲线；离合器接合过程规律；变速器各档速比及传动效率；主减速器的传动比及传动效率；轮胎的滚动阻力系数；旋转部件的转动惯量及燃油消耗量 MAP 图等。事实上，要使仿真结果准确可靠，需要在相应的模块中输入大量的试验数据，并通过仿真计算及相关性分析对输入数据进行修正。

③ 仿真计算模式的选择。在 Cruise 软件中，有很多种计算的模式可供用户进行选择。就算法而言，包括稳态计算、准稳态计算和瞬态计算三种类型；就计算种类而言，包括简单计算、组件计算、矩阵复合计算和批处理计算四种分类。每种计算模式都有各自的运算范围和计算特点，可根据计算的需要选择相应的计算模式。

2）动力性与经济性虚拟试验实现。在整车仿真模型建立后，要按照仿真需要对该车型的动力性和经济性计算任务进行定义，Cruise 软件提供的计算任务主要有最高车速、加速性能、爬坡性能、最大牵引力、循环工况及制动/滑行性能等。

在 Cruise 软件中，对所建立的仿真模型进行动力性能虚拟试验，就可完成装备车辆的最高车速、加速性能和爬坡性能仿真。通过燃油经济性虚拟试验就可获取一定工况下汽车行驶百公里的燃油消耗量或一定燃油消耗量能使汽车行驶的里程等参数。为了避免单一工况下燃油消耗量的仿真结果不全面的弊端，还可获得由等速、加速、减速和怠速工况组成的多工况循环行驶百公里的燃油消耗量。

3）试验验证。进行整车动力性和燃油经济性实测试验，对比试验结果与仿真结果，以验证所建仿真模型的合理性和仿真结果的准确性。

2. 制动性虚拟试验

汽车制动性能虚拟试验主要由 ADAMS 软件和 MATLAB 软件联合仿真来实现。通常在 ADAMS/View 模块或在 ADAMS/Car 模块中建立多自由度的整车仿真模型，在 MATLAB/Simulink 模块中建立防抱死制动系统的控制模型，然后将防抱死制动系统控制模型的仿真数据文件导入到 ADAMS 软件中进行整车多体系统动力学仿真。

（1）试验目的

制动性虚拟试验是为了评估和改进汽车制动系统性能，主要包括制动力、制动距离、制动稳定性等指标。通过模拟不同的制动条件和工况，在计算机模型中对车辆或设备进行虚拟测试，以评估制动性能，并根据测试结果进行优化设计和调整参数，以提高制动性能和安全性。

（2）试验原理

试验的原理是基于计算机仿真和模拟技术，根据制动系统的机械部件和液压系统等关键参数建立精确的数学模型，包括制动器、制动盘、制动片、制动主缸等组件的特性和行为。然后，在计算机环境中模拟不同的制动工况和操作情况，进行虚拟仿真测试，通过模型计算和模拟，得出制动性能的评估结果，包括制动力输出、制动距离、制动力分配及制动温度等指标。通过对模型参数的调整和设计优化，可以改进制动系统的性能，并提供更好的制动稳定性和效果。

（3）试验方法

1）整车仿真模型的建立。在多体动力学软件 ADAMS/View 模块中建立多自由度的多体动力学整车仿真模型，该模型主要由车身、轮胎、前后悬架、转向机构、横向拉杆和传动系等子系统组成。在对各子系统建立几何模型时，需要输入的参数主要有质量参数、几何定位参数、路谱文件、轮胎特性参数以及驱动力矩和制动力矩等力学特性参数，这些参数的准确与否直接影响整车仿真模拟的精度，最好是通过试验来获取。

2）制动性能虚拟试验实现。

① 直线制动和转弯制动虚拟试验。汽车的制动性可按直线制动和转弯制动两类进行研究，其中，直线制动可分为起步加速、匀速行驶和制动三个试验研究阶段；转弯制动又可分为起步加速、转弯、匀速行驶和制动四个试验研究阶段。

直线制动虚拟试验的实现过程如下：起步加速阶段虚拟试验是通过在变速器输入轴及主减速齿上施加驱动或转矩，或者在传动轴输入端的旋转副上加载驱动或转矩来实现；匀速行驶阶段可利用驱动力矩、驱动函数和 MPACT 函数来控制汽车匀速行驶，进而进行虚拟试验；制动阶段虚拟试验的实现通过两种途径来进行，一种是通过在主减速齿上施加反力矩来抑制主减速齿轮转动，另一种是分别对前后轮施加制动力矩来达到停车的目的。转弯制动虚拟试验几个阶段的试验方法都可以按照直线制动虚拟试验相应阶段的方法进行。

② 防抱死制动系统虚拟试验。通过 ADAMS 软件的 Controls 模块，可对 ADAMS 模型施加复杂的控制，可实现 ADAMS 软件中的系统动力学模型和 MATLAB/Simulink 模块中的控制模型的联合仿真。在与 ADAMS 软件结合以前，需要先在 MATLAB/Simulink 模块中建立以滑移率为参数的控制系统，然后将 MATLAB/Simulink 模块中输出的文件导入到 ADAMS 软件中，最后在 ADAMS 软件中进行防抱死制动系统与系统动力学模型的联合仿真，以实现防抱死制动系统的实时控制功能。目前，在防抱死制动系统虚拟试验方面主要是进行车速与制动距离的仿真、防抱死制动系统控制系统的通道数对汽车制动方向稳定性和制动距离的影响。

3）试验验证。进行整车制动性能实车试验，并将试验结果与仿真结果进行比较，以实现对所建仿真模型和仿真结果的验证。

3. 操纵稳定性虚拟试验

汽车操纵稳定性虚拟试验是用汽车动力学分析数据驱动虚拟环境中的汽车模型，将其在试验过程中各种状态变化映射到计算机屏幕上，借助于虚拟现实技术的交互手段，使研究人员产生“身临其境”的感觉，体验车辆在各种工况下的性能，并对其进行评价。

（1）试验目的

操纵稳定性虚拟试验是为了评估和改进汽车的操纵性能和稳定性。主要包括车辆的转向响应、侧倾稳定性、防侧滑性能等指标。通过模拟不同的操纵条件和工况，在计算机模型中对车辆或设备进行虚拟测试，以评估操纵稳定性，并根据测试结果进行优化设计和调整参数，以提高车辆的操纵性能和驾驶稳定性。

（2）试验原理

试验的原理是基于计算机仿真和模拟技术。首先，建立精确的数学模型，包括车辆的动力学特性、悬架系统、轮胎的力学特性等。然后，在计算机环境中模拟不同的操纵条件和操纵动作，进行虚拟仿真测试。通过对模型的计算和模拟，得出车辆的操纵响应、侧倾稳定性、防侧滑性能等评估结果。通过调整模型参数或改进设计，可以优化车辆的操纵性能，并提供更好的驾驶稳定性和操控性。

（3）试验方法

1）汽车操纵稳定性虚拟试验系统（图 9-5）的构成。输入模块包括转向盘转角输入和加速踏板、制动踏板的输入，其输入信号经过计算机接口、数据采集，进入虚拟试验模块。虚拟试验模块包括汽车动力学模型和虚拟试验场景两部分，虚拟试验场景又由虚拟路面模型和虚拟汽车模型构成。汽车动力学模型是进行汽车虚拟试验的主体，而虚拟试验场景是进行汽车虚拟试验的载体。后处理模块的主要功能是对虚拟试验过程进行回放、再现，以及对试验结果的评价和分析处理。

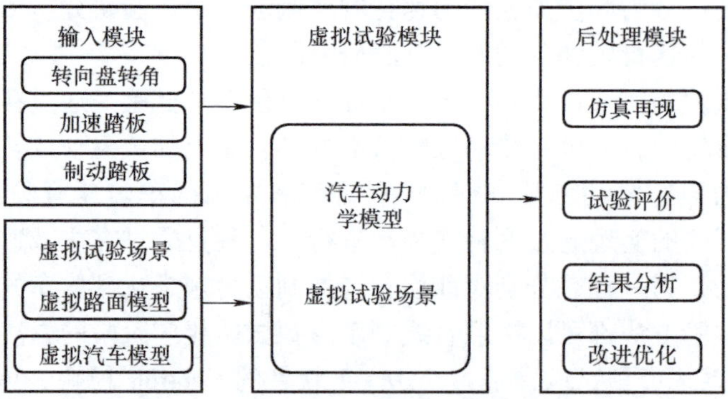

图 9-5　汽车操纵稳定性虚拟试验系统

2）汽车动力学模型。汽车动力学模型是虚拟试验系统中的关键部分，为更好地反映真实的汽车状态，需要考虑尽可能多的自由度建立整车模型。可利用多体系统动力学软件 ADAMS/Car，采用参数化建模方法建立汽车操纵稳定性的动力学模型。将整车分为多个子模块分别建立虚拟样机模型，再将其装配成整车模型，从而建立起整车动力学分析模型。

3）汽车实体模型。实体构造建模就是赋予汽车模型三维实体构造、材质、颜色等外观特征。采用 3D Studio Max 或其他 CAD 软件建立汽车整车和部件的三维实体模型。

4）虚拟试验场模型。虚拟试验场是与用户最直接的接触部分。对场景进展光照、雾化、纹理映射等描述，可以形成较好的视觉感受，人机交互界面可以根据需要改变光、雾信息，获得不同光照、雾化条件下的场景。虚拟场景主要包括两部分：一是虚拟汽车模型；二是虚拟路面模型。

5）汽车操纵稳定性虚拟试验。汽车操纵稳定性虚拟试验基本原理及数据映射流程如图 9-6 所示。模型的输入信号主要有汽车的转向轮转角、驱动与制动信号，需要处理的数据有转向盘转角、横摆角速度、侧向加速度、侧倾角、侧向位移等。在虚拟试验过程中，由汽车动力学仿真产生的结果数据驱动虚拟试验场景中的虚拟汽车模型，使汽车做出在该输入信号下的响应而实现汽车的运动。系统既要根据试验过程的变化不断刷新场景，又要根据仿真分析数据实时地改变虚拟场景中汽车的状态，协调好汽车各部件之间的运动，场景与汽车的变化要保持同步才能为驾驶员提供一个逼真的试验过程，产生与真实试验运动相同的效果。

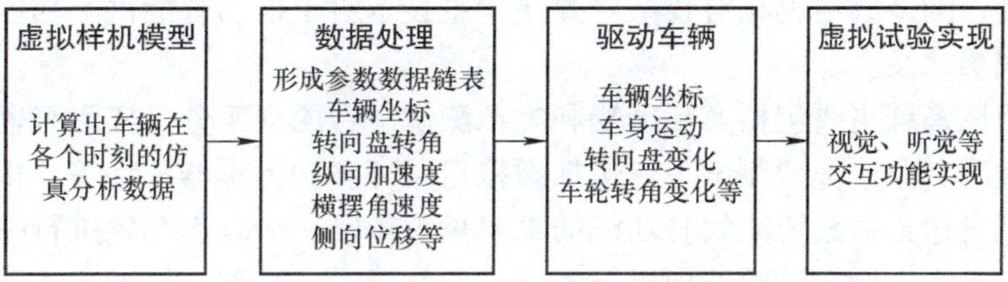

图 9-6　汽车操纵稳定性虚拟试验基本原理及数据映射流程

4. 平顺性虚拟试验

（1）试验目的

通过平顺性虚拟试验可以帮助提高汽车的平顺性，以降低对乘员的振动影响，从而提升乘客的舒适度，而且有助于降低汽车零件的损耗，延长零件的使用寿命，此外，通过改善汽车的平顺性，可以进一步提高汽车的操纵稳定性和动力性。最后，进行平顺性虚拟试验，可以在不需要真实车辆的情况下对各种设计进行测试，这大大节省了生产成本，缩短了产品开发周期。

（2）试验原理

平顺性虚拟试验的原理主要是基于多体动力学理论。多体动力学是一种研究刚体或柔性体系统动力学的学科，可以模拟和分析复杂机械系统的运动规律。在虚拟试验中，通过建立汽车的多体动力学模型，可以模拟汽车在不同工况下的运动状态，从而分析汽车的平顺性。

（3）试验方法

1）建立包括乘员在内的试验汽车的三维实体模型。

2）建立虚拟试验场的场景模型，场景模型范围的大小要满足试验车辆行驶距离的要求，不同的道路应有不同的道路场景，如随机路面道路场景、波形路面道路场景、比利时路面道路场景等，以及凹陷、凸起等。

3）获取平顺性的动力学数据，可以采用实车道路试验和平顺性动力学模型两种方法获得汽车平顺性动力学的数据。

4）在虚拟试验开发平台上对虚拟试验的各种资源进行编程调用，实现车辆在虚拟试验场中的运动，实现车辆平顺性的虚拟再现。

5）进行汽车平顺性试验数据的显示，考察其平顺性指标，评价汽车的平顺性能。

二、智能汽车虚拟试验应用

如何高效可信地对智能汽车进行测试评价成为其快速推广应用的关键。现有的 SiL、HiL 及 ViL 测试，场地测试和道路测试采用真实被测车辆，但往往存在着测试场景单一、效率低和成本高的缺点。数字孪生测试能够将物理模型和传感器虚拟数据在孪生空间中实现实时映射，是仿真空间与现实空间的沟通桥梁。相比仿真测试，数字孪生测试采用真实的路面、真实的控制器和车辆执行机构，测试环境更符合实际情况，测试结果更真实可信；相比单个控制器的硬件在环测试，数字孪生测试可以评估车辆的整体性能与执行效果；相比实车场地或道路测试，数字孪生测试可以快速便捷地重现危险事故场景与关键测试场景，测试效率和安全性更高，测试成本也相对较低。数字孪生技术对于推动智能汽车功能开发及测试评价具有较大的现实意义。

数字孪生测试系统主要包括实际车辆和虚拟测试平台两个部分。实际车辆为具备智能驾驶功能的实际被测对象，虚拟测试平台包括虚拟道路环境和传感器模型等，传感器将探测到的虚拟目标信息发送给搭载智能驾驶功能的真实被测车辆，为真实车辆进行信息融合与决策控制提供基础。真实车辆在试验场地进行测试，与此同时，被测车辆的运动状态信息同步反馈给虚拟场景，从而完成虚、实状态的同步，实现整个数字孪生系统的闭环实时仿真测试。测试系统由 4 个核心模块组成：仿真软件模块、目标接收模块、采集模块，以及整车报文管理。

系统在运行过程中，首先，借助仿真软件模块生成所需开发测试的虚拟场景，并在仿真软件中建立多种虚拟传感器模型，将虚拟传感器探测到的目标信息通过总线的形式注入实车上的控制器中，为实车进行信息融合与控制决策提供输入；接着，实车控制器将决策后的加速、制动以及转向指令发送给实际执行器，同时通过组合惯导将实车车身姿态和车辆位置等状态信息同步反馈给虚拟场景，完成实车在仿真场景中的姿态位置信息映射，进而实现整个系统的闭环实时仿真。在此期间，运动轨迹映射模块不间断地采集实车运动的经纬度和姿态信息，将实车经纬度坐标转换为笛卡儿坐标，并将现实世界映射到仿真场景中，从而达到车辆位置和姿态在虚拟世界与现实世界的同步，确保完成整个数字孪生测试平台的搭建与正常运行。

利用数字孪生智能车辆测试平台，可以对智能车辆主动安全系统（如 ACC、AEBS）或整车智能驾驶性能进行虚拟测试和评价。

第五节　常用虚拟试验软件

一、结构强度刚度虚拟试验软件

结构强度刚度虚拟试验常用的软件有 ANSYS、NASTRAN 等。ANSYS 是强大的有限元分析软件之一，它能与多数 CAD 软件接口实现数据的共享和交换，能实现多场及多场耦合分析，具有多物理场优化功能和良好的用户开发环境。ANSYS 软件是第一个通过 ISO 9001 质量认证的大型分析设计类软件，是美国机械工程师协会（ASME）、美国核安全局（NQA）及近二十种专业技术协会认证的标准分析软件。ANSYS 在我国引入较早，是一款大型通用有限元软件，在国内第一个通过了中国压力容器标准化技术委员会认证并在国务院十七个部委推广使用，也是国内高校、科研院所、大型设计和制造企业中应用最广泛的 CAE 工具。该软件主要包括前处理模块、后处理模块和分析计算模块三部分。前处理模块提供实体建模及网格划分工具，以便用户构造有限元模型；分析计算模块包括结构分析、流体动力学分析、电磁场分析、声场分析、压电分析以及多物理场的耦合分析，可模拟多种物理介质的相互作用，具有灵敏度分析及优化分析能力；后处理模块可将计算结果以彩色等值线等图形方式显示出来，也可将计算结果以图表、曲线形式显示或输出。

NASTRAN 软件是大型通用结构有限元分析软件，同时也是工业标准的有限元分析（FEA）原代码程序及国际合作和国际招标中工程分析和校验的首选工具。NASTRAN 以其在线弹性分析、空气动力学分析方面的经典运用而闻名于世，是最广泛用于运载工具和工程设备的耐久性、振动和噪声分析的软件。在算法特点上，MSC. NASTRAN 具有诸如惯性释放（Inertia Release）、自动多层子结构（AMLS）、超单元等高效精确的方法，至今是其他 CAE 软件所无法比拟的。其 2005 引入了非线性的隐式算法和显式算法（SOL600，SOL700），其数据文件可以便捷地和 MSC. Marc、MAS. Dytran 以及 LS-DYNAMSC 交互，使 MSC. NASTRAN 的分析功能扩展到冲击与碰撞的领域。MSC 为满足各种工程应用的需求提供了多种仿真工具。MSC 具有超过 40% 的世界 CAE 市场份额，覆盖了工程仿真的各个方面，在汽车、军事国防、航空航天、机械制造领域占绝对统治地位。如欧洲空中客车公司（Airbus Industrie）在 2000 年选择 MSC/NASTRAN 作为其超型客机 A3XX 系列研发计划中工程仿真技术（Engineering Simulation Technology，EST）的工具。

二、车辆动力学虚拟试验软件

软件虚拟样机仿真分析软件（Automatic Dynamic Analysis of Mechanical Systems，ADAMS）是 MSC 公司对机械系统的运动学与动力学进行虚拟样机仿真分析的商用软件。ADAMS 集建模、计算和后处理于一体，基本模块是 View 模块和 Postprocess 模块。ADAMS 针对专业领域而单独开发了一些专用模块和嵌入模块。ADAMS 软件使用交互式图形环境和零件库、约束库、力库，创建完全参数化的机械系统几何模型，其求解器采用多刚体系统动力学理论中的拉格朗日方程方法，建立系统动力学方程，对虚拟机械系统进行静力学、运动学和动力学分析，输出位移、速度、加速度和反作用力曲线。同时，其开放性的程序结构和多种接口，可以成为特殊行业用户进行特殊类型虚拟样机分析的二次开发工具平台。美国 MDI 公司开发的 ADAMS 软件是构造产品的虚拟样机平台，汽车整车虚拟设计软件包 Car 模块集成了奥迪、宝马和沃尔沃等公司在汽车设计、开发等方面的经验，工程师可以利用该模块快速构造高精度的整车虚拟样机并进行仿真，通过高速动画直观地显示在不同试验工况下的整车动力学响应，输出标志汽车操纵稳定性、制动性、乘坐舒适性和安全性的特征参数，从而减少对物理样机的依赖。

CarSim 也是专门针对车辆动力学的仿真软件，可以仿真车辆对驾驶员、路面及空气动力学输入的响应。CarSim 可以方便灵活地定义试验环境和试验过程，详细地定义整车各系统的特性参数和特性文件，主要用来预测和仿真汽车整车的操纵稳定性、制动性、平顺性、动力性和经济性，同时被广泛地应用于现代汽车控制系统的开发。

三、疲劳寿命虚拟试验软件

MSC. Fatigue 是由 nCode 和 MSC 公司合作开发的疲劳寿命有限元分析软件，在产品生产制造之前进行疲劳寿命分析，可极大地降低生产原型机和进行疲劳寿命测试所带来的巨额费用。该软件可用于构造的初始裂纹分析、裂纹扩展分析、振动疲劳分析、电焊疲劳分析、疲劳优化等。另外，nCode 公司还开发了一套专门为解决工程系统疲劳问题的软件 nSoft，主要由数据分析、数据显示、疲劳分析等模块组成，其功能涵盖了数据采集、疲劳分析以及实验室疲劳模拟三个工程疲劳设计的主要领域。

四、动力性/经济性虚拟试验软件

常用的动力性/经济性虚拟试验软件有 MATLAB、Cruise 和 ADVISOR。

MATLAB 软件用于数值分析、矩阵计算、算法开发、数据分析、非线性动态系统的建模和仿真等，主要包括 MATLAB 和 Simulink 两大部分。主要应用包括：工程计算；数学、统计与优化；测试与测量；图像与声音处理；信号检测、处理与通信；控制系统设计与分析；模型搭建与辨识。美国能源复用实验室（National Renewable Energy Laboratory，NREL）在 MATLAB 的环境中，利用 Simulink 工具箱开发的 ADVISOR（Advanced Vehicle Simulator），能够在汽车开发初期评价燃油汽车、纯电动汽车和混合动力汽车的动力性、经济性和排放等性能。

Cruise 软件是奥地利 AVL 公司开发的用于研究车辆动力性、燃油经济性、排放性能与制动性能的高级仿真分析软件，是快速、便捷、高效的车辆动力学仿真工具。该软件采用模块化的建模方法，可以搭建和仿真任何一种配置的汽车系统；可用于动力系统、控制系统、传动系统、排放系统开发，汽车性能预测、整车仿真计算，以及控制参数和驾驶性能的优化；可实现发动机、轮胎、电机、变速器等部件的选型及其与车辆的匹配优化。与 MATLAB/Simulink 模块有接口，可以实现联合仿真。

ADVISOR 即高级车辆仿真器，由美国能源部为管理混合动力驱动系统开发，基于 MATLAB/Simulink 环境运行。该软件可用于分析传统汽车、纯电动汽车和混合动力汽车的动力性、燃油经济性以及排放性能。

复习思考题

1. 简述汽车虚拟试验的基本概念。
2. 虚拟试验中常用软件有哪些？
3. 简述虚拟试验场的构成。
4. 简述虚拟仪器系统的特点。

附　录

附录 A　汽车试验标准和试验场网站

国家标准化管理委员会：https：//www. sac. gov. cn/。

国家标准全文公开系统：https：//openstd. samr. gov. cn/bzgk/gb/。

全国汽车标准化技术委员会：http：//www. catarc. org. cn/index. html。

交通运输标准化信息系统：https：//jtst. mot. gov. cn/search/std？ q = 。

汽车测试网：https：//www. auto-testing. net/news/list-718. html。

中国汽车工程学会：http：//www. sae-china. org/。

中汽研汽车试验场股份有限公司：http：//www. capg. com. cn/。

中汽中心盐城汽车试验场：https：//www. xinpianchang. com/a12593179？ from = article_right。

重庆西部汽车试验场：https：//www. bilibili. com/video/av582833414/。

一汽农安汽车试验场：https：//tv. sohu. com/v/dXMvMzM4NDUwMzg2LzM2OTE3MzM2MS5zaHRtbA = =. html。

附录 B　汽车试验简略用语

缩写	中英文全称
GB	中国国家标准
GB/T	中国推荐性国家标准
QC	中国汽车行业标准
JT	交通行业标准
ISO	国际标准（International Standards Organization）
SAE	国际自动机工程师学会（Society of Automotive Engineers）
ANSI	美国国家标准协会（American National Standards Institute）
JIS	日本工业标准（Japanese Industrial Standard）
ECE	欧洲经济委员会法规（Economic Commission of Europe）
EEC	欧盟经济共同体指令（European Economic Community）
EV	电动汽车（Electric Vehicle）
BEV	纯电动汽车（Battery Electric Vehicle）
HV	混合动力汽车（Hybrid Vehicle）

参考文献

[1] 杨志华. 汽车试验学 [M]. 北京：机械工业出版社，2016.
[2] 郭应时. 汽车试验学 [M]. 3 版. 北京：人民交通出版社，2022.
[3] 徐晓美，万亦强. 汽车试验学 [M]. 北京：机械工业出版社，2013.
[4] 易泰河. 试验设计与分析 [M]. 北京：机械工业出版社，2022.
[5] 张代胜. 新能源汽车试验学 [M]. 北京：机械工业出版社，2022.
[6] 宋强. 电动汽车电机系统原理与测试技术 [M]. 北京：机械工业出版社，2016.
[7] 王伯雄，等. 工程测试技术 [M]. 2 版. 北京：清华大学出版社，2012.
[8] 王雪锋. 汽车可靠性工程基础 [M]. 2 版. 北京：清华大学出版社，2020.
[9] 何耀华. 汽车试验技术 [M]. 北京：人民交通出版社，2012.
[10] 何耀华. 汽车试验技术 [M]. 北京：机械工业出版社，2016.
[11] 何耀华. 汽车试验技术 [M]. 2 版. 北京：机械工业出版社，2019.
[12] 王丰元，等. 汽车试验测试技术 [M]. 2 版. 北京：北京大学出版社，2015.
[13] 许兆棠. 汽车试验学 [M]. 北京：机械工业出版社，2024.
[14] 周金宏. 汽车试验技术 [M]. 上海：同济大学出版社，2015.
[15] 黄海燕. 汽车发动机试验学教程 [M]. 北京：清华大学出版社，2009.
[16] 安相璧. 汽车试验教程 [M]. 北京：北京理工大学出版社，2012.
[17] 安相璧. 汽车试验工程 [M]. 北京：国防工业出版社，2006.
[18] 付百学. 汽车试验技术 [M]. 北京：北京理工大学出版社，2007.
[19] 钟志华，等. 汽车碰撞安全技术 [M]. 北京：机械工业出版社，2005.
[20] 张金焕，等. 汽车碰撞安全设计 [M]. 北京：清华大学出版社，2010.
[21] 邱少波，等. 汽车碰撞安全工程 [M]. 北京：北京理工大学出版社，2016.
[22] 张雪莉. 机动车排气污染物检测技术 [M]. 北京：清华大学出版社，2010.
[23] 陈南. 汽车振动与噪声控制 [M]. 3 版. 北京：人民交通出版社，2021.
[24] 秦树人. 机械工程测试原理与技术 [M]. 重庆：重庆大学出版社，2002.
[25] 熊端锋，等. 电机测试技术与标准应用 [M]. 北京：机械工业出版社，2018.
[26] 黄长艺. 机械工程测试技术基础 [M]. 北京：机械工业出版社，1999.
[27] 王国权. 虚拟试验技术 [M]. 北京：电子工业出版社，2004.
[28] 国家标准全文公开系统 [EB/OL]. https：//openstd. samr. gov. cn/bzgk/gb/.
[29] 交通运输标准知识服务平台 [EB/OL]. http：//www. jtysbz. cn/ysbz/fg/index. html.
[30] 汽车工程手册编辑委员会. 汽车工程手册：试验篇 [M]. 北京：人民交通出版社，2001.